사회적 합의제와 합의제 정치

한국 정치의 지향점 & 서유럽 정치의 제도화

사회적 합의제와 합의제 정치

한국 정치의 지향점 & 서유럽 정치의 제도화

선학태 지음

전남대학교출판부

머리말

한국민주주의는 87년 민주화 이후 자유권과 참정권, 국가권력에 대한 통제 등 정치적 민주주의(87체제)를 신장시켜 오고 있다. 반면 한국민주주의는 97년 IMF관리체제 이후 심화된 신자유주의 시장경제(97년체제)가 만들어내는 불평등·차별·소외·배제로 인한 분열과 갈등을 제대로 조정·관리하는데 실패하고 있다. 이는 한국민주주의의 패러독스라 하지 않을 수 없다. 그런데 한국사회의 분열과 갈등은 한국민주주의 위기의 결과이지 원인이 아니다. 바꿔 말하면 분열과 갈등을 조정하기 위한 민주적인 정치시스템을 창출하지 못함으로써 분열과 갈등이 심화된 것이지, 분열과 갈등이 곧바로 한국민주주의 위기를 초래한 것은 아니다. 따라서 이제 한국민주주의의 과제는 사회의 분열과 갈등을 민주적으로 관리·조정하기 위한 새로운 정치시스템을 어떻게 디자인하느냐에 모아지고 있다. 정치시스템을 잘 디자인하는 문제야말로 한국민주주의를 발전시키는 요체이기 때문이다.

이런 문제의식에서 출발하는 이 책은 제1부에서 사회적 합의제(social corporatism)와 합의제 정치(consensual politics)에 기초하는 한국정치의 지향점을 모색한다. 사회적 합의제는 사회경제 파트너들 간의 네트워킹·파트너십에 기초하는 정책협의(policy concertation)를 통해 사회협약(social pacts)을 끌어내는 시스템이다. 반면에 합의제 정치는 정당들 간의 정책협의 및 합의를 끌어내는 시스템이다. 이 책은 이 같은 사회적 합의제와 합의제 정치를 토대로 한국의 포스트 87체제·98체제 정치시스템을 디자인하고 이를 통해 사회의 분열과 갈등을 조정, 사회통합, 즉 한국민주주의를 공고화해야 한다고 일관되게 주장한다.

이 책의 제2부에서는 제2차 대전 이후 사회적 합의제·합의제 정치를 작동시켜 온 가장 상징적인 서유럽 국가 사례의 제도화 과정을 추적한다. 그것은 한국 정치개혁에 의미심장하기 때문이다. 서유럽 민주주의의 발전은 사회의 다양한 이익과 가치, 특히 시장경쟁이 만들어내는 불평등과 차별과 배제, 이로 인한 갈등과 분열을 정치메커니즘을 통해 완화·해소하여 사회통합을 실현하는 과정이다. 특히 네덜란드·오스트리아·아일랜드에서 작동하는 사회적 합의제와 합의제 정치의 본질은 정책(의사) 결정·집행 과정에 사회경제적 정치적 결사체들이 참여하는 권력분점(power-sharing)에 있다. 사회경제 영역에서는 사회경제적 파트너와 정부 간 권력분점·공유(사회적 합의제), 정치영역에서는 정당 간 권력분점·공유(합의제 정치)가 제도화된다. 이를 통해 그들 국가에서는 사회적 타협이 정치적 타협으로 전환되고, 역으로 정치적 타협이 사회적 타협을 촉진함으로써 사회의 갈등과 분열을 조정하고 안정을 도모한다. 이러한 인식을 갖고 제2부에서 네덜란드·오스트리아·아일랜드의 사회적 합의제와 합의제 정치의 제도적 맥락을 분석하는 것은 한국정치의 발전에 시사하는 바 적지 않다.

이와 같은 맥락에서 저자는 이 책의 의미와 가치를 다음과 같이 제시한다. 우선 이 책의 가치는 한국 정치개혁의 지향점을 제시하고 있다는 데 있다. 현행 한국 정치는 다원주의적(pluralist) 이익대표, 그리고 소선거구 다수대표제-거대 양당제(형식은 다당제)-단일 정당 정부에 기초하는 다수제 정치(majoritarian politics)라는 두 중심축에 의해 작동한다. 하지만 한국 정치는 배제의 정치(politics of exclusion)로 인한 대표성의 사각지대를 만드는 등 제도적 피로(institutional fatigue) 현상을 보이고 있다. 즉 사회경제적 이슈에 따르는 복합적인 갈등과 분열이 정상적으로 조정·관리되지 못한다. 무엇보다 노사정 갈등이 지속되고 있으며 노사정위원회는 1998년 이후 유명무실한 기구로 전락된 지 오래다. 또 국회와 대통령 간에는 상생의 해법을 찾지 못하고 국회는 여야의 제로섬적 갈등의 장으로 전락되고 있다. 이 책이 지향하는 사회적 합의제와 합의제 정치는 한국 정치가 지향하는 다원주의 정치와 다수제 정치의 안티테제이다. 사회적 합의제와 합의제 정치는 위다척소(衛多斥少)의 원리가 아니라 '다사불란'(多絲不亂)의 원리에 따라 작동하는 '모두스 비벤디'(modus vivendi)

의 정책결정 시스템이다. 이를 통해 제2부에서 논의되는 바와 같이, 서유럽 국가들의 사회적 합의제와 합의제 정치는 시민사회의 복합적인 사회갈등을 조정·관리해 사회통합을 제도화하는 데 성공했다. 이런 인식을 갖고 이 책은 사회적 합의제와 합의제 정치를 현행 한국 정치의 한계를 극복하는 대안으로 제시하고 있다는 점에서 의미가 있다.

둘째, 이 책은 정책산출(policy output)을 가능케 한 이해관계 투입(input-side) 과정에 주목하고 있다는 점에서 한국 정치발전에 중요한 의미를 갖는다. 글로벌 시장화 이후 네덜란드·오스트리아·아일랜드의 사회적 합의제와 합의제 정치는 경제효율성과 사회형평성 간 상충(trade-off between efficiency and equity)을 극복하는 정책레짐(정책 간 상호보완적인 연계의 조합)을 산출하는 데 중요한 변수로 작용했다. 즉 정당명부 비례대표제-우파·중도·좌파 다당제-의회·정부 차원의 정당 간 연합정치-조합주의적(corporatist) 이익대표 등 포괄의 정치(politics of inclusion: 의사결정권의 분점)가 작동하는 제도적 레짐(institutional regime: 제도 간 상호보완적 연계의 조합)이다. 대조적으로 한국정치는 현재 복지담론 정치가 보여 주듯, 정책의 인풋사이드에는 주목하지 않고 정책내용이 무엇이고 어떠해야 하는가에만 관심이 있다. 하지만 민주주의에서 정치의 중심은 정책의 아웃풋보다는 정책의 인풋사이드에 있다는 것을 인식해야 한다. 이 점에서 이 책은 복지 등 정책산출을 가능케 하는 포괄적 대표성(inclusive representativeness)을 투영하는 정치제도적 조건이 무엇인지에 대해 주목하도록 해 주고 있다는 데 의미가 있다.

셋째, 이 책은 둘째의 연장선상에서 정치제도적 매트릭스가 보다 정교하게 설계되어야만 실질적 민주주의가 실현될 가능성이 높아질 수 있다는 새로운 민주주의 담론을 창출할 수 있다는 데 의미가 있다. 한국의 많은 사람, 심지어 진보 사회과학계조차 한국민주주의가 절차적 수준에서는 완성 단계에 근접했고(비록 MB정부 하에서 크게 훼손되었지만) 이제는 실질적 민주주의의 확대가 한국민주주의의 주요 과제로 이해하는 경향이 있다. 이 책은 그러한 한국민주주의에 대한 이해와 인식의 오류를 바로 잡아 줄 것이다. 즉 한국민주주의의 과제는 단순히 실질적 민주주의 확대가 아니라 권력분점, 즉 우리 사회의 다양한 집단 · 계층 · 지역, 특히 사회적 약자들의 '동등하고 효과적'인 정치참여의 제도화를 촉진하는 절차적 민주주의를 발전시키는 문제라는 것이다.

마지막으로 이 책은 한국의 신자유주의 시장경제를 조정시장경제(coordinated market economy)로 전환하기 위한 정치경제 메커니즘을 밝혀 줄 수 있을 것이다. 네덜란드 · 오스트리아 · 아일랜드는 사회적 합의제와 합의제 정치의 역동적 상호작용이라는 정치경제 메커니즘을 통해 경제성장과 사회복지, 생산레짐(production regime)과 복지레짐(welfare regime), 자본주의 시장과 민주주의 정치의 공존을 가능케 한 조정시장경제를 구축했다. 하지만 민주화 이후 한국의 정치경제는 정치적 대표체계와 기능적 대표체계(functional representation system) 간 정합성을 정립하고 못하고 있다. 이 책은 한국에서 정치적 대표체계, 기능적 대표체계 간 상호작용이 어떻게 디자인되어야 하는가에 대한 규범적 문제에도 새로운 인식의 지평을 넓혀 줄 수 있을 것이다.

이 책은 제1부는 4장으로 구성된다. 먼저 제1장은 김대중 · 노무현 두 민주정부 하에서 노사정 거버넌스 시스템의 작동과정과 이에 영향을 미친 규정변수들을 분석하여 한국에서 구조적으로 갈등 관계에 있는 자본주의 시장경제와 민주주의의 공존 가능성과 한계에 어떻게 영향을 미쳤는가를 살펴보고 있다. 제2장은 한국 신자유주의 시장경제가 유발하는 사회경제적 이슈를 둘러싼 갈등과 분열을 관리 · 조정하기 위한 해법으로서 사회적 합의제를 포스트 민주화 시장조정 메커니즘으로 상정하고 그것의 바람직한 유형, 시스템 수준 · 운영양식, 정책의제, 참여주체 및 작동조건 등을 정립한다. 제3장에서는 한국민주주의를 공고화하고 질적 수준을 향상시키기 위한 헌정체제의 제도적 프레임을 합의제 정치패러다임의 관점에서 디자인한다. 특히 헌정체제가 기능적으로 상호 작용하는 여러 제도의 세트라는 점에 주목하고 수평적 수직적 권력분점의 제도를 논의한다. 제4장에서는 한국 정치에서 합의제 정치의 핵심 메커니즘인 정당 간 권력분점을 의미하는 연합정치(coalition politics)의 제도화 필요성과 가능성 그리고 그 효과를 논의한다.

제2부는 5장으로 구성된다. 제5장은 네덜란드에서 사회적 합의제인 노사

(정) 간 사회적 파트너십이 어떻게 작동, 제도화되고 사회협약을 통해 유연안정성(flexicurity) 모델이 창출되는 과정을 분석하며 사회적 파트너십과 합의제 정치 간의 구조적 유질동상(isomorphism)을 논의한다. 제6장에서는 네덜란드 합의제 정치의 제도적 특징을 분석하고 그것이 시민사회의 종교 · 이념 · 계급 · 지역 등 복합적인 사회균열을 조정 관리하면서 제도화되는 과정을 논의한다. 제7장은 오스트리아의 사회적 합의제인 정책파트너십의 제도화 과정, 시스템 작동의 촉진 조건, 특히 사회적 파트너십과 합의제 정치의 융합 측면을 분석하며 세계화에 따르는 정치경제적 환경 변화로 정책파트너십의 도전 현상과 회생가능성을 논의한다. 제8장은 격심한 이념적 균열을 경험한 오스트리아의 합의제 정치의 제도화와 특성, 그리고 정치적 동력화, 1980년대 이후 나타난 정치적 경쟁성 강화 현상을 분석한다. 제9장에서는 영국의 다원주의 노사정 시스템과 아일랜드의 노사정 정책협의시스템 중 어느 시스템이 글로벌 시장의 충격을 흡수 관리하는 데 더 효과적인가를 천착하기 위해 양국 노사정 시스템 작동 과정을 분석한다.

이 책은 학술지에 발표된 논문도 포함되어 있으며 따라서 일부 장에서는 중복되는 논의도 없지 않음을 밝혀 둔다. 끝으로 저자는 미흡한 글줄임에도 불구하고 이 책이 출판되는데 도움을 준 전남대학교출판부의 모든 분들께 감사를 표해 마지 않는다. 또 자료 수집, 교정 작업 등 이 책이 출판되기까지 항상 시간을 쪼개 주는데 인색하지 않는 이형남 조교, 정윤하 교육조교에게도 이 지면을 통해 감사를 표한다.

2011년 9월

전남대 연구실에서 불초 선학태

차례

제2부

Part I

제1장 시장경제와 민주주의의 공존 가능성과 한계:
김대중·노무현 정부의 노사정 거버넌스
제2장 시장조정기제로서의 한국형 사회적 합의제
제3장 한국 합의제 정치의 제도적 디자인
제4장 한국에서 연합정치의 제도적 조건과 효과

Chapter

01 시장경제와 민주주의의 공존 가능성과 한계

- 김대중 · 노무현 정부의 노사정 거버넌스 -

1. 머리말

자본주의 시장경제를 작동시키는 세 중심축은 노동, 자본, 국가이다. 이 노사정관계가 전략적으로 어떻게 구조화되느냐 하는 문제는 자본주의 시장경제 그 자체의 발전 혹은 퇴영은 물론이고 민주주의의 질적 수준을 가늠하는 바로미터이다.

그런데 자본가들은 국가관리자들과 사적 유대(혼맥, 학연 등)를 형성하고 이데올로기적 기구(대학, 연구소, 언론 등)를 소유하거나 그에 대해 재정적 지원을 통해 친자본적 친시장적 세계관을 창출, 확산함으로써 국가의 정책결정 과정에 영향력을 행사할 수 있다. 만일 국가가 반기업적 반시장적 정책을 선택하는 경우 자본가들은 자본 스트라이크(투자축소, 자본이탈 등)를 감행할 수 있으며 이런 상황은 성장 및 고용 감소, 실업, 인플레이션 등 사회경제적 위기를 초래하여 정치인들의 권력 재창출을 어렵게 할 수도 있다. 결국 자본의 구조적 힘(structural power)은 국가관리자들로 하여금 정부의 안정적 재정 확보나 시민들의 정치적 지지를 극대화하기 위해서 자본의 사업신뢰(business confidence)를 조성해 주는 조건에서 권력을 행사토록 한다(Przeworski and Wallerstein, 1988: 23-24). 이런 까닭에 자본과 노동 간의 시장적 경쟁은 노동자들에게 불리한 게임으로 전개될 개연성이 높다.

한편, 자본과 국가에 대한 노동대중의 영향력도 만만치 않다. 노동대중은 정치지향적인 집단적 정체성을 갖고(Valenzuela, 1989: 447), 파업으로 자본가의 자본축적 활동을 방해하고 국가경제를 파국으로 몰고 감으로써 한 나라의 중장기적 거시경제에 심대한 타격을 가할 수 있다. 게다가 노동운동은 정치세력화를 꾀해 정권 퇴진운동의 형태로 국가정책에 압박할 수 있다. 나아가 노동대중은 글로벌 환경에서 국제적 연대인 '아래로부터의 글로벌화'(globalization-from-below)를 추구하여[1] 자본과 국가들에 의해 추진된 '위로부터의 글로벌화'(globalization-from-above)에 대항할 수 있다(Falk, 2000: 50-55; Stevis and Boswell, 2000: 154-161).[2] 이처럼 노동대중은 자본가와는 말할 나위도 없고 자본축적 활동을 지원하고 사회통합의 수호자 역할을 수행해야 하는 국가와 갈등관계에 있다(Therbon, 1992: 28).

이와 같은 맥락에 비춰 보건대 자본주의 시장경제를 작동시키는 세 주체인 노동, 자본, 국가의 3자 관계는 본질적으로 이익갈등이 상존하는 정치적 현상이다(Pontusson, 1992: 1-41). 민주주의는 자본주의 시장경제가 야기하는 이러한 노사정 간의 이익갈등을 전제로 한다. 특히 노동의 역사는 국가와 자본을 상대로 해서 '더 많은 민주주의'(more democracy)와 '삶의 질 고양'을 위한 투쟁으로 점철되어 왔다. 서유럽 국가들에서 민주주의의 발전은 예외 없이 자본주의적 산업화과정에서 새롭게 성장한 노동세력을 정치의 제도권 내로 편입하여 노사정 관계를 재편성함으로써 계급 계층갈등을 해소하는 과정이었다. 이런 점에서 테르본(G. Therborn)은 민주주의를 자본주의적 시장경제의 모

1) 글로벌화는 노동위기를 초래하고 있다. 즉 노동분화와 노동시장 유연화로 인하여 이익집약 및 표출의 위기, 자본의 이데올로기적 공세로 인하여 노동자들의 노조에 대한 일체감 결여 등이다(Munck, 1999: 18). 이에 대한 대응으로 노동대중은 국제적 연대를 추구하려 한다.

2) '아래로부터의 글로벌화'는 평등, 복지, 분배정의 등을 추구한데 반해, '위로부터의 글로벌화'는 탈규제, 자유화, 복지축소 등을 통한 지속적인 성장과 국제경쟁력을 강조한다.

순의 산물로 보고 민주주의 발전 과정을 노동계급의 행동과 압력에 따르는 이익갈등이 제도화되는 현상으로 규정했다(Therborn, 1977). 바꿔 말하면 민주주의는 자본주의 시장경제에서 발생하는 노사정 간의 이익갈등 해결을 위한 정교한 규칙과 규범을 창출하는 과정으로 볼 수 있다(Rustow, 1970: 362). 따라서 노동-자본-국가의 제도화 과정은 민주주의의 내포적 심화 과정의 중심축으로 떠오른다.

이러한 관점은 노동-자본 - 국가의 역동적 상호작용이 어떻게 제도화되느냐 하는 문제가 자본주의 시장경제와 민주주의 간의 공존 가능성과 한계를 규정하는 주요 변수가 될 수 있음을 의미한다. 무엇보다도 자본주의 시장경제와 민주주의 간의 공존 가능성과 한계는 노동운동을 어떻게 제도화하느냐에 따라 적지 않게 좌우될 수 있다. 서유럽 민주주의국가들은 글로벌 경제의 도전과 충격 속에서도 노사정 거버넌스(labour-capital-state governance) 시스템을 통해 계급 계층갈등을 제도화하고 자본주의 시장경제와 민주주의 간의 공존 가능성을 높이고 있다.

'제3의 민주화 물결'을 경험했던 국가들도 노사정 거버넌스를 시도했다. 그들 국가는 군부세력 또는 권위주의 정치세력을 국가권력으로부터 퇴장시키고 선거경쟁을 통해 민주정부를 수립함으로써 '민주화 이행'(democratic transition)을 통해 신생민주주의 국가로 부상했다. 이들 국가는 '민주화 이행' 이후 신생민주주의 공고화와 신자유주의 시장경제 개혁이라는 이중적 과제에 봉착했다. 이러한 이중적 과제를 해결하기 위해 일군의 신생민주주의 국가들은 거버넌스 시스템을 작동시켜 노동-자본-국가 간의 갈등을 제도화하여 민주주의를 공고화시키고자 했다.

한국은 노사정 거버넌스 시스템을 통해 자본주의 시장경제와 민주주의의 공존 가능성을 실험한 사례이다. 한국은 전통적으로 이익결사체들을 위계적 수직적으로 통제하는 국가코포라티즘(state corporatism)을 경험했지만 민주화 이행 이후 거버넌스 시스템을 작동시켜 노동-자본 - 국가 간의 갈등을 제도화하려고 했다. 즉 1997년 말 외환위기를 계기로 촉발된 IMF관리체제에 대응하기 위해 김대중 정부는 노사정 거버넌스 시스템을 작동시켰다. 한국의 노사정 거버넌스 시스템은 경제위기 국면에서 노동-자본-국가 간에 첨예화된 갈등이 민주주의의 지속가능성을 위협하는 상황에 대응하려는 위기관리 정치로 출발한 것이다. 이러한 노사정 거버넌스는 노무현 정부에서도 글로벌화 정보화라는 메가 트렌드 속에서 지속적으로 작동했다. 이는 한국정치가 자본주의 시장경제와 민주주의의 공존 가능성을 열어 놓았다는 데 매우 중요한 의미를 갖는다.

그렇다면 한국 노사정 거버넌스 시스템이 자본주의 시장경제와 민주주의를 공존시키는 데 성공적으로 작동했는가? 김대중 노무현 두 민주정부 하에서 정치적 민주화의 진전에도 불구하고 한국의 노사정 거버넌스 시스템은 사회양극화에 따른 노사정 갈등 해결을 제도화하는 데 기대만큼 성공하지 못했다. 이는 두 민주정부가 자본주의 시장경제와 민주주의를 공존시키지 못하는 적지 않는 한계와 모순을 드러냈음을 의미한다. 이 점에서 한국 사례는 노사정 거버넌스 시스템의 작동이 어떻게 시장경제와 민주주의 간의 공존 가능성에 한계를 드러냈는가를 천착하는 데 경험적 지형(empirical terrain)을 제공하고 있다.

그렇다면 두 민주정부 하에서 왜 한국 노사정 거버넌스 시스템이 성공적으로 작동하지 못해 자본주의 시장경제와 민주주의를 공존시키는 데 한계를 드러냈을까? 이런 문제의식을 갖고 제1장은 김대중 노무현 두 민주정부 하에서 노사정 거버넌스 시스템의 작동과정과 이를 제약하는 규정변수들을 분석하여 자본주의 시장경제와 민주주의의 관계에 어떻게 영향을 미쳤는가를 살펴보는 데 그 목적을 두고 있다.

2. 이론적 틀

1) 자본주의 시장경제와 민주주의 간의 긴장과 공존 가능성

자본주의 시장경제는 생산자원의 소유에 따르는 영향력의 차이로 인해

'자본의 지배'와 불평등한 사회를 수반하는 데 반해, 민주주의는 생산수단의 소유와 관계없이 1인 1표의 원칙에 기초한 '인민의 지배'와 평등사회를 추구한다. 또한 자본주의 시장경제의 일차적 관심은 성장의 효율성 가치에 있는 데 반해, 민주주의의 관심은 성장의 과실을 공정하게 분배하는 데 있다. 따라서 자본주의 시장경제와 민주주의의 사이에는 구조적으로 긴장과 갈등이 상존한다(Wolf, 1988: 20-23; 임혁백, 2000: 106-112).[3)]

첫째, 시장경제는 시민들이 국가를 움직여서 이뤄지는 '정치적 자원배분' 보다는 생산자원 소유주에 의한 '시장적 자원배분'을 선호한다. 시장적 자원배분 메커니즘은 '보이지 않는 손'에 의하여 경제자원을 가장 효율적으로 배분해 준다는 것이다. 그러나 이는 허구이다. 시장경쟁은 공공재의 공급 결여, 외부효과(externalities), 규모수익체증(increasing returns to scale) 등을 발생시키는 불완전성으로 인하여 효율적 자원 배분에 실패할 가능성을 안고 있다. 이러한 시장의 불완전성은 시민의 삶의 질을 개선시키는 데 한계를 드러내고 민주주의의 질적 발전을 방해한다.

둘째, 시장경제는 분배적 정의를 보장하지 않는다. 시장경제가 내장하고 있는 '경쟁과 자율조정 메커니즘'은 경쟁력이 약한 개인과 집단과 기업에게 냉혹할 정도로 잔인하다. 경쟁에서 패배한 낙오자들에게 사회안전망을 제공하는 데 인색하고 사회경제적 불평등을 야기한다. 물질적 경제적 안전을 확보하지 못한 시민에게 민주주의가 보장하는 평등한 정치적 투표권은 큰 의미가 없을 것이다. 결국 시장경제는 사회경제적 불평등에 따른 이익갈등으로 인해 공동체의 해체를 초래할 수 있는 자기파괴성(self-destructiveness)을 내재하고 있어 평등사회를 지향하는 민주주의를 항상적으로 위협한다.

셋째, 사적 소유제를 기반으로 하는 자본주의는 권력자원(자금, 조직, 정보,

3) 자유주의론자들에 의하면 자본주의 시장경제와 민주주의는 각각 생산자와 소비자 간, 정치인과 유권자 간의 자유경쟁에 의해 경제적 자원과 정치권력의 배분이 이루어질 때 가장 효율적이고 최적 상태에 이르게 되는 것으로 상정한다(Streeck and Schmitter, 1985: 4-6). 이런 관점에서 본 자본주의 시장경제와 민주주의는 서로 강화하는 관계에 있다.

홍보 등) 동원능력과 기회의 불평등을 초래한다. 따라서 이는 절차적 민주주의가 추구하는 정치참여의 기회를 침해할 소지를 안고 있다. 정치적 경쟁에서 승리하기 위해 활용되는 권력자원 동원 측면에서 자본가들은 절대적 우위에 있다. 그들은 재력의 힘을 동원하여 직접 의회에 진출하거나 자신의 이해를 관철하는 정치세력을 지지하며 정치인과 정부관료들로 하여금 자신의 정치적 경제적 이익에 봉사하도록 로비 또는 압력을 가할 수 있다. 따라서 아무리 공정하고 민주적인 경쟁규칙이 적용된다고 하더라도 정치적 자유경쟁 메커니즘은 정치적으로 자본가들에게 유리하게 작용하고 사회적 약자에게는 정치적 불평등을 심화시킨다. 이것은 '인민의 지배'에 기초하는 민주주의를 침해한다.

이런 맥락은 자본주의 시장경제와 민주주의 사이에 지속적인 긴장과 갈등관계가 존재할 수 있음을 의미한다. 그렇다면 자본주의 시장경제와 민주주의 간에는 숙명적으로 공존과 양립이 불가능한 것인가? 서유럽 정치경제의 핵심적 과제는 어떻게 하면 자본주의 시장경제와 민주주의를 조화시키느냐 하는 문제였다. 이는 자본주의 시장경제의 두 주체인 체제 도전세력으로서의 노동계급과 체제 수호세력으로서의 자본가 계급 사이에 계급타협이 어떤 조건에서 가능할 수 있느냐 하는 문제이다. 계급타협의 이론적 인프라를 제공한 것은 케인즈주의적 복지국가였다(Sun, 2001: 136-138). 케인즈주의적 복지국가는 시장실패(market failure)를 극복하기 위한 국가의 유효수요 창출을 중시한다. 즉 국가가 완전고용과 복지제도의 확충이라는 이중적인 프로그램을 집행하는 것이다. 이를 통해 사회 전반의 소득이 증대하고 특히 저소득층으로 소득을 재분배하여 구매력이 증가하면 투자와 생산이 자극되고 실업이 감소하는 선순환이 이루어진다는 것이다. 결국 국가의 개입을 통해 시장의 비효율성과 비윤리성을 시정하고자 했던 케인즈주의적 복지국가는 시장경제의 횡포와 변덕으로부터 노동자들을 보호하고 계급 계층갈등을 감소시킴으로써 자본주의 시장경제와 민주주의 간의 구조적 긴장과 갈등을 완화하는 틀로 자리매김됐다.

그러나 글로벌 시장화는 케인즈주의적 복지국가의 기반을 침식하고 위협하기 시작했다. 이런 조짐은 글로벌 시장수요의 변화에 능동적으로 대응하려는 생산전략의 하나인 포스트포드주의(다품종 고품질 소량 생산방식)의 출현으로 가속화되었다. 포스트포드주의 생산패러다임은 케인즈주의적 복지국가를 슘페터적 근로복지국가(Schumpeterian workfare state)로 전환시켰다(Jessop, 1994: 29). 슘페터적 근로복지국가는 공급 측면의 개입을 통한 개방경제의 경쟁력 강화를 위해 생산체제 및 노동시장의 유연화에 치중한다. 이런 신자유주의적 상시 구조조정은 시장경제의 낙오자와 열패자 양산 등으로 사회 양극화를 심화시킨다. 이는 신자유주의적 시장경제가 계급 계층 간에 사회경제적 이득과 비용을 차등적으로 배분하고 갈등을 증폭시켜 민주주의의 지속가능성을 위협하고 있음을 의미한다(Katzenstein, 2003: 25). 이러한 글로벌 시장화의 충격 앞에서 계급 계층갈등을 조정하고 공동이익을 추구함으로써 자본주의 시장경제와 민주주의 간의 공존 가능성을 높이기 위한 시스템은 무엇인가?

자본주의 시장경제와 민주주의 간의 공존 가능성은 사회질서를 조직하는 두 기본 원리인 시장과 국가가 조합되는 방식에 따라 다르게 나타난다.[4] 시장주의 패러다임은 자유시장의 자기조정(self-regulating) 메커니즘이 경제자원을 가장 최적으로 배분하는 것으로 인식하고 국가개입의 최소화를 선호한다. 그러나 시장은 제로섬적 경쟁과 승자독식의 원리에 따라 작동하면서 승자와 패자를 가른다. 시장경쟁의 낙오자, 열패자들에게 최소한의 복지와 사회적 안전망을 제공하는 장치는 시장에 내장되어 있지 않다. 게다가 시장주의 패러다임은 수의 경쟁 원리에 따라 작동하는 다수제 민주주의(majoritarian democracy), 그리고 이익집단들의 '경쟁적 이익표출과 분산적 그룹 간 협상'으로 이뤄지는 다원주의 정치에 의해 시민들의 정책 선호가 충족되는 것으로

4) 자본주의적 산업화 이후 시장주의적 질서와 국가주의적 질서가 다양한 방식의 혼합된 형태로 사회질서를 조직해 왔다. 1930년대의 대공황 이후 자율조절 시장주의적 질서는 붕괴되고 시장을 국가의 통제 하에 두려는 반시장주의적 사회질서, 즉 케인즈주의적 복지국가가 등장했다. 그러나 1970년대 케인즈주의적 복지국가 위기론이 제기되면서 글로벌화와 더불어 신자유주의적 시장주의 질서가 도래했다. 그러나 신자유주의적 시장경쟁질서는 계급 계층 부문 지역 간의 불평등을 심화시킴으로써 민주주의의 물질적 기반을 뒤흔들고 있다.

인식한다(Lijphart, 1999: 1-2; Cohen and Rogers, 1992: 411-414). 그러나 다수제 민주주의는 현재 제도적 피로(institutional fatigue)를 드러내고 있으며, 다원주의 정치에서 이익집단들은 정부나 의회의 정책결정 과정에 주체로 참여하지 못하고 로비 시위 등을 통해서 이익표출을 하는 데 그친다. 이런 시장주의 패러다임 하의 정치조건에서 글로벌 시장의 충격은 흡수될 수 없다. 한마디로 시장주의 패러다임은 불완전하며, 따라서 자본주의 시장경제와 민주주의 간의 친화성을 담보할 수 없다.

한편, 국가주의 패러다임은 국가를 보편성의 원리에 따라 작동하면서 공동선(공공재 공급, 복지 등)을 추구하는 존재로 상정한다(Walder, 1995: 1-2). 시장의 결함을 교정하기 위한 국가의 통치는 기술관료 정치(technocratic politics)로 나타난다. 그러나 현대 국가는 신자유주의적 시장경제가 야기하는 계급 계층 갈등의 조정 관리를 위한 통치능력(governability)을 상실하고 있다. 국가의 통치능력 위기는 기술관료 정치로 극복될 수 없다. 국가관리자들은 보편적 이익의 수호자이면서도 동시에 사익을 챙길 수 있는 존재이기 때문이다. 기술관료 정치의 톱다운(top-down)식 정책결정 방식은 고삐 풀린 시장의 횡포와 변덕에 못지않게 비효율과 불공정한 배분을 초래하여 갈등을 조정 관리하는 데 한계를 드러낸다. 민주적 정책결정 방식은 자본주의 시장경제의 낙오자, 열패자 등 사회 저변층의 다양한 이익과 요구들이 정책결정 과정에의 투입(bottom-up input)에 의해 이루어진다. 이 점에서 기술관료 정치는 자본주의 시장경제가 야기하는 계급 계층 갈등을 조정하고 사회통합을 추구하는 민주주의의 가치와 규범에 반한다.

이와 같이 시장도 국가도 항상 실패의 가능성을 안고 있는 불완전한 사회조직 원리이다. 시장이 국가의 실패를 메울 수 있는 만병통치약이 아닌 것처럼 국가도 시장 실패에 대한 해법이 될 수 없다. 만약 시장과 국가가 모두 신뢰할 수 있는 사회질서 조직원리가 아니라면 자본주의 시장경제와 민주주의 간의 공존을 가능하게 하기 위한 대안적 사회조직 원리는 무엇인가?

글로벌화라는 메가 트렌드 속에서 불완전한 시장과 불완전한 국가를 개혁하여 양자를 선순환적으로 매개하는 거버넌스(governance) 원리가 발전하고 있다. '시장과 통치에서 거버넌스로'(market and government to governance)라는 패러다임의 이동이 이뤄지고 있는 것이다. 거버넌스 패러다임은 시장과 국가를 대체하는 것이 아니다. 시장은 경쟁 원리에 의해 작동하면서 사적재화를 생산하고 사회갈등을 조정하는 방식인 데 반해, 국가는 위계나 강제 원리에 따라 작동하면서 사회경제적 자원을 배분하고 사회갈등을 조정하는 방식이다(Streeck and Schmitter, 1985: 11). 반면에 거버넌스는 시장실패와 국가실패의 가능성을 전제하고 경쟁과 강제의 원리보다 시장-시민사회-국가 간의 네트워킹, 파트너십 원리에 따라 작동한다. 따라서 거버넌스 패러다임은 시장 중심의 경쟁적 의사결정 시스템, 그리고 국가 중심의 수직적이고 위계적인 의사결정 시스템을 전환하여 시장-시민사회-국가 간 파트너십 하의 수평적인 의사결정 시스템을 추구한다. 바꿔 말하면 시장, 시민사회, 국가의 다양한 이해관계자들이 참여하는 권력분점(협치 혹은 공치)에 기반을 둔 정책결정 및 집행을 통해 이익갈등과 가치갈등을 조정하는 수평적 정책네트워크(policy network) 관리시스템이다(Hirst, 2000: 19-20; Paquet, 2001: 186-187).[5]

거버넌스 시스템의 주요 기능은 경제정책과 사회정책을 긴밀히 연계하여 정책조정을 시도하는 것이다. 다시 말하면 시장-시민사회-국가 간의 네트워크 관리체제를 통해 자본주의 시장경제와 민주주의 간의 구조적 긴장을 불러일으키는 가치 패키지인 성장과 복지, 경제효율성과 사회형평성, 혁신과 사회통합이 공존하는 사회로 도약시키고자 한다. 이를 통해 종국적으로 자본주의 시장경제와 민주주의, 신자유주의와 사회통합, 글로벌화와 민주주의 공고화가 상호 긴장, 충돌하지 않고 상호 강화, 공존 양립될 수 있다.

2) 노사정 거버넌스 시스템의 정상적 작동 조건

글로벌화 속에서 거버넌스는 구조적으로 갈등과 긴장 관계에 있는 자본주의 시장경제와 민주주의의 공존을 가능하게 하는 시스템이다. 자본주의 시장

5) 거버넌스는 사회적 파트너십, 사회적 협의(social concertation), 사회적 대화(social dialogue), 정책협의, 사회협약정치(social pact politics)를 통칭한다.

경제 하에서 발생하는 노동, 자본, 국가 간의 갈등이 민주주의를 위협한 경우 이는 이익결사체(노조 및 사용자 단체), 정당, 의회, 정부 사이의 연합적 구조를 통해 노동-자본-국가 간의 네트워킹과 파트너십에 기초한 정치교환(political exchange)을 통해 조정 관리될 수 있다. 우리는 이를 노사정 거버넌스 시스템으로 지칭한다. 노사정 거버넌스란 자본주의 시장경제의 이해관계자들 간에 협상과 교환이 이뤄지는 정책협의(policy concertation)에 기초한 사회협약(공공정책 결정 및 집행) 체결을 통해 갈등을 조정 관리하는 시스템이다(Compston, 2002: 3-5; Hassel, 2003: 710).

노사정 거버넌스는 시장-시민사회-국가 사이의 관계를 매개하여 노동, 자본, 국가 간의 갈등을 제도화하는 과정이며 이를 통해 자본주의 시장경제와 민주주의를 공존시키는 시스템이다. 네덜란드, 아일랜드 및 스페인 등을 비롯한 서유럽 국가들의 노사정 거버넌스 시스템은 세계경제의 도전과 충격 속에서 사회적 파트너십과 정책협의를 통한 정책형성 및 집행을 운용함으로써 경제적 효율성과 사회적 형평성을 조화시키고 계급 계층갈등을 조정하여 자본주의 시장경제와 민주주의의 공존을 가능하게 한다(선학태, 2006). 반면에 중남미 국가들에서 노사정 거버넌스 시스템은 자본주의 시장경제가 야기하는 사회경제적 양극화를 완화하는 데 실패함으로써 신생민주주의의 지속가능성을 담보하지 못하고 있다(선학태, 2004: 167-177). 이는 노사정 거버넌스 시스템의 정상적 작동 성패가 자본주의 시장경제와 민주주의 간의 공존 가능성과 한계에 적지 않는 영향을 미치고 있음을 시사한다. 즉 노사정 거버넌스 시스템이 안정적으로 작동하면 자본주의 시장경제와 민주주의의 공존 가능성이 촉진되는 반면에, 노사정 거버넌스 시스템 작동이 불안정하거나 실패하면 자본주의 시장경제와 민주주의의 공존 가능성은 지체되거나 불가능해진다.

상대적으로 성공적 경험을 한 서유럽 국가들의 노사정 거버넌스 사례에 비춰 보건데 노사정 거버넌스 시스템의 정상적 작동 여부에 영향을 미칠 수 있는 독립변수들은 다음과 같다.

첫째, 사회경제 주체의 조직적 자원과 전략이 노사정 거버넌스 시스템의 작동에 영향을 미친다. 특히 포괄적으로 조직되는 노조체제는 '집단적 최적 전략'(collectively optimal strategy)을 선호하여 노사정 거버넌스 시스템의 정상적 작동을 촉진하는 반면에, 기업별 노조체제는 '개별적 최적 전략' (individually optimal strategy)을 선호하여 노사정 거버넌스 시스템의 작동을 방해하는 경향을 보인다(Olson, 1982: 48).[6] 또한 사회경제 주체들로 하여금 온건과 절제, 대화 타협이라는 전략적 행동을 이끌어내는 신뢰문화를 의미하는 사회적 자본(social capital)은 노사정 거버넌스 시스템의 작동에 영향을 미치는 중요한 변수이다(Berger, 2002: 345-346).

둘째, 시장친화적인 경제사회의 틀이 노사정 거버넌스 시스템 작동에 영향을 미친다(Linz and Stepan, 1996: 11). 즉 국가가 시장에서 공정한 경쟁, 기업지배구조 개선, 경제력 집중 완화 등이 이뤄지도록 게임 규칙(법과 제도)을 마련하고 이 규칙이 준수되도록 감시하는 메커니즘이 존재할 경우 노사정 거버넌스 시스템의 정상적 작동이 가능한 반면에, 그러한 메커니즘이 부재하면 노사정 거버넌스 시스템은 불안정해지거나 붕괴될 개연성이 높아진다.

셋째, 정당체제가 사회경제적 균열을 제대로 대표하고 있느냐의 여부는 노사정 거버넌스 시스템의 성패에 영향을 미친다(Hamann and Kelly, 2007: 976-977). 계급 계층 갈등을 대표하는 사회민주주의 진영과 자유주의 진영으로 편성되어 있는 정당구도는 '온건한 계급 계층정치'(moderate class politics)를 통해 노사정 거버넌스 시스템 작동과 성패에 중요한 역할을 할 수 있다. 특히 노사정 거버넌스 시스템의 성공적 작동은 노동우호적인 중도 진보정당의 정치력(득표력, 의회 및 내각 점유율 등)에 의해 크게 영향을 받는다. 반면에 중도 진보정당의 정치력이 취약할 경우 노사정 거버넌스 시스템 작동은 실패할 개연성이 높다.

넷째, 노사정 거버넌스 시스템의 작동 성패는 시장에 개입하는 국가의 보

---

6) '집단적 최적 전략'이란 집단재, 즉 사회적 파이 증대, 국가경쟁력 제고, 노동 계급 전체의 이익 도모 등 사회 전체의 이익을 추구하는 전략을 지칭한다. 이에 반해 '개별적 최적 전략'은 예컨대 분산적 노조가 전반적인 사회적 파이의 크기를 감소시키는 것을 무릅쓰고 임금인상과 같은 자기 자신만의 이익을 얻으려고 노력하며 무임승차의 유혹에 빠져 있는 행태를 말한다(선학태, 2006: 71).

상 정책능력에 의해 영향을 받는다(Ebbinghaus and Hassel, 2000: 47-48). 정부정책이 사회협약의 타결과정에서 양보와 보상의 메커니즘을 통하여 노사 간 상호 협력하는 전략적 행동을 이끌어 낼 수 있을 때 노사정 거버넌스 시스템 작동은 정상화될 가능성이 높아지는 반면에, 그렇지 못할 경우 노사정 거버넌스 시스템은 와해될 수 있다(Elvander, 2002: 134-135).

마지막으로 정부의 정책결정 패턴이 노사정 거버너스 시스템에 영향을 미친다. 정부가 관료 전문가 중심의 정책결정 방식을 선호하는 경우 노사정 거버넌스 시스템 작동이 실패할 가능성이 높은 반면에, 사회 저변층의 다양한 이익과 요구들이 투입되는 민주적 정책결정 방식을 선택하는 경우 노사정 거버넌스 시스템 작동은 정상화될 수 있다.

3. 노사정 거버넌스 시스템의 실험과 한계

1) 김대중 정부의 노사정 정책협의 시스템

1998년 초 한국이 직면한 가장 절실한 과제는 IMF 관리체제라는 경제위기를 극복하기 위해 어떻게 국민적 합의를 끌어내느냐 하는 것이었다. IMF 관리체제는 노동-자본-국가 간의 갈등을 첨예화시키면서 한국 경제의 경쟁력을 저하시켰을 뿐만 아니라 그간 축적해온 한국민주주의의 지속가능성과 견고성(durability)을 위협했기 때문이다. 이런 상황에서 김대중 대통령 당선자는 민주주의와 시장경제를 병행하는 '민주적 시장경제'(democratic market economy)를 발전시키는 동시에 국민이 나라의 주인이 되는 참여민주주의를 강화하겠다고 선언했다. 그가 주창했던 민주적 시장경제의 핵심 사상은 '시장경제를 통한 경제효율성'과 '민주적 참여를 통한 사회형평성' 간에 조화와 균형을 달성하는 데 있었다. 경제의 모든 부문을 시장에 맡겨 둘 수 없으며 민주적 정부가 시장의 원활한 작동을 보장하고 사회경제의 낙오자와 열패자들에게 사회복지를 제공한다는 것이었다.

그런데 사회경제적 위기국면에서 서유럽 국가들의 사회경제 주체들은 정책협의에 기초한 노사정 거버넌스 시스템을 작동시켰다. 예컨대, 네덜란드의 노사정 거버넌스 시스템은 1980년대 초에 인플레이션, 투자감소, 실업증가, 복지비용 증가, 재정적자, 경쟁력 하락, 성장둔화로 이어지는 이른바 '네덜란드 병'(Dutch Disease)에 시달리는 사회경제적 위기 상황에서 작동되었다. 아일랜드도 1980년대 전반기의 저성장, 고실업, 재정적자 등의 경제위기 국면을 타개하기 위해 1987년에 정책협의 시스템을 작동시켰다. 그 결과 이 두 나라의 노사정은 생산성 및 경쟁력 강화와 사회적 형평성을 교환하는 상생의 대타협을 시도하였다(선학태, 2006: 431). 이와 마찬가지로 IMF 관리체제 하에서 김대중 대통령 당선자는 노동-자본-국가 간의 협력이 경제위기를 극복하는 데 필수 요건으로 인식했다. 따라서 그는 IMF 관리체제가 제공한 '기회의 창'(window of opportunity)을 이용하여 노동-자본-국가의 새로운 갈등조정 및 정책결정 패러다임을 창출하고자 했다. 즉 구조조정정치(restructuring politics)의 수행을 위한 '네트워크형 관리'(governance)의 제도화를 시도한 것이다. 이는 한국에서 민주적 시장경제라는 국정목표를 달성하고 위기관리를 위한 정책협의 시스템을 적극적으로 모색했음을 의미한다. 이 시스템을 통해 김대중 대통령 당선자는 IMF 관리체제 하에서 신자유주의적 경제정책을 추진하면서도 이로 인한 노사정 갈등을 조정하고 특히 노동의 고통을 공정하게 분담하고자 했다.

우여곡절 끝에 1998년 1월 15일에 경제위기의 극복과 이에 따르는 고통분담을 논의하려는 정책협의체인 '노사정위원회'가 출범했다.7) 정부, 한국노총, 민주노총, 전경련, 경총 등 핵심 사회경제 주체들이 참여하는 노사정위원회는 기업구조조정, 실업대책, 사회보장의 확충, 노동의 기본권, 노동시장의 유연화 등 정책어젠다를 토론한 뒤 1998년 2월 6일 '경제위기 극복을 위한 삼자 협약'을 체결했다. 이 노사정 '2·6 협약'은 a 노동시장의 유연화(정리해

7) 이하는 (선학태, 2003: 274-281)을 참조.

고 2년 유예 조항폐기, 기업경영상의 긴급 및 인수 합병 시 정리해고 가능, 파견근로제 허용), b 국민 대통합을 위한 건의, 즉 경제위기 원인에 대한 국회청문회 및 관련자 처벌, 부패 및 돈세탁 방지를 위한 입법화 추진, 고비용 저효율 정치구조 개혁, 노조의 정치활동 보장 등, c 공무원 직장 협의회 인정 및 교원 노조 허용, d 고용안정 및 실업대책(실업대책기금 5조원 확보, 실업급여를 최소임금의 70% 상당액을 60 일 이상 지급), e 노동 기본권 신장(실업자의 초기업 노조 가입자격 인정 등), f 사회보장 제도 확충(의료보험 통합, 4대 보험 통합대책 모색), g 기업의 경영 투명성 확보 및 구조조정 촉진(재벌의 결합재무제표 도입, 상호 채무보증 금지, 경영진의 책임 강화), h 정부개혁(정부조직 통폐합, 행정규제 완화) 등을 포함했다. 이처럼 2·6 협약의 내용은 노동문제에서 사회정책, 재벌개혁, 정치개혁에 이르기까지 포괄적 이슈를 담아내는 획기적인 사회적 대타협이었다.

이러한 사회적 대타협이 가능했던 것은 경제위기를 극복해야 한다는 사회경제 주체들의 절박성, 그리고 김대중 정부 하에서 사회경제 개혁에 박차를 가할 것이라는 노동의 기대감에 비롯된 것이라 볼 수 있다. 1998년 2월 25일 김대중 정부의 공식 출범과 함께 제2기 노사정 삼자 회담에서도 제1기 사회협약 중 고용안정 및 실업대책, 노사협력 관계 증진, 노동 기본권 신장, 사회보장 제도 확충, 기업의 경영 투명성 확보 및 구조조정 촉진 등의 5개의 주요 정책어젠다를 다시 채택했다. 이들을 토의하고 추진하기 위해 노사정위원회 산하 4개의 소위원회 및 3개의 특별위원회 등이 설치되었다. 그러나 제1기 노사정 삼자회담과는 달리 제2기 삼자회담에서는 민주노총의 불참으로 파행적인 운영을 경험했다. 이에 따라 노사정위원회의 위상을 강화하고 그 제도화를 촉진한다는 명분으로 내걸고 집권당은 국회에서 1999년 5월 '노사정위에 관한 법률'을 통과 시켰다.

그러나 노사정위원회는 정상적으로 작동하지 못했다. '2·6 협약'은 일반 노동자들의 강력한 저항에 봉착했다. 2·6 협약에 대한 한국노총의 반응은 그 지도부가 대의원들로부터 협상 전권을 위임받았기 때문에 상대적으로 온건했다. 이에 반해 민주노총은 그 지도부가 협상 전권을 부여받지 못한 상태에서 협상에 참여했기 때문에 조합원들로부터 거센 반발을 피할 수 없었다.

1998년 2월 민주노총 대의원들은 2·6 협약이 재벌개혁 및 고용안정에 기초하여 공정한 고통분담을 하기 위한 사회적 합의가 아니라 노동자에게 대량실업, 고용불안, 노조 약화를 강제한 것이라고 주장하고 2·6 협약을 거부하는 결의문을 채택한 후 총파업을 결의했다. 민주노총은 비록 부정적 국민여론 때문에 총파업은 유보했지만 2·6 협약의 시행을 반대하는 장기적 투쟁을 전개하기로 결의했다. 더구나 노사정위원회에서 끌어낸 합의 사항들이 정부 관계부처와 국회를 경유하는 과정에서 정리해고의 즉각적 합법화 등에서 보이듯이 노동에게 더 불리한 방향으로 변질되는 지경에 이르게 되자 상대적으로 보수적인 색채를 띤 한국노총까지도 노사정위원회에 대해 강한 반감을 표출했다.

공정한 고통분담에 대한 당초의 사회적 합의가 정부 및 자본에 의해 지켜지지 않는 것에 대한 노동 측의 실망감이 고조되었다. 물론 2·6 협약을 통해 노동시장 유연화 제도의 도입에 대한 대가로 민주노총 및 전교조의 합법화, 복지 등에서 노동자의 권리를 얻어내는 정치적 교환이 이루어졌다. 그럼에도 불구하고 민주노총 및 한국노총은 노사정위원회가 산업 및 금융부문의 구조조정의 비용과 고통을 공정하게 분담하는 방안을 모색하는 거버넌스 기구로서의 역할을 제대로 수행하지 못하는 '고무도장'(rubber stamp)으로 전락했다고 비판했다. 특히 민주노총은 정부정책을 승인하고 정부주도의 일방적인 신자유주의적 구조조정 프로그램을 정당화하는 기구로 전락되었다고 비판하고 노사정위원회에 불참을 선언했다. 한편, 재계는 정리해고의 즉각적 시행이 합법화되는 오랜 숙원을 달성한 마당에 노사정위원회의 제2기 삼자회담의 절실한 필요성을 느끼지 않았다. 재계는 공정한 고통분담은 대기업 구조조정 과정에서 자산매각, 경영진 해고, 사업축소, 빅딜, 워크아웃 등을 통해 이미 이뤄지고 있다고 주장했다. 1998~2000년 동안에 재계는 노사정위원회에 참여와 불참을 거듭하는 가운데 그에 대해 부정적 태도를 드러냈다.

이런 상황에서 노사정위원회의 많은 합의 사항들은 1998년 말 정기 국회에서 부결되거나 정부 관련 부처들 간의 의견차이로 의제로 상정조차 하지 못한 사태가 발생했다. 이에 따라 민주노총은 노사정위원회가 신자유주의 독트린에 입각한 대규모 인력축소 위주의 구조조정과 대량해고를 정당화하려는 정부와 사용자들만의 정책협의체로 전락했다고 보고 1999년 2월 대의원 총회에서 노사정위원회로부터의 탈퇴를 결정했다. 1997년 대선 이래 집권당과 정책연합을 시도해온 한국노총마저도 무차별적인 정리해고와 부당한 노동관행에 관해 심각한 우려를 표명하고 노사정위원회에의 참여와 불참을 거듭한 끝에 1999년 12월 노사정위원회로부터 철수를 감행했다. 이로 인해 노사정위원회의 파행적 운영은 불가피했고 동시에 노사분규도 급증했다. 재계, 노동계 어느 쪽도 노사정위원회에 신뢰를 보내지 않았다. 노사정위원회는 광범위한 구조조정으로 가중되고 있는 노동자들의 고통을 경감하고 보상할 수 있는 이렇다 할 방안을 모색하지 못했다. 그러므로 노동계, 특히 민주노총은 노사정위원회의 존립근거(raison d'etre)를 이해하지 못했고 1999년 말부터 노사정위원회는 노동의 불참으로 정부와 재계 간의 양자기구로 축소되어 파국의 중대 기로를 경험했다.

2) 노무현 정부의 노사정 정책협의 시스템

1990년대 후반 IMF 경제위기를 극복하는 과정에서 한국 경제체제는 글로벌화, 지식정보화 및 혁신주도형 경제로 전환되어 가는 가운데 거의 모든 산업에서 신자유주의적 구조조정과 노동시장 유연화가 진행되었다. 그 결과 비정규직 근로자가 빠른 속도로 증가하면서 고용불안 및 임금구조의 양극화가 심화되었다. 이처럼 산업구조와 노동시장이 양극화되면서 지속가능한 성장과 사회통합에 장애를 받았다.

앞에서 논의한 바와 같이, 김대중 정부에서 노사정 거버넌스 시스템은 정상적으로 작동하지 않았다. 이에 따라 노무현 정부는 김대중 정부에 이어서 정책협의 시스템과 이를 통한 사회적 대타협을 시도하지 않으면 안 되었다. 노동운동의 전력을 갖고 이로 인한 투옥까지 경험했던 노무현 대통령 후보가 집권에 성공한 사건은 노사정 관계의 획기적 변화를 예고했다. 실제로 집권 초기 노무현 정부는 '사회통합적 노사관계의 구축'을 위해 사회적 파트너십 형성과 민주적 노사정 관계를 정책브랜드로 제시했다. 따라서 김대중 정부에서 민주노총의 탈퇴로 무기력했던 노사정위원회는 '사회통합적 노사관계의 구축'의 제도적 장치로서 가장 주목을 받았다. 대통령이 직접 노사정위원회에 참가하여 그 위상을 높였다. 이에 힘입어 2003년 12월 한국노총과 경총과 노동부는 노사정위원회에서 손배 · 가압류 관련 사회협약을 체결했다. 이 협약에서 해당 조합원들의 몇몇 분신 사태까지 불러온 손배 · 가압류를 사용자측이 자제하는 대신 노동계 역시 합법적인 운동방식을 준수할 것을 약속했다. 나아가 2004년 2월에도 역시 한국노총과 경총을 중심으로 노사정 대화 테이블을 마련하여 '일자리 만들기 사회협약'이 체결되었다. 이 협약은 중앙 단위뿐 아니라 여러 지역 협약으로도 확산되어 가는 긍정적 효과를 보였다. 그렇지만 이 두 사회적 합의는 모두 중앙이든 지방이든 민주노총을 배제한 상태에서 이루어짐으로써 포괄성과 대표성을 갖지 못하는 한계를 드러냈다.

사실 노무현 정부 하에서 노사정 정책협의 시스템의 한계는 이미 정부가 출범한지 얼마 안 되어서 드러났다. 대통령은 2003년 8월 주 5일제 노동시간 단축안의 입법화에 대해 민주노총이 반대하자 노조를 특권집단, 불법 파업집단, 대기업노조의 이기주의집단으로 규정했다. 이를 계기로 정부의 노동에 대한 강경 정책이 감지되기 시작했다. 실제로 2004년 하반기에 지하철 노조 연대 파업, GS칼텍스노조 파업, 코오롱노조 파업에 대해 강경 진압으로 돌아서는 정부의 대응이 뚜렷해졌다. 더욱이 정부는 2004년 가을 공무원 노동자들의 파업에 대해 범정부 차원에서 강경 대응하는 모습을 보였고 단체행동의 금지 등 노동기본권을 거의 봉쇄하는 '권리보장법안'을 국회에서 통과시켰다. 공무원 노조는 이에 강하게 반발했고 정부는 대규모의 해고와 사법처리로 대응했다. 더불어 2003년 하반기이래 노동정책 입안과 실행이 경제부처들의 강력한 지지 하에 노동부로 일원화되었고 노사정위원회는 무기력한 조직으로 전락했다.

이러한 노동에 대한 강경 대응을 전개하면서도 노무현 정부는 2004년 6월 노사정위원회의 정상화를 보조하는 한시 기구로 '노사정대표자회의'를 출범시킴으로써 명실상부한 노사정 거버넌스의 틀을 갖추고자 했다. 노동-정부

간의 관계 악화로 인해 노사정 대표자회의는 별다른 역할을 수행하지 못하다가 2006년 6월 재개되었고 민주노총을 배제한 채 한국노총, 경총, 대한상공회의소, 노동부 등이 참여한 노사정대표자회의에서 9월 11일 '노사관계 선진화 로드맵'을 합의했다. 그 주요 내용은 대체노동의 확대, 부당해고 처벌의 완화, 정리해고 요건의 완화, 공익사업 확대 등 신자유주의 노동체제를 구성하는 요소들이었다. 더욱이 사회통합과 노사관계의 선진화를 표방하며 시작한 로드맵은 사용자에게 '쟁의 대항권'을 부여한 데 반해, 노동에게는 복수노조 허용과 전임자임금지급 금지 문제를 다시 유예하기로 규정했다(노중기, 2006: 24). 이에 따라 민주노총은 9 · 11합의가 새로운 신자유주의적 노동통제를 제도화하려는 '밀실 야합'이라 규탄했다.

물론 분규 조정 사례가 없지 않았다. 2005년 울산 건설플랜트 파업 사태에 대응하여 지역 시민단체가 적극적인 중재활동을 통해 당사자들 간의 지역협약을 이끌어냈다. 이것은 여수의 하이닉스 사내하청 분규에도 적용되어 몇 차례의 우여곡절 끝에 결국 2006년 협약 체결에까지 이르게 되었다. 그러나 2006년 최대 분규 중의 하나였던 포항 건설플랜트 노조의 포스코 본사 점검 농성 사태 등에서 볼 수 있듯이, 개별 노사가 풀기 어려운 노동 관련 사회적 갈등은 여전히 활화산으로 분출했다. 노사관계 선진화 입법과 관련된 한국노총과 경총이 주도한 '9 · 11 합의'에서 나타난 바와 같이 민주노총을 포함한 모든 이해관계자가 참여한 노동관련 사회적 대화와 협의의 테이블을 마련하는 것은 쉽지 않았다. 더욱이 2003년 이후 잇단 자살, 레미콘, 하이닉스, 울산 포항 대구 지역 건설 노동자 파업 등 폭발적으로 증가된 비정규직 노동자들의 쟁의에 대처하기 위해 정부가 발의한 '비정규직 보호법안'이 2년 간 지연되다가 2006년 11월 열린우리당과 한나라당의 주도에 의해 국회를 통과했으나 사회적 합의가 충분히 이루어진 것이 아니었다. 비정규직 보호법에 대해 민주노총과 민주노동당 등은 그 법이 더욱 비정규직을 양산시킬 것이라는 이유를 들어 격렬히 반대했다. 실제로 2007년 7월 이랜드 업체의 비정규직 쟁의사태가 보여 주었듯이, 비정규직 보호법은 비정규직 노동자들의 근로 조건을 보호하는 것이 아니라 오히려 비정규직 노동자 대량 배출과 이로 인한 격렬한 노사갈등이 예고되고 있었다. 이런 사례들은 노무현 정부 하에서도 노사정 거버넌스 시스템 작동에 의한 정책 추진이 제대로 이뤄지지 않았음을 말해 준다.

결국 노무현 정부에서 노사정 갈등관계는 본질적으로 김대중 정부의 그것과 크게 다르지 않았다. 몇 차례의 사회협약을 체결하기도 했으나 노무현 정부의 사회통합적 노사관계 및 사회적 대타협 등의 정치적 실험은 기대와는 달리 한낱 이데올로기적 레토릭으로 끝나 버렸다. 한편, 노무현 정부에서 민주노조운동 출신 활동가들의 정권 참여가 전방위적으로 확대되었다. 특히 노동정책 담당자들은 과거 노동운동에 직간접으로 참여했던 인사들로 충원되었다. 노동부 장관과 청와대 수석, 노사정위원장과 노동담당 여당 국회의원에 이르기까지 거의 모든 노동라인이 노동운동 출신이었다. 그러나 2004년 2월 일자리협약을 끝으로 노사정위원회는 정부의 가이드라인을 따르는 실무기구가 되어 정책결정 과정에서 무기력한 기구로 전락했고 대신 노동부가 노사정 관계를 주도했다. 노동부의 입장은 국무총리실을 중심으로 한 재경부, 산자부, 법무부, 행자부 등 정부부처의 견해를 고스란히 반영했다. 이는 노무현 정부에서도 대통령 자문기구로서의 노사정위원회가 거버넌스 기구로 제 기능과 역할을 수행하지 못함으로써 올바른 위상 정립이 되지 못했음을 말해 준다.

4. 노사정 거버넌스 시스템의 정상적 작동 제약 요인

1) 민주정부 하에서 시장경제와 민주주의의 긴장

서유럽 국가들은 글로벌 시장의 충격에 대응하는 노사정 거버넌스 시스템 작동을 통해 경제적 효율성과 사회적 형평성을 선순환시키고 노사정 갈등의 제도화를 통해 자본주의 시장경제와 민주주의를 성공적으로 공존시켜 왔다.

이는 노사정 거버넌스 시스템이 노사정 갈등을 제도화하는 수준에 따라 자본주의 시장경제와 민주주의의 공존 가능성 여부를 좌우하는 주요 변수가 될 수 있음을 보여 준다. 김대중 정부는 노사정 거버넌스 시스템 작동을 통해 복지제도의 확충과 노동권 신장과, 노동시장 유연화를 맞교환하고자 했다. 즉 노사정위원회의 합의에 따라 신자유주의적 구조조정을 추진하는 가운데 복수노조, 노조의 정치활동, 제3자 개입 금지 조항을 폐기했고 한국 복지체제에 국가책임을 강화하는 방향으로 제도적 확대를 가져 왔다. 노무현 정부에서도 노동문제에만 국한하지 않고 환경, 저출산 고령화, 교육, 차별, 빈곤, 국가균형발전 등 다양한 주요 국가적 의제에 관해 노사정, 전문가 및 주요 시민단체가 망라된 사회협약을 체결한 바 있다. 이처럼 두 민주정부는 노사정 거버넌스 시스템을 작동시켜 나름대로 갈등해결과 조정의 제도화를 통해 자본주의 시장경제와 한국민주주의의 공존 가능성을 열어 놓았다.

그러나 두 민주정부 하에서 노사정 거버넌스 시스템이 성공적으로 작동한 것은 아니다. 사회적 대화나 타협에 성공한 경험이 많지 않을 뿐만 아니라 비록 일시적으로 사회협약이 체결되어도 제대로 실천되지 않았다. 또한 정책협의와 사회적 대화를 위한 의제의 선정이나 협의회 구성・운영 등에서 이해관계자의 적극적 참여와 협력이 부족하였고 실효성 있는 성과에 이르지는 못한 경우가 대부분이었다. 예컨대 김대중 노무현 두 민주정부는 노사정위원회의 존재에도 불구하고 때때로 노동과의 충분한 정책협의 과정을 생략한 채 일방적으로 구조조정을 추진함으로써 노사정위원회를 무력화했다. 심지어 몇몇 보수 정치인들은 노사정위원회가 세비만 축내는 무용지물이 되었다고 주장하며 2005년 11월 관련법 폐기를 제안한 바 있다. 자유시장경제를 선호하는 그들은 노사정위원회가 자유시장의 원리에 반하는 것으로 인식했다. 사실 그들의 주장은 황당무계하지 않고 노사정위원회라는 노사정 거버넌스 시스템이 협력적 노사정 관계를 구축하는 데 실패하고 있다는 현실을 반영한다(Kim, 2006: 367).

한국에서 노사정 갈등은 지난 10여 년간 민주정부를 특징지을 수 있는 사회현상이 되었다고 해도 과언이 아니다. 노사정 관계를 바라보는 정치권은 물론이고 시민사회도 양분되었으며 이른바 '길거리 정치'(street politics)가 지속되었다. 한국이 '낭떠러지 사회' 혹은 '갈등공화국'으로 전락한 것이 아니냐 하는 불명예스러운 오명을 받을 정도였다. '길거리 정치'는 노사정 갈등의 제도화 실패를 상징한다. 이는 노사정 거버넌스가 갈등조정 시스템으로서 정상적으로 작동하지 않고 있으며 따라서 한국민주주의가 민주정부 하에서도 자본주의 시장경제와 선순환적으로 공존하지 못했음을 말해 주고 있다.

노사정 거버넌스는 정책결정이나 새로운 제도 도입 과정에서 이해관계 당사자들 간에 상충되는 이해를 조정하여 계급 계층 갈등을 최소화하고 정책의 실효성을 높임으로써 자본주의 시장경제와 민주주의를 공존시키는 유효한 시스템이다. 이런 점에서 한국민주주의가 자본주의 시장경제와 공존하지 못한 이유는 노사정 거버넌스 시스템의 제도화 지체에서 비롯된 것이다. 따라서 노사정 거버넌스 시스템의 정상적 작동을 제약하는 요인을 추적하면 우리는 왜 한국민주주의와 자본주의 시장경제가 공존하고 있지 못하고 있는지를 파악할 수 있다.

2) 노조의 조직력 취약과 신뢰문화 결핍

한국에서 노사정 거버넌스 시스템 작동을 방해하는 불리한 조건 중의 하나는 사회경제 주체, 특히 노동의 조직적 조건이 매우 취약하다는 사실이다(Yang, 2006: 217-220). 이 같은 한국 노동운동의 상황이 민주정부 하에서도 극도로 취약해지고 있다는 사실은 매우 역설적이다. 우선 한국의 노조조직률은 매우 낮다. 또한 한국의 단체협약은 10% 안팎 수준의 소수 근로자들에게만 적용된다. 스페인, 네덜란드와 같은 일부 서유럽국가들에서 낮은 노조조직률은 단체협약의 의무적 적용률 확대에 의해 상쇄되고 있다(Kim, 2007: 19). 이와는 달리 한국에는 전국 수준의 3자 타협에 의해 결정된 최저임금을 제외하고는 그러한 메커니즘이 존재하지 않는다. 게다가 한국의 기업별 중심의 노조는 정부와 사용주를 상대로 전투적 대결을 구사하며, 단위 기업노조의 단기적 이익극대화만을 노리는 '개별적 최적전략'에 주력하거나 무임승차의 유혹을 떨쳐버리지 못한다. 더욱이 한국의 기업별 노조체제에서 단체협상은 기업 수준으로 분권화되어 있고 설령 산별 수준의 협약이 체결되어도 지역 및 위 사업장의 노조에게 실질적인 구속력을 갖지 못한다. 한마디로 전국 차원의 사회협약이 개별기업 수준의 협상에 별다른 구속력을 발휘하지 못한다. 이런 조건에서 노사정 거버넌스 시스템이 정상적으로 작동되기를 기대하기란 쉽지 않다.

한편, 한국에서 노사정 거버넌스 시스템이 제대로 작동하지 못한 것은 사회적 파트너들 간에 신뢰문화가 부족하여 자신의 특수이익만을 추구하는 '죄수 딜레마 게임'적인 갈등구조가 상존하기 때문이다. 한국 사회에서 혈연, 지연, 학벌, 인맥 등을 중심으로 형성된 개인들 간의 사적 신뢰는 높다. 그러나 인간관계를 지배하는 강한 연줄 편향성은 사회의 커뮤니케이션 구조를 이중적으로 만들고 있다. 이해관계에 기초한 '우리 집단'은 이해관계를 달리하는 '남의 집단'에게는 매우 폐쇄적이다. 말하자면 집단 내의 구심력이 강화되는 반면에 사회 전반적으로 원심력이 증대하고 있다. 이러한 이중성은 노조와 사용자 집단 사이의 대화와 협의를 제약하고 그들 간의 협력이나 이해관계 조정을 어렵게 한다. 이런 까닭에 각종 사회경제적 이슈를 중심으로 노사정 간에 극단적인 갈등과 대립을 벌이는 일이 매우 잦다.

민주화 이후 시민사회에서 노동운동은 보수언론을 통해 '국가경쟁력을 저하시키는 강성노조의 파업', '투자의 발목을 잡는 족쇄', '노조이기주의' 등 반경제적 반민주적인 상징처럼 묘사되어 왔다. 글로벌 경쟁력을 갖춘 수출 대기업들은 한국의 국가경쟁력과 위상을 높이는 자랑스런 이미지로 각인된 데 반해, 노동운동은 투자와 성장, 시장효율성과 경쟁력의 걸림돌로 비난되는 반노동적인 사회문화가 확산되었다. 이런 조건에서 노동의 협력과 타협을 유도하여 사회적 대화와 협의 시스템의 작동으로 갈등을 제도화하고 조정할 수 있는 민주주의의 기반은 끊임없이 위협받는다.

나아가 한국 사회에서 공적인 신뢰의 기반이 취약하다. 이는 바로 사회적 규칙이나 규범의 생산 및 적용을 담당한 정치인, 관료에 대한 불신에서 온다. 예컨대 민주정부 하에서 대통령과 사적인 의리나 신뢰관계를 갖는 가신과 측근들이 공적 채널을 통해 선발된 인재보다 더 비중 있는 정책결정 자리에 포진되는 사례가 많았다. 또한 인·허가권을 이용하여 뇌물을 받는 등 공적 자원을 사유화하는 관료들의 지대추구(rent-seeking) 현상이 빈발한다. 재벌대기업도 뇌물, 정경유착, 로비, 사후 기업직위 보장 등을 통해 자신들에게 유리한 법과 제도 제정, 정책결정 및 집행을 유도한다. 이는 최근 현대자동차 및 삼성 총수의 비자금 조성 사건에서 여실히 드러나고 있다. 재벌 대기업에서는 기업을 가족사업으로 인식하고 족벌, 연고자를 중심으로 경영하는 풍토가 아직도 존재한다. 이처럼 기업 내부의 사적 신뢰관계에 기반을 둔 철저한 수직적 연계화는 필연적으로 총수 1인에게 권한이 과도하게 집중되는 구조를 만들어낸다. 기업 내부의 수직적 위계화 못지않게 대기업과 중소기업 간의 수직적이고 불평등한 하청관계도 한국 사회의 신뢰문화 결여를 보여 주고 있다. 이 모든 것은 사회경제 주체들 간의 공적인 신뢰관계를 떨어뜨려 노사정 거버넌스 시스템 작동을 사실상 불가능하게 한다.

3) 재벌체제 개혁 실패

노사정 거버넌스 시스템이 정상적으로 작동하기 위해서는 경제사회, 즉 시장의 민주화를 요구한다. 여기에서 우리는 경제사회의 민주화를 위해 경제력 집중과 시장을 지배하고 있는 한국 재벌에 주목하지 않을 수 없다. 재벌체제의 개혁 문제야말로 민주화 이후 노동의 협력을 끌어내어 노사정 거버넌스 시스템의 정상적 작동을 통해 한국민주주의와 자본주의 시장경제의 공존 가능성 여부를 가늠하는 시금석이었다. 재벌체제의 유지와 민주주의의 발전은 양립하기 어렵기 때문이다.

김대중 및 노무현 두 민주정부는 실질적인 재벌개혁을 통해 노동의 협력을 끌어내어 사회적 대화 협의 시스템을 정상적으로 작동시키고 이로써 한국 민주주의를 공고화할 수 있는 조건과 기회를 가졌다. 두 민주정부의 집권세력은 보수 기득권층에 지지기반을 두지 않았기 때문이다. 특히 김대중 정부는 수평적 정권교체에 따른 광범한 대중의 지지라는 확고한 사회적 기반도 갖추고 있었고 집권 초기 재벌에 대해 그 이전 어느 정부도 누려 보지 못한 정책자율성을 가졌다는 점에서 재벌개혁에 대한 기대감은 그 어느 때보다 높았다. 외환위기 직후 재벌 대기업은 사실상 자신의 운명을 민주정부에 위임할 수밖에 없을 정도로 재벌의 힘과 영향력이 취약했기 때문이다.

그러나 기대와는 달리 김대중 및 노무현 두 민주정부는 집권과 동시에 재벌개혁을 약속했지만 집권 초기를 지나면서 민주주의의 가치와 규범에 상응하는 새로운 시장구조를 발전시키지 못했다. 우선 김대중 정부는 '민주적 시장경제론'이라는 국정철학의 표방에도 불구하고 재벌 중심의 경제성장에 초점을 맞춘 신자유주의적 시장경제로 경도되었다. 노무현 정부 또한 재벌개혁에 성공했다고 평가할 수 없다. 그는 대선 후보 시절 "재벌 돈 받고 선거 치르면 재벌정치하고 서민 표 받으면 서민정치 한다."라고 절규하면서 "재벌을 개혁한 최초의 대통령이 되고 싶다."고 설파했다. 그러나 재벌의 지배구조 개선에 이렇다 할 효과가 나타나지 않았다.

결국 민주정부의 재벌개혁은 좌절되었다. 물론 1997년 경제위기 이후 민주정부 하에서 재벌개혁 및 기업지배구조 개선을 위한 법과 제도의 변화가 없었던 것은 아니다. 예컨대 사외이사제, 주식회사의 외부감사에 관한 법률, 감사위원회 설치, 소액주주권 강화, 독점규제 및 공정거래에 관한 법, 증권집단소송제 등 결코 그 의미를 과소평가할 수 없는 법적·제도적 개선 조치를 시행하였다. 그러나 민주정부 하에서 한국 재벌의 경제적 독점과 시장지배력 구조는 큰 틀에서 변화가 없었다. 상위 재벌 대기업의 경제력 집중과 시장지배력은 이전 권위주의 시기보다 더 강화되었다. 이는 한국의 사회경제적 민주주의 위기를 심화시키는 요인이라 하지 않을 수 없다. 그 결과 재벌 대기업과 중소기업 간의 양극화는 심화되었고 고용불안과 실업에 따른 소득불평등은 악화되었다. 대기업과 중소기업 간의 원하청 불공정 하도급 거래 시정, 대기업 기업경영에의 노동 참여 등은 이뤄지지 않았다.

한국 사회에서 자본권력의 거대화로 나타나는 대재벌의 존재는 노사정 거버넌스 시스템의 작동을 저해하는 결과를 낳는다. 대재벌은 여러 채널을 통해 정부의 정책 결정 및 집행을 유리하게 이끌어 낼 수 있다. 그들은 청와대

비서진, 장차관을 비롯한 고위 정부관료, 유력한 정치인, 법조계, 언론계와의 혼맥 학연 지연 등 사적 유대를 형성하여 정부의 정책결정 및 집행 과정에 영향력을 행사한다. 또한 그들은 대학·연구소·언론매체 등을 소유하거나 그에 대해 재정적 지원을 통해 친기업적·친시장적 분위기와 신자유주의적 가치와 관점을 확산함으로써 정부의 정책결정 및 집행을 자신들에게 유리하게 이끌어낸다. 한마디로 민주정부의 정책결정 및 집행과정에서 대재벌의 영향력은 제어되지 않았다. 이런 현실에서 노사정 거버넌스 시스템의 작동은 사실상 어렵게 된다.

재벌이 국가경제를 좌지우지하고 정부의 재정과 업적이 소수 재벌대기업이 이룩한 실적에 의존할 수밖에 없게 됐다. 결국 대재벌의 구조적 힘은 정부로 하여금 재벌의 사업신뢰(business confidence)를 조성해 주는 방향에서 경제정책을 결정 및 집행하도록 했다. 이 점에서 노무현 대통령도 "권력이 시장으로 넘어갔다."라고 실토한 바 있다. 이런 대재벌의 막강한 구조적 힘은 노동을 노사정 거버넌스 시스템으로 견인하는 것을 어렵게 한 요인이다.

4) 복지제도의 낙후

IMF 관리체제 이후 상시 구조조정 과정에서 발생한 시장 실패자 혹은 낙오자들에 대해 보상을 하기 위한 복지 프로그램이 마련되지 못한 것이 노사정 거버넌스 시스템의 작동을 어렵게 하는 요인으로 작용했다. 한국은 여전히 복지제도의 저발전 수준에 머물러 있다.

첫째, 우리 국민의 상당수는 민주정부 하에서도 여전히 사회보험체제에서 배제되었다. 사회보험은 제도적 차원에서는 비정규직을 포함한 모든 근로자들을 가입대상으로 하고 있었험)에서 정규직 근로자는 98~99%가 가입해 있지만 비정규지만 실제 그 가입률은 매우 낮았다. 전체 근로자의 약 56%를 차지하는 비정규직 근로자들이 사회보험의 사각지대에 놓였다. 산재보험을 제외한 주요 사회보험(국민연금, 건강보험, 고용보직 근로자의 가입률은 33~35% 수준에 불과하다. 의료비 지출에서도 건강보험제도에 의한 보장률은 63%

(2005년)에 불과하여 40% 가까이는 본인의 부담으로 되어 있다. 비정규직 근로자, 영세 중소기업 근로자 그리고 영세자영업자 등 정작 사회보험의 최우선 적용대상이 되어야 할 근로자들 상당수가 수혜 대상에서 배제되거나 혹은 가입자격이 있는데도 실제 가입하지 못했다. 한국의 사회보험의 틀은 안정적인 근로경력과 보험료 납부능력을 갖는 대기업과 중견기업들의 정규근로자에 유리하게 설계되어 있기 때문이다. 그 결과 어떤 의미에서 한국 사회보험제도는 오히려 소득격차를 넓히는 요인이 되었으며 소득재분배와 소득불평등 완화에 별로 기여하지 못한다.

둘째, 빈곤층 보호를 목적으로 한 공공부조인 국민기초생활보장제도도 모든 빈곤층을 포괄하지 못하고 있다. 물론 최저생계비 이하의 소득계층(전체 인구의 3%)에게 근로능력의 유무에 관계없이 생계·의료·교육·주거 등의 영역에서 통합적으로 급여를 지급하고 있다. 그러나 비수급 빈곤층이 전체 인구의 3.7%(177만 명)에 이르고 있어 사각지대가 크다. 소득이 최저생계비 이하임에도 부양의무자가 있다는 이유로 상당수의 빈곤층이 기초생활보장의 수급자에 포함되지 않았다. 잠재적 빈곤층인 차상위계층도 공공부조제도의 사각지대에 놓였다. 이처럼 광범위한 취약근로계층이나 빈곤계층이 기초적 생활보장을 받지 못한 것은 사회통합을 저해했다.

셋째, 두 민주정부 하에서 보육, 교육, 보건의료, 요양 등의 사회복지서비스를 국가가 포괄적으로 책임지는 시스템이 아직 구축되지 않고 있다. 노무현 정부 하에서 일인당 소득 수준은 2 만불에 근접했지만 삶의 안정성 내지 사회적 위험에 대응하는 공공서비스의 측면에서는 매우 취약했다. 예컨대, 한국의 공공주택비율은 3.4%로, 영국 22%, 독일 20%에 비해 턱없이 낮다. 선진국들의 경우 전체 병원 중 공공병원이 차지하는 비중이 70~80%에 이르는 데 반해 우리의 경우 10% 수준에 불과하다. 교육 역시 중학교까지 의무교육제가 실시되고 있지만 사교육비 지출이 GDP의 7~8%에 이르러 OECD 국가 중 가장 높은 사교육비 지출을 보이고 있다. 결국 주거, 교육 및 의료 등 생활의 가장 기본 욕구에 대한 본인의 소득의존도가 높다는 사실은 사회적 안전망이 미비하여 개인의 소득중단이나 소득감소에 의해 생활 자체가 위험에 빠질 수 있다는 것을 말해준다.

이와 같이 복지제도의 미흡으로 인하여 IMF 관리체제 이후 발생한 빈곤층, 고용불안, 중산층의 붕괴, 빈부격차 확대, 청년실업, 신용불량자 등 이 모든 문제는 한국 사회에 불평등과 차별과 소외의 심화 현상을 야기한다. 이로 인해 범죄, 살인, 마약, 자살 등의 증가로 이어지는 사회해체 현상이 확산되었다. 사회복지 수준은 사회보장(복지)비 지출 수준이 집약적으로 확인해 준다. 노무현 정부 하에서 사회보장 비중은 GDP 대비 8.6% 수준으로서 OECD국가(2003년 현재 평균 21.8%) 가운데 멕시코 다음으로 최하위권에 머물렀다. 결론적으로 김대중 노무현 두 민주정부 하에서도 한국은 아직 양적 질적으로 '복지후진국'이었다. 이런 조건에서 노사정 거버넌스 시스템은 사회적 대타협을 끌어낼 수 없었으며, 따라서 자본주의 시장경제와 한국민주주의 간의 공존 가능성은 지체 현상을 보일 수밖에 없었다.

5) 사회경제적 균열을 투영하지 못한 정당체제

한국의 정당체제가 사회경제적 균열과 갈등을 대표하는 방향으로 제도화되지 못한 것은 노사정 거버넌스 시스템의 정상적 작동을 방해하는 주요 요인이 되고 있다. 매우 실망스럽게도 김대중 정부는 지역에 기반을 둔 보수·중도 독점적 정당체제를 개혁하는 데 그 어떤 진지한 시도도 하지 않았다. 김대중 대통령은 민주화운동을 전개하고 최초로 정당 간 수평적 정권교체를 이룬 과정에서 노동자와 농민, 도시 서민과 중산층들에 많은 정치적 부채를 안고 있었다. 따라서 지역중심의 보수·중도 독점 정당체제를 허물고 사회경제적 균열과 갈등의 축을 반영하는 정당체제로 개혁하는 것이야말로 그의 지상과제였다. 그러나 김대중 정권은 노동자와 농민, 서민과 중산층의 이익을 정치적으로 동원하고 대표할 수 있는 정당체제를 정착시키는 데 관심을 두지 않았다. 대신 충청지역에 지지기반을 둔 냉전보수주의의 원조인 자민련과의 지역정당연합과 연립정권을 유지하는 데 급급했다. 이러한 지역 중심의 과잉 비대화된 보수·중도 독점 정당체제에서는 노동의 협력을 끌어낼 수 없기 때문에 노사정 거버넌스 기구인 노사정위원회의 정상적 작동을 기대할 수는 없었다.

노무현 정부 하에서도 한국 정당체제의 본질적 변화는 크지 않았다. 정당의 정체성을 보여 주는 가장 주요한 기준은 지역과 냉전-평화(탈냉전) 균열 축이었다. 사회경제적 차원에서 볼 때 민주노동당을 제외한 모든 정당들은 이념적 차이가 크지 않았다. 예컨대, 열린우리당은 언필칭 '서민과 중산층의 정당' 또는 '실용 중도개혁정당'을 표방했지만 그것은 한낱 정치적 레토릭에 불과할 뿐, 사회경제적 차원에서 한나라당과의 이념적 정체성은 크게 다르지 않았다. 지역 중심으로 과잉 비대화된 보수·중도 정당들은 효율성과 경쟁력과 성장을 주창했다.

IMF 관리체제 이래 엄청난 사회적 균열과 갈등을 경험했음에도 불구하고 노사관계, 복지, 기업지배구조 개혁, 노동의 경영참여, 보건의료, 교육, 저출산, 고령화, 환경 등의 사회경제적 이슈에 관한 정책 차별성이 정당 간 경쟁의 축을 만들지 않았다. 시민사회의 영역에서 세계화 세력과 반세계화 세력 사이의 갈등과 대립이 치열하게 전개되었어도 이러한 사회적 균열과 갈등은 정당에 의해 정치적으로 동원되고 대표되지 않았다. 노무현 정부가 한미 FTA 추진을 발표하고 협상을 전개하고 있을 때 열린우리당과 민주당과 한나라당 등 보수정당으로부터 이렇다 할 비판이나 건설적이고 창의적인 정책대안이 제기된 일이 없었다. 그리고 2006년 말 국회에서 열린우리당과 한나라당은 양당이 합세하여 비정규직 근로자를 양산시킨 '비정규직 보호법'을 통과시키는 데 앞장섰다. 이런 사례들은 한국 정당들 간에 사회경제적 이슈에 관한 정책 차별성이 없음을 극명하게 확인해 준다.

정당체제를 비롯한 한국의 정치적 대표체제가 왜곡된 데에는 시민사회의 책임이 없지 않다. 즉 시민사회의 지역갈등이 다른 모든 갈등을 압도하는 단일의 가장 강력한 정치적 변수이다. 그 결과 신자유주의적 시장경제가 야기하는 빈곤층과 저소득층과 비정규직 근로자들을 비롯한 사회경제적 약자와 소외세력의 이해가 정치적으로 대표될 가능성은 희박해진다. 사회경제적 양극화와 같은 본질적 갈등이 정당체제를 통한 제도적으로 표출되진 못한 것이다. 이런 현실에서 정책결정과 집행과정에 노동, 복지, 교육, 비정규직 근로자, 여성, 환경, 빈곤층, 실업 등의 문제를 놓고 정책 이해관계자들이 참여하는 거버넌스 시스템은 정상적으로 작동될 수 없었다. 노사정 거버넌스 시스템의 작동은 사회경제적 이슈와 이로 인한 갈등을 반영하는 정당들 간 정책협의의 뒷받침을 통해 가능해지기 때문이다.

지역 중심의 과잉 비대화된 보수·중도 독과점 정당체제는 서민과 노동의 배제를 특징으로 한다. 노동이 비록 여러 특수이익 가운데 하나라 하더라도 그들은 사회에서 양적 규모로 볼 때 중요한 세력이고 사회의 주요 생산자 집단이다. 따라서 경제발전과 성장, 그리고 정치안정을 위해 노동과의 파트너십 형성은 중요하다. 노동의 이익과 관점이 공론의 장에서 중요 의제로 인정되지 못하고 정치적으로 대표하지 못하는 것은 그들을 노사정 거버넌스 시스템으로 견인할 수 없다.

6) 관료·전문가 중심의 정책결정

시장경제와 민주주의 간의 공존 가능성과 한계를 규정하는 노사정 거버넌스 시스템의 작동은 정부의 의사결정 방식에 의해 영향을 받는다. 이 점에서 관료 전문가 중심의 정책결정 방식은 노사정 거버넌스 시스템의 작동을 어렵게 한다.

민주정부 하에서 청와대와 정부의 각 부처의 주변에 정책자문을 위한 각종 위원회들의 설치가 증가했다. 그 위원회들은 정부관료를 포함해서 386 운동권 세대 및 시민단체 출신들을 비롯한 진보적이고 개혁적인 인사들로 포진되었으며 정책결정 과정에 대학 교수, 연구단체들에 소속된 전문가 집단의 참여가 두드러졌다. 그러나 위원회의 설치에도 불구하고 정권이 출범한지 얼마 되지 않아 민주정부의 정치엘리트들은 권위주의 정부 못지않게 관료에 포획되곤 했다. 민주정부들은 이해관계자들과의 정책협의 시스템을 구축하기보다는 과거 권위주의 시대의 폐쇄회로적이고 관료 전문가 중심의 정책결정 방식에 습관적으로 익숙했다.

김대중 정부는 정책 형성과정에서 시민, 노동 및 기타 반대세력의 참여를 배제하고 관료의 정책능력에 의존했다. 또는 시민단체-노동과 연합하여 정책을 결정·실행하기보다는 군소정당의 흡수, 표적 사정을 통한 야당 의원 빼오기 등의 정치수단을 통해 국회를 장악하고 권력 안정화를 시도했다. 이런 현실에서 당시 IMF 관리체제 하의 경제적 구조조정 과정에서 김대중 정부가 결국 의지할 수 있는 것은 관료 전문가 집단뿐이었다. 물론 김대중 정부는 노사정위원회라는 정책협의체를 설치하여 사회적 대화와 협의 시스템을 작동시켰다. 그러나 이는 김대중 집권엘리트들의 정책결정 패러다임이 변화한 것이 아니라 IMF 관리체제 하에서 신자유주의적 구조조정을 추진하는 과정에 노동 측의 저항과 불만을 최소화하려는 의도에서 비롯된 것이라는 의혹이 짙다. 노사정위원회의 설치에도 불구하고 김대중 정부는 노동과의 충분한 협의 과정을 생략한 채 일방적으로 구조조정을 추진했으며 그 결과 노사정위원회의 파행적인 운영이 불가피했다.

이 같은 관료 전문가 중심의 정책 스타일은 참여정부를 표방했던 노무현 정부에서도 크게 달라지지 않았다. 많은 위원회를 구성했지만 결과적으로 관료 전문가 중심의 정책결정을 보완하는 기능으로 전락했다. 위원회에서 합의된 사항은 언제나 정부의 가이드라인을 크게 벗어나지 못했으며 때때로 위원회에서 이루어진 실질적 합의는 관련 정부 부처에 의해 묵살되곤 했다. 위원회가 시민사회의 실질적인 정책참여의 통로로서가 아니라 정부의 정책결정에 정당성과 면죄부를 부여하는 방식으로 활용되곤 했다(윤상우, 2007: 101). 이 때문에 대부분의 위원회는 무늬만 사회적 협의체이지, 실제는 그 활동이 유명무실했고 정부 부처의 하위 보조기구로 전락했다.

노무현 정부에서 관료 전문가 중심 정책 스타일의 가장 두드러진 사례는 한미자유무역 협상 추진 과정에서 보여 준 정책결정의 절차적 정당성 문제라 하지 않을 수 없다. IMF 관리체제보다 더 큰 시장의 충격파를 몰고 올지도 모를 중대한 국가적인 정책사안에 대하여 정책 추진자들은 시민사회 및 정치사회에서 충분한 공론화 과정을 밟지 않았을 뿐만 아니라 국민, 특히 가장 직접적인 이해당사자들인 노동자, 농민, 중소기업 등을 이해시키고 설득시킬 수 있는 대내적 협상과정을 생략했다. 이것은 민주적 정책결정 방식이 아니며 노사정 거버넌스 시스템과는 정면으로 상충되는 의사결정 방식이라 하지 않을 수 없다. 대통령을 비롯한 정부의 경제정책 결정자들이나 주변의 정책서클에 속한 전문가들 중심으로 이뤄진 정책 실행과정에서 노동자와 농민, 서민과 중산층 등을 포함한 시장경제의 실패자 낙오자 등 사회집단들은 배제, 소외되었다. 이러한 폐쇄회로적 결정 방법은 권위주의체제에서 관찰되는 전형적인 관료 전문가 중심의 정책결정방식의 전형이다(최장집, 2006: 98). 일반적으로 정부의 경제정책에 참여한 관료와 전문가들은 시장만능주의와 신자유주의로 무장되어 있다. 따라서 그들은 한미 FTA 체결이 가져올 '일자리 없는 성장'과 사회경제적 양극화가 지속적인 경제발전과 사회발전에 지극히 부정적인 영향을 미칠 수 있다는 문제의식에 둔감했다. 그 결과 참여정부는 시민단체, 노동자, 농민 등에 의해 전개되는 격렬한 반 FTA 저항운동에 직면하여 엄청난 사회적 갈등 비용을 치르지 않으면 안 되었다.

민주화 이후 우리 사회에는 계급 계층 갈등이 복합적으로 분출했다. 특히 특수이익들이 폭발적으로 증가하는 사회현상을 보였다. 노동은 자신들의 이해관계에 영향을 미치는 정책 토론 및 결정을 위한 라운드 테이블에 자본과 더불어 참여할 수 있기를 기대한다. 민주주의는 기본적으로 시장경제의 낙오자 실패자 등 절대적 상대적 박탈 계층, 사회 저변층의 요구와 이익이 투입되는 체제이기 때문이다. 그러므로 정부가 정책이나 개혁안을 하향식 의사결정(top-down decision-making) 방식으로 밀어부칠 때 시장경제의 낙오자 실패자들과의 충돌과 갈등은 필연적이다.

5. 맺음말

제1장은 노사정 거버넌스 시스템의 작동 성패가 자본주의 시장경제와 민주주의 의 공존 가능성과 한계를 규정한다는 관점에서 김대중 노무현 정부의

노사정 거버넌스 시스템 사례를 분석했다. 두 민주정부는 노사정 거버넌스 시스템을 작동시켜 계급 계층 갈등을 조정하는 제도화를 통해 자본주의 시장경제와 민주주의의 공존 가능성을 열어 놓았다. 그러나 한국의 노사정 거버넌스 시스템은 노조의 약한 조직력과 사회경제 주체들의 신뢰문화 결핍, 재벌체제 개혁 실패, 사회경제적 균열을 대표하지 못한 정당체제, 국가의 복지제도 미흡, 기술관료 정치 등으로 인해 정상적으로 작동하지 못했다. 그 결과 노동자와 중산층은 '거리정치'를 통해 자신들의 요구와 주장을 관철하려 했다. 이는 두 민주정부 하에서 노사정 거버넌스가 갈등조정 시스템으로서 정상적으로 작동하지 못했으며, 따라서 한국 정치경제에서 자본주의 시장경제와 민주주의 간의 공존 가능성이 지체되고 있음을 의미한다.

이러한 분석 결과를 통해서 우리는 한국 노사정 거버넌스 시스템의 정상적 작동을 위한 실천적 개혁패키지를 이끌어 낼 수 있다. 첫째, 시민사회에서 분산적 기업별노조체제를 산별노조체제로의 전환을 통해 노조의 조직력이 강화되어야 한다. 또한 사회경제 주체들 간의 대화와 타협, 관용과 포용으로 문제를 해결하는 사회적 자본의 축적이 필요하다. 둘째, 재벌의 지배구조 개선 및 경제력 집중 완화가 이뤄져야 한다. 셋째, 사회경제적 균열이 정치사회에 투영되는 '온건한 계급정치'가 작동될 수 있도록 균형 잡힌 보수-중도-진보 정당블록구도가 형성되어야 한다. 넷째, 사회경제적 시민권이 확대되어야 한다. 특히 복지시민권의 보장은 시장의 변덕과 횡포로부터 노동을 보호하고 신자유주의적 구조조정의 비용을 보상함으로써 노동의 노사정 거버넌스 시스템에의 참여를 촉진할 수 있다. 다섯째, 정부의 정책결정 패턴이 사회 저변층의 다양한 이익과 요구들이 투입되는 상향식(bottom-up input)으로 제도화해야 한다. 이와 같은 각 부분체제(partial regime)의 개혁이 이루어질 때 노사정 거버넌스 시스템은 계급·계층갈등의 제도화를 유도해냄으로써 한국민주주의와 자본주의 시장경제 간의 공존 가능성을 높일 수 있을 것이다.

나아가 한국 노사정 거버넌스 시스템의 외연적 확장과 내포적 심화를 위해서는 몇 가지 조건을 요구한다. 첫째, 정부는 사회협약 체결 및 집행과정에서 협약 주체들에게 다양한 유인책을 제공하는 적극적 역할을 수행해야 한다. 둘째, 사회협약 체결 및 집행과정에 정규직 노조 및 사용자단체의 대표에 국한하지 않고 비정규직, 실업자, 여성, 농민, 시민단체 등 다양한 이해관계 단체의 대표들이 참여하는 것을 제도화해야 한다. 셋째, 사회협약의 내용에 있어서도 임금결정과 근로조건 뿐만 아니라 직업교육훈련, 노동시장 유연성, 공교육, 환경, 보건의료, 사회보장정책, 저출산·고령화, 문화 등에 이르기까지 폭넓은 사회경제적 이슈를 포괄해야 한다. 넷째, 노사정 거버넌스 시스템은 글로벌 시장화에 적응하기 위한 협상시스템의 분권화와 집중화(전국적·부문적·지역적·기업 수준의 연계 협상), 유연화와 안정성이 교차하는 혁신성을 보여야 한다.

이와 같은 조건을 갖춘 노사정 거버넌스 시스템은 일견 양극단적 가치인 것처럼 보이는 효율성과 형평성, 경쟁력과 사회적 연대 등의 가치를 조화시키고 생산성연합(productivity coalition)과 분배연합(distribution coalition)을 '기능적'으로 연계시킬 수 있다(Rhodes, 2003: 135-137). 이를 통해 노사정 거버넌스는 글로벌 시장의 진전에 따른 외부의 충격과 도전을 흡수 여과시킴으로써 사회의 긴장과 갈등을 조정하고 사회통합을 지향함으로써 자본주의 시장경제와 한국민주주의를 공존시키는 데 크게 기여할 수 있을 것이다.

민주주의를 진정으로 열망하는 세력은 시장경쟁의 낙오자와 열패자, 즉 실업과 저임금과 고용불안에 떨고 있는 집단과 계층이다. 그들은 시장경쟁이 만들어내는 불평등과 소외와 차별을 시스템을 통해 완화해 주기를 바란다. 그들이 제기하는 개혁 어젠다 가운데 가장 우선순위는 사회경제적 시민권을 보장하는 실질적 민주주의라 할 수 있다. 이에 부응할 수 있는 시스템이 노사정 거버넌스이다. 노사정 거버넌스 시스템은 정책결정 및 집행 과정에 이해관계자 대표를 직접 참여시켜 정치적 시민권은 물론이고 사회적·경제적 시민권을 신장하는 데 기여할 수 있을 것이다. 바꿔 말하면 노사정 거버넌스 시스템의 정상적 작동은 절차적 민주주의의 심화를 통해 자본주의 시장경제가 야기하는 사회경제적 불평등과 차별과 소외와 배제를 완화함으로써 실질적 민주주의를 진전시키는 효과가 있을 것이다.

참고문헌

노중기. 2006. "노무현 정부의 노동정책: 평가와 전망." 『산업노동연구』. 제12권, 제2호. 1-28.

선학태. 2003. 『한국정치경제론: 현상분석과 새로운 패러다임』. 서울: 심산.

선학태. 2006. 『사회협약정치의 역동성: 서유럽 정책협의와 갈등조정 시스템』. 서울: 한울.

윤상우. 2007. "민주화 이후 관료독점적 정책생산구조의 변형과 재편." 『동향과 전망』. 제69호. 131-155.

임혁백. 2000. 『세계화시대의 민주주의』. 서울: 나남.

최장집. 2006. 『민주주의의 민주화: 한국민주주의의 변형과 헤게모니』. 서울: 후마니타스.

Berger, Stefan. 2002. "Social Partnership 1880-1989: The Deep Historical Roots of Diverse Strategies." in Stefan Berger and Hugh Compston(eds.). *Policy Concertation and Social Partnership in Western Europe: Lessons for the 21st Century*. Oxford: Berghahn Books, 335-352.

Cohen, Joshua and Joel Rogers. 1992. "Secondary Associations in Democratic Governance." *Politics and Society*. Vol. 20, No. 4, 393-472.

Compston, Hugh. 2002. "The Strange Perspective of Policy Concertation." in Stefan Berger and Hugh Compston(eds). *Policy Concertation and Social Partnership in Western Europe*. 1-16.

Ebbinghaus, Bernhard and Ankel Hassel. 2000. "Striking Deals: Concertation in the Reform of Continental European Welfare States." *Journal of European Public Policy*. Vol. 7, No. 1. 44-62.

Ebbinghaus, Bernhard. 2004. "The Changing Union and Bargaining Landscape: Union Concentration and Collective Bargaining Trends." *Industrial Relation Journal*. Vol. 35, No. 6. 574-587.

Falk, Richard. 2000. "Resisting Globalisation-from-Above through Globalisation-from-Below." in Barry K. Gills(ed.). *Globalisation and the Politics of Resistance*, London:

Macmillan. 46-56.

Hamann, K and K. John. 2007. "Party Politics and the Reemergence of Social Pacts in Western Europe." *Comparative Political Studies.* Vol. 40, No. 8. 53-71.

Hassel, Anke. 2003. "The Politics of Social Pacts," *British Journal of Industrial Relations.* Vol. 41, No. 4(December). 707-726.

Hirst, P. 2000. "Democracy and Governance." in Jon Pierre(ed.). *Debating Governance.* Oxford: Oxford University Press.

Jessop, Bob. 1994. "The Transition to Post-Fordism and the Schumpeterian Workfare State." in Roger Burrows and Brian Coader(eds.). *Towards a Post-Fordist Welfare State*, London: Routledge. 13-37.

Katzenstein, Peter J. 2003. "Small States and Small States Revisited." *New Political Economy*. Vol. 8, No. 1. 9-29.

Lijphart, Arend. 1999. *Patterns of Democracy: Government Forms and Performance in Thirty-Six Countries*. New Haven: Yale University Press.

Linz, Juan and Alfred Stepan. 1996. "Toward Consolidated Democracies." *Journal of Democracy*. Vol. 7, No. 2. 15-33.

Munck, Ronaldo. 1999. "Labour Dilemmas and Labour Futures, in Ronaldo Munck and Peter Waterman(eds.). *Labour Worldwide in the Era of Globalisation: Alternative Union Models in the New World Order.* London: Macmillan. 3-23.

Paquet. Gilles. 2001. "The New Governance, Subsidiarity, and the Strategic State." in OECD, *Governance in the 21st Century*. Paris: OECD.

Pontusson, Jonas. 1992. "Introduction: Organisational and Political-economic Perspective on Union Politics." in Miriam Golden and Jonas Pontusson(eds.). *Bargaining for Change: Union Politics in North America and Europe*. Ithaca: Cornell University Press. 1-41.

Przeworski, Adam and Michael Wallerstein. 1988. "Structural Dependence of the State on Capital." *American Political Science Review*. Vol. 82, No. 1 (March). 11-29.

Olson, Mancur. 1982. *The Rise and Decline of Nations*. New Haven: Yale University Press.

Rhodes, Martin. 2001. "The Political Economy of Social Pacts: 'Competitive Corporatism' and European Welfare Reform." in P. Pierson(ed.). *The New Politics of the Welfare*

State. Oxford: Oxford University Press, 165-194.

Rhodes, Martin. 2003. "National Pacts and EU Governance in Social Policy and the Labour Market." in J. Zeitlin and David M. Trub(eds.). *Governing and Work and Welfare in a New Economy*. Oxford: Oxford University Press. 129-157.

Rustow, Dankwart. 1970. "Transitions to Democracy." *Comparative Politics*. Vol. 2, No. 3, 337-363.

Stevis, Dimitris and Terry Boswell. 2000. "From National Resistance to International Labour Politics." in Barry K. Gills(ed.). *Globalisation and the Politics of Resistance*. London: Macmillan. 150-170.

Streeck, Wolfgang and Philippe Schmitter. 1985. "Community, Market, State, Associations?" in W. Streeck and P. Schmitter(eds.). *Private Interest Government: Beyond Market and the State*. London: Sage, 1-29.

Sun, Hak-Tae. 2001. *Democratic Consolidation and Labour Politics: Theoretical Model.* Kwangju: Chunnam National University Press.

Therborn, Goran. 1977. "The Rule of Capital and the Rise of Democracy." *New Left Review*. Vol. 103(May-June). 3-41.

Therborn, Goran. 1992. "Lessons from Corporatist Theorisation, in Jukka Pekkarinen (ed.). *Social Corporatism: A Superior Economic System?* Oxford: Clarendon Press. 24-43.

Walder, Andrew G.(ed.). 1995. *The Waning of the Communist State: Economic Origins of Political Decline in China and Hungary*. Berkeley: University of California Press.

Wolf, Charles Jr. 1988. *Markets or Governments: Choosing between Imperfect Alternatives.* London: The MIT Press.

Yang, Jae-Jin. 2006. "Corporate Unionism and Labor Market Flexibility in South Korea." *Journal of East Asian Studies*. Vol. 6. 211-229.

Chapter 02

시장조정기제로서의 한국형 사회적 합의제

1. 머리말

시장은 잔인하다. 시장이 그렇다고 박물관에 보내져야 할 '골동품'은 아니지만 누구도 '고삐 풀린 시장경제'(unbridled market economy)의 횡포와 변덕, 자기파괴성(self-destructiveness)으로부터 자유롭지 못하다. 시장경제는 '만인의 만인에 대한 경쟁'에 따라 작동하고 '약육강식과 승자독식의 속성'이 지배한다. 이런 까닭에 시장경제는 민주주의와 본질적으로 갈등과 긴장관계에 놓여 있다. 시장경제의 관심은 경쟁 · 성장 · 효율성 가치에 두고 있는 데 반해, 민주주의의 관심은 연대 · 분배 · 형평성에 맞추고 있기 때문이다. 따라서 지속가능한 시장경제는 '시장경제를 통한 경제효율성'과 '민주적 참여를 통한 사회형평성' 간의 조화를 요구한다. 이를 위해 20 세기 이후 서유럽 정치경제의 핵심적 과제는 민주주의를 통해 자본주의 시장경제를 규율하는 '민주적 시장경제', 즉 조정시장경제(coordinated market economy)를 창출하는 데에 모아졌다.

조정시장경제는 시장경제가 만들어내는 사회경제적 이슈를 해결하기 위한 국가와 사회의 개입과 조정을 필요로 한다. 특히 신자유주의적 시장경제는 실업, 비정규직, 근로빈곤층, 부와 소득의 양극화 등 '눈물의 계곡'(valley of tears)을 깊게 하고 있는데 이 경우 국가와 사회는 '전환의 비용'을 분담할 수 있는 시장조정 메커니즘을 마련할 수 있을 때 시장경제는 지속가능하다. 여기서의 시장조정 메커니즘이란 조정시장경제의 제도화를 지향하는 민주적인 의사결정 시스템을 지칭한다. 이는 시장의 실패자·낙오자를 보호하고 이를 통해서 사회갈등을 완화하여 사회통합을 달성하는 데 효과적이다.

민주화 이후의 한국사회는 한편에서는 정치적 민주주의의 부활을 계기로 '87년 체제', 다른 한편으로는 IMF관리체제 이후 신자유주의적 시장경제 강화라는 '97년 체제'가 중복되는 양상을 연출해 오고 있다. 87년 체제는 자유권·참정권·권력통제권에 기초한 정당·의회정치의 작동으로 나타나고 있는데 반해, 97년 체제는 비정규직 확산·중소기업 한계화·영세자영업·근로빈곤층·실업·교육양극화·생태파괴·저출산 고령화 등 새로운 사회경제적 이슈들로 인한 사회의 위험과 긴장, 분열과 갈등을 만들어낸 '냉혈 자본주의'(cruel capitalism)로 전락하고 있다. 정치적 시민권의 진전과 사회경제적 시민권의 역진 사이에 커다란 '단절의 강'이 흐르고 있는 것이다. 이러한 한국 정치경제의 패러독스는 87년 체제가 97년 체제의 충격, 즉 사회경제적 불평등과 차별과 소외와 배제를 제대로 관리·흡수하지 못하고 시장조정에 실패하고 있음을 시사한다. 따라서 우리는 '포스트 87년·97년 체제'를 모색해야 하는 전환기에 놓여 있다. 87년·97년 체제를 뛰어넘어 한국사회가 절실하게 갈구하는 새로운 민주적인 시장조정 시스템이 요구되고 있는 것이다. 이는 결국 미래한국을 위한 '포스트민주화 의사결정 시스템'을 설계하는 과제로 귀결된다.

그렇다면 우리는 어떤 민주적인 시장조정 시스템을 창출해야 하는가? 우리 사회에는 시장경제가 파생하는 사회경제적 이슈들을 둘러싸고 이익갈등과 가치갈등이 복합적으로 분출하고 있다. 그럼에도 이를 조정·관리하기 위한 세련된 민주적 의사결정 시스템의 제도화가 구축되지 못하고 있다. 특히 이명박 정부에 들어 시장경제의 이해당사자 집단들을 적극적으로 정책결정 과정에 참여시키는 정책 이해관계의 투입 메커니즘이 극도로 위축되고 국가관료 중심의 정책 산출메커니즘의 작동이 지배한다. 정부가 공공정책을 하향식 의사결정(top-down decision-making) 방식으로 밀어붙일 때 정책 이해관계자들과의 충돌과 갈등은 필연적이다. 이러한 상황에서 이익·사회집단은 자신들의 이해관계와 지향가치에 영향을 미치는 정책결정의 라운드 테이블에 참여할 수 있기를 기대한다. 특히 시장경제에서 낙오되고 실패한 집단과 계층은 시장경쟁이 만들어내는 불평등과 소외와 차별과 배제를 극복하는 수단으로 민주적 의사결정 과정에의 제도적 참여를 통해 자신들의 사회경제적 시민권이 보장되는 '인간의 얼굴을 가진 시장경제'가 실현되기를 갈망한다. 이에 부응하기 위해 우리는 시장경제의 이해당사자 간에 상충하는 이해와 가치를 조정하여 갈등을 최소화하고 정책의 실효성을 높이는 유효한 민주적 의사결정 시스템을 제도화해야 한다. 시장경제의 이해당사자들이 의사결정 과정에 동등(equal)하고 효과적(effective)으로 참여하는 것이 제도화될 때 이는 그들의 이해관계와 지향가치를 조율하는 시장조정 메커니즘으로 작용한다(Topperwien, 2004: 46-47). 이에 부합하는 정치제도는 무엇인가?

시장경제, 특히 글로벌 시장의 압력과 충격은 국내 정치제도에 여과된다. 어떤 국가가 그러한 압력과 충격을 예측가능하게 조정하고 흡수하여 조정시장경제를 제도화할 수 있는가 여부는 그 나라의 정치제도가 어떻게 설계되어 있느냐에 달려 있다(Crepaz, 2002: 184; Alesina and Glaeser, 2005: 제4장). 정치제도란 선택과 결정을 내리는 권력의 배분에 관한 규칙과 규범이고 이를 운영하는 과정과 절차를 의미한다. 정치제도는 재분배, 복지 등 자본주의 시장경제의 변화 경로에 깊은 영향을 미친다(Iversen and Sockice, 2009: 452). 그런데 자본주의 시장경제에는 단순화하면 앵글로-색슨식 자유시장경제와 게르만유럽식 조정시장경제 등 두 유형이 있다(Soskice, 1999: 103). 일반적으로 전자는 다원주의(pluralism) 정치제도와, 후자는 사회적 합의주의(social corporatism) 정치제도와 각각 조합되는 제도적 친화성을 갖는다(Iversen and Soskice, 2009: 444-449; Swank, 2002: 41-46; Regini, 2003: 253-256). 다원주의 정치제도는 미국사회가 보여주듯 시장경제의 낙오자·실패자를 양산하고 사회경제적 양극화를 초래하는 등 시장조정 기능으로 작동하지 못하는 반면(McCarty, Poole, and Rosenthal, 2006: 제3장; Bartel, 2008: 23-26), 사회적 합의주의 정치제도는 게르만유럽 사회에서 보듯 경제효율성과 사회형평성을 선순환시킴으로써 계급·계층 갈등을 제도화하는 시장조정 메커니즘으로 작동한다(선학태, 2006). 이것은 한국정치가 다원주의 정치제도 일변도에 집착할 때 시장조정 기능을 상실하여 사회경제적 약자들을 구조적으로 배제하고 소외시킬 수 있음을 시사해 주고 있다.

이런 점에서 유러피언 패러다임(European paradigm)으로도 일컬어지는 사회적 합의주의는, IMF 관리체제 이후 사회경제적 이슈를 만들어내는 한국 신자유주의 시장경제를 조정시장경제로 전환하는 정치시스템으로 벤치마킹 대상이 될 수 있다. 이러한 인식을 갖고 제2장은 97년 체제, 즉 신자유주의적 시장경제가 유발하는 사회경제적 이슈, 이를 둘러싼 갈등과 분열을 관리·조정하기 위한 해법으로서 사회적 합의주의 정치제도를 포스트민주화 시장조정 메커니즘으로 상정하고 그것의 바람직한 유형, 시스템 수준·운영양식, 정책의제, 참여주체 및 작동조건 등을 정립하고자 한다. 우리 사회에 사회경제적 양극화·위험이 심화되어온 것은 조정되지 않는 신자유주의 시장경제 체제에 기인하는 바 클 것이다. 따라서 재분배, 복지 등으로 상징되는 사회적 형평성이 확보되고 대중의 삶의 질이 고양되는 조정된 시장경제체제 구축을 위한 한국형 사회적 합의주의의 제도를 디자인해 보는 것이야말로 연구의 가치가 있는 포스트민주화 사회경제 경영 차원의 주요 과제라 할 수 있겠다.

2. 이론적 틀

1) 대안적 정책결정 패러다임: 사회적 합의주의의 개념적 특성

생산레짐론(production regime)은 자본주의 시장경제의 다양성을 크게 비조정시장경제(uncoordinated market economy)와 조정시장경제(coordinated market economy)로 유형화한다(Soskice, 1999: 106-112). 비조정시장경제는 '시장자율'(경쟁) 메커니즘에 의해 작동하는 자유시장경제인데 반해, 조정시장경제(관료적 조정시장제외)는 시장경제의 정치경제 주체들이 상호 호혜적인 협력을 통해 자신들의 행위를 조율하는 데 초점이 맞춰진다. 조정시장경제에서의 '조정'이란 시장경제의 이해관계자들이 비시장적 제도, 즉 의사(정책)결정 메커니즘에 의해 자신들의 이해관계와 지향가치를 조율하는 정치적 과정을 의미한다.

이러한 비시장적 시장조정 메커니즘을 내장하는 기존 정책결정 패러다임에는 두 가지가 있다(Alford, 1985: 145-158; Sun, 2001: 64-65). 첫째, 국가주의적 정책결정 패러다임이다. 이는 경쟁 원리가 작동하는 이익·시민결사체·정당·의회정치 중심의 정책 산출을 비효율적인 것으로 보고 소수의 관료·권력엘리트 간 협상에 의해 이뤄지는 위계적 수직적 정책결정이 공공재(복지 등) 산출에 효과적인 방식으로 인식한다. 그러나 시장조정 메커니즘으로서의 민주적 정책결정 방식은 권력·관료엘리트 집단의 범위 안에서 순환되는 내부투입(within-put)이 아니라 시장경제의 낙오자·실패자의 이익과 요구들이 정책결정 과정 투입(bottom-up input)에 의해 작동한다(최장집, 2006: 96). 게다가 국가경영자들은 공익수호자가 아닐 수도 있으며 효용 극대화를 겨냥하는 이기적인 지대추구자(rent-seeking)일 우려가 상존한다. 따라서 권력자·관료 중심의 톱다운(top-down)식 정책결정 방식은 시장경제의 정책 이해관계자 간의 이익·가치갈등 조정 메커니즘으로서의 한계를 드러낸다.

둘째, 다원주의적 정책결정 패러다임이다. 이는 공공정책 과정을 이익·시민결사체 간의 '자유 경쟁적 이익표출과 분산적 그룹협상 과정'으로 인식한다(Cohen and Rogers, 1992: 411-414). 동시에 자유경쟁이 작동하는 선거·정당 메커니즘이 시장경제에서 발생하는 이익·가치갈등을 표출, 대표하고 이를 토대로 한 의회·정부의 정책화 과정을 통해 사회경제적 이해관계와 가치의 조정이 이뤄지는 것으로 가정한다. 그러나 다원주의적 정책결정 방식에서 이익·시민결사체는 의회·정부의 정책과정에 분산적 경쟁적으로 이익표출만 시도할 뿐, 실질적 참여는 제도화되지 않는다. 특히 다원주의적 정책결정 과정의 핵심인 정당·의회정치의 '제도적 피로'(institutional fatigue) 현상이 나타난다. 즉 이미지·이벤트 정치, 주인-대리인 문제(principal-agent problem), 정당의 비대표성 등으로 사회경제적 불평등·차별을 완화하는 시장조정 메커니즘이 작동하지 않는다.

그렇다면 국가주의와 다원주의의 한계를 극복하는 대안적 정책결정 패러다임은 무엇인가? 사회적 합의주의이다. 사회적 합의주의 패러다임의 정책결정 과정은 소수의 권력・관료 엘리트에 의해 좌우되는 것도 아니고 사회의 경쟁하는 이익・시민결사체들 간 이익표출에 기초하거나 정당・의회정치의 전유물도 아니다. 사회적 합의주의 패러다임에서 공공정책은 정부와 대표성을 가진 이익・시민결사체 간에 협력과 호혜성(reciprocity)의 원리가 작동하는 정치적 교환(political exchange)이고 '이익・가치 조정'(intermediation of interests and values)으로 인식되고 있다(Scholten, 1987: 7-14; Regini, 2003: 254). 바꿔 말하면 사회적 합의주의의 정책결정의 틀은 노동, 실업, 빈곤, 교육, 환경, 주택, 의료, 복지 등 시장경제가 파생하는 사회경제적 이슈들과 이로 인한 갈등과 분열을 관리, 해결하는 시장조정 메커니즘이다. 무엇보다도 자본주의 시장경제 하에서 발생하는 자본과 노동 간의 갈등이 시장조정을 위협한 경우 사회적 합의주의의 정책결정은 이익・시민결사체, 정당, 의회, 정부 사이의 연합적 구조를 통해 노동-자본-국가 간의 상생협력을 가능케 하는 정치교환 과정이다. 이 점에서 사회적 합의주의는 국가주의와 다원주의를 '부분적 대체, 부분적 보완'(part substitute of and part supplement to), 즉 변증법적으로 지양(*Aufhebung*)할 수 있는 대안적인 의사결정 패러다임이다(Hirst, 1994: 15-21; Ebbinhaus and Hassel, 2000: 47-48).

사회적 합의주의의 개념적 특성은 다원주의 정치와 비교하면 더욱 명료해진다. 다원주의적 정책결정 과정에서 이익・시민결사체들이 때로는 정당정치・의회정치・정부의 정책결정 과정에 로비・시위・집회 등에 의해 영향력을 발휘하기도 하지만 정부는 여전히 공공정책의 최종 결정자이다. 그러나 사회적 합의주의 정치에서는 공공정책(산업・통상・노동시장・고용・사회복지・지역정책 등)이 정부와 이해관계자(예컨대 이익・시민단체 등) 간의 공개적인 정책협의(policy concertation)를 통해 이끌어낸 사회협약(social pacts)의 산물이다. 사회적 합의주의 정치에서는 정책협의체에 대표성을 인정받은 이익・시민결사체가 '공공정책 형성 및 집행' 과정에 실질적인 정책주체로 참여하기 때문에 정당과 의회도 정책과정 파트너들 중의 하나로 인식된다.

사회적 합의주의와 유사한 개념이 존재한다. 하나는 사회적 파트너십·협의·대화(social partnership or concertation or dialogue)이다. 이는 사회협약이 이익·시민결사체 당사자 간에 체결되는 현상을 지칭한다. 그러나 사회적 파트너십에 의해 이끌어낸 사회협약은 보통 정부의 동의와 거중 조정에 의해 이루어지며 아니면 정부에 의해 추인되거나 정부정책으로 채택되는 경향을 보인다. 다른 하나는 '시장실패'와 '국가실패'의 가능성을 전제하고 '정부(통치)와 시장에서 거버넌스로'(government and market to governance)라는 패러다임의 이동이다. 여기서 거버넌스란 시장경제의 다양한 이해당사자들 간 협력과 파트너십을 토대로 정책결정 및 집행을 통해 이익·가치갈등을 조정하는 수평적 정책네트워크(policy network) 관리이다(Hirst, 2000: 19-20). 정책네트워크란 시장경제의 이해관계자들 간 권력을 분점·공유를 의미한다.

이와 같은 정책협의·사회적 파트너십·거버넌스는 사회적 합의주의 정치가 작동하는 데 필수적인 개념적 요소이다. 이 점에서 사회적 합의주의 정치는 "정책의 이해관계자(이익·시민결사체, 정당, 국가 등) 간에 사회경제적 이슈를 둘러싼 토론·협상·교환·타협이 이루어지는 정책협의와 사회적 파트너십에 의해 산출된 사회협약(공공정책 결정·집행) 체결을 통해 이익·가치 갈등해결을 제도화해 가는 사회경제적 거버넌스(socio-economic governance)"로 개념화 할 수 있다(Cawson, 1985: 24-27; Compston, 2002a: 3-5; Hassel, 2003: 710).

2) 사회적 합의제의 분권화와 의제 다양화

글로벌 시장화는 자본이동 증대, 생산방식의 변화(포드주의의 포스트포드주의화), 사회경제구조의 변화(제조업 약화, 서비스 증대, 계급·계층 분화 등) 등을 야기하여 사회적 합의제의 분권화와 의제 다양화를 촉진하고 있다. 우선 사회적 합의제의 수직적 분권화 현상이다. 그런데 코슨(Cawson)에 따르면 사회적 합의제는 조직 수준(정상조직이냐, 중간조직이냐, 개별기업·작업장·소단위조직 등)을 기준으로 거시적(macro-)레벨, 중위(meso-)레벨, 미시적(micro-)레벨 등 수준별로 유형화를 할 수 있다(1985: 11-14). 매크로레벨 사회적 합의제(macro-corporatism)

란 국가·사회 전체의 사회경제 이슈를 다루는 전국 차원의 정상 이익·시민결사체와 국가 간 정책협의이다. 메조레벨 사회적 합의제(meso-corporatism)는 산업별·업종별·지역별 이익·시민조직들이 이해·가치관계를 협상·교환하는 등 특정 정책에 관해 국가(중앙정부·지방정부)를 상대로 벌이는 정책협의를 지칭한다. 마이크로레벨 사회적 합의제(micro-corporatism)는 기업·작업장이나 소단위조직 수준에서 이뤄지는 이해당사자 간 의사결정구조이다. 이 같은 사회적 합의제의 수직적 다층화 현상은 글로벌 시장화에 의해 진행되고 있다.

매크로레벨 사회적 합의제는 사회협약의 경직성으로 인하여 정책효율성을 저해하는 중앙집권적 하향식 시장조정 방식으로 인식된다. 이에 따라 과거 산업별·업종별·지역별 혹은 기업·작업장·소단위조직의 특성과 관계없이 획일적으로 적용되었던 중앙 수준의 사회협약으로부터 벗어나 각 산업별·업종별·지역별, 그리고 기업·사업장소단위조직의 특성에 맞는 사회파트너십이 등장했다. 즉 사회적 합의제가 매크로레벨보다는 산업별·업종별·지역별의 메조레벨, 기업·작업장·소단위조직별의 마이크로레벨로 그 중심축이 이동하는 분권화 추세가 뚜렷해졌다(Cohen and Rogers, 1992: 432). 그렇지만 이러한 경향에도 불구하고 매크로레벨 사회적 합의제의 유효성이 소멸되는 조짐은 보이지 않는다(Compston, 2002b: 312-316). 매크로레벨 사회적 합의제는 국가·사회 전체의 사회경제 정책에 관한 가이드라인을 제시함으로써 안정성과 예측성을 가져다주며 메조레벨 사회적 합의제는 산업별·업종별·지역별의 주요 특정 이슈, 그리고 마이크로레벨 사회적 합의제는 기업·작업장·소단위조직별의 고유한 특성을 탄력적으로 보완, 운영하는 데 관심을 둔다.

무엇보다 지방화 추세에 따라 지역주민의 협력을 끌어내는 새로운 개념의 메조레벨 사회적 합의제, 즉 로컬거버넌스(local governance)가 주목을 받고 있다(곽진영, 2004: 356-362). 로컬거버넌스는 지역사회의 공공재 산출, 다양한 공동 이슈에 관한 의사결정 과정에서 지방정부와 지역사회 이해당사자 간의 지속적인 상호 소통·협력이 이뤄지는 지역 차원의 민관(public-private) 정책파트너십이다. 이러한 로컬거버넌스의 정책 네트워킹은 지방정부와 지역시민사회

간에 그치지 않고 중앙정부와 지방정부 간, 지방정부 상호 간으로 발전한다.

한편, 글로벌 시장화는 사회협약의 의제 다양화를 유도한다(Regini, 2003: 256-258). 이는 연성정치(soft politics)의 중요성을 반영한다. 즉 비정규직, 영세 자영업, 보육, 교육, 보건의료, 주택, 문화, 환경, 저출산 · 고령화, 요양 등 새로운 후기 산업적 이슈들이 정치과정 전면에 부상하고 있다. 이러한 새로운 다양한 이슈들이 노동자, 교사, 의사, 약사, 간호원, 환경보호론자 등 관련 이익 · 시민결사체와 중앙 · 지방정부 사이에 사회협약을 위한 정책협의가 요구되고 있다. 더욱이 1980년대 이후 일부 서유럽 국가들에서 작동하는 사회적 합의제의 핵심 의제가 바뀌었다. 즉 과거 분배, 복지 및 완전고용 등의 테마에 무게를 둔 '수요중심 사회적 합의제'(demand-side social corporatism)에서 벗어나 노동시장 유연화, 상시 구조조정, 적극적 노동시장정책(일자리창출 · 취업훈련 재교육 · 취업알선 등), 복지지출 구조조정, 세금감면을 통한 투자증대 등의 사회경제적 이슈가 정책협의와 사회적 파트너십의 주요 테마를 이루는 '공급중심 사회적 합의제'(supply-side social corporatism)로 변화했다(Traxler, 1995: 279).

나아가 1990년대 이후에는 네덜란드, 덴마크, 아일랜드 등과 같은 서유럽 국가들에서 '동반발전형 사회적 합의제'(shared-developmental social corporatism)가 등장하고 있다. 글로벌화, 유럽의 시장통합 및 사회경제적 변화는 국내 고용 및 복지문제를 제약하기도 했지만 그런 구조적 제약은 오히려 동반발전형 사회적 합의제의 필요성과 능력을 제고시킨 것이다(House and McGrath, 2004: 49). 동반발전형 사회적 합의제의 지향가치와 의제는 기존 수요중심 및 공급중심의 사회적 합의제와 차이를 보인다(Rhodes, 2001: 177-179). 수요중심 사회적 합의제와 공급중심 사회적 합의제는 각각 형평성 vs 효율성, 재분배 vs 성장, 사회적 연대 vs 경쟁력, 공공성 vs 수월성, 삶의 질 vs 개발 등 각각 대비되는 두 가지 가치 중 하나를 희생시키고 다른 가치에 무게 중심을 두는 한계와 약점을 드러냈다. 반면에 그 대안적인 성격을 갖는 동반발전형 사회적 합의제는 일견 상반되는 가치인 것처럼 보이는 성장 · 효율성 · 경쟁력 vs 분배 · 형평성 · 사회적 연대 등 각각 대비되는 각 두 가치패키지를 상호보완적 선순환 관계로 구축하는 것을 목표로 하고 있다. 이를 단순화하면 동반발전형 사회적 합의제에서는 분배연합(distributional coalition)과 생산성연합(productivity coalition)이 정치적으로 수용될 수 있도록 '기능적'으로 연계된다(Rhodes, 2003: 135-137).

이를 위해 동반발전형 사회적 합의제의 작동과정은 기존 수요중심 및 공급중심의 사회적 합의제와는 다른 몇 가지 특성을 보인다. 첫째, 국가가 중앙 차원의 이해당사자가 협상에 참여하지 않거나 최소한의 개입에 그치는 '공급중심 사회적 합의제'와는 달리 동반발전형 사회적 합의제에서의 정부는 사회협약 체결과정에서 협약 주체들에게 다양한 유인책을 제공하는 적극적 역할을 수행한다. 둘째, 사회협약 체결과정에 참여하는 주체의 다양화이다. 즉 '수요 및 공급중심 사회적 합의제'의 전통적 당사자인 노조 및 사용자단체의 대표에 국한하지 않고 비정규직, 실업자, 여성, 농민, 각종 시민단체 등 다양한 이해관계 단체들의 참여를 제도화한다. 셋째, 사회협약의 정책 어젠다에서도 임금결정과 거시경제정책 뿐만 아니라 노동시장, 공교육, 환경, 의료, 사회보장정책, 직업교육훈련, 저출산·고령화, 문화 등에 이르기까지 폭넓은 사회경제적 이슈를 포괄한다. 넷째, 동반발전형 사회적 합의제는 정책협상 시스템의 분권화와 집중화(전국적·부문적·지역적·기업 수준의 연계 협상) 과정이 교차한다.

이와 같은 특징에 따라 작동하는 동반발전형 사회적 합의제는 시장경제, 특히 글로벌 시장화의 충격과 도전을 국내 제도에 여과·흡수시킴으로써 화이트칼라와 블루칼라, 서비스부문과 제조업부문, 정규직과 비정규직, 노동시장의 인사이더와 아웃사이더 간의 긴장과 갈등을 조정하고 사회통합을 지향한다(Rhodes, 2001: 179). 요컨대 동반발전형 사회적 합의제는 글로벌 시장화에 대응하는 적절한 시장조정 메커니즘이다.

3) 사회적 합의제에 친화적인 합의제 정치

사회적 합의제와 제도적 친화성을 갖는 정치시스템은 무엇인가? 게르만유럽국가에서 작동하는 사회적 합의제는 합의제 정치(consensual politics)패러다임의 불가결한 제도적 요소이다(Lijphart, 1999: 171-172). 수적 우위(numerical upper hand) 경쟁의 원리에 기초하는 다수제(majoritarian) 정치패러다임의 안티테제인 합의제 정치패러다임은 정치를, 위다척소(衛多斥少)의 원리가 아니라 다수파와 소수파 간 호혜성에 기반을 둔 상생의 원리에 따라 작동하는 것으로 인식한다. 바꿔 말하면 정치는 이익과 가치의 차이에 따른 다양성을 통합(diversity into integration)으로 바꾸기 위해 선거의 승자와 패자, 다수파와 소수파 간 공존・상생하는 다사불란(多絲不亂)의 예술로 가정되고 있다. 이 같은 합의제 정치패러다임은 사회적 합의제를 촉진시키는 다른 제도적 조건을 내장하고 있다. 그것은 연합정치(coalition politics)의 제도화이다.

연합정치에서는 기능적으로 연계하는 제도적 매트릭스가 작동한다. 정당별 득표율에 따라 의회의석을 배분하는 비례대표제는 사회 내에 실존하는 복합적인 사회갈등을 대표하는 이념과 정책 중심의 '다당제를 하부구조로 하는 보수-중도-진보 정당체제'를 형성한다. 이런 정당체제에서는 시장경제의 낙오자・실패자를 대표하는 진보정당의 권력 지분이 높아질 수 있으며 의회권력을 독과점하는 패권정당이 등장할 수 없어 의회 차원에서 정책과 가치에 기초한 정당 간 연합정치의 가능성이 증대한다. 나아가 의회 차원의 연합정치 토대 위에서 갈등사회의 각 집단과 계층과 세력을 대표하는 각 정당 간에 집행권이 분점・공유되는 연립정부의 제도화로 작동한다. 정당 간 연립내각에서 산출된 정책들은 연정파트너 정당 간 정책조율과 정책교환 등 활발한 협상과 타협 정치의 산물이다. 결국 연합정치는 시장경제의 실패자・낙오자에게도 정책결정 과정에 동등하고 효과적인 참여를 허용하는 제도적 인센티브를 갖는 포용의 정치(politics of inclusion)를 제도화한다(Crepaz and Bircjfield, 2000: 205-206).

연합정치가 주로 정당 간의 정책협의를 끌어내는 시스템이라면, 사회적 합의제는 주로 이익・시민결사체 간의 정책협의를 통해 합의를 끌어내는 시스템이다(Scholten, 1987: 2-3). 이 점에서 두 시스템 간에는 중요한 유사점이 존재한다(Crepaz, 2002: 158-159). 우선 연합정치와 사회적 합의제의 주요 속성과 본질은 권력분점・공유(power-sharing)의 제도화이다. 권력분점・공유란 정책결정 과정에 모든 이해관계 그룹, 즉 이익·시민결사체, 정부, 정당들의 대표를 참여시키는 것을 의미한다.

두 시스템은 또한 사회경제적 이익·시민결사체와 정당의 융합에 의해 작동한다. 즉 사회적 합의제에 참여하는 이익·시민단체들은 각각 자신들의 사회경제적 이익과 가치 실현을 위해 특정 정당의 지지층이 되는 '고객-후원자'(client-patron) 관계를 구축한다(최태욱, 2010: 83). 그리고 결사체-정당 간 융합은 정책결정이 정당뿐만 아니라 사회경제적 이익·시민단체의 규율을 받는 형태로 나타난다. 사회적 합의제 차원에서 제기되는 사회경제적 이슈들이 정당의 통제를 받으며 역으로 의회 및 정부 수준에서 다뤄지는 사회경제적 이슈들 또한 사회경제적 이익·시민단체의 통제를 받는다. 이러한 정책결정의 동시성은 제도적·인적 차원에서 나타난다. 제도적 측면에서 연정파트너 정당들은 모든 입법초안을 검증하기 위해 관련 이익·시민단체를 의회 상정 이전 단계의 법안조율 과정에 제도적으로 참여시킨다는 점이다. 또한 연정파트너 정당과 이익·시민그룹을 연계하는 인적 중복을 통하여 유관 이익·시민그룹의 의사결정 과정에 연정파트너 정당의 대표를, 또는 연정파트너 정당의 정책결정 과정에 유관 이익·시민그룹의 대표를 각각 제도적으로 참여시킨다.[1] 이 같은 제도적·인적 연계는 사회적 합의제와 연합정치, 두 시스템이 유기적 연계 속에서 작동하는 것을 뜻한다.

이런 맥락에서 볼 때 사회적 합의제는 구조면에서 합의제 정치패러다임의 절대 불가결한 요소로서 연합정치와 병행, 발전한다(Lijphart, 1999: 182-183; Lijphart and Crepaz, 1991: 235-236). 사회경제 영역에서는 사회적 합의제에 의한 사회경제 주체와 정부 간의 권력분점·공유, 정치영역에서는 연합정치에 의한 정당 간의 권력분점·공유가 각각 제도화된다. 이를 통해 사회경제적 타협이 정치적 타협으로 전환되고 역으로 정치적 타협이 사회경제적 타협을 촉진

1) 서유럽 국가들에서는 이익결사체가 국가의 최고 요직에 선출되기 위한 주요 충원 채널이 되는데 이는 이익결사체가 갖는 정치적 중요성을 나타낸다. 예컨대 1994년에 집권한 네덜란드 빔 코크(Wim Kok) 수상은 이전에 노조 지도자였고 그의 선임 수상은 과거 사용자단체의 지도자였다.

함으로써 사회 갈등과 대립을 해소하고 안정을 도모한다. 요컨대 사회적 합의제는 연합정치와의 제도적 친화성 · 상보성(institutional affinity and complementarity)과 구조적 유질동상(structural isomorphism)을 갖고 기술관료적 · 의회중심적 · 다수결주의적 정책결정 양식보다는 이해관계자 간의 정책결정 양식을 지향한다(van Waarden, 2002: 50-51).

3. 시장조정기제로서의 한국형 사회적 합의제

1) 민주정부의 사회적 합의제 실험과 한계

김대중 · 노무현 두 민주정부는 사회적 합의제를 작동시킴으로써 사회경제적 갈등을 제도화하고 이를 통해 조정시장경제를 구축하려 했다. IMF 관리체제 하에서 비롯된 노동-자본-정부 간 갈등이 분출하는 상황에서 김대중 정부는 한국노총, 민주노총, 전경련, 경총 등 핵심 사회경제 주체들이 참여하는 '노사정위원회'를 통해 노동시장 유연화와 노동권 신장 · 복지제도 확충을 맞교환하는 사회협약을 체결했다. 즉 신자유주의 정책을 추진하는 가운데 복수노조, 노조의 정치활동, 제3자 개입 등에 관한 노동 관련법상의 금지 조항을 폐기했고 복지체제에 대한 국가책임 확대를 가져 왔다. 노무현 정부 또한 사회경제구조 변화에 따른 복잡한 이익 · 가치갈등에 대응하기 위해 노동문제에만 국한하지 않고 교육, 차별, 빈곤, 환경, 저출산 · 고령화, 국가균형발전 등 주요 사회경제적 정책 어젠다에 관해 유관 이익 · 시민단체가 참여하는 다양한 정책협의체를 구성하여 몇 건의 사회협약을 체결한 바 있다. 이처럼 두 민주정부는 사회적 합의제를 작동시켜 사회갈등 해결과 시장조정의 제도화 가능성을 열어 놓았다.

그러나 두 민주정부 하에서 비록 일시적으로 사회협약이 체결되어도 제대로 실천되지 않았다. 이런 까닭에 정책협의를 위한 정책의제의 선정이나 협의회 구성 · 운영 등에서 이해관계자의 적극적 참여와 협력이 부족하였고 실효성 있는 성과에 이르지는 못한 경우가 대부분이었다. 특히 참여정부 하에서 교육갈등, 환경갈등, 빈곤·차별, 저출산·고령화, 지역불균형 등의 문제를 해소하기 위해 설립된 각종 정책협의체는 이익·가치갈등 조정시스템으로서 제도화하는 데에 성공하지 못했다. 무엇보다 두 민주정부는 때때로 노동과의 정책협의 과정을 생략한 채 일방적으로 구조조정을 추진함으로써 노사정위를 무력화했을 뿐만 아니라 노동에게 단순한 몇 가지 양보만을 제공함으로써 노사정위를 '상시 구조조정'에 대한 노동의 불만과 저항을 줄이는 기구로 전락시켰다. 노동은 노사정위를 고용조건 개선과 복지확충의 장으로 보는 반면, 정부는 자본과 더불어 구조조정의 장으로 삼으려 한 것이다. 그 결과 노동은 노사정위로부터 탈퇴 및 참여를 거듭하는 등 파행을 거듭했다. 이 때문에 몇 몇 보수 정치인들은 노사정위가 세비만 축내는 무용지물이 되었다고 주장하며 관련법 폐기를 제안한 바 있다(한겨레, 2005/11/03). 그들은 노사정위가 자유시장경제의 원리에 반하는 것으로 인식했다. 사실 그들의 주장은 노사정위라는 정책협의 시스템이 상생협력의 노사정 관계를 제도화하는 데 실패했음을 말해주는 대목이기도 하다. 이런 현상은 노정위에 국한된 것이 아니고 참여정부에서 사회경제적 갈등이슈 해결을 위한 여타 정책협의체에도 유사하게 나타났다.

이런 상황에서 사회경제적 양극화는 심화되고 노사분규 등 동시다발적으로 분출하는 사회의 복합적 갈등과 분열이 민주정부 10년을 얼룩지게 한 사회현상이라 해도 과언이 아니다. 사회경제적 이슈를 둘러싸고 정치권은 물론이고 시민사회도 양분되었으며 이른바 '거리정치'(street politics)가 만연했다. 특히 참여정부 하에서 집권 초 화물연대 파업에서 시작하여 교육행정정보시스템(NEIS) 도입, 새만금 간척지 개발, 4대 개혁입법 추진, 행정수도 이전, 천정산 터널 공사, 비정규직 보호법안, 한미 자유무역협정 추진 등에 이르기까지 모든 국가적 사회적 정책 사안들이 격렬한 갈등과 분열을 불러일으켰다. 우리 사회의 갈등 비용은 GDP의 27%(연간 300조)에 이르고 갈등지수는 OECD국가 중 4위를 기록한다는 발표가 있다. 이런 까닭에 한국은 '갈등공화국'으로 전락한 것이 아니냐 하는 불명예스러운 오명을 받을 정도이다. 이 현상은 정책협의체가 갈등조정 시스템으로서 작동하지 않아 사회갈등과 분열의 제도화에 실패하고 있음을 말해주고 있으며 브랜드 가치를 훼손시키는 민주정부의 '아킬레스 건'이라 하지 않을 수 없다.

그러면 왜 두 민주정부가 실험했던 사회적 합의제가 제도화 가능성을 보여주지 못했을까? 여기서는 한국사회에서 사회적 합의제의 정상적 작동과 제도화를 어렵게 하는 정치적 조건의 부재만을 논의하기로 한다.

첫째, 지역중심의 낡은 보수 · 중도독과점적인 정당체제 하에서 정당-이익 · 시민단체 간에 '후원자-고객' 관계가 형성될 수 없었다. 이는 주요 이익 · 시민집단들의 정책 선호와 정치적 요구를 대표하고 부응할 수 있는 가치와 정책 중심의 정당체제가 제도화되지 못해 이익 · 시민단체들이 사회협약 체결 과정에 참여할 인센티브가 존재하지 않았다는 것을 말한다. 김대중 정부는 노동자와 농민, 서민과 중산층의 이익을 정치적으로 동원하고 대표할 수 있는 정당체제를 정착시키기는 데 관심을 두지 않았다. 대신 중도개혁 노선을 표방한 호남 지역정당과 충청지역에 지지기반을 둔 보수원조 자민련과의 지역적 연립정권을 유지하는 데 급급했다. 이러한 지역 중심의 보수 · 중도 정당체제에서는 시장경제가 유발하는 사회경제적 이슈를 둘러싼 계급 · 계층 · 집단 간 갈등이 제대로 대표될 수 없고 노동의 협력을 끌어낼 수 없었기 때문에 노사정위의 정상적 작동을 기대할 수는 없었다. 예컨대 노사정위에서 끌어낸 합의 사항들이 국회를 경유하는 과정에서 보수 · 중도 정당들의 주도에 의해 노동에게 더 불리한 방향으로 변질되거나 부결되었으며 혹은 정부 관련 부처 간의 의견 차이로 국회에 의제로 상정조차 하지 못한 사태가 발생하곤 했다(선학태, 2002: 219). 노무현 정부에서도 중도개혁 정당인 열린우리당과 보수정당인 한나라당은 합세하여 2006년 말 비정규직 근로자를 양산시킬 '비정규직 보호법'을 통과시키는 사례에서 보듯, 사회경제적 이슈에 관한 정책 차별성이 없는 두 거대 보수 · 중도 정당은 노동의 이익과 관점을 치열하게 주요 정책의제로 공론화하거나 정치적으로 대표하지 않았다. 이런 조건에서 노동은 자신들의 정치적 대리인을 찾지 못한 나머지, 정책협의체에의 참여를 거부하는 등 파행을 거듭했다. 요컨대 두 민주정부의 신자유주의적 정책 추진과정에서 발생하는 빈곤층, 저소득층, 비정규직과 같은 사회의 소외세력이나 노동세력의 상대적 절대적 박탈을 대표하는 사회경제적 정책프로그램을 갖고 서로 경쟁하는 정당체제가 제도화되지 않는 조건에서 정책협의 시스템의 정상적 작동을 기대할 수는 없다.

둘째, 두 민주정부는 이해관계자들과의 정책협의 시스템을 정상적으로 작동시키기보다는 권력 · 관료 · 전문가 엘리트 중심의 의사결정 방식에 습관적으로 익숙했다. 김대중 정부의 정책결정 회로는 민주적 시장경제라는 국정철학에 걸맞지 않게 성장 · 구조조정 · 시장개방이라는 정책 어젠다에 과도하게 집착하는 기술관료 · 전문가 등에 의해 주도된 폐쇄적 방식이었다. 이런 정책결정 구조에서 어쩌면 노사정위의 파행적인 운영은 불가피했을 것이다(선학태, 2003: 300-301). 이 같은 정책 스타일은 참여정부를 표방했던 노무현 정부에서도 크게 달라지지 않았다. 각종 정책협의체에서 합의된 사항은 언제나 정부의 가이드라인을 크게 벗어나지 못했으며 때때로 정책협의체에서 이루어진 합의는 관련 정부부처에 의해 묵살되곤 했다. 각종 정책협의체가 정부의 정책결정에 정당성과 면죄부를 부여하는 방식으로 활용될 뿐, 관련 이익 · 시민단체의 실질적인 정책참여의 통로 역할을 하지 못했다(윤상우, 2007: 101). 예컨대 참여정부의 노동라인에 노동부 장관 · 청와대 수석 · 노사정위원장 · 노동담당 여당 국회의원에 이르기까지 거의 모두 노동운동 출신이 포진했음에도 불구하고 노사정위는 정부의 가이드라인을 크게 벗어나지 못한 실무기구가 되거나 정책결정 과정에서 무기력한 기구로 전락했고 대신 노동부가 노사정 관계를 주도했다(노중기, 2006). 그 결과 적대와 불신의 노사정 관계는 전혀 변하지 않았다. 이거야말로 민주적 노사정관계를 정책브랜드로 표방했던 참여정부의 아이러니가 아닐 수 없다. 더욱이 한미자유무역협정 체결과정에서 대내적 정책협상 프로세스를 생략했다. 즉 대통령 주변의 정책서클에 속한 관료 · 전문가 중심으로 진행된 나머지, 정책 이해당사자들인 노동자, 농민, 축산업자, 중소기업 등을 포함한 사회집단들을 배제, 소외시켰다. 이처럼 정부정책이 하향식 의사결정 방식으로 밀어붙여질 때 정부와 정책 이해관계자 간의 충돌과 갈등은 불가피하고 정책협의 시스템이 제대로 작동할 수 없는 것은 당연하다.

2) 동반발전형 사회적 합의제의 제도화 필요성

시장경제가 파생하는 여러 사회경제적 이슈들은 시장의 자율적 조정메커니즘에 의해 해결될 수 있는 것이 아니다. 그렇다고 정부가 나서서 모든 사회경제적 이슈들을 해결하는 정책수단도 매우 제한적일 뿐만 아니라 지식・기술・정보의 폭발적 증가로 소수 권력자・관료엘리트가 이를 습득・관리해 정책화하는 데도 한계가 있기 마련이다. 따라서 시민사회-시장-정치사회-국가 사이의 관계를 매개하는 새로운 의사결정 패러다임, 즉 이해관계자 간의 의사결정 시스템으로 나타나는 사회적 합의제가 주목을 받고 있다.

한국에서도 경제사회적 환경 변화에 따라 정부의 국정수행에 '과부하'(overload) 현상이 발생하고 국가능력에 한계가 드러나 사회경제적 이슈에 대응하는 새로운 공적 문제해결 시스템이 요구되고 있다. 과거 국가 우위의 시대와는 달리 오늘날에는 시민사회와 시장에 존재하는 이해관계자들의 동의와 협력을 얻지 않고서는 국정수행과 정책의 실효성을 거두기가 결코 쉽지 않게 된 것이다. 그럼에도 민주화 이후 한국에는 관료사회의 국가주의적 성향, 기업사회의 시장만능주의적 경향, 시민단체의 저항주의적 태도, 이익단체의 전투주의적 경향이 상존하고 있다. 이 때문에 정책협의를 위한 제도적 인프라가 미비하여 정부의 일방적 통치와 의사결정을 대신하는 사회적 합의제는 아직 사회경제 운용・조정 시스템으로서 작동하지 못하고 있다. 이명박 정부의 극단적인 일방적 국정 드라이브가 이를 웅변한다. 그 결과 사회경제적 이슈를 둘러싸고 사회집단 및 세력 간에 갈등과 대립이 일상화되고 시장조정의 제도화에 실패하고 있다. 이런 점에서 사회경제적 운용・조정 시스템의 제도화 필요성이 제기되고 있다.

첫째, 한국 민주화는 정책에 의해 영향을 받는 관련 이해당사자들이 폭넓게 참여하는 민주적 의사결정방식을 요구한다. 민주화 이후 한국사회는 다원화의 길을 걸으면서 특수집단 간 이익갈등과 가치갈등의 분출 현상을 보이고 있다. 시장경제, 글로벌 시장화의 진행에 따라 노사정 관계를 비롯하여 빈부격차, 사회적 차별, 소득격차, 지역불균형, FTA(자유무역협정), 공교육, 공공의료, 복지, 저출산·고령화, 문화적 소외, 환경 등 많은 사회경제적 이슈 해결을 위한 공공정책 과정에서 이해당사자들의 반발에 따른 갈등의 악순환이 지속되고 있다. 따라서 권력·관료·전문가 혹은 정당·의회 중심의 정책산출 방식을 넘어서 한국사회의 갈등을 조정하고 긴장을 관리할 수 있는 새로운 민주적 의사결정 시스템을 구축하는 것이 중요한 과제로 떠오르고 있다.

둘째, 한국경제의 글로벌 시장화는 사회경제적 이슈를 해결하는 새로운 의사결정 방식을 요구한다. IMF 관리체제 이후 빠르게 진행된 신자유주의적 구조조정과 노동시장 유연화 과정은 계급·계층·지역 간 사회경제적 이득과 비용을 차등적으로 배분하고 있다. 그 결과 시장경제의 낙오자·실패자가 양산되고 사회경제적 양극화와 계급·계층·부문 간의 갈등과 대립이 분출하고 있다. 이런 현상은 한미자유무역협정이 실행되면 더욱 더 가속화할 것이다. 따라서 사회경제적 양극화를 극복하고 사회통합을 달성하기 위해서는 상이한 이해관계자 간 갈등을 조정·관리하고 공동이익을 추구하는 새로운 의사결정 방식인 정책파트너십 시스템을 작동시킬 필요성이 제기되고 있다.

셋째, 전지구적인 생산, 판매, 소비, 유통망의 구조 속에서 이에 대한 지방단위의 효과적인 대응은 위계적 하향적인 의사결정 틀로서는 불가능하다. 바꿔 말하면 지역경제의 효율성과 지역주민의 '삶의 질'을 동시에 증진시켜 글로벌 시장화 추세에 유연하게 대응하기 위해서는 지역 차원의 의사결정 시스템이 요구되고 있다. 게다가 최근 지역사회에서는 임금·고용·소득 등 노사의 이해관계에 제한하지 않고 보육·빈곤·보건의료·환경·주택 등 공공의 사안과 이슈가 빈발하고 이로 인해 지역사회의 여러 지역집단 간, 지역집단과 지방정부 간, 지역주민과 중앙정부 간 갈등이 동시다발적으로 분출한다. 이에 효과적으로 대응하기 위해서는 지방정부의 일방적인 결정방식이 아니라 지방정치·행정 운영의 새로운 이익·가치조정 방식과 갈등조정 시스템이 요구되고 있다.

넷째, 한국의 디지털 혁명이 의사소통의 시간적 공간적 제약을 해소함에 따라 시민들은 정당·국회 차원과 다른 자신들의 참여·소통·토론을 통해 사회경제 운용을 진행하는 거버넌스 시스템을 요구하고 있다. 이에 따라 한국정치에 사회경제적 이슈를 정치인·관료 중심으로 관리·운영하는 '경성정치'(hard politics)의 중요성이 퇴색하고 이익·시민결사체가 중심이 되어 운영하는 '연성정치'(soft polities)의 시대가 도래하고 있다. 연성정치에서는 시민의 '먹고사는 문제'와 '삶의 질'과 관련된 노동, 주택, 교통, 환경, 문화, 인권, 빈곤, 교육, 청소년, 보건, 의료, 복지 등이 주요 정책 어젠다로 부상한다. 따라서 이러한 사회경제적 이슈를 해결하고 이를 둘러싼 갈등을 조정할 수 있는 새로운 민주적 의사결정 시스템이 요구되고 있다.

이와 같은 한국사회의 민주화, 글로벌 시장화, 지방화, 정보화라는 시대적 메가 트렌드에 대응하기 위한 사회경제적 조정에는 새로운 정책결정 패러다임이 필요하다. 즉 권력·관료·전문가 엘리트 중심의 정책결정 방식, 그리고 자유경쟁이 작동하는 선거·정당 메커니즘에 기초하는 의회와 정부 중심의 정책결정 방식을 뛰어 넘는 대안적인 사회적 합의제식 정책결정 방식이다.

그런데 기존의 사회적 합의제는 사회협약의 정책 어젠다 설정에서 재분배·형평성·사회적 연대·공공성 등 케인즈주의적 가치에 방점을 찍은 '수요중심 사회적 합의제', 성장·효율성·경쟁력·수월성 등 슘피터주의적(Schumpeterian) 가치를 중시하는 '공급중심 사회적 합의제' 등 두 유형이 있다. 1980년대 이후 게르만유럽 국가들의 사회적 합의제는 '수요중심'에서 '공급중심'으로 이동했다. 이는 글로벌 시장화에 효과적으로 대응하기 위해서이다. 그럼에도 그들 국가에서 글로벌 시장의 충격에 따른 사회경제적 양극화 문제는 발생하지 않는다. 글로벌 시장화 이전에 이미 수요중심 사회적 합의제 작동을 통해 시장경제의 사회취약계층은 물론이고 중산층에까지 케인즈주의적인 보편적 포괄적 사회안전망에 바탕을 둔 조정시장경제가 구축되었기 때문이다. 게르만유럽국가와는 달리 한국에서 공급중심 사회적 합의제는 시장조정 메커니즘으로서 부적절하다. 한국사회는 케인즈주의적 복지국가를 한번도 경험하지 못한 채 곧바로 신자유주의 시장경제로 급우회전하여 사회경제적 양극화·위험이 심화되고 있기 때문이다. 그렇다고 한국사회가 수요중심 사회적 합의제에만 집착할 수도 없다. 글로벌 시장화 시대에 성장 · 효율성 · 경쟁력 등 슘피터주의적 가치와 정책 어젠다를 마냥 외면할 수 없기 때문이다. 요약컨대 수요중심 사회적 합의제 혹은 공급중심 사회적 합의제 중 어느 것도 민주화, 글로벌 시장화, 지방화, 정보화라는 한국사회의 시대적 트렌드 속에서 이익 · 가치갈등을 관리 · 해소하는 조정시장경제 구축에 효과적이지 않다.

그렇다면 수요중심 및 공급중심의 사회적 합의제의 한계를 동시에 극복할 수 있는 '동반발전형' 사회적 합의제가 한국의 사회경제적 이슈를 해결하는 데 적실성을 갖는다. 동반발전형 사회적 합의제는 일견 양극단적 가치인 것처럼 보이는 성장 · 효율성 · 경쟁력 · 수월성 · 개발, 분배 · 형평성 · 사회적 연대 · 공공성 · 삶의 질 등 대비되는 두 가지의 가치 패키지를 상호보완적인 선순환 관계로 구축하는 것을 목표로 한다. 따라서 동반발전형 사회적 합의제가 제도화되면 두 가지의 가치패키지를 정치적으로 수용할 수 있도록 '기능적'으로 연계 · 조정한다. 이를 위해 동반발전형 사회적 합의제는 몇 가지 특성을 갖고 작동한다. 즉 정책협상 시스템의 분권화 · 집중화, 임금 · 거시경제 · 노동시장 · 사회보장 · 직업교육훈련 · 저출산 고령화 · 문화 등 다양한 사회경제적 정책 어젠다, 전통적 당사자인 노조 및 사용자단체의 대표에 국한하지 않고 비정규직 · 실업자 · 여성 · 농민 · 각종 시민단체 등 다양한 이해관계 단체들의 참여, 사회협약 주체들에게 다양한 유인책을 제공하는 정부의 보상과 양보 메커니즘 역할 등이 나타난다.

이와 같은 동반발전형 사회적 합의제는 한국민주주의가 지향해야 할 포스트민주화 사회경제적 운영 · 조정 시스템으로 상정되어야 한다. 이는 사회협약에 경제정책과 사회정책을 긴밀히 연계하는 콘텐츠를 담아 시장조정을 시도한다. 다시 말하면 정부-시민사회-시장-정치사회 간의 파트너십과 네트워크 관리체제를 통해 성장과 분배, 경제효율성과 사회형평성, 혁신과 사회통합이 공존하는 사회를 창출할 수 있다. 이를 통해 한국사회는 종국적으로 시장경제와 민주주의, 신자유주의와 사회통합, 글로벌화와 민주주의 공고화를 상호 긴장, 충돌시키지 않고 상호 강화, 조화시킬 수 있다.

4. 동반발전형 사회적 합의제의 분권화

1) 정책협의 시스템의 중층화와 시스템적 연계

글로벌 시장의 압력 하에서 사회적 합의제는 분권화 트렌드를 보여 오고 있다(Wiarda, 1997: 175). 이 점에서 한국에서도 시장조정기제로서 상정된 동반발전형 사회적 합의제가 매크로레벨에서 메조레벨, 마이크로레벨로 재구조화되는 사회경제의 운영 원리로 자리매김 되는 것이 올바른 방향이다. 다시 말하면 국가와 정상 이익 · 시민단체 간 정책협의만이 아니라 산업, 업종, 지역, 기업 · 작업장 · 소단위조직 등 수준에서도 대표성을 가진 이익 · 시민단체와 해당 정부(중앙정부 · 지자체)간에 다층적이고 중층적인 정책협의 채널을 제도화해 나갈 필요가 있다. 이는 한국의 동반발전형 사회적 합의제가 한국사회의 민주화, 지방화, 특히 글로벌 시장의 압력과 충격에 효과적으로 대응하기 위해 분권화 · 다변화되어야 함을 뜻한다. 이 같은 분권화된 정책협의 시스템 작동에서 매크로레벨의 사회협약은 산업 · 업종 · 지역 · 기업 · 작업장 등 메조레벨 및 마이크로레벨의 사회협약으로 이어지는 것이 일반적 현상이다. 매크로레벨의 사회협약은 경제 및 사회정책에 관한 가이드라인을 제시하며 메조레벨의 사회적 합의제는 매크로레벨의 사회협약이 제시하는 가이드라인에 따라 산업 · 업종 · 지역별의 주요 특정 이슈,[2] 그리고 마이크로레벨의 사회협약은 기업 · 작업장 · 소단위조직별의 고유한 이슈를 탄력적으로 담아낼 수 있다.[3]

우선 매크로레벨의 다양한 정책협의 틀이 구축될 수 있다. 최근 우리 사회에는 많은 사회경제적 이슈를 둘러싸고 정부의 공공정책 추진에 대한 관련

---

2) 업종별 정책협의가 가능한 의제가 있다. 예컨대 금융부문(금융기관 민영화, 금융기관 자율성 제고 등), 운수부문(대중교통서비스 향상), 병원부문(의료서비스의 공공성 강화), 교육부문(교육시장 개방, 교원평가제 등), 공공부문(행정서비스 개선) 등

3) 예컨대 종업원 재교육훈련의 제고, 기업의 경영정보 공유, 성과와 직무능력을 연동한 보수체계 구축, 고용안정, 종업원 복지 증진 등.

사회경제 주체들 간 이해와 관점의 차이로 인한 긴장, 갈등과 분열이 분출하고 있다. 즉 노사정 갈등, 자유무역협정갈등, 분배갈등, 사회적 차별, 교육갈등, 복지갈등, 환경갈등, 저출산-고령화, 수도권과 지방 간 발전격차, 문화적 소외 등과 같은 국가적 사회적 난제들이다. 따라서 사회경제적 갈등이슈들을 해결하기 위해 관련 이해관계자들이 참여하는 매크로레벨 정책 협상·조정 시스템을 개발할 필요가 있다. 즉 노사정거버넌스, 통상거버넌스, 복지거버넌스, 차별시정거버넌스, 교육거버넌스, 환경거버넌스, 저출산·고령화대책거버넌스, 지역균형발전거버넌스, 문화거버넌스 등 시민사회-시장-국가를 매개하는 다양한 정책협의체를 설치해 사회경제적 갈등이슈들의 관리·조정이 요구되고 있다<그림 2-1>.

마이크로레벨인 기업·작업장·소단위조직 수준에서도 사회적 대화와 협의의 틀이 필요하다. 지식정보화, 포스트포드주의 생산방식의 시대에는 기업경영·작업장·소단위조직 참여를 토대로 한 기업·작업장·소단위조직 혁신이 중요한 과제로 대두되기 때문이다. 그런데 기업이란 다양한 이해관계자들(대주주, 소액주주, 경영진, 근로자, 채권자, 협력업체, 소비자 등) 사이의 네트워크에 의해 만들어진 조직이다. 이런 까닭에 유럽대륙식 '이해관계자 자본주의'(stakeholder capitalism)에서는 기업의 소유 및 경영의사결정 과정에 노사, 주주, 시민단체, 정부, 채권단, 납품업체, 소비자, 지역주민 등 기업 이해관계자들의 참여가 이뤄지곤 한다. 특히 독일과 스웨덴에서는 공동결정제(codetermination)로 정보의 공유, 의사결정 참여 등을 통해 이해관계자 파트너십을 제도화하고 있다(선학태, 2006: 382-385). 이와는 달리 한국 재벌대기업들의 지배구조는 오너를 비롯한 경영진의 절대적 권력에 기반을 둔 독단적 의사결정 경영방식을 특징으로 한다. 따라서 한국의 기업도 기업 상부구조에서 경영 및 이사회 차원의 전략적 의사결정 과정에 기업 이해관계자(소액주주·종업원·소비자·협력업체·노조·시민단체 등)들의 참여에 기초한 파트너십 시스템, 그리고 작업장 단위에서 생산성 및 품질 향상에 관한 의사결정 과정에 노사 간 파트너십의 작동이 요구되고 있다. 마이크로레벨의 이러한 파트너십은 노동의 인간화와 조직의 효율화에 기여하고 노사가 윈윈하는 관계를 구축하여

사회경제적 이슈	정책협의체	이해관계자
유연안정성정책	노사정거버넌스	노조 사용자단체 농민단체 실직자 비정규직 빈곤층
자유무역협정	통상거버넌스	노동·농민단체 중소상공업자 축산업자
복지의 보편성·선별성 조세부담율 복지부유세	복지거버넌스	이익·시민단체 기업
교육의 수월성·공공성 교육양극화	교육거버넌스	학부모·교육단체 교육관청 기업
직업훈련교육	능력개발거버넌스	비정규직 중소기업근로자 저학력자 여성 장애인
각종사회차별	차별시정거버넌스	여성 장애인 저학력자 비정규직 외국인
저출산 고령화	저출산고령화대책거버넌스	종교계 노동계 경제계 여성단체
환경과개발	환경거버넌스	환경단체
국토균형발전 지방분권화	지역균형발전거버넌스	수도권 지방
문화양극화	문화거버넌스	노인 장애인 저소득층 농어촌주민

〈그림 2-1〉 매크로레벨 사회적 합의제

결국 기업의 경쟁력을 높이는 길이다.

무엇보다 매크로레벨과 마이크로레벨을 이어주는 메조레벨의 사회적 합의제가 적극적으로 개발될 필요가 있다. 우리 사회에서 노사문제를 비롯한 모든 사회경제적 이슈는 전국 단위에서 일거에 해소될 수 없는 산업·업종·지역 특수적인 문제들과 연계되어 있기 때문이다. 메조레벨의 정책협의 시스템은 매크로레벨 정책협의 시스템을 안정적으로 뒷받침해줄 뿐 아니라 기업·작업장·소단위조직 수준의 소통과 협의, 혁신을 지원하고 인도하는 가이드라인을 제공할 수 있다. 따라서 사회경제적 이슈에 대한 보다 안정적이고 효과적인 해결을 위해서는 메조레벨의 사회적 합의제 구축에 보다 많은 관심을 집중해야 한다. 즉 산업·업종·지역별 협의회와 같은 정책협의 시스템의 제도화이다. 무엇보다 오늘날 국민의 사회경제생활과 삶의 질에 영향을 미치는 많은 의사결정이 지역사회의 수준에서 이뤄지는 추세이기 때문에 지역 차원의 정책파트너십의 제도화가 중요하다. 지역의 정책파트너십은 노동, 교육, 복지, 환경, 저출산·고령화, 직업능력개발, 문화 등 다양한 사회경제적 이슈 분야에서 매크로레벨 사회적 합의제 작동의 핵심이며 시장실패를 보완·교정할 장치로서 메조레벨 정책협의 시스템의 효과를 제고하는 데 공헌할 수 있기 때문이다.

요컨대, 각 사회경제 주체들이 참여하는 사회적 합의제는 중앙 수준만이 아니라 산업·업종·지역, 기업·작업장·소단위조직에 이르기까지 중층적 정책협의 채널을 시장조정기제로서 제도화해 나가야 한다. 중앙 단위에서의 정책협의를 통해서만 포괄적 정책조정이 이뤄지기는 쉽지 않고 사회경제적 이슈나 지역에 따라 정책협의를 다변화해 나가는 것이 사회적 파트너십이나 정책협의의 제도적 효과를 높일 수 있기 때문이다.

이 같은 중층화된 정책협의 시스템은 유기적으로 연계될 필요가 있다<그림 2-2>. 일선 단위(작업장·기업·소단위조직 등)의 이해관계자 간의 대화와 협의를 토대로, 지역·산업·업종에서 중앙으로 의견을 상향시켜 나가고 중앙 단위에서 이해관계 대표 간의 협의로 설정된 원칙과 합의가 하부 단위에서 준수될 수 있도록 하는 중층화된 정책협의 시스템이 작동해야 한다는 것이다. 특히 메조레벨에서의 정책협의와 매크로레벨 정책협의 간의 시스템적 연계관계를 형성하는 것이 중요하다. 예컨대 노사정위와 지역노사정협의회 간 정보 공유채널의 확충 및 다양한 방식의 교류·협력 네트워크(지역순회 간담회·토론회·워크숍 정례화 등) 구축이 필요하다. 이와 같이 상향식 사회적 합의제와 하향식 사회적 합의제가 피드백 되고 결과적으로 쌍방향적인 사회적 합의제를 구축하는 것이 시장경제가 유발하는 사회경제적 이슈와 갈등을 조정하고 해소하는 메커니즘이 될 수 있을 것이다. 이를 통해 중앙차원의 사회경제적 정책 어젠다들이 담론의 상향과 하향 과정을 반복하면서 지속가능한 성장과 사회통합, 효율성·경쟁력과 형평성·공공성을 동시에 실현할 수 있는 시장조정의 원칙들이 자연스럽게 형성되도록 해야 한다.

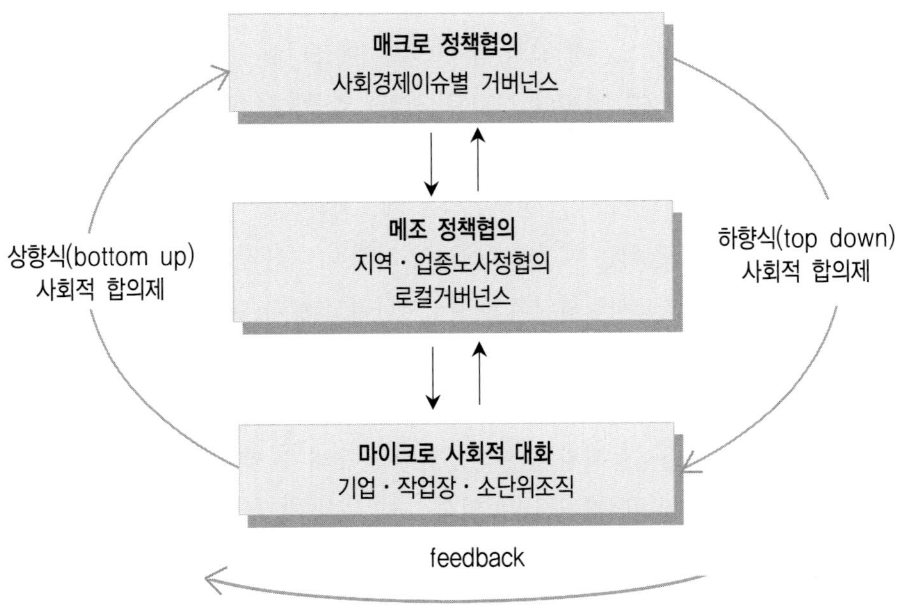

〈그림 2-2〉 동반발전형 사회적 합의제의 시스템적 연계

2) 메조레벨 정책협의: 지역 · 업종노사정협의회 및 로컬거버넌스

시장경제의 조정 수준을 높이는 데는 메조레벨의 정책협의 시스템의 지속적 작동이 매우 중요하다. 우선 지역 · 업종별노사정협의회의 제도화이다. 이는 매크로레벨 및 마이크로레벨의 정책협의를 통해 해결할 수 없는 사회경제적 이슈들을 풀어나가는 제도적 공간이다. 김대중 · 노무현 두 민주정부 하에서 노사정위원회라는 매크로레벨 사회적 합의제의 실험이 한계를 보인 결정적 요인은 메조레벨에서의 정책협의 메커니즘의 부재로 산업 · 업종 · 지역 · 기업 · 작업장 · 소단위조직별 수준의 요구들이 매크로레벨의 정책협의로 한꺼번에 투입되었기 때문이다(김성훈, 2004: 33). 또한 개별 사업장 파업 현안이 매크로레벨 노사정 관계를 경색시키기도 하고 역으로 불안정한 전국적 노사정 관계가 단위 사업장의 교섭과 협상을 어렵게 한 현상도 노사정 간 교섭과 협의에서 허리 역할을 맡아줄 메조레벨의 노사정 관계 형성이 미진했기 때문이다. 이러한 까닭에 노사정 간의 정책협의를 메조레벨에서도 활성화시킬 필요성이 제기되었고 그 방법의 하나로 지역 · 업종노사정협의회 운영문제가 주요 관심사로 부상하고 있다.

실제로 메조레벨의 노사정 정책협의를 제도화하려는 시도가 없지 않았다. 참여정부에서 노사정위는 메조레벨에서의 사회적 대화와 정책협의에 노력했고 특히 지역 · 업종노사정협의회를 활성화하려고 했다(김원, 2006: 163). 하지만 이러한 시도는 성공하지 못했다. 1999년 제정된 '노사정위원회 설치 및 운영에 관한 법률(19조)'에 근거를 둔 지역노사정협의회의 경우 노동부의 지방고용심의회 · 고용평등위원회, 시도 및 시군구의 지역혁신협의회 · 직업교육훈련협의회 · 지역인적자원개발협의회, 교과부의 지역인적자원개발사업 등 지역에 따라 정책협의의 틀로 설치됐으나 지역별 이익대표조직의 취약, 정책역량의 미흡, 자치단체의 무관심,[4] 재정의 한계, 중앙정부 주도 운영 등 여러 요인들에 의해 정상적으로 작동하지 못했다. 업종노사정협의회의 경우도 업

4) 지역노사정협의회 설치 여부는 지방자치단체장의 임의적 재량 사항이고 중앙 노사정위원회가 지역협의회에 대한 지도와 감독 기능을 갖고 있지 않다.

종 수준의 사회경제적 이슈에 관한 정책협의가 이뤄지는 제도적 공간이지만 설치에 관한 법적 근거조차 없고 산하단체에 대한 통제력과 대표성을 가진 업종별 이익대표조직의 미형성, 정책역량의 결여 등으로 정상적 작동을 하지 못했다.[5] 더욱이 매크로레벨의 정책협의 틀인 노사정위와 지역·업종노사정 협의회 간에는 법적 제도적인 연계성이 없어 노사정위가 지역·업종노사정 협의회를 재정적으로 지원할 근거가 부재한 상태이다.

따라서 메조레벨에서 노사정 간의 정책협의가 제도적으로 정착되기 위해서는 지역·업종별 수준에서 노사정 간 정책협의를 위한 제도적 능력이 취약하다는 점을 고려하여 노사정위를 통해 이러한 제도적 능력을 배양할 필요가 있다. 먼저 지역단위 노사 간 정책협의 채널은 중앙단위의 노사 간 정책협의 채널과 연계하는 것이 요구된다. 네덜란드에서도 경제사회협의회(SER)의 지역적 조직에 해당하는 지역단위 '경제사회협의회'가 설치되어 중앙과 지역의 노사 간 정책협의체제가 제도적으로 연계되어 있다. 따라서 우리의 경우도 중앙 단위의 노사정위와 지역노사정협의회 간의 제도적 연계성을 강화하고 재정적 지원이 가능하도록 노사정위원회법을 보완하는 작업이 필요하다(김성훈, 2004: 59).

업종별협의회의 경우도 노사정위원회 내에 업종별 분과위원회를 설치하여 운영 및 재정상의 안정적인 지원이 뒷받침될 수 있도록 제도를 설계할 필요가 있다. 물론 정부와 일부 노사는 산업(업종)단위에서의 노사정 간 정책협의제에 부정적이다. 정부와 사용자측은 산업(업종)단위에서의 노사 간 협의제가 노조의 세력을 키우는 빌미가 되지 않을까 우려하는 반면에, 대기업 노조 또한 노조의 산별화에 따라 기득권이 훼손될 것을 우려하여 산업(업종)단위에서의 협의제 도입에 부정적이다. 그러나 업종별노사정협의제는 산업정책에 노

5) 노동계는 산업별로 조직체계를 정비해 가는 추세인데 그 중에서 병원, 금속, 의료, 증권 등은 일찍 산별로 전환한 뒤 해당 업종별 사업자단체로 하여금 단체교섭에 나설 것을 요구했다. 이에 대해 사용자단체인 대한병원협회와 한국증권협회의 경우 소극적이었고 금속부문의 경우 사업자단체마저 존재하지 않는다. 산업·업종별 사업자단체는 산하 회원사를 규율하고 사용자측 대표로서 노조와 교섭할 수 있는 권한이 없다.

조가 동등하게 참여하고 산업단위에서 생산성 제고를 위하여 노사정 간의 협력적인 대응을 이끄는 채널이다. 또한 그것은 상급단위의 노사정파트너십을 촉진하고 상급단위의 단체교섭을 수월하게 하는 기반을 구축함으로써 노사정 모두에게 기여한다(이선, 2008: 152). 따라서 정부가 산업 · 업종단위 노사협의의 제도화를 정책적으로 지원하는 것이 절실하다.

결론적으로 지역 · 업종노사정협의회를 통해 메조레벨에서의 정책협의 능력은 향상될 수 있다. 다만 가능한 지역과 업종을 우선적으로 선정하여 집중적으로 육성한 뒤 성공 모델을 점차적으로 타 지역과 업종으로 확산해 나가는 단계적이고 전략적 접근이 바람직 할 것이다.

한편, 지역 시민사회가 활성화되기 시작하면서 최근 우리 사회에서도 노동문제를 제외한 여타 지역사회 이슈 해결을 위한 거버넌스적 접근의 중요성이 높아지고 있다. 즉 교육, 복지, 환경, 저출산 · 고령화, 직업능력개발, 문화 등 다양한 분야에서 지역민의 삶의 질과 지역경제 그리고 지역정체성 형성에 영향을 미치는 많은 의사결정이 지역의 수준에서 중앙정부-지자체-이해관계자들 간의 정책네트워크가 작동하는 로컬거버넌스가 빠른 속도로 확산되고 있다.[6] 지역의 공공이슈에 대한 거버넌스적 접근이 지역민들의 의사를 반영하는 생활정치(life politics)를 강화하고, 특히 경쟁력이 약한 지역사회 취약계층의 삶의 질을 제고시키며 지역 사회세력 간의 타협과 상생 메커니즘을 정착시킴으로써 지역사회의 갈등 비용을 최소화할 수 있기 때문이다.

그러나 '지방의제21' 기구가 보여 주듯이 로컬거버넌스 기구가 지역 명망가나 전문가 중심으로 구성되기도 하고 합의된 정책이 좌절되거나 무산되는 패턴이 반복되면서 자치단체장들의 업적을 홍보하기 위한 장식품으로 전락

6) 예컨대 '지방의제21'은 1990년대 중반부터 전국의 모든 광역자치단체(16개)와 총 234개의 기초자치단체 중 213개에서 수립되었다. 참여정부에서도 지역발전을 위한 지역혁신체계(regional innovation system)를 추진한다는 명분으로 지역혁신협의회가 구성되었다. 지역혁신체계란 지역사회에 존재하는 지자체, 기업, 대학, 연구소, NGO 등이 수평적 협력관계를 수립하고 활발한 소통과 공동학습을 통해 지역발전을 위한 지식과 정보를 창출하는 것을 의미한다. 2006년 말 현재 전국의 모든 시 · 도와 전체 시 · 군 · 구의 약 56%인 132개에 설치되었다.

되고 있다는 비난이 일고 있다. 그 결과 로컬거버넌스 기구들이 지역사회에서 일어나는 이해관계 분쟁을 조정·해결하기에는 아직 역부족이다. 따라서 지역사회의 역동성이 증가함에 따라 점점 더 복잡하게 얽혀져 가는 지역사회의 문제를 보다 민주적이고 효율적으로 조정하기 위해서는 교육, 복지, 환경, 저출산·고령화, 직업능력개발, 문화 등 지역 단위의 다양한 공공정책 어젠다를 협의하는 로컬거버넌스 시스템의 제도화가 절실하게 필요하다. 로컬거버넌스의 발전은 사실상 지역 문제의 해결에만 기여하는 것이 아니라 전국적 또는 중앙의 문제를 해결하는 데도 크게 기여할 수 있다. 예컨대 중앙 수준의 사회경제적 이슈를 둘러싼 정책협의가 교착 상태에 있을 때에는 지역 수준의 정책협의 시스템의 활성화가 분위기 반전을 가져오는 계기로 작용할 수 있다. 이런 의미에서 6·2 지방선거 이후 일부 광역·기초자치단체 수준에서 실험되고 있는 '도정협의회'와 같은 다양한 로컬거버넌스 시스템 작동은 바람직한 방향이다. 다만 현재의 로컬거버넌스 기구들은 비공식 '외부 자문기구'의 성격을 띠고 있기 때문에 조례 제정을 통한 공식기구로 전환될 필요가 있다. 또 로컬거버넌스 기구에 지역의 보수와 진보, 직능사회단체들의 균형 있는 참여를 설계하고 이를 통해 도출된 제안과 합의들을 중요한 정책으로 채택·집행함으로써 관과 민의 책임을 공유하는 제도화 노력이 있어야 한다.

5. 동반발전형 사회적 합의제의 정책 어젠다

1) 성장연합과 분배연합: '유연안정성' 정책패키지

사회경제적 환경 변화 속에서 사회적 합의제에서 논의되는 정책 어젠다들이 다양화되고 있다. 즉 사회협약의 내용이 과거 분배, 복지 등 수요중심의 정책 어젠다 뿐만 아니라 노동시장 유연화, 적극적 노동시장정책, 구조조정 등 공급중심의 정책 어젠다 등을 포괄한다. 이는 성장연합(growth coalitions)과 분배연합(distributional coalitions)의 선순환 문제로 집약될 수 있다. 이것이 시장조정 메커니즘으로 상정한 한국의 동반발전형 사회적 합의제가 지향해야 할 핵심적인 정책 어젠다이다.

하지만 성장연합과 분배연합은 상호 긴장관계에 있다. 성장연합론자들은 양극화 해소, 복지증대는 성장이 창출하는 '낙수효과'(trickle-down effect)에 의해 가능한 것으로 보고 있으며 따라서 분배정책과 사회지출 확대는 성장 동력을 떨어뜨리는 비생산적인 것으로 인식한다. 반면에 분배연합론자들은 분배정책의 '분수효과'(fountain effect)를 신뢰한다. 즉 소득분배의 정의가 저소득층의 교육투자를 촉진하여 그들의 잠재력과 생산성을 높이며 사회적 정치적 안정과 구매력 증대를 가져와 생산·투자 분위기를 자극시킴으로써 경제성장에 긍정적 효과로 작용한다는 것이다. 이처럼 성장연합과 분배연합의 관계를 바라보는 이해관계 집단의 관점의 차이에 따른 긴장과 갈등이 존재한다. 이에 대응하는 어떤 정책적 접근이 필요할까?

한국 노동시장은 높은 노동시장유연성－낮은 사회보장－소극적 노동시장정책(조기은퇴·산재 및 실업보험 등)을 중심으로 하는 영미식 신자유주의 시장경제의 특징을 갖는다. 이 때문에 실업자·비정규직·근로빈곤층이 급증하고 사회양극화가 격화되어 그들의 불만과 파업이 분출하고 있으며 이에 대해 법과 원칙을 내세워 공권력이 투입되는 악순환이 반복되고 있다. 이 현실에서 새로운 노동시장 정책 모색이 필요하다. 즉 유연안정성(flexicurity) 정책이다.

네덜란드의 노동재단(FL)은 1996년 유연안정성협약(Flexicurity Accord)을 체결하여 정규근로자의 보호완화(비정규직 전환 조건 완화 등)－비정규직 노동의 보호(사회보험·법정최저임금제·유급휴가·시간당 임금에서 정규직과 동등한 권리 등)－사회안전망(장기실업·빈곤층 대책) 강화 등 세 축의 정책패키지를 담았다(선학태, 2006: 261). 이는 한편으로는 노사의 타협이었고 다른 한편으로는 노노 간 타협이었다. 이를 통해 1970~1980년 초의 저성장·고실업·고인플레·고재정난에 시달리는 '네덜란드 병'(Dutch Disease)을 치유하고 성장·물가·재정·고용 등에서 유럽연합의 평균보다 우월한 성과로 나타난 '네덜란드 기적'(Dutch Miracle)을 달성했다. 또 90년대 중반 이후 덴마크도 노사정 거버넌스적 접근을 통해 높은 노동시장 유연성－관대한 사회보장－적극적 노동시장 정책 등 이른바 '황금의 3각형'(golden triangle)으로 일컬어지는 유연안정성 정책을 실행했다(Andersen and Svarer, 2007: 3-5). 이것은 노동시장 유연성으로 인한 사회적 위험(실업 · 비정규직)을 포괄적 사회보장을 통해 줄이고 정부의 적극적 고용 활성화 정책(공공고용서비스 · 재훈련교육 등)을 통해서 재정부담을 압박하는 복지의존층을 해소하는 동시에 노동시장 재진입을 유도하여 전체 고용율을 높이는 데 초점을 맞췄다. 그 결과 90년대 중반 이후 고용율이 높아지고 견실한 성장률을 유지할 수 있었다. 이처럼 네덜란드와 덴마크는 노사정 정책협의 시스템 작동을 통해 유연안정성 정책패키지를 사회적 합의로 끌어내어 조정시장경제를 구축하는데 성공했다.7)

현재 노동시장 유연화, 사회경제적 양극화, 사회적 안전망 부족 문제는 현재 한국 시장경제가 해결해야 할 가장 절실한 정책 과제이다. 바꿔 말하면 글로벌 시장화 속에서 지식기반경제를 구축하는 데 일정 정도 노동시장 유연화가 불가피한 현상이라고 한다면 그 희생자들에게 촘촘한 복지정책이 요구되는 한편, 그들이 복지에만 의존하는 도덕적 해이에 몰입하지 않고 노동시장에 재진입하도록 하는 고용 활성화 정책이 필요하다. 이를 위해 한국은 네덜란드와 덴마크의 유연안정성 정책에서 아이디어를 얻어야 한다. 유연안정성 정책은 자본이 요구하는 유연성과 노동이 요구하는 안정성, 그리고 국가가 필요로 하는 세금 자원 확보와 사회적 정치적 안정 등 이 모두를 동시에 만족시키는 새로운 노동시장 정책이라고 볼 수 있다. 하지만 유연안정성 정책은 서로 상충될 수 있는 요소를 본질적으로 내재하고 있기 때문에 유연성을 요구하는 사용자의 이해와 안정성을 요구하는 노동자의 이해 간의 상호 조정과 타협을 요구한다. 따라서 노사정 정책협의체와 그 산하에 노동시장 이슈별로 소협의체를 설치해 운영하는 거버넌스적 접근이 필요하다. 정책협의체의 참여주체는 전통적인 노조와 사용자단체를 뛰어 넘어 농민 · 여성 · 실업자 · 빈곤층을 각각 대표하는 이익 · 시민단체, 정당, 정부 등 주요 사회경제

7) 비록 현재는 재정위기에 직면하고 있지만 한때 '유럽의 지진아'(European laggard)로 조롱받았던 아일랜드도 사회적 합의제를 작동시켜 성장연합과 분배연합의 선순환에 의해 조정시장경제 구축에 성공했다(Hardiman, 2002; House and McGrath, 2004).

주체들의 대표 등을 포괄해야 한다. 다만 사회경제적 이슈별 소협의체에 참여하는 주체가 달라질 수 있다.

그런데 한국 노동시장의 특수성을 고려할 때 정책 어젠다의 시야를 노동시장을 비롯한 기업간관계 · 기업지배구조 · 조세제도 · 산업기술 · 직업능력개발 등 시장관련 제도인 생산레짐 차원으로 확대하여 노사정 정책협의체의 정책 어젠다는 포괄적인 사회경제 이슈를 다루는 것이 바람직하다. 포괄적인 사회경제 정책 어젠다에 대한 합의 없이 노동시장의 현안에만 논의를 집중하는 것은 정책협의체의 활동에 장애가 될 수 있기 때문이다. 이 점에서 노사정 정책협의체의 정책 어젠다는 유연안정성 정책에 기초하는 성장연합과 분배연합의 조화와 균형 이슈를 정책 어젠다로 설정하는 것이 한국의 조정시장경제를 구축하는 데 효과적일 것이다.

먼저 산업경쟁력 및 생산성 제고를 지향하는 성장연합을 구축하기 위한 정책패키지의 의제화가 필요하다(Rhodes, 2001: 181). 즉 ① 대기업 및 공공부문의 정규직 근로자의 보호 수준 완화(비정규직 전환 · 임금 · 근로 · 사내복지 · 해고 등의 조건완화), ② 노동시장의 기능적 유연성 강화, ③ 생산성 시너지 효과의 극대화를 위한 산업혁신클러스터 구축, ④ 기술혁신 및 경영합리화를 통해 생산성을 높이는 기업에 대해 선별적 법인세 인하, R&D 재정지원, ⑤ 대기업과 중소기업, 수출기업과 내수기업 간의 시장정보 · 합리적 납품단가 · 기술지원 등에서의 상생협력 네트워크 구축, ⑥ 기업경영의 투명성 · 사회적 책임성 등등.

한편, 분배연합이 구축되기 위해서는 노동시장에서 배제되어 있는 아웃사이더는 물론이고 노동시장 내의 취약집단을 보호하기 위한 다음과 같은 사회적 형평성 정책패키지를 의제화해야 한다(Rhodes, 2001: 180). ① 생산성이 떨어진 미숙련 근로자의 적정 임금을 보장하는 소득정책, ② 임금, 근로조건 등에서 차별 받는 비정규직 근로자의 보호 수준을 높이는 정책, ③ 여성근로자 및 비정규직 근로자에 대한 차별을 막기 위한 사회보장제의 재설계(예컨대 사회보험 가입률 제고를 위한 유인책 등), ④ 평생 기능습득 접근과 수요자(비정규직 · 청년 · 여성 등) 중심의 교육훈련 시스템 구축, 그리고 대기업과 중소기업

간의 교육 · 훈련 컨소시엄 강화, ⑤ 노동시간 단축을 통한 '일자리 나누기'(job-sharing)와 일자리 창출, ⑥ 공공부문 · 교육 · 의료 · 보육 · 요양 등의 사회적 일자리 확대를 통한 사회적 취약계층(여성 · 장애인 · 중고령자)의 노동력 활용, ⑦ 저소득층 근로자들의 교육, 주택, 의료 대책 등등.

2) 다른 주요 사회경제적 어젠다

현재 한국사회는 이해관계를 가진 주체들의 참여에 의해서 사회적 파트너십과 정책협의에 입각한 민주적 의사결정을 통해서만 이익갈등 및 가치갈등의 해법 모색이 가능한 노동시장의 문제 이외의 다양한 사회경제적 이슈들에 직면하고 있다. 우리 사회에서 동반발전형 사회합의제적 접근이 가장 긴급하게 요구되는 사회경제적 이슈들은 자유무역협정, 복지, 교육, 보건의료, 직업능력개발, 저출산 · 고령화, 환경, 문화, 지역공동체의 공공사안 및 지역 주민생활서비스 등 공동의 이해관계가 걸려 있는 새로운 후기 산업적 의제들이다. 그것은 보통사람들의 삶의 질, 조정시장경제의 실현 여부를 좌우하는 주요 정책 어젠다인 한편, 이해관계자들 간의 이익갈등과 가치갈등을 유발시키는 이른바 생활정치의 이슈들이다. 구체적으로 이 정책협의 시스템 작동을 요구하는 정책 이슈들을 살펴보면 다음과 같다.[8)]

첫째, 자유무역협정 발효가 야기하는 사회경제 주체 간 이익과 손실의 차등적 배분 문제이다. 한국사회는 미국과 유럽연합과의 자유무역협정 체결을 계기로 국회의 비준 동의 절차를 기다리고 있고 중국, 일본 등 여타 나라들과도 자유무역협정의 체결을 예정하고 있어 점점 더 개방된 글로벌 경쟁 환경하에 놓이게 될 것이다. 자유무역협정의 실행은 '양날의 칼'이다. 즉 '외부의 충격으로부터' 성장 동력을 찾는 해법이 될지는 모르지만 사회경제적 양극화 심화를 야기하여 산업 · 기업 · 노사 · 계층 · 지역 간에 이익과 손실(비용)을 더욱 차등적으로 배분할 것이다. 신성장 동력을 발굴한다고 해도 특정 집단 · 산업 · 기업이 최대 수혜자가 될 것이다. 이런 상황은 자유무역협정의 승자와

8) 이 부분은 (선학태, 2008: 163-173)을 수정 보완 압축한 것임.

패자 간의 갈등과 대립을 부추기고 패자의 격렬한 저항을 불러일으킬 것이다. 따라서 이런 시장개방의 충격과 희생을 흡수하고 이익과 손실의 차등적 배분으로 인해 발생하는 갈등을 조정하는 내부 정책협의 시스템 구축이 대단히 중요하다. 이를 통해 특히 노동자와 농민, 중소상공업자, 축산·수산업자, 서민과 중산층을 비롯한 우리 사회의 취약집단은 자유무역협정의 이득이 손실을 보상하여 민생이 나아지기를 바라기 때문이다. 이득으로 손실을 보상하기 위한 사회적 합의과정은 경제적이라기보다는 어려운 정치적 가치판단을 요구한다.

둘째, 소득보전정책인 동시에 사회안전망인 사회복지정책이다. 최근 우리 사회에는 사회복지를 바라보는 두 관점이 대립한다. 하나는 사회복지가 조세부담에 따른 기업의 투자의욕 저하, 복지의존층의 근로의욕 저하 등을 초래해 한국경제의 역동성과 성장잠재력을 떨어뜨린다는 논리이다. 이 관점은 자산·소득·근로능력에 따라 차등적으로 급여하는 '선택적 잔여적' 복지체제 선호로 이어진다. 다른 하나의 관점은 보육·교육·주거·보험·보건의료·양로 등의 촘촘한 사회안전망이 노동운동의 온건화, 일자리 창출에 기여하고 노동시장 유연화와 산업·기업의 구조조정을 원활하게 하여 국가경제의 생산성·효율성 향상을 위한 제도적 인프라가 되는 것으로 인식한다. 이 관점은 소득수준에 관계없이 모든 사회구성원에게 같은 수준의 복지 혜택을 주자는 '보편적' 복지 논리로 발전한다. 이처럼 사회복지를 보는 상이한 관점 간에는 항상 갈등과 긴장이 도사린다. 이를 조정하기 위해서는 복지거버넌스 시스템 작동이 필요하다.[9] 즉 보건복지부만이 아니라 고용노동부·교과부·여성부 등 유관 중앙부처는 물론이고 이익·시민단체, 기업, 전문가집단, 정당

9) 김대중 정부에서 적어도 국민연금제, 건강보험제 부문의 정책의사결정 과정은 폐쇄적 배타적 관료독점 구도가 아니었다. 대신 이해관계자, 즉 보험가입자(근로자·사용자), 공급자(의사협회·병원협회한의사협회·간호사협회·제약협회 등), 공익단체 등의 대표들이 참여하는 사회적 합의기구(건강보험정책심의위원회·국민연금기금운용위원회)를 신설하여 거버넌스 시스템을 작동시켰다. 그러나 이명박 정부에 들어서 그러한 복지정책의 의사결정체계는 보수단체인사·전문가 중심의 통과의례의 장으로 전락하여 협치의 의사결정 시스템 역할을 못하고 있다(이태수, 2010).

간의 정책네트워크가 구축되는 것이 중요하다. 협의될 정책 어젠다는 사회보험의 사각지대 해소, 기초생활보장제도 확충, 사회복지서비스 확대, 공공보건의료체계 확충, 공공임대주택 확대 등이다. 동시에 복지재원을 마련하기 위한 소득누진적인 조세정책, 조세부담율 수준, 복지부유세 신설 등을 둘러싸고 집단·계층 간 이해관계가 다르기 때문에 그것이 복지거버넌스의 정책 어젠다로 포함되는 것이 바람직하다. 지속가능한 복지재원 확보는 세출의 구조조정과 조세부담율의 상향조정 여부와 직결되기 때문이다. 나아가 사회서비스 공급과 관리는 궁극적으로 지자체의 역할과 책임이 되어야 하기 때문에 지역 차원에서 공공부문과 민간부문 간의 통합서비스 체제를 구축하기 위한 로컬 거버넌스 구축이 필요하다. 예컨대 시·군·구 단위의 민관 협의구조인 지역사회 복지서비스협의체가 설립되어 사회복지서비스 공급에 필요한 인프라 확충에 관한 해법이 모색되는 것이 요구된다.

셋째, 공공성과 수월성 사이의 가치갈등을 일으키는 교육정책 과제이다. 우리 사회에는 교육에 접근하는 관점의 뚜렷한 양분 현상이 존재한다. 진보진영은 교육의 평등성·공공성 가치를 내세우는 반면에, 보수진영은 교육의 수월성 가치를 중시한다. 따라서 공공성과 수월성이라는 교육의 상이한 두 가지 가치와 관점이 공존할 수 있는 해법을 찾기 위한 정책협의 시스템을 통해 교육정책에 관한 사회적 합의가 중요하다. 교육정책은 몇 사람의 교육관료나 교육전문가들에 의해 결정, 주도되어서는 안 될 정치적 과정을 요구하는 국가적 사회적 정책 어젠다이기 때문이다. 이 점에서 교육 가치갈등은 교육수요자(학생, 학부모)와 교육공급자(교사와 교육관청), 교육전문가, 교육 및 시민 단체, 기업, 지자체 등 다양한 교육 이해관계 집단이 참여하는 교육발전협의체를 통해서 그 조정이 가능하다. 이러한 교육거버넌스는 각 분야별 소위원회를 설치하여 교육 이슈별로 소통·협의하는 공간이다. 그 주요 정책 어젠다는 공교육 평준화 정책의 보완, 교육양극화 해소, 교원평가제, 자립·자율형 학교 설립, 사교육 흡수 방안 등 다양한 정책 과제를 포함한다. 고등교육의 사회적 적합성 제고 문제도 주요한 교육정책 어젠다이다. 고등교육발전협의체를 구성하여 대학법인화, 대학의 국제경쟁력 강화, 사학법 재개정, 대학구조조정, 교육시장 개방, 대학 입시 3불 정책 등의 정책 과제를 포괄할 수 있다. 요컨대 다양한 교육정책 어젠다를 둘러싸고 수월성을 중시하는 보수진영과 공공성을 지향하는 진보진영의 각 이해관계자들은 정책협의를 통해 '사회적 교육대타협'을 이끌어내야 한다.

넷째, 지식기반경제가 요구하는 직업교육훈련체제의 혁신에 관한 정책 어젠다이다. 이는 학습복지(learnfare)를 통한 고숙련 사회의 구축을 위한 것이다. 특히 비정규직 근로자, 중소기업근로자, 영세자영업자, 저학력자, 여성, 장애인, 장기실업자 등과 같은 우리사회 취약계층의 특성에 맞는 맞춤형 능력개발 교육훈련, 수요자 밀착형 능력개발 서비스 지원 문제가 주요 정책 어젠다로 부상하고 있다. 더불어 경쟁력 있는 지식근로자 육성도 주요 정책 어젠다이다. 즉 정보기술(IT)·생명공학(BT)·녹색기술(GT) 등 차세대 신성장 동력산업의 첨단 과학기술인력 양성 확대, 금융·물류·문화의 등의 지식서비스 분야 전문인력 교육훈련 프로그램 개발과 운영 등이 바로 그것이다. 이와 같은 사회취약계층과 지식근로자를 위한 직업교육훈련체제는 정부 주도만으로 달성될 수 없다. 그렇다고 노동시장 취약계층의 능력개발과 취업능력(employability)을 높이기 위한 직업교육훈련을 전적으로 시장에만 의존하게 된다면 시장실패는 필연적이다. 따라서 효과적인 직업능력개발을 위해서 거버넌스적 접근이 가능하다. 특히 지자체, 지역 내의 대·중소기업 노사단체, NGO, 대학 간의 지역파트너십을 통해 다양한 '숙련협약' 체결이 필요하다.

다섯째, 갈등을 야기하는 사회적 차별 이슈이다. 사회적으로 차별 받는 집단 및 개인의 인권을 보호하려는 것은 매우 중요하다. 이런 문제의식에서 노무현 정부는 '차별시정위원회'를 설립하여 양성평등의 일환인 호주제 폐지·성매매방지법 시행, 빈곤 아동 및 청소년 종합대책 수립, 장애인차별금지법 제정 추진 등 일련의 노력을 시도했다. 하지만 차별해소 정책은 크게 미흡했다. 따라서 현재 우리 사회는 이제 사회적 차별과 소외와 배제 문제를 인권적 시각에서 바라보고 접근하는 경향을 보이고 있다. 따라서 참여정부 하의 차별해소거버넌스를 부활하고 이를 통해 사회경제적으로 차별 받는 집단 및 개인의 인권 어젠다에 관한 사회적 합의 도출이 필요하다. 특히 성·장애·학벌 · 비정규직 · 외국인 등에 대한 차별 해소를 정책목표로 내걸어 '차별 없는 사회'의 조성이 주요 정책 어젠다가 돼야 한다.

여섯째, 저출산 · 고령화 극복 문제이다. 저출산 · 고령화 사회에 적절하게 대응하지 못하면 미래 한국경제의 성장잠재력이 크게 침식될 우려가 크다. 그런데 저출산 · 고령화 극복을 위한 사회의 책임 강화 여부에 대해서 사회경제적 이념에 따라 정책처방이 다를 수 있다. 따라서 저출산 · 고령화에 대한 대응에는 정부와 지자체뿐만 아니라 종교계, 노동계, 경제계, 여성단체, 시민사회단체 등 사회 각계가 참여하는 '저출산 · 고령화 대책거버넌스' 형태의 정책협의체 구성을 통해 사회경제 주체의 책임과 역할 분담, 국공립 보육인프라 확충 · 정년연금제도 · 임금피크제 등과 같은 정책과제에 대한 사회적 합의를 유도해야 한다.[10]

일곱째, 환경보존과 개발의 조화 문제이다. 현 MB정부의 '4대강 사업'이라는 대형 국책사업이 보여 주듯, 정부의 일방적 결정 · 집행은 환경이슈를 둘러싸고 정부와 환경단체와 주민 간의 격렬한 갈등으로 인해 엄청난 사회적 비용을 야기한다. 따라서 환경과 개발 사이의 갈등 비용을 줄이는 절차를 마련해야 한다. 이를 위해서는 정부, 환경단체, 기업 간의 민관 파트너십에 의한 환경거버넌스 시스템이 제도화될 필요가 있다. 이를 통해 환경오염과 생태파괴를 최소화하고 환경친화적인 품격 있는 국토개발과 환경관리를 유도해야 한다. 단기적 개발이익 추구나 정치적 이해관계 때문에 자연환경이 파괴되는 것이 저지되고 모든 국가정책이 환경친화적이고 지속가능한 발전을 고려해 기획, 입안, 시행 방안이 논의되어야 한다. 특히 지자체의 과잉 개발로 인한 지역사회 갈등이 빈발하고 있는 점을 고려할 때 분권화 시대에 지역수준의 환경 관련 공공갈등을 예방하고 사회적 비용을 줄이려면 지역의 개발계획과 환경계획 수립 시 지방정부와 지역 환경단체와 지역주민과의 상시적

10) 실제로 2006년 6월 참여정부에서 저출산 · 고령화 연석회의를 통해 사회협약을 체결한 바 있다. 대통령 직속 저출산 · 고령사회위원회를 축으로 저출산 · 고령화 대책의 비전과 전략이 제시되었다. 그러나 재원 확보, 참여 주체간의 역할 조정 등에 관해서는 사회협약의 내용이 규정되지 못했다.

인 대화와 정책협의 시스템을 갖추는 것이 필요하다.

여덟째, 수도권과 지방 간의 발전 격차 이슈다. 수도권으로의 인구·산업·경제·문화 집중은 '고비용 저효율의 국토구조'이다. 이런 문제의식에서 노무현 정부는 '국가균형발전위원회'와 '정부혁신지방분권위원회'를 설립했고 지방대학 역량 강화(NURI) 사업, 지역특화발전특구제도 도입, 혁신도시 건설, 기업도시, 행정복합도시 건설 등을 추진한 바 있다. 그럼에도 수도권과 지방 간의 발전 격차는 더 심화되면서 지방 주민들에게 심각한 상대적 박탈감을 안겨 주고 수도권과 지방 간의 갈등을 촉발시키고 있다. 이를 조정하기 위해서는 단순히 정당·정부관료·전문가만이 아니라 지방자치단체나 시민단체의 대표가 참여하는 지방분권·균형발전거버넌스를 부활하여 자치입법권·자치재정권 등과 같은 실질적 지방권한 배분 및 지역균형 발전 정책을 협의, 조정할 필요가 있다. 이 과정에서 수도권 발전의 정체를 낳아 결국 국가경쟁력을 약화시킨다는 반대 논리가 제기되고 수도권과 지방 간, 지방자치단체 간 갈등이 발생할 개연성이 없지 않다. 그러므로 정부관료·전문가를 비롯해서 다양한 이해당사자가 참여, 협의하고 일반 국민여론의 환경을 조성하는 정책협의 시스템 작동이 요구되고 있다.

아홉째, 문화적 삶의 질 개선과 문화양극화 극복 문제이다. 건강한 문화정책은 문화산업을 통해 일자리 창출과 경제성장에 이바지하기도 하지만 무엇보다 국민의 삶의 질을 높인다. 또한 그것은 문화양극화를 해소하기 위해 노인, 장애인, 저소득층, 농어촌주민 등 사회취약계층이 저렴한 비용으로 양질의 문화서비스를 향유할 수 있도록 한다. 이러한 정책들이 개발되고 성공하기 위해서는 중앙정부와 지방정부, 정부와 시민사회, 지방정부와 지역 시민사회 간의 소통과 협력에 기초하는 효율적인 문화거버넌스 시스템 구축이 필요하다. 동시에 정책 실현의 기반을 마련하기 위해 산·학·연·정 문화네트워크가 구축되어야 한다. 만일 그렇지 않고 문화정책이 정부관료와 문화전문가 중심으로 결정·집행되면 반발과 저항이라는 사회적 비용을 치르게 된다.[11)]

---

11) 참여정부가 광주 문화중심도시 조성사업을 국책사업으로 추진하는 과정에서 갈등이 빚어져 사업 추진이 지연되었다. 이 갈등은 몇 사람의 문화예술 전문가를 참여시킨

마지막으로 지역사회의 공공 사안들이다. 이를 해결하는 데 로컬거버넌스가 지역 사회경제 주체들 간의 서로 상반되는 이해를 조정하고 정책개발과 집행을 주도하면 지역사회의 갈등을 유발하지 않고 지역공동체의 발전에 효과적이다. 로컬거버넌스의 경제적 어젠다는 지역전략산업정책, 수출시장 개척, 해외자본 유치, 일자리 창출, 지역경제의 경쟁력 제고, 지역 차원의 노동시장 유연화, 청년실업자·고령자 자활, 직업훈련 사업 등이다. 또 지역사회의 주요 어젠다는 지역 공교육, 지방재정의 수입과 지출, 도심 재개발 사업 등 지역밀착형 정책이 포함될 수 있다. 최근에는 주민생활서비스 개선 문제도 지역 민·관 생활서비스 협의 방식인 로컬거버넌스적 접근이 이뤄지고 있다. 주민생활서비스란 보건의료, 고용, 주거, 치안, 평생교육, 보육, 요양, 생활체육, 문화, 여가, 관광, 쓰레기, 환경 보존, 빈곤 탈출 등 지역주민의 삶의 질에 관련된 서비스를 말한다. 특히 아동, 청소년, 노인, 장애인, 여성 등 사회취약계층에 대한 생활서비스 제공도 공공과 민간의 파트너십과 네트워킹에 기초한 로컬거버넌스의 장을 마련하여 맞춤형·밀착형 원스톱 서비스체계로 개편될 필요가 있다. 나아가 지방정부 간의 경쟁과 협력을 통해 효율적인 공공서비스 생산과 공급을 추구하는 것도 로컬거버넌스의 주요 어젠다이다. 주택, 상·하수도, 쓰레기 처리, 경찰, 지역설비 정비 등 다양한 지방 공공 서비스 공급 과정에서 지역 간의 외부효과 처리 방안을 모색하는 지방정부 간의 다자간 협약을 체결함으로써 지역공동체 운영에서 효율적인 공공 서비스 제공방법을 선택할 수 있다.

가운데 문화관광부 중심의 사업 추진방식에 기인한 것이다. 지역문화는 지역경제의 성장동력이기도 하지만 지역정체성을 표출하는 수단이기도 하다. 문광부와 광주 시민사회 간의 소통과 협력네트워크에 기초하는 문화거버넌스 시스템 구축이 문화도시 건설을 효율적으로 추진하는 해법이었다. 물론 문화사업 추진 과정에서 예술성과 창의성을 제고시킨다는 측면에서 전문가의 설계를 존중하는 것은 바람직하다. 그러나 광주 문화도시 건설은 전문성과 예술성의 범위를 훨씬 넘어 5·18단체·시민단체를 실질적 주체로 참여시키는 로컬거버넌스적 접근을 통해 민주주의와 인권과 평화로 상징되는 광주의 가치판단·정체성 투입메커니즘이 작동했어야 했다.

6. 동반발전형 사회적 합의제의 작동 조건

1) 연합정치의 제도화

한국에서 과연 사회협약을 체결하는 사회적 합의제가 제대로 작동할 수 있느냐가 쟁점이 되고 있다. 구조론적 시각은 구조적 조건이 취약한 한국에서는 사회적 합의제 작동이 어렵다는 견해를 제시하는가 하면, 전략적 선택론은 정책협의에 참여하는 사회경제 주체의 전략적 선택(strategic choice)으로 결정될 문제라는 견해를 갖고 있다. 그런데 1980년대 이후 네덜란드, 이탈리아, 스페인 등의 사회협약정치(social pact politics) 부활 경험에서 알 수 있듯 정상조직의 높은 조직률, 독점적 대표권, 위계적 조직화 등 구조적 조건이 사회적 합의제 작동을 위한 필수적인 전제요건이라고 보기 어렵다. 사회적 합의제의 작동 여부가 사회경제 주체의 전략적 선택으로 보는 주장 또한 쟁점에 대한 충분한 해답이 되기 어렵다(이선, 2008: 88). 그런데 제도는 인간의 행위 규범의 형성에 중요한 영향을 미친다(Thelen and Steinmo, 1992; 선학태, 2006: 81). 이 점에서 정치제도를 잘 디자인하는 문제야말로 시장경제의 이해관계자들의 전략적 행위에 변화를 유도하는 중요한 변수이다. 그렇다면 사회적 합의제 작동을 이끄는 조건, 즉 사회경제 주체가 사회적 합의제 작동을 전략적으로 선택하도록 하는 정치제도는 무엇인가?

이익·시민결사체의 구조적 조건이 결여된 한국에서도 사회협약에 의해 공공정책을 결정하는 사회적 합의제 작동이 불가능하다고 볼 수 없다. 사회경제 주체들이 전략적으로 사회적 합의제 작동을 선택하게 하는 제도적 접근이 필요하다. 즉 정당 간의 정책협의 시스템이 작동하는 연합정치의 제도화가 사회적 합의제의 작동을 촉진한다는 관점이 중요하다. 바꿔 말하면 한국에서 시장조정기제로서 상정된 동반발전형 사회적 합의제가 정상적으로 작동하려면 연합정치, 즉 절제, 협력에 기초하는 정당 간 교차파트너십(cross-partnership)의 제도화라는 조건이 요구된다. 제2장에서 논한 바와 같이 사회적 합의제는 연합정치와 제도적 친화성과 인과성을 갖기 때문이다.

서유럽 정치에서는 정당명부 비례대표제가 패권정당을 허용하지 않고 사회분열과 갈등 구조에 뿌리를 둔 보수-중도-진보 등 가치와 정책 중심의 다당제를 만들어 놓기 때문에12) 정당 간에 교차적 협조가 아니면 파국이라는 인식이 확산되어 의회·정부 차원에서 연합정치가 제도화된다(Iversen and Soskice, 2006). 바꿔 말하면 그들 국가의 정당들은 정당명부 비례대표제에 힘입어 종적 차원으로 블록화 되어 있는 사회계층·집단과 강하게 연계되어 있으며 이를 바탕으로 의회·정부 차원에서 횡적 차원으로 정책과 가치가 유사한 다른 정당들과의 다양한 연합정치를 구사하고 있다. 이러한 연합정치의 제도화는 사회적 합의제 작동을 촉진한다. 예컨대 덴마크의 노사정 정책협의 시스템은 1993년 사민당-사회자유당-중도민주당-기독교 인민당 간의 좌파중도 연합정치 그리고 1998년 사민당-사회자유당 간의 순수 좌파정당 연합정치 하에서 더욱 탄력을 받았다(선학태, 2006: 415; Elavander 2002: 11). 또 네덜란드의 '유연안정성 협약'도 1994~2002년 노동당-자유당-민주주의'66으로 구성된 사민주의 정당-자유주의 정당 간의 이른바 '자줏빛(purple) 연정' 하에서 가능했다(선학태, 2006: 260-261). 중도 좌·우파 정당은 연합정치 과정에서 상대방의 정책을 배려하여 정책협의와 합의 속에서 유연안정성이라는 노사정 대타협 정책패키지를 모색한 것이다. 이는 연합정치가 사회적 합의제의 작동을 원활하게 하는 제도적 인센티브가 되고 있음을 의미한다.

이 같은 연합정치가 한국의 대통령제 하에서도 제도화될 수 있을까? 연합정치는 의원내각제를 채택하는 서유럽 정치의 전유물이 아니다. 연합정치와 정부형태의 관계에 필연적 논리이나 제도적 인과성이 존재하는 것은 아니기 때문이다. 이 점에서 한국 대통령제 하에서도 연합정치가 작동할 수 있다. 정당명부 비례대표제 강화로 어느 정당도 과반 의석을 차지하기 어렵거나 근소하게 과반 의석을 넘는 다당제 구도에서 효율적이고 정상적인 의회정치 및 정부의 운영을 위한 해법은 연합정치 외에 다른 탈출구가 없다. 물론 대

12) 서유럽의 다당제는 대기업·중소기업·정규직 노동·비정규직 노동·고소득층·중간층·저소득층·실직자·농민·자영업자·축산업자·장애인·여성 등 시장경제에 이해관계를 갖는 다양한 집단과 계층의 정책선호를 대표할 수 있는 정당구도이다.

통령제 하의 연합정치는 통상적이지는 않고 내각제보다 유인이 약한 것은 사실이다. 그렇다고 대통령제 하에서 연합정치의 작동이 불가능하거나 '예외적인 경우'에만 발생한 것은 아니다(Lijphart, 2002: 47). 대통령제 하에서도 다양한 형태의 연합정치가 등장할 수 있다. 브라질, 코스타리카, 우루과이 등 남미 및 동유럽 국가들의 대통령제 혹은 준대통령제 하에서도 연합정치가 빈번하게 이뤄진다. 말하자면 연합정치가 '정당 간 합의 규범'(norm of cross-party consensus)으로 제도화되고 있는 것이다(Lijphart, 1999: 105).

한국정치에서 국회의원 선거제도의 비례성이 강화되면 단독으로 국회와 정부를 지배하거나 국정운영을 독주하는 패권정당이 허용되지 않고 가치와 정책 중심의 진정한 다당제가 창출될 수 있다. 즉 우리 사회의 다양한 이익·가치갈등 구조에 뿌리를 둔 '균형 잡힌' 정통보수-중도보수-중도진보-정통진보 등 이념적 스펙트럼이 다원화된 '무지개 정당체제'가 구축될 수 있다. 이런 정당지형에서는 특정 정당이 영원한 승자도 영원한 패자도 될 수 있는 여지가 크지 않기 때문에 정책이슈별로 다수가 유연하게 형성되는 연합정치의 제도화 가능성이 높아진다. 이러한 연합정치의 제도화 확률은 현행 대통령 선출제도를 결선투표제(Majority Runoff)로 개정하면 제도적으로 더욱 높아질 수 있다.[13] 대통령의 1차 선거와 2차 선거 사이에 어제의 경쟁자가 오늘의 연정 파트너가 되는 정치시장 유연화(flexibilization of political market)의 제도화가 이뤄질 수 있기 때문이다. 게르만유럽 정치의 경험이 보여 주듯이, 한국정치에서도 특정 정당의 권력독점을 막아주는 연합정치 시스템이 작동하면 동반발전형 사회적 합의제의 원활한 작동이라는 제도적 효과가 기대될 수 있다.

첫째, 국회와 정부 차원에서 정당 간 연합정치가 제도화되면 이는 곧 시장

13) 남미 국가들처럼 의회선거(전면적 비례대표제 혹은 독일식 정당명부 비례대표제)와 대통령 결선투표제(Majority Runoff 혹은 Qualified Plurality)를 도입하면 연합정치를 제도적으로 촉진할 수 있다. MR의 경우 1차 선거와 2차 선거 사이에 연합정치를 시도할 수 있으며 QP의 경우 1차에서도 연정을 모색할 수 있다(조성대, 2010: 52). 이 경우 헌법개정 없이도 다당제적 대통령제 아래 연합정치의 제도화가 가능하다. 국회의원 및 대통령의 선출제도는 선거법 개정만으로도 가능하기 때문이다.

경제가 만들어내는 시민사회의 다양한 집단・계층 간 네트워킹과 파트너십으로 이어지는 제도적 인센티브가 될 수 있다. 앞에서 언급한 바와 같이 네덜란드・덴마크 등에서 사회경제 주체들 간 정책협의 시스템 작동에 의해 유연안정성 정책패키지가 원활하게 실천된 것은 정책의 제로섬적 대립을 드러내는 양당제가 아니라 비례대표제에 의해 패권정당이 없는 다당제에 토대를 둔 연합정치에서 특정 정당의 독주나 극단적 정책을 펼 수 없는 정치지형에 연유한다(Hamann and Kelly, 2007: 976-977). 연합정치 과정에서 정당 간 '조금씩 양보하고 조금씩 얻는' 협상과 타협에 의해 이뤄지는 정책조율과 정책교환이 사회적 합의제 작동을 촉진한 것이다(선학태, 2005: 72-77). 한국정치에서도 정당명부 비례대표제가 강화되면 사회적 기반을 둔 정당이 출현하고 이들 정당 간에 이뤄지는 국회・정부 차원의 연합정치 과정에서 정책조율・교환을 이어지며 이는 시민사회와 시장의 다양한 집단 계층 간의 이익・가치 조정을 이끌어내는 정책파트너십을 촉진시킬 수 있다. 역으로 시민사회와 시장의 다양한 집단・계층 간의 정책파트너십은 그들에 뿌리를 둔 정당 간의 정책협의(연합정치)를 촉진한다. 이처럼 연합정치와 사회적 합의제의 정책네트워크 간에는 상호보완적인 선순환 메커니즘이 작동할 수 있다. 나아가 연합정치는 중앙정부의 차원에 국한된 것은 아니다. 로컬거버넌스적 정책네트워크도 지역 차원의 연합정치 구성에 의해 촉진될 수 있다.

둘째, 진보정당이 다른 정당과의 권력분점 공유 형태로 내각구성에 연정 파트너로 참여할 경우 이는 노동대중의 이익을 대표하고 부응할 수 있는 정부정책(복지정책, 노동정책, 교육정책 등)을 이끌어내는 정책협의 과정에 크게 이바지 할 수 있다(Iversen and Soskice, 2006: 165-166). 바꿔 말하면 정책 파트너십・네트워킹에 기초하는 노사정 거버넌스 시스템의 원활한 작동은 진보정당이 참여하는 연립정부의 구성이 제도화될 때 가능하다. 진보정당은 노조와 연계하여 자본을 대표하는 보수정당을 상대로 노동의 이해관계를 조율하며 자신의 정치고객인 노동대중에게 '길거리 정치' 유혹을 뿌리치고 정책협상 테이블에 참여하도록 설득하는 데 유리할 것이기 때문이다.[14] 이러한 사례는 서유럽 국가들의 경험에서 볼 수 있다. 그들 나라에서는 노동과 사회취약계층의 이해관계・정책선호가 중도 좌파정당들이 참여하는 연립정부의 정책 협상테이블에서 대표될 수 있고 이는 노조의 전략적 행동에 영향을 준다. 즉 노조는 산업 현장에서 과격한 투쟁전략을 피하고 글로벌 시장의 충격에 대응하기 위한 '온건과 절제와 타협'의 전략을 택함으로써 노사정 대타협을 이끌어내곤 한다. 예컨대 스페인, 네덜란드, 아일랜드의 노사정 대타협은 정당 간, 특히 노동 우호적이거나 사민주의를 표방한 진보정당이 자유주의 보수정당과의 협력체제에 기반을 둔 연립정부의 수립에 의해 가능했다(선학태, 2006: 제9・13・15장).

2) 사회경제 주체들의 행동전략

사회경제 주체들은 사회적 합의제에서 논의되는 정책 어젠다가 자기들 각자에게 미치는 효과에 따라 개혁정책 어젠다에 대한 상이한 이해관계와 태도를 보인다. 따라서 개혁정책 어젠다는 정책 수혜자와 정책비용 부담자의 이해관계가 정치적으로 균형을 이루는 선에서 결정되는 것이 사회적 합의제 작동을 정상화하는 길이다. 사회적 합의제의 작동과정에서 사회경제 주체들은 각자의 선호와 상황인식에 따라 자기의 이익을 극대화하기 위해 전략적으로 행동한다. 그런데 정치제도는 사회경제 주체의 그러한 전략적 행동에 영향을 미친다. 말하자면 정부의 의지나 능력, 이익・시민단체의 행동전략은 정치제도의 영향을 받는다(Swank, 2002: 37). 이런 관점에서 보면 연합정치는 한국의 조정시장경제 구축을 위한 동반발전형 사회적 합의제에 참여하는 사회경제 주체들의 행동전략의 변화를 유도하는 제도적 변수이다. 연합정치에서는 특정 정당의 권력독식이 제도적으로 불가능하여 정당 간의 상호 의존과 협력이 불가피하다. 따라서 연합정치에서 국가정책은 특정 정당의 독주에 의해서 아

14) 실제로 스페인에서 좌파정당이 노조와의 연계를 통해서, 특히 사민당 출신 장관들이 노동의 권익을 대표하여 극도로 과격했던 노동운동을 자제시키는 등 노조들의 절제와 타협적 태도를 이끌어내는데 공헌했다(Royo, 2005: 66-70; Encarnacion, 2001: 343).

니라 '지향가치와 정책이 다름을 인정하는' 정당 간의 양보와 타협에 의해 정책조율 · 교환이 이뤄지며 이 과정에서 상생과 포용의 행동문화가 창출된다. 이는 게르만유럽의 연합정치가 보여주듯이 동반발전형 사회적 합의제에 참여하는 사회경제적 주체들의 행동전략 변화를 가져오는 문화적 토양이다.15)

우선 연합정치에서 기대되는 정부의 역량은 대립하는 사회경제적 이해관계를 조정 · 중재할 수 있는 유효한 거버넌스 시스템을 구축하는 의지와 능력에 있다. 즉 시장(기업), 이익 · 시민결사체, 정치사회(정당과 의회)와의 다양한 정책네트워크를 구축하는 정부 역량이다. 그것은 특히 사회적 대타협을 유도할 대통령의 정치적 역량과 의지에 달려 있다. 연합정치가 보편화되어 있는 서유럽 국가들의 사회적 합의제는 국가의 최고 지도자가 정책협의회를 주재하는 경우가 많다. 예컨대, 독일 수상은 이익단체들의 대표들을 수상 관저에 모이게 하여 정책협의체인 이른바 '방갈로 토의'(bungalow discussion)를 주재했다(Leaman, 2002: 145). 스웨덴의 사회적 합의제도 수상 관저인 하프순트(Harpsund)에서 연례회의(하프순트 민주주의)의 개최를 통해서 작동되곤 했다(Hermansson, 2004: 11-12). 이 점에서 연합정치 하의 한국 대통령도 노동계와 경제계, 정당, 관련 장관, 이익 · 시민단체 대표들로 구성된 정책협의회를 주재함으로써 한국 경제의 동반성장 동력, 대기업 · 중소기업 간 상생협력, 사회양극화의 극복, 복지 · 교육 · 환경 등을 비롯한 주요 사회경제적 이슈와 갈등에 대한 공감대를 확산해 갈 수 있다. 이는 사회적 합의제의 정상적 작동에 유리한 사회경제적 환경을 조성할 것이다. 사회경제적 집단들에게는 연합정치 하의 대통령이 주도하는 사회협약 체결과정에 참여할 인센티브가 커질 것이기 때문이다.

둘째, 연립정부의 정책은 사회적 합의제 작동 과정에서 양보와 보상의 메커니즘을 통하여 사회경제 주체들 간에 가로 놓인 불확실성을 줄여주고 상호협력할 수 있는 전략적 행동을 이끌어 낼 수 있다(Ebbinghaus and Hassel, 2000: 58-59; Elvander, 2002: 134-135). 네덜란드, 아일랜드, 덴마크에서 1990년대 이

15) 이 부분은 (선학태, 2008: 174-177)을 약간 수정 보완한 것임.

후 사회협약의 체결과정에서 양보와 보상의 메커니즘을 통하여 노사 간 상호 협력하는 전략적 행동을 이끌어 내는데 연립정부 정책이 중요한 변수로 작용했다(Elvander, 2002: 134-135). 말하자면 연립정부가 사회협약 체결 · 집행과정에서 다양한 정책수단을 통하여 사회적 파트너들에 대한 보상을 제공함으로써 양보를 유도하고 상호 협력하는 전략적 행동을 이끌어 낸 것이다. 예컨대 아일랜드에서 임금인상 자제라는 양보를 유도하기 위해 복지 확충 · 조세개혁 등 연립정부의 다양한 정책 인센티브를 통하여 사회협약이 순조롭게 체결되고 집행될 수 있었다. 그리고 사회협약이 체결 · 집행되면서 사회적 파트너십과 정책협의 시스템에 참여한 아일랜드의 사회적 파트너들은 사회협약의 필요성을 신뢰하는 정책학습(policy learning)의 기회를 얻었다(선학태, 2006: 140). 이런 점에서 연합정치 하의 정부가 사회경제적 정책 어젠다별 이해관계자 간, 특히 노동과 기업의 양보를 유도하기 위해 다양한 정책수단을 통해 보상하면 사회협약이 순조롭게 체결 · 집행되는 데 효과적이다.

셋째, 사회적 합의제 작동과정에서 사회경제적 파트너들은 정책 어젠다에 관한 합의와 사회협약을 끌어내기 위해 패키지딜(package-deal) 전략으로 접근하는 경향을 보인다. 원래 패키지딜 전략은 연합정치에서 정당 간 정책갈등 해결 방식이다(Lijphart, 1971: 10). 이 점에서 연합정치가 제도화되면 이를 사회적 합의제의 사회경제 주체 간 이익조정 방식으로 활용될 수 있다. 연합정치 과정에서는 정당과 이익 · 시민단체가 상호 연계되어 있기 때문이다. 예컨대 노동은 노동시장 유연화와 임금자제를 수용하고 기업은 노동시간 축소로 '일자리 나누기'로 양보하며 정부는 복지프로그램의 확대로 노동을 보상한다. 이처럼 주요 항목을 연동하여 정치적으로 교환(political exchange)하는 패키지딜 방식이 각 항목을 개별적으로 분리하여 협상하는 경우보다 타협의 가능성이 높고 효과적이다. 이런 방식의 사회적 대타협을 통해서 노동(노동시장의 인사이더와 아웃사이더)은 분배 정책패키지를, 기업은 생산성 및 경쟁력 정책패키지를 각각 확보할 수 있으며, 정부는 산업평화와 정치안정을 통해 통치력, 정책정당성 및 효과성을 높일 수 있다.

마지막으로 사회적 합의제의 정상적 작동을 위해서는 이른바 구동존이(求

同存異)전략이 중요하다. 즉 의견이 상이한 것은 남겨 두고 합의 가능한 의제를 우선적으로 설정하여 협력하는 전략이다. 이 전략은 연합정치에서 정당 간 정책조율·정책교환이 이뤄질 때 활용될 수 있다는 점에서 정당과 연계되어 있는 사회경제적 파트너들의 행동전략으로 이어질 수 있다. 이를 위해서는 정책협의의 어젠다 설정이 적절해야 한다. 그렇지 않으면 사회경제 주체들 간의 갈등이 증폭되어 정책협의 시스템의 정상적 작동이 어려워진다. 예컨대 2006년 비정규직 법안은 그 자체로서 노사 간에 타협이 쉽지 않는 어려운 의제였다. 그러나 당시 정부는 성급하게 비정규직 법안을 제출하자 노사는 비정규직 문제 해결을 위한 다른 정책수단이나 협력 방법을 전혀 고려하지 않고 비정규직 법안을 둘러싸고 제로섬 게임적인 격렬한 투쟁에 돌입하게 되었다. 비정규직 법안을 노사정 타협의 의제로 만들기 위해서는 정부가 전략적으로 비정규직 노동문제를 해결하기 위한 정책패키지(예컨대 공공부문 비정규직 축소, 불법파견에 대한 정부의 감독 강화, 원·하청 관계에 대한 정부의 철저한 감독)를 개발하여 노사정이 비정규직 남용을 막기 위해 타협할 수 있는 영역을 적절하게 제시했어야 했다. 이를 통해 상호 간에 양보가 가능한 안건을 중심으로 작은 주제의 소타협을 연속적으로 추진해 서로의 믿음을 확장시켜 더 큰 중요한 주제로 나가야 했다. 그러나 노사정 간의 불신을 털고 협력을 강화할 수 있는 의제를 전략적으로 선택하여 정책협의를 복원하려는 노력이 부족했다. 이런 점에서 볼 때 비정규직 법안을 둘러싼 갈등이 보여주는 것처럼 처음부터 타협이 어려운 의제를 설정하기보다는 협력이 가능한 정책의제를 중심으로 정책협의를 추진함으로써 점차 신뢰를 회복하려는 노력을 선행해 나갈 필요가 있다. 또한 환경, 교육, 공공의료, 문화 등 부문에서는 최대한 공동이익을 실현할 수 있는 호혜적인 의제를 개발하고 보다 미래지향적이고 상생교섭이 가능한 포괄적인 의제를 상정하는 전략이 중요하다. 더불어 가치관 갈등을 함축하는 환경, 교육 부문에서의 정책협의에서 합의에 도달하기 위해서는 단기적 성과에 연연하지 말고 중정기적 관점에서 문제에 접근하는 전략이 필요하다.

7. 맺음말

지금까지 시장경제의 조정 메커니즘으로서 동반발전형 사회적 합의제를 포스트민주화의 대안적 의사결정 시스템으로 상정하고 이의 분권화, 의제 다양화 및 작동 조건을 중심으로 논의했다. 이 과정에서 사회적 합의제의 중층적 정책네트워크, 특히 메조레벨 정책협의 시스템을 부각시키고 그 시스템 간 상·하향식 피드백의 중요성을 강조했다. 또 시장경제에서 발생하는 사회경제적 이슈인 노동·복지·환경·교육·저출산·고령화·문화 등을 동반발전형 사회적 합의제의 정책 어젠다로 설정했다. 그리고 한국에서 사회적 합의제가 정상적으로 작동하기 위해서는 연합정치의 제도화가 전제되어야 하고 이를 통해서 사회경제 주체들의 행동전략의 변화 가능성을 제기했다.

한국정치에서 동반발전형 사회적 합의제 작동을 위해서는 법적 제도적 안정성을 통한 실효성의 확보가 중요하다. 노사정위를 제외한 그간 실험했던 사회적 합의제는 대부분 비공식적이거나 법적 근거에 의해 구성되지 않아 설령 사회협약이 체결되어도 아무런 구속력 없고 신사협정의 관행에 의존하고 있는 실정이다. 따라서 사회적 합의제의 법적 제도적 구속력을 갖추는 것이 필요하다.

이를 통해 한국정치에서 사회적 합의제가 작동하면 국가주의의 소수 권력자·관료 중심의 하향식 의사결정 방식, 그리고 '경쟁적 이익표출과 분산적 그룹협상'·정당정치·의회정치 중심의 다원주의적 의사결정 방식보다 의사결정 과정의 '거래비용'(transaction costs)을 감소시킬 수 있다(Hirst, 1994: 21-40). 또 이해관계자들 간의 정보교환에 기초한 민관 협력의 정책네트워크는 정책의 대표성·상향식 정당성, 책임 있고 균형 잡힌 양질의 의사결정을 보장하여(Hirst, 1994: 112-130) 한국민주주의 발전에 공헌할 수 있다.

한국민주주의의 일차적 과제는 단순히 실질적 민주주의 확대가 아니라 현재 최소한의 '필요조건'만 갖춘 절차적 민주주의를 보다 심화·발전시키는 데 있다. 이익·시민결사체와 정부 간 권력분점 공유 형태로 나타난 동반발전형 사회적 합의제의 정책네트워크가 이에 부응할 수 있다. 즉 동반발전형 사회적 합의제야말로 한국 신자유주의적 시장경제의 실패자·낙오자에게도 공공정책 결정 과정에 '동등하고 효과적'으로 참여할 수 있는 제도적 인센티브를 제공하는 절차적 민주주의의 '충분조건'이다. 이는 노동·복지·교육·환경·의료·주거 등에서 시장경제의 실패자·낙오자의 삶의 질을 높이는 정책콘텐츠를 산출하여 실질적 민주주의 강화로 이어진다. 게르만유럽 소국의 민주주의 발전경로는 이를 웅변한다. 글로벌 시장화 시대에도 사회적 합의제가 작동함으로써 경제적 효율성과 사회적 형평성이 동시에 달성되는 조정시장경제를 구축하여 사회경제적 이해관계 집단 간에 이익과 비용을 공정하게 배분함으로써 민주주의체제의 대표성·책임성·통치능력을 제고시키고 있는 것이다.

그럼에도 불구하고 사회적 합의제에 대한 비판이 없지 않다. 먼저 네오마르크스주의자들은 사회적 합의제를 자본의 논리와 요구에 노동계급을 예속시키는 것으로 본다(Panitch, 1979: 119-146). 그들에 비친 사회적 합의제는 본질적으로 노동이익을 실현하는 데 걸림돌로 작용한 비민주적 시스템이다. 그러나 서유럽 국가들에서 사회적 합의제는 이해관계자 간 정책네트워크 작동을 통해 경제적 효율성과 사회적 형평성을 기능적으로 선순환시킴으로써 노동자들로 하여금 사회주의의 길을 선택하지 않고 자본주의 시장경제 하에서 그들의 물질적 안전을 보장받도록 하는 데 공헌했다.

둘째, 사회적 합의제의 정책결정은 정당정치·의회정치를 핵심으로 하는 대의제 민주주의의 상도에서 벗어난다는 비판이 있다. 이해당사자 간 정책협의를 통해 이끌어 낸 사회협약은 다수결에 기초해서 선출된 정부, 의회정치를 무력화시킨다는 것이다. 특히 사회적 합의제에 참여하는 이익·시민결사체의 대표는 선거정치에 책임을 질 필요가 없으면서도 국가권력에 접근하는 특권을 누리고 있다고 비판한다. 그러나 사회적 합의제의 정책네트워크는 자유권·참정권·선거경쟁과 같은 대의제 민주적 절차·과정과 양립할 수 없는 것이 아니며(Lembruch, 1984: 72) 정당·의회정치를 대체하는 것이 결코 아니다. 오히려 사회협약이 궁극적으로 법률적 효력을 부여받고 사회협약에 참여하지 않는 국민대중에까지 구속력을 갖기 위해서는 의회 및 정부의 승인을 필요로 한다. 더욱이 의회는 정책협의체에서 이익·시민결사체 간의 정책협상을 통해 도출된 사회협약을 법안으로 상정하는 절차를 통해 본래의 사회협약을 수정 보완할 수 있는 권한을 갖는다. 그러는가 하면 최근 서유럽 국가들의 주요 정당들은 각종 거버넌스 기구에 적극 참여하고 있으며 특히 지방의회와 거버넌스 간 파트너십이 날로 증가하고 있다. 이런 점을 고려할 때 사회적 합의제와 대의제 민주주의는 갈등과 긴장 관계에 있지 않고 오히려 공존과 상호 보완관계에 있다. 게르만유럽 국가들에서 사회적 합의제의 정책네트워크는 정당정치·의회정치가 비생산적·소모적인 정쟁을 불러일으키는 사회경제적 이슈에 관한 합의를 이끌어냄으로써 정당정치·의회정치의 작동을 지원하고 보조한다. 역으로 사회적 합의제의 작동은 정당정치의 협력과 의회정치에 의해 촉진되어 '정치적 경기 순환'(political business cycle)을 원활하게 조절한다. 이것은 사회적 합의제 정치, 정당정치·의회정치 간에 상호 보완적 메커니즘이 작동하고 있음을 시사한다. 그러므로 사회적 합의제가 정당정치·의회정치의 중요성을 떨어뜨린다는 주장은 설득력이 없다.

셋째, 토론과 심의를 통해 합의에 도달하려는 사회적 합의제의 정책결정 과정이 비효율적이라는 비판을 받고 있다. 물론 관련 이해관계 그룹의 다양한 의견과 관점이 고려되어야 하기 때문에 첨예한 정책 어젠다의 경우 이해관계자 간 타협과 협상의 과정과 절차에 긴 시간이 소요될 수 있다. 또한 변화와 혁신이 상대적으로 느리고 어떤 정책을 신속하게 변화시키는 것이 쉽지 않을 수 있다. 그러나 사회적 합의제의 작동을 통해서 일단 정책이 결정되면 별다른 사회적 정치적 논쟁과 저항과 갈등을 불러일으키지 않고 신속하게 실행될 수 있다. 이 점에서 사회적 합의제는 단기적으로 의사결정 프로세스에 지연될 여지는 없지 않지만 중장기적으로는 관료적 정당·의회중심적 다수결주의적 의사결정에 따른 갈등과 대립을 최소화하여 효율적인 정책수행이 가능하다.

그렇다면 사회적 합의제가 과연 한국사회에서 작동이 가능할까? 이는 사회적 합의제의 한국적 적실성에 대한 문제제기이다. 제도는 사회·정치문화적 조건에 따라 상이한 효과를 만들어낼 개연성도 없지 않기 때문에 제도개혁은 그 제도가 작동하는 문화적 조건이 함께 검토돼야 한다는 관점이 있다. 물론 문화는 제도의 작동에 영향을 미치는 주요 변수이다. 하지만 그러한 주장은 제도 작동의 문화결정론적 함정에 빠지기 쉽다. 문화결정론적 비관론은 문화의 고정 불변성을 전제하여 제도에 대한 문화의 일방적 영향을 가정하고 있다는 점에서 이론적으로나 경험적으로 설득력이 취약하다. 문화는 정치행위자들의 전략적 선택에 따라 도입된 제도의 변화와 혁신에 의해, 그리고 구성원들의 공동 제도적 학습(institutional learning)의 결과로서 변화할 수 있다. 제도적 발전은 개인이나 집단의 행동을 규정하는 구속력을 갖기 때문에 제도가 문화를 바꿀 수 있다는 관점이 중요하다. 실제로 서유럽국가들은 연합정치 시스템을 전략적으로 선택하여 대화와 타협, 신뢰와 양보와 합의의 문화를 창출했으며 이 문화적 토양 위에서 시장조정 메커니즘인 사회적 합의제를 작동시켰다. 이러한 유러피언드림(European dream)의 실현은 한국정치로 하여금 전략적으로 연합정치 시스템을 선택하도록 고민하게 한다. 이를 통해 사회경제적 파트너들의 행동패턴이 상생·공존 문화로 변용되어 동반발전형 사회적 합의제의 작동 가능성이 높아질 수 있기 때문이다.

참고문헌

곽진영. 2004. “미국 사회의 로컬거버넌스 사례.” 박찬욱 외. 『21세기 미국 사회의 거버넌스』. 서울: 서울대학교출판부. 353-385.

김성훈. 2004. “메조레벨에서 노사정 간의 정책협의 실험: 지역 · 업종별 노사정협의회 사례.” 『한국행정연구』, 제13권 제2호(여름호). 31-64.

김원. 2006. “지방분권화와 사회적 합의.” 경기개발연구원. 『한국형 사회협약의 모색과 복지국가』. 146-170.

노중기. 2006. “노무현 정부의 노동정책: 평가와 전망.” 한국산업노동학회. 『산업노동연구』, 제12권 2호. 1-28.

선학태. 2002. “신생민주주의 공고화의 가능성과 한계: 김대중정부 하의 매크로 사회협약정치의 실험.” 한국정치학회. 『한국정치학회보』. 36집 4호. 211-229.

선학태. 2003. 『한국정치경제론: 현상분석과 새로운 패러다임』. 서울: 심산.

선학태. 2005. 『민주주의와 상생정치: 서유럽 다수제 모델 vs 합의제 모델』. 서울: 다산출판사.

선학태. 2006. 『사회협약정치의 역동성: 서유럽 정책협의와 갈등조정 시스템』. 서울: 한울아카데미.

선학태. 2008.『한국민주주의의 뉴 패러다임』. 서울: 명인문화사.

윤상우. 2007. “민주화 이후 관료독점적 정책생산구조의 변형과 재편,” 『동향과 전망』. 제69호. 131-155.

이선. 2008. 『노사관계론』. 한국기술교육대학교 HRD 클러스터.

최장집. 2006. 『민주주의의 민주화: 한국민주주의의 변형과 헤게모니』. 서울: 후마니타스.

최태욱. 2010. “한국형 조정시장경제와 합의제 민주주의: 진보적 자유주의 구현을 위한 제도적 해법.” 한림대국제대학원 정치경영연구소. 『진보적 자유주의의 한국적 함의』.70-91.

Alesina, Albert and Edward L. Glaeser. 2005. *Fighting Poverty in the US and Europe: A World of Difference*. Oxford: Oxford University Press.

Alford, Robert R. 1985. “Paradigm of Relations Between State and Society.” in

Lindberg Leon, Robert Alford, Colin Crouch and Claus Offe(eds). *Stress and Contradiction in Modern Capitalism.* London: Lexington Books, 145-158.

Andersen, Torben M. and Michael Svarer. 2007. *Flexicurity: The Labor Market Performance in Denmark.* CESifo Working Paper No. 2108. 1-32.

Bartel, Larry M. 2008. *Unequal Democracy: The Political Economy of the New Gilded Age.* Princeton University Press.

Cawson, Alan(ed.). 1985. *Organised Interests and the State: Studies in Meso-Corporatism.* Beverly Hills: Sage.

Cohen, Joshua and Joel Rogers. 1992. "Secondary Associations in Democratic Governance." *Politics and Society.* Vol. 20, No. 4. 393-472.

Compston, Hugh. 2002a. "The Strange Perspective of Policy Concertation." in Stefan Berger and Hugh Compston(eds). *Policy Concertation and Social Partnership in Western Europe: Lessons for the 21st Century.* Oxford: Berghahn Books. 1-16.

Compston, Hugh. 2002b. "The Politics of Policy Concertation in the 1990s: The Role of Ideas." in Stefan Berger and Hugh Compston(eds.). *Policy Concertation and Social Partnership in Western Europe: Lessons for the 21st Century.* Oxford: Berghahn Books. 311-334.

Crepaz, M. L. M. and V. Birchfield. 2000. "Global Economics, Local Politics: Lijphart's Theory of Consensus Democracy and Politics of the Inclusion." in M. L. Crepaz, T. A. Koeble and D. Wilsford(eds.). *Democracy and Institutions: The Life Work of Arend Lijphart.* Ann Arbor, Michigan: The University of Michigan Press. 197-224.

Crepaz, M. M. L. 2002. "Global, Constitutional, and Partisan Determinants of Redistribution in Fifteen OECD Countries." *Comparative Politics.* Vol. 34, No. 2. 169-188.

Ebbinghaus, Bernhard and Ankel Hassel. 2000. "Striking Deals: Concertation in the Reform of Continental European Welfare States." *Journal of European Public Policy.* Vol. 7, No. 1, 44-62.

Elvander, Nils. 2002. "The Labour Market Regimes in Nordic Countries: A Comparative Analysis." *Scandinavian Political Studies.* Vol. 25, No. 2. 117-137.

Hamann, K and K. John. 2007. "Party Politics and the Reemergence of Social Pacts in Western Europe." *Comparative Political Studies*. Vol. 40, No. 8. 53-71.

Hardiman, Niamh. 2002. "From Conflict to Co-ordination: Economic Governance and Political Innovation in Ireland." *West European Politics*. Vol. 25, No. 4(October), 1-24.

Hassel, Anke. 2003. "The Politics of Social Pacts." *British Journal of Industrial Relations*. Vol. 41, No. 4(December). 707-726.

Hermansson. Jörgen. 2004. "Power and Democracy in Sweden at the Turn of the Century." Paper prepared for the Conference on 'Small States in World Markets'. Seoul, Korea. October 14-15, 3-43.

Hirst, P. 2000. "Democracy and Governance." Jon Pierre(ed.). *Debating Governance*. Oxford: Oxford University Press.

Hirst, Paul. 1994. *Associative Democracy: New Forms of Economic and Social Governance*. Amherst: University of Massachusets Press.

House, J. D. and Kyla McGrath. 2004. "Innovative Governance and Development in the New Ireland: Social Partnership and the Integrative Approach." *An International Journal of Policy, Administrative, and Institutions*, Vol. 17. No. 1(January), 29-58.

Iversen, Torben and David Soskice. 2006. "Electoral Institutions and the Politics of Coalition: Why Some Democracies Redistribute More Than Others." *American Political Science Review*. Vol. 100, No. 2. 165-180.

Iversen, Torben and David Soskice. 2009. "Distribution and Redistribution: The Shadow of the Nineteen Century." *World Politics*. Vol. 61, No. 3. 438-486.

Lehmbruch, Gerhard. 1984. "Concertation and the Structure of Corporatist Networks." in John H. Goldthrope(ed.). *Order and Conflict in Contemporary Capitalism*. Oxford: Clarendon Press. 61-80.

Lijphart, A. 1971. "Cultural Diversity and Theories of Political Integration." *Canadian Journal of Political Science*. Vol. 4, No. 1(March). 1-15.

Lijphart, Arend and Markus M. Crepatz. 1991. "Corporatism and Consensus Democracy in Eighteen Countries: Conceptual and Empirical Linkages." *British Journal of Political Science*. Vol. 21, No. 2(April). 235-246.

Lijphart, Arend. 1999. *Patterns of Democracy: Government Forms and Performance in*

Thirty-Six Countries. New Haven: Yale University Press.

Lijphart, Arend. 2002. "The Wave of Power-sharing Democracy," in Andrew Reynolds(ed.). *The Architecture of Democracy: Constitutional Design, Conflict Management, and Democracy.* Oxford: Oxford University Press. 37-54.

McCarty, Nolan, Keith T. Poole and Howard Rosenthal. 2006. *Polarized America: The Dance of Ideology and Unequal Riches.* MIT Press.

Panitch, Leo. 1979. "The Development of Corporatism in Liberal Democracies." in Philippe Schmitter and Gerhard Lehmbruch(eds.). *Trends toward Corporatist Intermediation.* London: Sage Publications, 119-146.

Regini, Marino. 2003. "Tripartite Concertation and Varieties of Capitalism." *European Journal of Industrial Relations.* Vol. 9, No. 3. 251-263.

Rhodes, Martin. 2001. "The Political Economy of Social Pacts: 'Competitive Corporatism' and European Welfare Reform." in P. Pierson(ed.), *The New Politics of the Welfare State.* Oxford: Oxford University Press. 165-194.

Rhodes, Martin. 2003. "National Pacts and EU Governance in Social Policy and the Labour Market." J. Zeitlin and David M. Trub(eds.). *Governing and Work and Welfare in a New Economy.* Oxford: Oxford University Press. 129-157.

Royo, Sebastian. 2005. "From Contention to Social Bargaining: Labour Unions and Democratic Consolidation in Spain." *Democratization.* Vol. 12, No. 1. 60-84.

Scholten, Ilja. 1987. "Introduction: Corporatist and Consociational Arrangements." in I. Scholten(ed.). *Political Stability and Neocorporatism: Corporatist Integration and Societal Cleavages in Western Europe.* London. Beverly Hills: SAGE Publications. 1-38.

Soskice, David. 1999. "Divergent Production Regimes: Coordinated and Uncoordinated Market Economies in the 1980s and 1990s." in H. Kitschelt, P. Lange, G. Marks and J. Stephens(eds.). *Continuity and Change in Contemporary Capitalism.* Cambridge: Cambridge University Press. 101-134.

Sun, Hak-Tae. 2001. *Democratic Consolidation and Labour Politics: Theoretical Model.* Kwangju: Chonnam National University Press.

Swank, Duane. 2002. *Global Capital, Political Institutions, and Policy Change in Developed Welfare State.* Cambridge University Press.

Thelen, Kathleen and Sven Steinmo. 1992. "Historical Institutionalism in Comparative Politics." in Sven Steinmo, Kathleen Thelen and Franak Longstreth(eds.). *Structuring Politics: Historical Institutionalism in Comparative Analysis.* Cambridge: Cambridge University Press. 1-32.

Topperwien, Nicole. 2004. "Participation in the Decision-Making Process as A Means of Group Accommodation." in G. Alan Tarr, Robert Williams and Josef Marko(eds.). *Federalism, Subnational Constitutions, and Minority Rights.* Westport: Praeger. 41-52.

Traxler, Franz. 1995. "From Demand-side to Supply-side Corporatism? Austria's Labour Relations and Public Policy." in Colin Crouch and Franz Traxler(eds.). *Organised Industrial Relations in Europe: What Future?* England: Avebury. 271-286.

Van Waarden, F. 2002. "Dutch Consociationalism and Corporatism: A Case of Institutional Persistence." *Acta Politica.* Vol. 37, No. 2. 44-67.

Wiarda, Haward J. 1997. *Corporatism and Comparative Politics: The Other Great 'Ism'.* New York: M. E. Sharpe.

Chapter

03 한국 합의제 정치의 제도적 디자인

1. 머리말

민주주의는 사회균열에 따른 갈등과 분열을 전제한다. 이러한 갈등과 분열을 조정 해결하는 기제가 민주주의의 본질이다. 사회의 다양한 이익과 요구를 투입하고 이에 부응하는 헌정체제를 디자인할 수 있을 때 민주주의는 발전하고 공고화된다. 헌법과 정치의 연결 영역으로 나타나는 헌정체제는 민주주의를 구성하는 핵심 요소로 볼 수 있기 때문이다. 이 점에서 민주주의가 질적으로 발전하고 공고화되느냐 여부는 어떤 헌정체제를 통해 이익과 요구의 상충에 따른 갈등과 분열을 잘 관리하느냐에 따라 좌우된다.

헌정체제의 본질은 권력의 집중인가, 아니면 권력의 분산인가 하는 문제이다. 따라서 민주주의 공고화 관점에서 헌정체제를 디자인하는 문제는 사회갈등을 조정 관리하기 위해 소수 혹은 사회경제적 약자의 권익을 보호하기 위한 권력분산인가, 아니면 그들의 권익보호보다는 국정의 효율성을 추구하는 권력집중인가 하는 측면에서 접근하는 것이 타당하다. 결국 이는 헌정 패러다임의 선택 문제이다.

레이파트 학파(Lijphart school)는 헌정 패러다임을 권력집중을 지향하는 다수제(majoritarian)와 권력분점을 지향하는 합의제(consensual)로 구분한다(Belmont,

Mainwaring and Reynolds, 2002; Lijphart, 2002; Lijphart, 1999; Crepaz, 1996). 전자는 과반수(혹은 단순 다수)의 선택을 전체 사회의 결정으로 받아들이는 '경쟁정치'의 효율성을 지향한다. 후자는 정책결정 과정에 참여하는 '다수의 최대화'(maximization of majority)에 기초한 '상생정치'를 지향한다. 이 중 레이파트 학파는 합의제형 헌정체제를, 갈등과 분열이 상존한 사회를 안정시키기 위한 최적의 민주주의 공고화 조건으로 상정한다(Crepaz, Koelbe and Wilsford, 2000).

레이파트 학파의 관점에서 볼 때, 한국민주주의는 공고화되고 있는가? 권위주의 정권의 퇴장과 함께 1987년에 헌법체제가 완성되었고, 그 헌법질서 하의 정치를 이끌어 갈 정당체제는 1988년의 정초선거(founding election)를 통해 완성됨으로써 이른바 '87년 헌정체제'가 등장했다. 87년 헌정체제는 국정의 효율성과 안정성 제고를 위해 권력집중을 지향하는 다수제 패러다임에 기초한다. 즉 두 거대 정당이 의정활동을 주도하고 집권당 단독 정부를 축으로 한 대통령제가 중앙집권적 지방자치제 및 단원제 국회와 결합되어 작동한다. 하지만 87년 헌정체제는 '제도적 피로감'(institutional fatigue)을 드러내고 있다.

달(Robert Dahl)에 의하면 절차적 민주주의는 공동체의 정책을 결정하는 과정에 모든 사회 성원이 그들의 선호, 이해관계를 표출할 수 있는 '동등하고 효과적'인 참여의 기회를 말한다(1998: 37). 이 기준에서 볼 때 87년 헌정체제는 우리 사회의 다양한 집단과 계층과 지역을 '동등하고 효과적'으로 정치과정에 참여시키는 데 심각한 제도적 결함을 보인다. 보통사람들의 사회경제적 시민권을 의미하는 '실질적 민주주의'가 아직 불충분한 것도 사실은 한국의 87년 헌정체제가 로버트 달류의 절차적 민주주의를 보다 세련되게 제도화하지 못한데 그 원인이 있다. 그 결과 우리 사회에는 사회경제적 양극화에 따른 계급·계층 간, 그리고 이념·지역·탈물질주의 가치 간 등 다층적이고 복합적인 갈등과 분열이 구조화되어 있다. 이는 87년 헌정체제의 부적실성(irrelevance) 혹은 불안정을 의미하고 종국적으로 한국민주주의의 '공고화 지체'(protracted unconsolidation) 현상이라 하지 않을 수 없다. 따라서 우리의 관심은 사회의 분열과 갈등을 민주적으로 관리·조정하는 한국민주주의 공고화의 관점에서 헌정체제를 어떻게 디자인하느냐에 모아진다. 헌정체제를 잘 디자인하는 문제는 민주주의를 공고화시키는 요체라 할 수 있기 때문이다.

분열과 갈등이 존재하는 사회라 해서 민주주의의 작동이 불가능한 것은 아니다. 사회의 분열과 갈등은 민주주의 실패와 위기의 결과이지, 원인이 아니기 때문이다. 이 점에서 제3장은 한국민주주의가 사회갈등과 분열을 해결하기 위한 헌정체제를 창출하는 데 실패함으로써 분열과 갈등이 심화된 것이지, 분열과 갈등이 반드시 한국민주주의 공고화의 지체와 한계를 초래하는 것으로 보지 않는다. 따라서 문제의 핵심은 사회의 갈등과 분열을 관리 조정하여 한국민주주의 공고화를 구축할 수 있는 헌정체제를 창출할 수 있는가 여부이다.

이런 의미에서 이 글에서는 합의제형 헌정체제가 분열과 갈등이 상존하는 사회에서 민주주의 공고화를 위한 제도적 장치를 디자인하는 데 적실성을 갖는 것으로 상정한다. 이는 단순 다수에게 권력집중을 허용하는 다수제형 헌정체제보다는 합의제형 헌정체제가 권력분점(power-sharing), 즉 정책결정과정에 참여하는 '다수의 최대화', '동등하고 효과적'인 정치참여의 제도화를 통해 민주주의 공고화에 더 효과적이라는 레이파트학파의 관점에 기반하고 있다. 따라서 이 장은 한국민주주의를 공고화하고 질적 수준을 향상시키기 위한 헌정의 제도적 프레임을 합의제 패러다임의 관점에서 디자인하고자 한다.

레이파트학파를 중심으로 한 비교제도론자들은 신제도주의(new institutionalism) 관점에서 민주주의는 헌정체제에 내장하는 제도의 차이에 따라 그 성격이 달라질 수 있음을 주목한다(Grofman, 2000: 43-59). 그들에 따르면, 제도는 인간의 행위 내지 리더십과 사회적 조건 자체에 영향을 미쳐 이들을 변화시킬 수 있으며, 제도 자체를 디자인하고 변화시키는 것은 사회적 조건의 영향을 받는 리더십이다. 따라서 민주주의 공고화 동학은 사회적 조건 - 제도로서의 헌정체제 - 리더십이 역동적으로 상호 작용하는 순환관계로 나타난다. 그런데 우리 정치학계 일부에서는 87년 헌정체제의 부적합성과 불안정을 정치리더십의 책임으로 돌리며, 헌정의 제도 개혁 문제에 크게 주목하지 않는 경향을 보인다. 과연 능력 있고 민주적인 정치리더십이 등장하면 사회갈등 조정과 민주주의 공고화에 효과적인 헌정체제의 작동이 가능할까? 민주화 이후 새로운 정치리더십의 교체가 빈발해 왔지만, 제도로서의 87년 헌정체제는 사회경제적 양극화에 따른 계급·계층 간, 이념·지역 간의 갈등과 분열을 관리 조정하는 데 실패하고 있다. 이는 민주주의 공고화 동학 과정에서 정치리더십보다는 제도로서의 87년 헌정체제 자체에 심각한 결손이 있음을 시사해 주는 대목이다. 따라서 이 글에서는 제도는 인간의 정치행위, 특히 정치리더십의 전략적 선택을 구속하는 효과를 가지며, 특정의 정치적 행위패턴의 형성에 결정적인 영향력을 미친다는 관점을 발전시키고자 한다. 이는 헌정체제를 잘 디자인하는 문제야말로 민주주의 공고화의 요체가 될 수 있다는 이 글의 관점에 충실하기 위해서이다.

기존 연구들은 대체로 국정의 효율성과 안정성을 중시하는 다수제 헌정패러다임 토대 위해서 정치부패 척결이라는 도덕주의 관점, 저비용·고효율 정치 실현이라는 신자유주의 관점에서 헌정체제 개혁 문제에 접근하고 있다. 이런 까닭에 우리 사회에 구조화되어 있는 다층적인 사회균열과 갈등을 조정하는 민주주의 공고화 관점에서 헌정체제 설계 문제를 논의한 연구는 관찰되지 않는다. 더욱이 기존 연구들은 헌정체제 개혁을 대통령 4년 중임제, 의원내각제, 분권형 대통령제 등 정부형태 중심으로 논하는 나머지, 헌정체제가 내장하고 있는 제도적 장치들이 '기능적 연계성'을 갖는다는 사실에 주목하지 않는다. 이와 같은 선행 연구들의 한계를 극복하고자 이 글은 헌정체제가 기능적으로 상호 작용하는 여러 부분적 제도의 세트라는 점에 주목하고 합의제형 헌정체제, 즉 수평적 수직적 권력분점의 제도화에 한국민주주의 공고화 관점에서 접근하고자 한다.

2. 합의제형 헌정체제의 민주주의 공고화 효과

1) 민주주의 공고화와 헌정체제의 관계

민주주의는 사회에 존재하는 다양한 이익과 가치 간 갈등을 전제한다. 따라서 민주주의는 갈등을 조정하기 위한 정교한 규칙과 규범을 필요로 한다(Rustow, 1970: 362). 이러한 규칙과 규범은 갈등을 유발시킬 수 있는 사회의 다양한 가치를 조율하고 이익과 비용을 배분하는 제도이다. 결국 민주주의는 제도의 앙상블이다.

이런 의미의 민주주의는 유기체적 사회관에 기초한다. 즉 그것은 시민사회, 경제사회(시장), 정치사회, 국가 등 '부분체제들의 복합체'(a composite of partial regimes)이다(Encarnacion, 1997: 387-419). 민주주의의 정상적 작동은 이런 각 부분체제의 제도화를 요구한다(Linz and Stepan, 1996: 17-26). 우선 이익표출 채널 역할을 수행하는 시민사회의 결사체들이 사회적 신뢰 협력네트워크를 구축하여 이익 및 가치 갈등을 조정하는 규칙과 절차를 준수하는 것이다. 둘째, 선거·정당·의회 등으로 구성되는 정치사회가 사회갈등을 집약·조율할 수 있는 규범, 규칙 및 절차에 따라 작동하는 것이다. 셋째, 효과적이고 효율적인 정책결정 및 집행을 통해 갈등조정을 수행할 능력 있는 정부 관료제이다. 마지막으로 경제사회가 시장효율성을 촉진하는 메커니즘이 작동하고 시장경제의 실패자 및 낙오자들을 보상하는 복지제도의 확충이다.

민주주의를 구성하는 이러한 부분체제들은 역동적으로 상호작용 한다. 어떤 부분체제도 다른 부분체제의 순기능적인 지원 없이는 정상적으로 작동할 수 없다. 이 같은 각 부분체제들이 자신의 영역에서 갈등해결에 기여하면서 상호보완적으로 결합하고 순기능적으로 작동하는 사회통합 과정이 민주주의 공고화이다. 부연하면 "시민사회-정치사회-국가-경제사회 간 순기능적인 역동적 상호작용을 통해 이익과 비용(손실)을 공정하게 배분하고 가치 차이를 조정함으로써 이익갈등과 가치갈등을 해소하기 위한 민주적 규칙과 규범을 모든 정치행위자들이 내면화, 습관화해 갈 때 민주주의는 공고화된다. 한마디로 민주주의 공고화는 '갈등조정과 사회통합의 제도화'(institutionalization of conflict coordination and social inclusion)이다.

선거, 정당, 의회, 정부 등이 작동하는 정치사회 및 국가라는 두 부분체제는 사회균열로 인한 정치적 갈등 조정을 위한 규칙, 규범 및 절차의 클러스터로 시민사회와 경제사회의 정상적 작동 여부에 중대한 영향을 미친다. 이러한 정치사회와 국가 사이의 권력관계를 규정 규율하는 제도의 세트가 헌정체제이다. 즉 헌정체제란 선택과 결정을 내리는 권력의 배분에 관한 공식적 규칙과 규범이자 그것들이 작동하는 과정과 절차를 의미한다.

그런데 시민사회와 경제사회에서 이익과 손실의 차등적 배분과 가치관의 차이를 둘러싸고 발생하는 갈등과 분열은 정치적 성격을 갖는다. 정치는 사회의 다양한 이해관계와 욕구들을 공공정책으로 전환하여 갈등조정과 사회통합을 달성해 가는 과정이고 헌정체제가 이러한 과정에서 핵심적인 역할을 수행한다(Crepaz, 2002: 170). 이는 한 국가의 헌정체제가 사회의 갈등과 분열이 조정되고 사회 전체적으로 통합해가는 민주주의 공고화 과정에 직접적으로 영향을 미치고 있음을 의미한다. 따라서 헌정체제는 민주주의 공고화의 성패를 좌우하는 주요 변수이다.

헌정체제는 크게 두 차원으로 구성된다. 하나는 헌법체제이고 다른 하나는 헌법체제 하의 정치를 이끌어 가는 정당체제이다. 헌법체제와 정당체제는 기능적 연계성을 갖는 제도적 체계이다. 제도 영역의 핵심은 헌법체제와 정당체제의 문제로 수렴된다. 따라서 헌법개혁만으로 또는 정당개혁만으로 민주주의 공고화를 구축하는 것은 불가능하다(박명림, 2008). 이는 헌정체제가 기능적 연계성을 갖는 일련의 정치제도적 클러스터라는 점을 고려하지 않고 특정 한 부분 제도만을 끌어내어 이를 바꾸려는 접근방법으로서는 민주주의 공고화 프로젝트에 한계가 있을 수밖에 없음을 의미한다. 헌정체제는 권력을 수직적 수평적으로 배분하고 상호작용하는 여러 부분 정치제도들의 세트이기 때문이다.

2) 합의제형 헌정체제의 갈등조정·사회통합 효과

정치학적 관점에서 사회갈등을 조정 관리하는 데는 두 가지 방법이 있다. 하나는 비용과 손실을 부담하는 사회 내의 특정 집단, 계층 및 지역에 보상정책 패키지를 제공하는 것이다. 다른 하나는 어떤 정책에 의해 영향을 받는 집단, 계층 및 지역의 대표를 그 결정과정에 참여시키는 방법이다. 전자, 즉 비용과 손실을 부담하는 계층, 집단 및 지역을 위한 보상체제는 결국 후자, 즉 그들이 정책결정 과정에 참여할 수 있느냐 여부에 따라 그 실현이 좌우된다고 볼 수 있다. 정책결정 과정에의 참여 정도는 권력집중과 권력분점에 관한 문제이다. 권력의 집중과 분산 정도는 국가의 정책결정에 참여하는 정치행위자(예컨대 정당)의 수에 의해 달라진다.

레이파트학파에 따르면, 헌정체제는 크게 권력집중을 지향하는 다수제(majoritarian) 모델과 권력분산을 지향하는 합의제(consensual) 모델로 나뉜다. 다수제(권력집중) 헌정모델은 국가의 정책결정 과정에 참여하는 제도적 행위자의 수를 줄여 권력을 가능한 소수의 행위자에 집중시키는 제도적 조건이 사회갈등 조정과 사회통합에 효과적일 것으로 가정한다. 다수제 헌정체제는 다수대표제-거대 양당제(군소정당 존재)-다수당 단독정부-중앙집권적 단방제-단원제 국회(혹은 하원 우의의 양원제) 등 기능적으로 연계된 제도적 매트릭스를 내장한다. 다수제 헌정체제가 지향하는 민주주의 가치는 근소한 과반수당(때로는 과반수에 못 미치는 단순 다수당)의 수중에 정치권력을 집중시켜 정치적 혼란을 제거하고 국정의 효율성과 안정성을 지향하는 데 있다. 하지만 다수제 헌정체제는 두 개의 거대정당이 정치사회와 국가 영역을 독과점적으로 지배하는 정치구조를 만들어 정치경쟁이 승자독식과 패자전몰을 초래하는 사활적인 제로섬게임으로 작동되는 경향을 보인다. 따라서 다수제 헌정체제는 이해관계와 가치가 상충되어 다층적이고 복합적인 갈등이 존재하는 균열사회(cleavage society)를 관리하고 통합하는 데는 근본적인 제도적 결손을 갖는다는 평가를 받는다.

이에 반해 합의제(권력분점) 헌정모델은 국가의 정책결정 과정에 가능한 다수 거부권자(veto players)의 참여를 허용하는 제도적 조건에서 다양한 사회이익이 대표되고 그들 간의 견제와 균형 메커니즘이 작동하여 정책 반응성(policy responsiveness)을 높임으로써 사회갈등 조정과 사회통합 효과를 높일 수 있는 것으로 가정한다(Powell, 2000: 14-33). 합의제 헌정체제는 정책결정 과정에서 소수당 혹은 야당의 배제를 민주주의의 가치와 규범에 위반하는 것으로 인식한다(Lijphart, 1999: 31). 정권을 단독으로 획득할 수 없는 영구적 소수와 약자와 비주류가 존재하는 것을 전제하고 수평적 수직적 권력분점·공유의 제도화를 통해 그들을 대표하는 정치적 채널을 만들자는 것이 합의제 헌정체제의 문제의식이다. 합의제 헌정체제는 다수제 헌정체제와는 차별적인 제도적 장치를 내장한다(Birchfield and Crepaz, 1998: 177-180; Crepaz, 2002: 177-183; Lijphart, 1999: 2-4; 선학태, 2005: 제3장).

첫째, 단일 차원의 사회적 이슈에 따른 갈등을 대표하는 거대 양당제가 작동하는 다수제 정당체제와는 달리, 합의제 헌정체제에서는 다층적이고 복합적인 사회갈등을 대표하는 '다당제를 하부구조로 하는 보수-진보 정당체제'가 작동한다. 특히 보수정당과의 권력분점에 참여하는 진보정당의 정치력(득표율, 각료 및 의석 점유율)은 불평등과 소외와 배제를 줄이는 사회통합정책에 기초한 계급·계층·이념 갈등의 조정과 사회통합 효과에 영향을 미친다.

둘째, 다종다양한 사회갈등과 '다당제를 하부구조로 하는 보수-진보 정당체제'를 매개해 주는 정당명부식 비례대표제이다. 비례대표제 성격이 강할수록 의회정치에 참여하는 정당 행위자의 수를 증가시켜 특수 이익집단과 계층의 압력에 의해 정책이 결정되는 것을 제도적으로 막을 수 있으며, 정책결정에 다양한 이익과 가치가 대표되고 그것에 반응적이다. 특히 정치적·경제적 자원이 열세한 소수자와 약자에게 일정한 권력 지분을 보장하는 정당 공간이 발생할 수 있다. 따라서 비례대표제는 다수에게 이득을 줄 수 있는 공공재의 창출을 통한 계급 계층갈등조정과 사회통합에 긍정적 효과를 발생할 수 있다. 왜냐하면, 비례대표제는 다수당의 과잉대표와 소수당의 과소대표, 거대 양당제에 의한 입법권의 독과점을 만들어 내는 다수제 선거제도와 달리, 의회 의석이 정당별 득표율에 따라 배분하는 다당제에 기초한 정당 간 입법권의 분점이 이뤄질 수 있기 때문이다. 이에 따라 어떤 정당도 과반수를 과도하게 넘지 못하고 근소한 과반수 혹은 과반수 이하의 의석을 확보하는 데 그쳐 의회 차원에서 정당 간 연합정치가 보편화된다.

셋째, 의회에서의 정당 간 연합정치 토대 위에서 합의제 정부는 갈등사회의 여러 집단과 계층과 세력을 대표하는 정당 간에 집행권이 분점·공유되는 연립정부의 제도화로 나타난다. 근소한 과반수(혹은 단순다수)를 확보한 다수당이 단독으로 집행권을 독점하는 다수제 정부 구성과는 달리, 다양한 집단, 계층, 지역 특히 사회적 약자, 소외 세력을 대표하는 정당들이 연립정부의 정책결정 과정에 참여하여 분절집단들의 주요 이익과 가치를 대표하고 그에 반응할 수 있는 정치적 공간을 갖는다. 정당 간 연립내각에서 산출된 정책들은 활발한 협상과 타협 정치의 산물이기 때문에 그들 정당을 지지한 다양한 유권자층의 이해관계와 욕구를 대표하고 충족시키는데 긍정적이다. 즉 연립정부는 단일정당 정부보다 정치적 접근성, 대표성 및 책임성을 높여 다층적이고 복합적인 갈등의 조정과 사회통합 효과 제고에 기여할 수 있다.

넷째, 다수자 지배를 유지하기 위해 집권당이 중앙정부 뿐만 아니라 지방정부까지를 통제하려 하는 다수제형 헌정체제의 중앙집권적 단방정부와는 달리, 합의제형 헌정체제에서는 중앙정부와 지방정부 간에 권력을 분할하는 지방분권적 연방제로 나타난다. 지방분권적 연방제는 중앙과 지방 간 공치(shared rule), 자치(self-rule)를 균형 있게 조합하는 절차의 제도화를 의미한다. 이는 중앙정부를 중심으로 결집하려는 구심력, 중앙에서 일정한 자율성을 얻으려는 지방의 원심력 등 두 상반된 힘이 작용하여 끊임없이 평형점을 찾아내는 과정이다. 이러한 지방분권적 연방제는 결정권이 중앙에 집중된 단방제가 지역갈등을 심화하는 것과는 달리, 중앙정부와 지방정부 간 정책결정권의 분점을 통해 중앙과 지역 간, 지역과 지역 간 갈등조정에 효과적일 수 있다(Saunders, 2003: 34). 그것은 각 지역으로 하여금 "스스로 판단, 결정 및 책임" 지도록 하게 하는 제도적 장치이기 때문이다.

마지막으로 지방분권적 연방제의 제도화는 단원제의 입법부 대신에 입법권의 수직적 분점을 요구한다. 즉 지역대표성은 상원에, 인민대표성은 하원에 각각 부여하는 균형된 양원제로 나타난다. 상원은 모든 지역이 크기 및 인구규모에 관계없이 지역 등가대표성(parity representativeness)에 입각한 동수의 대표자를 선출하여 구성한다. 그 주요 명분은 소수지역에 대한 동등한 대표권을 상원에 부여하여 지역 간 갈등조정을 통한 사회통합 효과를 높이는 데에 있다.

이와 같은 합의제 헌정체제의 제도적 매트릭스, 즉 다차원적 이슈의 사회갈등을 대표하는 '다당제를 하부구조로 하는 보수 · 진보 정당체제'-정당명부식 비례대표제-연립정부-지방분권적 연방제-균형적 양원제 등은 기능적으로 연계되어 있다. 이를 통해 사회의 다양한 집단, 계층, 지역의 '동등하고 효과적인'인 정치참여의 제도화(절차적 민주주의)가 가능하며, 이는 그들의 사회경제적 시민권을 신장하는 정책콘텐츠를 산출하여 실질적 민주주의 강화로 이어진다. 이런 과정은 민주주의 공고화를 의미한다. 특히 합의제형 헌정체제는 시장의 실패자나 사회적 약자, 소수자에게도 의사결정 과정에의 효과적인 참여를 허용하는 제도적 인센티브를 갖고 포용의 정치(politics of inclusion)로 작동할 수 있으며(Crepaz and Bircjfield, 2000: 205-206), 이는 사회통합 정책 산출을 통해 갈등조정과 사회통합 과정인 민주주의 공고화의 효과를 높이는 데 기여한다. 이는 레이파트학파의 많은 경험적 연구로 실증되고 있다(Crepaz and Moser, 2004; Katzenstein, 2003; Crepaz, 2002; Armingeon, 2002; Hays, 2003; Bichfied and Crepaz, 1998).

물론 동질사회 혹은 단일차원 이슈로 분열된 사회에서는 다수제 헌정체제가 갈등조정과 사회통합에 효과적일 수 있다. 그러나 다차원 이슈로 인한 복합적인 갈등사회에서는 합의제 헌정체제가 갈등조정과 사회통합 과정인 민주주의 공고화에 효과적이다. 다수제 헌정체제는 사회의 소수자와 약자와 비주류에 대한 배려와 참여에 대한 제도적 결손을 갖지만 합의제 헌정체제는 소수자와 약자와 비주류의 참여와 포용을 이끌어내려고 한다. 다수제 헌정체제는 단순 다수 혹은 과반의 지지를 확보하느냐 못하느냐에 따라 권력의 전부/전무를 결정하여 극단적인 갈등사회와 양립할 수 없는 데 반해, 합의제 헌정체제는 지지도에 따라 권력의 지분이 결정되어 갈등사회에서 지속가능한 민주주의 공고화를 구축하는 제도적 효과를 제공한다.

3. 갈등조정의 관점에서 본 '87년 헌정체제'의 부적합성

1) 보수 중도독과점적 정당체제의 비대표성

87년 헌정의 정당체제 하에서 정당의 정체성을 보여 주는 가장 주요한 기준은 지역과 냉전-탈냉전 균열 축이다. 여기에 2002년 대통령 선거와 노무현 정권 출범 이후 미미하게나마 사회경제적 차원의 이념 논쟁이 제기되었다. 이에 따라 각 정당은 지역주의 기반에 더하여 계층과 세대 등 탈지역주의 기반을 확대하는 노력을 시도했다. 이 기준에 비춰 볼 때 한국 정당스펙트럼의 양끝에 있는 한나라당과 자유선진당, 그리고 민주노동당의 정체성은 분명하다. 즉 한나라당은 영남지역에 기반하고 보수계층과 상대적으로 노장년층을, 자유선진당은 충청지역을 지지기반으로 한 냉전적 자유주의보수정당이고, 민주노동당은 지역주의에서 벗어나 노동자 등 사회기층에 바탕을 두고 계급정당화를 지향한 진보적 이념정당이다. 열린우리당과 구민주당이 합당한 민주당의 경우 호남의 지역적 정체성과 개혁층을 주요 정치고객으로 하고 한반도 평화를 지향하는 탈냉전적 자유주의 개혁(진보)세력이다.

이와 같이 87년 정당체제는 대체로 이념적 구도에 기초하는 보수-진보 정당체제로 나타났다. 이러한 정당구도는 현재 한국의 시민사회에 존재하는 냉전적 자유주의 보수세력, 탈냉전적 자유주의 개혁(진보)세력, 진보진영 등 간의 이념갈등을 반영한 것으로 볼 수 있다. 그러나 문제는 보수·중도 정당블록이 과도하게 공룡화된 데 반해, 진보정당은 과도하게 왜소화되어 있는 정당구조라는 데 있다. 이는 보수· 중도 정당들에 의한 입법권의 독과점을 의미한다. 그런데 한나라당과 민주당을 중심으로 한 공룡화된 보수·중도 양당은 사회경제 차원의 이념적 스펙트럼에 차이가 크지 않다. 특히 신자유주의적 글로벌화가 가져온 계급·계층 갈등구조와 국가-시장의 균열 축에 접근하는 거대 두 보수·중도 정당들 간의 정책차별성은 두드러지게 관찰되지 않는다.[1] 현 민주당의 전신이고 당시 집권당이었던 열린우리당과 한나라당은

1) 서유럽 국가에서 계급·계층은 정치와 이념갈등을 이해하는 데 가장 중요한 요인이

예컨대 2006년 국회에서 정부 여당 내 이른바 '친노의원'들의 주도에 의해 '비정규직 보호법안'을 통과시켰고 한미자유무역협정에 대해서도 큰 이견 없이 동조했다. 최근 그들 정당 간에 비정규직법과 자유무역협정 등을 둘러싼 논쟁은 여 야의 처지가 바뀌어서 발생한 것이지, 사회경제적 차원, 특히 시장과 국가의 관계에 접근하는 본질적인 이념적 차이에서 비롯된 것이 아니다. 통상국가론, 국가경쟁력, 행정복합도시 건설, 한반도 대운하 건설 등과 같은 성장주의 이데올로기의 틀 내에서 경쟁할 뿐이다. 지역주의 정치동원에 익숙해 있는 그들 정당들 간의 이념 논쟁은 사회경제적 차원이 아니라 냉전-탈냉전의 균열 축에서 햇볕정책·국가보안법·한미관계·전시작전통제권 환수 등 대북 관계를 중심으로 전개된다. 따라서 정당 간 차이를 드러내는 가장 핵심적인 정책영역인 경제정책과 노동 및 사회정책에서 한나라당과 민주당의 정책 지향성은 본질적 측면에서 크게 다르지 않다.[2)]

87년 헌정체제 하의 정치사회에서 정당경쟁이 거의 생사투쟁을 벌이는 듯 치열하게 전개되곤 한다. 그리고 대통령 선거와 총선을 전후해서 정치세력 간의 이합집산과 합종연횡이 변화무쌍하게 요동치며 정당체제가 재편성되는 경우가 다반사이다. 그것은 정책비전과 가치와 노선에 기반을 둔 정체성이 아니라 대통령 및 국회의원 선거의 유불리만을 따지는 '정치공학적 계산'을 근거로 한 선거 전문가들에 의해 주도되곤 한다. 이는 87년 정당체제가 여전

다. 그들 국가에서 계급·계층 갈등은 이념갈등으로 이어졌기 때문이다. 좌-우로 나타난 이념갈등은 대체로 시장과 국가의 관계를 둘러싼 내용을 담고 있다(선학태, 2005: 41-45).

2) 김대중-노무현 정부에서 다양한 정치세력과 사회세력은 두 개의 전선, 즉 냉전-탈냉전 전선과 반신자유주의 전선을 중심으로 한편으로는 연합하고 다른 한편으로는 대립 갈등했다. 냉전-탈냉전 전선에서 자유주의 개혁세력(열린우리당)과 진보세력(민주노동당, 민중운동, 시민운동)의 연합이 냉전적 자유주의보수세력(한나라당, 보수언론, 재계)과 대립하는 모습을 보였다. 반면에 신자유주의 전선의 경우 신자유주의 독트린을 수용하는 탈냉전적 자유주의적 개혁세력과 냉전적 자유주의보수세력과 연대하여 그것에 반대하는 진보세력(민주노동당, 민중운동, 진보적 시민단체)과 대립하는 양상을 보였다 (손호철, 2006: 352).

히 제도화 수준이 낮고 사회균열과 갈등에 기반하지 않고 있음을 반증한다. 정당체제가 재편성되면 될수록 옛 모습의 정당체제로 닮아 간다. 말하자면 보수·중도 독과적 정당체제의 틀이 고스란히 복원되는 악순환이 반복되고 있다.

2004년 총선 직전 탈지역주의의 전국정당화라는 정치적 명분을 내걸고 열린우리당이 창당됐지만 불과 4년도 존속하지 못한 채, 2007년의 대통령 선거를 앞두고 구민주당 및 시민사회의 일부 세력과 합세하여 현 민주당을 창당했다. 민주당은 실용주의를 표방하며 스스로를 '서민과 중산층의 정당', '중도개혁정당'으로 그럴듯하게 포장했지만, 사회경제적 정책 측면에서 과연 이전 열린우리당과는 물론이고 한나라당과 어떤 차이를 얼마나 보이는지 자못 회의적이다. 비록 차별화된 정책이 제시된다고 하더라도 그것은 과거 경험에 비춰 보건대 수사적 담론 수준에 머무른다. 87년 정당체제 하에서 한국 정당들은 언제나 서민과 중산층을 위한 실용주의 중도개혁 노선을 표방해 왔다. 최근 민주당은 중도개혁주의를 현대화하고 성장에 방점을 찍은 '뉴민주당 플랜'을 발표했다. 흥미로운 것은 보수정당의 상징인 한나라당과 청와대도 최근 뉴민주당 플랜을 연상케 하는 중도실용 친서민 정책어젠다를 끄집어내고 있다는 점이다. 87년 헌정체제의 정당지형에 사회경제 정책이 중도로 수렴화되는 실용주의 정당들의 '춘추전국 시대'가 도래하는 형국이다. 그럼에도 현재 서민과 중산층이 사회양극화로 인해 가장 고통스러운 삶을 강요받고 있다. 이런 현실을 한국의 이른바 '서민과 중산층'을 대변한다는 정당들은 어떻게 설명하겠는가? 신자유주의적 시장경제체제가 지배하고 있는 한국의 현실 조건에서 정치적으로 중도를 지향하는 실용개혁 노선은 성장과 효율성과 경쟁력을 최우선 가치로 삼는 기존 질서를 대변하고 현상유지를 수용하는 것 외에 별다른 의미를 갖지 못한다.

87년 헌정의 보수·중도 독과점 정당체제에서는 정책경쟁의 유인효과가 크지 않으며 서민대중의 요구가 정치적으로 대표되는 것이 쉽지 않다. 민주주의의 부분체제인 정치사회의 주요 구성요소인 정당체제는 시민사회와 경제사회에 존재하는 분열과 갈등을 반영·대표한다. 이런 관점에서 볼 때, 87

년 헌정체제 하의 한국민주주의의 가장 심각한 문제 중 하나는 보수·중도 독과점 정당체제의 비대표성이다. 정당체제가 지역주의 균열라인만을 반영하지, 사회경제적 차이를 제대로 대표하지 못하고 있다. 삶의 현장에서 몸부림치는 보통사람들의 사회경제적 이슈가 정당의 정책경쟁에서 중요 정치적 의제로 떠오르지 않고 있다. 이는 87년 정당체제가 사회의 균열과 갈등에 뿌리내리지 못했다는 것을 뜻한다. 무엇보다 산업화 이후 시민사회와 경제사회 수준에서는 계급적·계층적 분화가 이루어져 왔는데도 정치사회의 수준에서는 지역을 기반으로 한 정당체제의 지배로 인해 노동자·서민·중산층의 의사와 요구가 정치적으로 대표되지 못한다. 한마디로 이는 정당체제의 비대표성이다. 정당체제의 비대표성은 외환금융위기 이후 심화되고 있는 소득불평등, 실업증가, 비정규직 근로자의 차별, 빈곤층의 확산, 고용불안 등 글로벌 시장의 충격에 대응하기 위한 정치사회의 또 다른 민주적 제도인 선거, 의회 등에서의 진지한 토론 부재로 이어지고 있다. 말하자면 선거와 의회가 사회경제적 양극화에 따른 계급·계층 균열과 갈등을 대표하는 정당들 간의 정책경쟁과 타협이 전개되는 정치적 장이 되지 못한 것이다. 정당체제가 시민사회의 사회경제적 갈등과 균열을 제대로 대표하지 못하는 정치구조에서 사회의 저변층, 소외층, 젊은 세대의 유권자층 등 보통사람들의 권익과 요구는 실현될 수 없고 그 결과 '거리의 정치'는 일상화되고 사회경제적 양극화는 심화되고 있다.

이와 같이 사회경제적 갈등과 분열을 반영하지 못하는 87년 정당체제의 비대표성을 지속시키는 데는 몇 가지 구조적 요인이 작용한다(최장집, 2006: 85-91). 우선 민주화 이전 만들어진 냉전·반사회주의라는 협애한 이념적 지형 속에서 87년 정당체제는 실업, 고용불안, 노동시장 유연화, 소득양극화 등으로 인한 사회갈등을 해소하고 사회통합을 이루어내는 대표성을 발전시키는 데 한계를 드러내고 있다. 둘째, 87년 정당체제의 비대표성은 신자유주의적 정치관에 기인한다. 신자유주의적 독트린은 시장효율성의 가치와 논리를 중시한 나머지, 노동자·서민·중산층의 삶에 관련된 사회경제적 이슈가 치열하게 정치어젠다화 되는데 대해 부정적이며, 정치개혁의 주요 아이템은

'고비용-저효율 정치' 척결에 모아진다. 그러나 민주주의에 더 중요한 것은 사회기층의 대중적 삶의 현장에서 표출되는 요구, 이해관계 및 갈등이 정당체제를 통해 어떻게 대표되며 이를 통해 얼마나 갈등조정과 사회통합이 실현되고 있느냐 하는 문제이다. 셋째, 국가의 주요 정책결정은 대통령과 그의 이너서클에 포진된 전문가, 고위관료들에 의해 주도되는 하향식(top-down) 방식에 기초한다. 그 결과 87년 정당체제는 사회의 다양하고 복잡한 이해관계를 집약, 표출하고 정책경쟁을 통해 갈등을 해결하는 능력을 보이지 못한다. 넷째, 개방형 예비 경선제(오픈프라이머리)가 이념적 정체성을 갖고 사회내의 특수 및 부분 이익을 조직하고 대표하는 정당의 존립 근거를 약화시킨다(박상훈, 2007: 311). 왜냐하면 정당들이 예비경선을 통해 국민 전체를 대표하는 존재로 경쟁하는 상황이 연출되기 때문이다. 그 경우 정당은 정책비전과 가치를 갖고 사회의 계급적·계층적 특수이익, 특히 빈곤층이나 노동자와 같은 사회경제적 약자의 부분이익을 제대로 대표할 수 없다. 마지막으로 정당과 정치인을 과도하게 도덕주의적 관점에서 평가하는 검증 집착이 정당체제로 하여금 사회경제적 갈등을 제대로 대표되는 것을 방해한다. 따라서 사회경제적 차원의 실질적 이슈에 관련된 정책검증의 결여가 한국 정당체제의 대표성에 부정적인 영향을 미친다.

현재 한국 사회에는 계급·계층·지역·이념의 차이에 따른 갈등구조가 일부 중첩 또는 상호 교차하면서 존재하고 있으나 현재 지역균열이 다른 사회균열구조를 압도하고 있어 다른 사회갈등이 정당체제에 제대로 반영·대표되지 못한다. 87년 헌정체제 하의 정당들은 정책에 관계없이 특정 지역에서 의석을 싹쓸이 할 수 있다. 민주주의란 정당 간 정책경쟁을 통해 서로 다른 가치와 이해관계로 인한 갈등을 조정하는 체제라는 점을 고려할 때 지역주의 정치는 한국민주주의의 발전을 지체시키고 있다. 물론 시민사회에 지역갈등이 실존하고 있는 현실에서 그것이 일정 부분 정당체제에 반영되는 것은 오히려 정당정치의 발전이라는 측면에서 바람직하다. 문제는 지금까지 지역주의 정치가 한국 정당정치를 지배하는 측면이 너무 강해 계급·계층 갈등이 정당체제에 제대로 반영 대표되고 있지 못하고 심각한 정치의 퇴행을 초래하고 있다는 데 있다.

결국 87년 정당체제는 지역구도 속에서 집권이냐, 정권장악 실패냐의 이분법에 따른 일여(與)다야(野)의 대치구도 속에 존재하고 있다. 국회의 주도권을 집권당이 아니라 때때로 제1야당이 장악하고 제1야당이 단독으로 혹은 다른 야당과 합세하여 법안을 비토하면 한 치도 앞으로 나갈 수 없는 작동불능의 의회정치가 연출되곤 한다. 설사 현 국회에서처럼 여당이 과반 의석을 크게 상회한 경우에도 야당이 완강하게 반대하면 여당의 선택은 날치기 또는 법안 후퇴·철회로 나타난다. 야당은 여당과의 대화와 타협을 통한 합의를 중시하기보다는 강력한 비토정당으로 존재하기 때문이다. 군소 야당들은 정부-여당의 '2중대' 비판을 우려하여 협력보다는 차별화에 몰두한다. 결론적으로 87년 정당체제는 상생·협력정치를 외면하고 대결정치, 상살(相殺)정치를 되풀이, 의회정치를 실종시키는 요인이 되고 있다.

2) '2표 병립형 혼합제'의 비민주성

87년 헌정체제 하의 국회의원 선거제도는 다수대표제와 비례대표제가 결합된 '2표 병립형 혼합제'이다. 의원정수 299명 가운데 245명은 소선거구 단순다수대표제에 의해 선출되고 나머지 54명은 전국 정당명부식 비례대표제에 의해 선출된다. 이 두 선거제도는 유기적 관련 없이 결합되어 의석배분이 이뤄진다. 이러한 2표 병립형 혼합제는 유권자가 지역구 선거에서 지지한 후보자의 정당과 다른 정당을 비례대표제 선거에서 선택하는 분리투표의 가능성을 열어 놓았다. 17대 총선에서 지역구 선거에서 2석을 얻은 민주노동당이 8석의 비례의석을 획득할 수 있었던 것은 이 2표 병립제에 힘입은 바 컸다. 그렇다고 해서 2표 병립제가 한국 사회에 존재하는 계급·계층·이념 균열구조를 반영하는 정당체제의 수립에 긍정적으로 작용했다고 판단하기는 어렵다. 한국의 2표 병립제에서는 의원정수의 18% 안팎만이 비례대표제에 의해 충원된다. 이런 까닭에 소선거구 다수대표제에 기초한 의석의 비중이 상대적으로 과다하며 이로 인해 한국의 선거제도는 비례대표제보다는 다수대표제의 효과가 압도적으로 강하게 나타난다.

일반적으로 소선거구 단순다수대표제는 정치적 책임성과 정책수행의 효율성을 유도할 수 있다는 장점이 있으나 정당의 득표율과 의석율의 괴리가 크다. 이런 비민주성 때문에 특정 지역에서 강한 지지기반을 갖는 정당이 유권자들의 전략적 투표행위로 인하여 그 특정 지역에서 의석을 석권하고 지역적 맹주 역할을 할 가능성이 높아진다. 이러한 소선거구 단순다수대표제의 비민주성은 87년 헌정체제의 선거제도에서 고스란히 나타난다.

87년 헌정체제의 선거제도인 소선거구 단순다수대표제는 유권자의 지역주의 투표와 정당의 지역할거를 조장해 왔으며 형식적으로는 다당제의 형태를 만들어냈지만, 실제로는 보수·중도 독과점적 거대 양당제 중심의 정당체제를 형성해 왔다. 그 결과 지역주의 정당의 과대 대표성을 만들어주는 한편, 전국적 기반을 갖고 계급·계층균열을 대표하는 이념적·정책적 정당의 진입 혹은 약진을 어렵게 만듦으로써 기존의 지역주의 정치를 지탱해주는 제도적 기반을 제공한다. 따라서 87년 헌정체제 하의 한국 정당들은 정책에 관계없이 특정 지역에서 거의 의석 싹쓸이가 가능해 정책경쟁이 부재하고 부패에 유혹되어 주민에 대한 책임을 지지 않는다. 이런 이유로 87년 헌정체제 하에서 노동, 복지, 교육, 의료, 환경 등 전국적 차원의 사회경제적 이슈는 선거에서 주요 정치적 어젠다로 떠오르지 않는다.

87년 헌정의 선거제도의 비민주성은 유권자의 정치적 의사를 크게 왜곡시키고 있다는 점에 있다. 즉 두 거대 정당은 득표율에 비해 상대적으로 많은 의석을 차지하는 과다대표성을 보인 반면에, 군소정당인 경우 득표율에 비해 상대적으로 낮은 의석을 차지하는 과소대표성을 갖는다. 2004년 17대 총선에서 열린우리당 득표율은 38.3%에 불과했으나 50.8%의 의석율을 차지했다. 작년 18대 총선 결과를 보면, 한나라당은 43.5%의 지역구 득표율로 지역구 의석의 53.4%(131석)를 차지했다. 지역구 1석당 평균 5만7,089표가 필요했다는 얘기다. 반면 민주노동당은 득표율 3.4%를 기록했지만, 지역구는 불과 0.8%(2석)밖에 얻지 못했다. 지역구 1석에 필요한 투표수가 평균 29만 1,832표로, 한나라당의 5배 가까운 수치다. 득표율과 의석율 간의 이런 불비례성은 권역별 차원에서는 더욱 심각할 것이다. 또 전체 지역구 245곳 가운데 50%를 넘지 못한 득표율로 당선자를 낸 곳이 절반 가까운 112곳에 이른다. 뒤집어 말하면 112곳에선 유권자의 절반 이상이 원치 않는 후보가 당선됐다는 얘기다. 심지어 최소 득표율 1위를 기록한 무소속 이인제 의원은 27.67%의 득표율로 당선됐다. 이와 같은 단순한 분석은 소선거구 단순다수대표제가 지역정당체제를 강화시키고 있음을 말해준다. 이처럼 현행 소선거구 단순다수대표제는 정당의 득표율과 의석율의 극심한 불비례성을 노출하고 있다. 이것은 정당정치를 기본으로 하는 대의제 민주주의 원칙에서 볼 때 심각하게 민의가 왜곡되는 구조이다.

한편, 한국 선거제도의 문제는 비례대표제에 의해 선출된 총 의원수가 불과 54석에 불과하다는 데 있다. 2표 병립제를 채택하고 있는 러시아 하원 선거의 경우 의원정수 450석의 50%에 해당하는 225석이, 일본중의원 선거에서는 의원정수 480석 중 37.5%인 180석이 비례의석이다. 독일과 뉴질랜드의 하원도 의원정수의 약 50%가 정당명부식 비례대표제 의해 선출된다. 따라서 한국의 비례대표제는 기능적 이해를 대표하는 정당을 육성하는 데 도움이 되지 못한다.

결국 87년 헌정체제의 '2표 병립형 혼합' 선거제도는 노동대중과 사회경제적 소외계층을 정치고객으로 하는 진보적 개혁 정치세력이 제도권정치에의 진출을 어렵게 하고 보수·중도 독과점 정당체제를 구축하는 요인으로 작용한다.

3) 대통령제-중앙집권제-단원제 국회의 승자독식성

87년 헌정체제는 권력독점(집중)형 대통령제를 채택하고 있다. 선거에서 승리한 대통령은 그 지지율의 정도와 상관없이 대통령을 중심으로 한 집권여당 단독으로 정부 구성이 이뤄진다. 따라서 한국 대통령제만큼 국가권력 승자독식이 발생하는 사례는 찾기 힘들다. 이는 지역주의 동원, 정당정치와 의회정치의 실종, 제로섬적인 대결주의 정치문화를 재생산시키는 원인이 되고 있다.

현 이명박 정권에서처럼 단점정부(unified government) 상황, 즉 하나의 정당이 행정부와 입법부를 동시에 장악할 때 법안의 날치기 통과 등 일방적인 국정수행이 다반사로 발생한다. 이로 인해 민주주의의 작동에 필수적인 타협과 협력의 기술을 향상시키는 기회가 원천적으로 차단되며 정치적 양극화를 초래한다. 또한 경쟁하는 정치진영 간의 대립이 시민사회의 모든 집단을 극한적으로 대립하는 형국으로 이어진다.

87년 헌정체제는 대통령을 축으로 한 중앙집권적 국가구조를 내장하고 있다. 이는 정치경쟁을 생사투쟁의 차원으로 몰아간다. 한국의 선거·정당·의회정치는 중앙권력을 향해 소용돌이치는 투쟁이다. 이 때문에 정치의 중앙집중화가 전개되고 중앙의 소수 정치엘리트들이 정치자원과 권력을 독점하면서 카르텔을 구축하고 있다. 대통령이 사실상 중앙집중화된 권력과 자원을 배분할 수 있는 지위를 갖고 있다. 이런 까닭에 특정 지역에 기반을 갖는 정당과 정치인들이 중앙집권의 상징인 대통령을 선출하는 선거경쟁에서 승리하여 중앙의 정치적·경제적 자원을 독점하는 반면, 패자가 된 정당과 정치인들은 그 반대의 상황에 처하게 되어 정치적 허탈감·상실감에 빠지게 된다. 그렇기 때문에 중앙정부의 정점에 있는 막강한 대통령직을 장악하는 것이 지역을 기반으로 경쟁하는 정치세력과 정당의 생사가 걸린 문제이다. 지역 주민들도 자신들이 지지해 준 대통령으로부터 인사와 자원의 배분에서 특혜를 얻으려고 '묻지마 투표'를 행사하고 특혜의 네트워크에서 배제된 지역 주민들은 자신들이 지지하지 않는 대통령의 정통성을 인정하지 않으려 한다. 그 결과 한국 대통령은 지역주의 투표로 인하여 자신을 반대한 지역으로부터 지지를 확보하기가 어렵고 반쪽 정통성 밖에 확보하지 못하는 상황에 대면하게 된다. 더구나 대통령은 자신을 지지하지 않는 지역을 기반으로 하는 정당과 정치세력으로부터의 과도한 공격에 노출되어 국정이 마비되곤 함으로써 국론통합 능력에 한계를 드러낸다. 한마디로 대통령을 축으로 한 중앙집권제가 지역주의 정치를 유발하는 요인이다.

87년 헌정체제 하의 지방자치제는 외형적으로는 지방자치의 틀을 갖추었으나 실제적으로는 지자체의 자율성과 자치권이 본질적으로 제약 당하는 '중앙집권적 통치의 변형'에 불과하다. 지방정부는 세계화와 지방화가 동시에 진행되는 시대의 핵심적 주체임에도 불구하고 지방의 특색 있는 종합적 발전전략을 추진하여 국가경쟁력을 높이는 데에 필요한 자치입법권, 자치행정권, 자치조직권, 자치재정권을 갖고 있지 않다. 이 때문에 한국은 지방자치의 실시에도 불구하고 실질적으로는 중앙집권적 국가의 특징을 보이고 있다. 예컨대 중앙정부는 국고보조금 및 인·허가권을 통해 지방을 통제하고 있다(박재욱, 2003: 200-202). 지방재정에 있어 1995년 이후 용도가 정해진 재원(국고보조금, 지방양여금 등)이 재원의 용도가 정해져 있지 않는 지방교부세를 앞지르고 있다. 특히 국고보조금의 비중이 증대하고 있는데 이를 통해 중앙정부의 지자체에 대한 행정적·재정적인 간섭·통제의 여지가 커지고 있다. 또한 중앙정부의 인·허가권은 보조금과 더불어 지자체를 통제하는 관료권력의 원천이다. 따라서 인원삭감, 예산감축을 가져올 수 있는 규제완화에 중앙관료들의 저항이 거세다. 나아가 중앙정부는 국가사무를 '기관위임사무'라는 제도를 통해 지자체의 행정 주도권을 장악하고 있다. 광역단체장의 업무 중 국가위임사무가 약 50~60%를 차지함으로써 단체장은 직선제에도 불구하고 주민의 대표라기보다는 국가사무를 집행하는 도구기관으로서의 의미가 더욱 커지고 있는 실정이다. 지방의회도 국가의 행정사무에 대한 심의·의결이 불가능하기 때문에 기관위임사무에 관한 한 완전히 무력한 존재이다. 종합하건대, 한국의 지방자치는 권력과 인력과 예산은 중앙정부가 장악하고 있으면서 지자체는 중앙정부 일의 하청만 떠맡고 있는 형국이다.

물론 노무현 정부는 민주화, 참여, 균형발전 등을 위한 지방분권화 로드맵을 제시한 바 있다. 즉 중앙-지방정부 간 권한 재분배, 획기적인 재정분권, 지방정부의 자치역량 강화, 지방의정의 활성화, 지방정부의 책임성 강화, 시민사회의 활성화(다양한 주민참여제도 도입), 정부 간 협력관계(중앙-지방정부간 협력, 지방정부간 협력체제) 정립 등이다(이기우, 2003). 노무현 정부의 이러한 지방분권화 정책은 중앙정부에 집중되어 있는 권한과 재정을 지방정부로 과감한 이양을 통해 한국의 중앙집권적 국가구조를 지방분권적 국가구조로 전환하는 데 역점을 두었다. 실제로 노무현 정부의 지방분권화 추진은 일정부분 성과를 보였다. 즉 제주특별자치법 제정, 교육감 직선, 중앙행정권의 부분적 지방이양, 경찰자치제 법안 마련, 지방의회의 의결권 강화, 지방선거공영제, 지방정치에의 주민참여제도(주민투표제, 주민소송제, 주민소환제) 등이 도입되었다. 그러나 자치입법권, 자치조직권, 자치재정권 등과 같은 지방분권화의 핵심인 중앙-지방정부 간의 실질적 권한 배분은 이뤄지지 않았다. 예컨대 중앙과 지방정부 간 예산 점유비는 세출 면에서 7 : 3, 세입 면에서 8 : 2에 불과하다. 노무현 정부의 지방화 정책은 중앙에 있는 각종 공공기관을 지방에 이전, 배치하려는 하드웨어 중심이었고 그것과 차원이 다른 권력과 권한의 분산을 통한 실질적이고 소프트웨어적 접근은 적극적이지 않았다.

결국 87년 헌정체제의 지방정부는 지방정치엘리트의 민선에도 불구하고 중앙정부의 획일적 통제로부터 벗어나지 못하고 있다. 지역발전의 부진은 재원과 결정권을 거의 독점하고 있는 중앙정부의 탓으로 돌리고 있으며 대통령을 축으로 한 중앙권력을 장악하기 위해 지역에 기반을 둔 거대 보수·중도 정당들은 제로섬적인 정치투쟁을 전개하는 것이다. 이런 까닭에 지역갈등 정치가 심화되고 있다.

나아가 87년 헌정체제의 대통령제-중앙집권제는 단원제 국회와 조합되고 있다. 단원제 국회는 인구비례에 따라 의원 수가 결정되기 때문에 사실상 수도권 및 영남권 국회라 해도 과언이 아니다. 그 결과 수도권과 지방 간, 호남권과 영남권 간의 개발의 차이를 가져오는 입법 및 예산심의 중심의 의정활동이 전개되고 있다. 소수 지역을 제대로 보호할 수 없고 지역주의 정치문화로 인한 갈등을 불식할 수 없다. 게다가 중앙집권적 단원제 국회는 지역 이권 배분정치(pork-barrel politics or earmark politics)를 강화시키고 있다.

대통령제-중앙집권제-단원제 국회는 대통령 개인의 리더십이나 정치적 결정에 의해 국정이 좌우될 수 있다는 점에서 매우 위험한 비민주적 정치제도이다. 일반적으로 대통령제-중앙집권제-단원제 의회는 집권여당이 과반수를 넘는 다수당일 경우에는 정치적 독주가 가능한 반면에, 집권여당이 소수당일 경우 여소야대의 정국 속에서 책임정치를 구현하기가 어려워진다. 실제로 87년 헌정체제의 대통령제-중앙집권제-단원제 국회에서 집권여당이 국회 다수당일 경우 입법 과정에서 날치기 통과 등으로 인해 여야 간의 극한 대립이 초래되는 반면에, 여소야대의 국회인 경우에는 야당의 횡포로 말미암아 집권 여당이 책임정치를 이행하기가 사실상 불가능하다. 특히 87년 헌정체제 하의 민주정부들은 예외 없이 국회에서의 여소야대 정국에 봉착했다. 대통령과 민주정부들은 줄곧 여소야대의 국회와 대면하지 않을 수 없었고 야당과 대통령이 정면충돌하여 국정운영의 교착상태가 야기되는 분할정부적 상황에 자주 봉착했다. 이는 그 동안 운용되어 왔던 '87년 헌정체제'가 드러낸 문제점이다.

이와 같이 87년 헌정체제의 대통령-중앙집권제-단원제 국회는 지역갈등의 '조정 정치'가 아니라 지역갈등의 '조장정치'를 재생산시키고 있다. 지역갈등의 조장정치는 정책경쟁을 불가능하게 한다. 지역에 탄탄한 지지기반을 갖는 한국의 거대 보수·중도 정당들은 지역대결 구도를 이용하여 정치적 기득권을 지켜나갈 수 있기 때문이다. 또한 그것은 합리적인 정책 산출을 저해한다. 즉 정부 재정이 지역개발 중심으로 지출되어 국가자원 배분이 왜곡되는 정책을 양산한다. 지역개발 프로젝트는 사회 전체적으로 계급적·계층적 이해관계를 반영하는 정책개발 및 국가재정 배분을 방해할 뿐만 아니라 지역개발의 이익과 비용도 지역사회의 계층간 차등적으로 배분하는 사태를 초래한다.

4. 합의제형 헌정 공학

1) 수평적 권력분점의 제도화와 그 효과

(1) 균형 잡힌 보수-중도-진보 정당체제

정당은 사회적 기반을 갖고 이해관계를 집약·조정하여 사회갈등을 정치화하고 이를 공공정책으로 전환함으로써 대의제 민주주의를 작동시키는 중요한 메커니즘이다. 민주적 정당체제는 사회갈등을 반영한다. 뒤집어 말하면 구조화된 사회갈등은 정당체제를 형성하고 유지하는 중요 독립변수이다. 실존하는 사회갈등에 따라 양당제 혹은 다당제가 형성된다. 만일 단일 사회갈등만 존재하는 사회라면 양당제가 바람직하다. 그러나 다양한 사회갈등이 존재하는 사회에서 양당제는 여러 차원의 사회적 이슈를 조정하는 데 한계를 드러낸다. 따라서 여기서는 다당제가 요구된다.

서유럽 국가들에서는 구조화된 사회갈등은 정당체제를 통해 대표된다. 즉 실존하고 있는 다양한 사회갈등을 투영하여 '다당제를 하부구조로 하는 보수-중도-진보 정당블록구도'가 형성된다. 이러한 정당블록구도는 정당들 간 입법권의 분점·공유를 가능하게 하는 토대가 될 수 있으며, 이를 통해 복잡하고 다양한 사회갈등을 효과적으로 정당체제에 대표하여 사회갈등을 조정하고 민주주의를 공고화시킨다(선학태, 2005: 49-56).

이런 점에서 한국민주주의가 직면하고 있는 최대의 과제는 정치적 대표체제, 즉 정당체제의 민주적 개혁이다(Ko, 2007: 23-24). 87년 헌정체제 하에서 고비용·저효율 정치구조 타파, 반부패 정치, 정당조직 및 운영(재정 선거자금 투명화) 등에 무게 중심을 두고 실천됐던 정치사회 개혁은 그 나름의 의미가 없지 않으나 문제의 본질을 놓친 것이라 하지 않을 수 없다. 한국민주주의 공고화 단계에서 합의제형 헌정공학은 시민사회에 존재하는 사회경제적 균열과 갈등으로부터 괴리된 정당체제를 개혁하여 정치와 대중사회 사이를 소통시키는 데 있다. 이를 위한 정당체제의 개혁은 한국민주주의의 사회적 맥락에서 천착될 때 가능하다. 즉 현재의 지역갈등을 대체할 수 있는 사회경제적 이슈, 즉 노동·복지·교육·의료·주택·환경·세대 등에 관련된 사회의 다양한 이익과 요구, 갈등과 균열이 표출되고 대표될 수 있는 정당체제의 민주화 프로젝트이다. 그것은 한국민주주의 발전을 위해 기존의 보수·중도 독과점적 정당체제를 해체하는 데서부터 출발할 수밖에 없을 것이다.

오늘날 한국 사회의 가장 중심적인 갈등요인은 글로벌 시장과 신자유주의적 구조조정의 충격과 고통이다(최장집, 2002: 214-215). 그것이 몰고 온 사회경제적 양극화에 대응하는 데 있어 국가와 시장의 역할 및 기능을 어떻게 배분할 것인가가 정치적으로 매우 중대한 문제로 떠오르고 있다. 한국 정치사회는 그에 대답해야 한다. 이는 선거정치, 정당정치, 의회정치 차원에서 소득불평등, 실업, 비정규직 근로자, 빈곤층, 고용불안, 교육, 환경, 저출산·고령화 등 사회경제적 이슈에 관해 진지하고 심도 있는 토론과 정책경쟁이 이뤄짐을 의미한다. 사회경제적 이슈가 한국 정치사회에서 주요 담론과 정책 어젠다로 떠오를 때 과도하게 비대한 현 보수·중도 독과점적 정당체제는 자연스럽게 해체의 압력에 노출될 것이고 온건한 다당제로의 전환과 정책 중심의 경쟁 및 연합의 유인효과가 커질 것이다. 이로써 한국의 정치사회에는 기존의 보수·중도 독과점 정당체제가 허물어지고 사회경제적 양극화와 이에 따른 부문·계급·계층 균열이 정상적으로 투영되는 '균형 잡힌 보수-중도-진보' 정당블록 구도로 재편성될 수 있는 길이 열리게 될 것이다.

합의제형 헌정의 정당체제를 구축하는 데 있어 가장 중요한 과제는 2004년 총선 등 각종 선거에서 정치권에 진출한 진보 정치세력(반듯이 민주노동당을 지칭한 것은 아님)과 새로운 진보 개혁세력이 더욱 성장해 정치사회에서 확실한 정치적 시민권과 정당화를 구축하고 그 동안 대표되지 못했던 보통사람들의 목소리를 대변해 주는 것이다.[3] 이는 진보정당이 강력하게 사회적 기반을 갖는 것을 의미하고 지금까지 정치에 대표되지 못했던 사회집단들, 특히 비정규직, 극빈자, 실업자, 차상위계층, 신빈곤층, 고령자, 장애인, 영세자영업자, 중소기업 등과 같은 소외 및 배제세력들은 물론이고 현재 흔들리고 있는 중산층이 정치의 중요 행위자로 참여하게 되는 것을 의미한다.

87년 정당체제는 형식적으로 다당제이나 실제에 있어서는 한나라당과 민주당을 중심으로 한 지역에 기반을 둔 거대 양당제이다. 그것은 영국, 미국 등의 정당체제가 입법부에서 의석을 획득한 1개 이상의 추가적인 군소정당을 가지고 있음에도 불구하고 양당제로 분류되는 것과 동일한 사례이다. 왜

3) 보수와 진보의 구별은 자본주의 시장경제에 대한 이해를 기준으로 나눠질 수 있다. 자유주의에 우호적인 것은 보수이고 사회민주주의처럼 자유주의에 비판적인 것은 진보이다. 그러나 이러한 시각은 바람직한 개념화라 하더라도 사회적 균열이 다층화되는 상황에서 진보-보수의 문제는 어려움에 빠질 수 있다. 예컨대 순수한 시장경제에 대한 비판적인 진보가 젠다 문제와 관련하여 항상 진보적인 것은 아니다. 이런 점에서 진보는 모든 억압, 착취, 배제, 차별, 소외, 불평등에 반대하고 그 최소화를 중심축으로 한다(손호철, 2006: 366).

냐하면 한국 정치에서 정권교체를 실현하거나 정부 내각 구성에 참여하는 정당은 언제나 두 개의 거대 정당 중 하나에 국한하기 때문이다.[4] 한국 정치에서 이 거대 양당제는 대통령제와 조합되고 있다. 바로 여기에 87년 헌정체제의 비극이 싹트고 있다. 물론 정치권과 학계 일부에서는 대통령제 하에서 정치안정이 주요 가치로 존중되면서 양당제를 선호하고 다당제는 정치 불안정을 야기하는 요인으로 이해되는 경향이 있다. 그러나 그러한 인식은 정당체제가 정부 형태 혹은 권력구조와 순기능적으로 작동해야 한다는 관점에서 볼 때 설득력이 약하다. 양당제와 대통령제의 조합인 경우, 대통령 선거는 제로섬 게임으로 전개되어 지역주의와 정치문화의 양극화를 초래하고 제3당의 발전과 육성의 가능성을 원천적으로 제약하며 전국적인 경쟁력을 갖춘 대통령 후보를 낼 수 있는 거대 정당 간의 정치적 갈등을 심화시킨다(선학태, 2005: 417).

더욱이 현재 우리 사회에는 다양한 가치와 이익이 존재하고 이로 인한 균열과 갈등들이 복잡하게 분출하고 있다. 한나라당과 민주당 등 보수·중도 거대 양당제는 시민사회의 이러한 다양한 이슈와 이해관계를 대표하고 관리·조정하는 정책프로그램을 제시하는 데 커다란 한계를 드러내고 있다. 설령 그렇게 할 수 있다고 하더라도 두 거대 정당은 선거에서 득표만을 겨냥해 국민 전체를 상대로 해서 정당 정체성과는 거리가 먼 '듣기 좋은' 백화점식 정책을 무차별적으로 나열할 뿐이다. 국민 전체의 이익을 대표하는 것을 목표로 하면서 경쟁하는 두 거대 정당들은 스스로 정당 정체성을 부정한다. 정당이란 본래 '부분'을 대표하는 것인데도 한국의 두 거대 정당들이 국민 모두를 대표한다고 하는 것은 누구도 제대로 대표하지 않는다는 것을 의미한다. 따라서 시민사회의 다양한 이익과 갈등을 대표하고 정책차별성을 드러낼 수 있는 실질적인 다당제로 전환될 필요가 있다.[5] 민주주의의 발전에 부합하는

4) 블론델(Jean Blondel)에 따르면(1968: 184-187), 의회에서 의석을 획득한 다른 군소정당이 있지만 두 개의 거대정당에 의해 순환적 정권교체가 이뤄지거나 지배되고 있는 경우는 양당제이다. 순수한 양당제는 드물다. 영국과 미국의 정당체제가 여기에 속한다.

정당체제는 사회적 맥락에서 접근되어야 하기 때문이다. 이런 점에서 한국 정치사회에서는 온건 다당제를 하부구조로 하는 균형 잡힌 보수-중도-진보 정당블록 구도가 '포스트 87년 헌정'의 정당체제 개혁 방향이다. 이는 아래에서 논의할 정당명부식 비례대표제의 강화가 전제될 때 가능하다.

그런데 87년 헌정체제 하에서 시민사회 영역은 보수진영 내의 수구적 보수와 자유주의적 보수, 민주개혁 진영내의 자유주의적 진보와 급진적 진보 등의 형태로 보수와 진보가 각각 다원화(분화)되고 있다. 시민사회 영역에서의 이러한 이념적 가치 분화 현상은 다당제를 하부구조로 하는 균형 잡힌 정통보수-중도보수-중도진보-정통진보를 대표로 하는 정당체제를 형성하는 데 토대라 할 수 있다. 이로써 거대 보수·중도 독과점 정당체제에서 발생하기 쉬운 제로섬적인 대결 국면을 피하고 모든 정당들은 자기 정체성에 따른 정책프로그램을 국정에 반영시키기 위해 다른 정당과 타협과 호혜와 상생의 길을 걸을 수밖에 없을 것이다. 정당체제의 이념적 스펙트럼이 다원화되면 정치의 완충지대가 만들어져 이념적 가치의 양극화로 인한 갈등과 대립을 완화해 갈 수 있기 때문이다. 더불어 사회의 다양한 이익과 요구, 특히 노동, 복지, 환경, 교육 등 사회경제적 이슈가 주요 정책어젠다로 부상하여 정당체제가 사회균열과 갈등을 반영하고 이념적·정책적 정당정치를 정착시켜 이념갈등 조율에 기여할 수 있을 것이다.

다당제를 하부구조로 하는 보수-중도-진보 정당체제는 지역주의 정치를 완화하는 효과를 가져올 수 있다. 노무현 정부의 지역균형발전정책과 인사탕

5) 정치학자들은 대통령제와 다당제의 결합을 '죽음의 키스'로 표현한다. 그것은 안정적 민주정치를 유지할 가능성을 기대할 수 없다는 것이다. 다당제를 초래할 가능성이 있는 소선거구 단순다수제 이외의 선거제도는 대통령제와 친화력이 없다는 주장으로 이어진다. 하지만 미국에서 같이 정당을 교차하는 입법연합이 형성되지 않는다면 대통령제와 양당제의 조합은 온건다당제와의 조합보다 극심한 정치불안정을 야기할 수 있다. 강력한 야당이 대통령과 행정부를 견제하는데 이 사이에서 중재하는 역할을 수행하는 제3당의 입지가 좁기 때문이다. 따라서 대통령제가 양당제보다는 온건다당제와 결합할 때 민주정치를 공고화시킬 가능성이 커진다. 물론 그것은 대통령제 하의 연정을 전제한다.

평책이 지역주의 정치를 완화하지 못했다. 이는 지역주의 정치는 비단 지역개발 차이나 인사차별의 시정만으로 극복될 수 있는 성질의 것이 아니라는 점을 시사한다. 되레 지역 중심의 개발정책과 인사정책이 전개되면 될수록 지역갈등은 격화될 수 있는 소지가 높다. 실제로 지역개발 정책은 중앙정부의 예산과 개발이익을 둘러싸고 특정지역에 연고를 둔 정당 간, 지방정부 간에 긴장과 대립을 불러일으키기도 했다. 이는 지역주의 정치를 유지시키는 현재와 같은 과도하게 비대해진 보수·중도 독과점적인 거대 양당체제가 유지되는 한 피해 갈 수 없는 한국민주주의의 숙명이라 하지 않을 수 없다. 인과론적 관점에서 볼 때 한국의 지역주의 정치는 사회경제적 욕구와 이해관계를 반영할 수 없는 한국의 낡은 정치적 대표체제, 즉 지역에 기반을 둔 보수· 중도 독과점적 정당체제가 만들어 낸 결과물이다. 이 점에서 지역주의 정치를 극복하기 위한 해법으로 단순히 전국에서 의석을 가진다는 의미의 전국정당화를 시도하는 것은 지역주의 정치의 본질을 보지 못한 대증요법이지 원인요법이 아니다. 오히려 그것은 보수·중도 독과점적 정당체제를 강화할 우려가 높다. 따라서 한국의 지역주의 정치는 지역에 기반을 둔 보수·중도 독과점적 정당체제를 허무는 데서 실마리를 찾을 수 있다. 즉 현재의 '탈계급적·탈계층적 지역' 중심의 정당체제를, 계급적·계층적 이해관계에 기초한 '탈지역적 계급·계층' 중심의 정당체제로 대체하는 것이다. 한국의 정당체제가 냉전·반사회주의와 자유주의의 스펙트럼이라는 이념적 틀에서 벗어나 정당정치의 갈등 축이 사회경제적 이념갈등과 계급·계층 갈등을 대표하는 균형 잡힌 보수-중도-진보 정당블록 구도로 재편되면 지역주의 정치는 자연스럽게 허물어질 수 있다. 지역 내부의 유권자가 자신의 계급·계층 귀속에 따라 정책프로그램을 보고 정당을 선택할 개연성이 높아질 수 있기 때문이다.

다당제를 하부형태로 하는 균형 잡힌 보수-중도-진보 정당블록 구도가 구축되면 유권자들의 정치적 선택 폭이 넓어져 한국 사회에 존재하는 계급·계층·이념·지역 간에 교차균열(cross-cleavage)의 가능성이 높아지고 지역갈등 관리에 효과적일 것이다. 이런 가설은 다음과 같이 설명할 수 있다. 한국 선거에서 영남-보수, 영남-진보, 호남-진보, 호남-보수 등 유권자 그룹이 발생하고 영남-진보 유권자들과 호남-보수 유권자들은 자신들 지역을 지배하고 있는 특정 지역정당에 대한 지지 성향이 약해질 것이다. 이것이 교차균열의 효과이다.[6] 교차균열의 가능성이 높아지면 특정 지역에서 영구적 지배집단과 영구적 소수집단의 존재 가능성은 낮아져 집단 간 갈등은 줄어든다. 교차균열이 집단 간 갈등을 줄이는 것은 교차압력(cross-pressure) 때문이다. 개인들이 가치관과 이해관계가 서로 다른 많은 집단에 소속되어 있을 때 심리적 교차압력이 작용하여 그들의 태도가 온건해지는 경향이 있다. 교차압력이 있을 때 유권자의 정파적 성향이 유동적이며 이는 지역주의 투표 성향을 줄여 주는 데 도움이 될 수 있다.

합의제형 헌정의 정당체제가 시민사회의 이념적 스펙트럼을 투영해 다당제를 하부구조로 하는 균형 잡힌 보수-중도-진보 블록구도로 재편성된다면, 이는 정부와 이익·시민 결사체 간의 파트너십과 정책네트워킹에 기초하는 사회경제적 거버넌스 시스템의 작동에 순기능으로 작용할 수 있다. 그러한 정당체제가 노동대중과 사회경제적 소외계층으로 하여금 '거리정치'(street politics)라는 '벼랑 끝 전술'을 포기하게 하고 사회적 대화 및 협의의 테이블로 견인하도록 하는 효과가 발생할 것이기 때문이다. 대부분의 서유럽 국가들은 글로벌 시장의 충격을 관리 조정하기 위한 사회경제적 거버넌스 시스템을 작동시키고 있는데 이를 가능케 하는 주요 요인은 사회민주주의를 표방하는 진보정당과 자유주의를 표방하는 보수정당이 균형 있게 편성되어 있는 정당지

6) 서유럽 국가들의 사회적 균열라인은 교차하는 경우가 많는데 이 경우 갈등은 크게 완화된다(선학태, 2005: 38). 왜냐하면 대립하는 그룹들이 충성심과 일체감을 공유하기 때문이다. 예컨대 노동계급 중 일부는 가톨릭 신자인데 이런 경우 사민주의자들은 노동자들을 자신의 정당을 지지하도록 동원하기가 어려워진다. 가톨릭 노동자들은 동료 노동자들에 대해 계급적 동류의식을 가질 뿐만 아니라 중산층 가톨릭 신자, 심지어는 상류층 가톨릭 신자들에게까지 종교적 동류의식을 느끼게 된다. 이런 조건에서 사민주의 세력은 가톨릭 세력 및 자본세력과 치열하게 갈등을 전개할 수 없다. 만일 그렇지 않으면 가톨릭 노동자들을 교회를 중심으로 한층 더 결속시켜 가톨릭 균열축 혹은 블록을 보다 더 견고하게 할 것이기 때문이다.

형이다. 예컨대, 스페인의 노사정 거버넌스 시스템이 성공적으로 작동한 것은 계급 계층 균열을 반영하는 균형 잡힌 진보-보수 정당체제에 연유한다. 특히 스페인 사민당은 집권하는 동안 매우 과격했던 노동운동을 '온건과 절제' 전략적 행동으로 바꿔 신생민주주의를 공고화하는 데 중요한 역할을 했다(Royo, 2005: 66-70).

(2) '2표 연동형 혼합제'의 비례성

선거제도는 사회균열과 갈등을 대표하고 관리하는 정당체제에 영향을 준다. 선거제도의 변화는 정당체제의 변화를 불러오고 이 정당체제의 변화가 궁극적으로 권력구조에 영향을 미친다. 정당체제는 일차적으로 사회균열구조가, 그 다음에는 선거제도의 효과가 겹치면서 그 윤곽이 드러난다. 이 점에서 합의제형 헌정의 정당체제, 즉 사회균열구조가 반영된 다당제를 하부구조로 하는 균형 잡힌 보수-중도-진보의 정당블록구도로의 전환은 선거제도의 효과를 적절히 활용할 때 가능하다. 선거제도는 사회균열구조와 정당체제의 형성을 상호 매개하는 장치이기 때문이다.

87년 헌정체제의 소선거구 다수대표제는 지역에 연고를 둔 보수·중도 독과점 거대 양당제를 강화하는 효과가 크다. 따라서 소선거구 다수대표제를 변경하여 지역주의 이외에 시민사회의 다양한 이해관계와 균열과 갈등이 정치사회에 반영될 수 있도록 하는 선거제도가 필요하다. 그 방향은 합의제형 선거제도인 비례대표제 강화이다. 이는 거대 보수·중도 정당들이 입법권을 독과점하는 구도를 제거하고 다당제를 하부구조로 하는 보수-중도-진보 정당들이 입법권을 분점하는 의회정치를 유도하기 위한 것이다. 영국을 제외한 대부분의 서유럽 국가들에서 다양한 사회균열과 갈등을 투영하는 균형 잡힌 보수-중도-진보 정당들이 입법권을 분점하는 의회정치는 정당명부식 비례대표제를 통해 정착되었다.[7] 한국 정치사회에 다당제를 하부구조로 하는 균형

7) 독일을 제외한 대부분의 게르만유럽 및 노르딕유럽 국가들의 선거제도는 지역구 개념이 없고 정당명부식 비례대표제만을 채택하고 있다(선학태, 2005: 65-67).

잡힌 보수-중도-진보 정당블록구도의 정착과 이들 정당 간 입법권의 분점을 유도하기 위해서는 비례성을 강화하는 선거제도의 두 가지 대안을 고려해 볼 수 있겠다.

우선 중대선거구제이다. 이는 한 선거구에서 2~5명의 의원을 선출하는 준비례대표제의 성격을 갖고 있어 한 정당의 지역별 의석독점 현상을 완화하고 탈지역주의 효과를 가져 올 수 있다. 중대선거구제와 권역별 비례대표제를 병행하면 그 가능성은 더욱 커진다. 그러나 중대선거구제 하에서는 한 선거구 내 당선자 간의 큰 득표율 편차로 인한 표의 등가성 문제 및 대표성의 심각한 차등이 발생할 수 있다. 예컨대 1위 당선자는 90%의 득표율을 획득한 반면 2, 3위 당선자는 5% 이하의 득표율로도 당선될 가능성이 있기 때문에 일부 당선자의 경우 대표성이 매우 취약해 질 수 있다. 더욱이 중대선거구제는 주요 정당의 의석을 지역별로 교차분배 함으로써 의석분포의 지역독점을 완화하는 대가로 기존의 보수·중도 독과점 정당체제를 심화시킬 우려가 있다. 다시 말하면 보수·중도 독과점적인 정치적 대표체제라는 틀 속에서 기존 보수·중도 정당들이 전국적으로 의석을 골고루 배분 받을 수 있는 중대선거구제로의 개혁은 지역에 기반을 둔 낡은 보수·중도 독과점적 정당체제를 지속시키는 효과를 초래할 뿐이다.

이런 점에서 그 대안으로 우리는 독일식 2표 연동형 혼합제를 주목한다(Schmidt, 2004: 131-134). 독일식 선거제도는 인물 본위의 다수제(소선거구)와 정당 본위의 비례제(권역별 정당명부식)가 유기적으로 결합되어 있다. 이 때 정당후보자명부는 주(Länder)별로 작성된다. 유권자는 선거에서 제1표는 지역구 정당후보에게, 제2표는 선호하는 정당에게 행사한다. 정당투표는 전국적으로 합산된 후 정당별로 득표율에 비례하여 의석수가 할당된다. 각 중앙당에게 할당된 의석수는 다시 각 주의 득표율에 따라 주별 의석수를 각 주 지방당에게 할당된다. 그리고 주별로 할당된 의석수에서 각 당의 지역구 당선자수를 빼면 주별 각 당의 비례대표 의원수가 된다. 따라서 독일식 2표 연동형 혼합제에서는 정당의 득표율과 의석율이 거의 일치하며 이는 선거제도의 대표성 왜곡 문제가 사라지게 된다. 게다가 독일식 2표 연동형 혼합제는 정당투표가 정당의 의석수를 결정하기 때문에 인물중심의 정치 대신 정책정당 중심의 정치를 활성화시킬 수 있다.

독일식 정당명부 비례대표제로의 합의제 헌정 공학은 진보정당의 국회 의석수를 늘려 현행 보수·중도 독과점 거대 양당제를 해체의 압력에 노출시킬 것이며[8] 다당제를 하부구조로 하는 균형 잡힌 보수-중도-진보 정당블록구도로의 전환을 촉진시켜 그들 정당 간 입법권의 분점을 가져올 것이다.[9] 이로써 한국 정치가 진보 대 보수의 진정한 정책경쟁구도로 발전할 수 있고 정책중심의 정당연합의 유인효과도 커질 것이다. 또한 그것은 지역갈등 완화에 기여할 수 있다. 왜냐하면 독일식 정당명부 비례대표제는 여러 지역에 걸쳐 지지를 얻지만 그 지지가 사표로 되는 비지역주의 정당들에게 더 많은 의석을 얻게 하기 때문이다. 무엇보다도 독일식 정당명부 비례대표제의 제도적 강점은 진보정당의 국회 진출을 확대하여 정치적 자원이 열세한 사회경제적 소외세력의 삶의 질 개선을 정책화, 입법화하는 채널을 마련해 줌으로써 사회경제 거버넌스 시스템의 정상적 작동을 촉진할 수 있다는 데 있다. 다시 말하면 독일식 정당명부 비례대표제는 이념적 정체성을 갖는 정당의 육성을 통해 우리 사회에 존재하는 사회경제적 양극화에 따른 계급·계층 갈등, 교육·환경·저출산·고령화 등 새로운 사회적 위험과 갈등을 대표하고 정당간 정책경쟁을 촉진하는 데 기여할 수 있다.

물론 독일식 연동형 혼합제는 87년 헌정체제의 선거제도보다 다당제를 더

8) 18대 총선의 정당별 득표율로 의석수를 계산해 보면, 정당 간 의석 분포도는 달라진다. 한나라당의 정당 득표율은 37.5%였으므로 112석, 민주노동당의 정당 지지율은 5.7%였으므로 17석을 얻게 된다. 선거 결과보다 한나라당은 41석이 줄고, 민주노동당은 12석이 늘어난다.

9) 1996년 이전 뉴질랜드 정치체제는 다수제 정치모델이 작동하는 대표적인 사례였다. 그러나 뉴질랜드는 1996년 독일식 연동형 혼합선거제도를 채택하여 10월 총선을 실시함으로써 다수제 민주주의로부터 이탈해 가는 중대한 변화가 발생했다(Nagel, 2000: 113-123). 첫째, 선거제도는 6개의 정당을 의회에 진출시켜 보수-중도-진보 구도의 다당제를 창출했다. 둘째, 예전의 단일 정당 과반수 내각구성과는 대조적으로 국민당과 뉴질랜드제1당에 의한 연립정부의 제도화이다.

욱 촉진할 것이며 이것이 정부의 안정성과 효율성을 저해하는 등 한국 대통령제와 조응하지 못하는 선거제도라는 비판이 제기될 수 있다. 따라서 독일식 선거제도를 채택할 경우 정부형태를 의원내각제로 변경해야 된다는 주장이 있다. 그러나 대통령제와 선거제도 사이에 논리적 필연성은 없다(박찬욱, 2005: 28-29). 선거제도는 반드시 정부구조에 예속되지는 않기 때문이다. 예컨대, 경험적으로 게르만 서유럽 국가들의 의원내각제는 비례대표제를 선호하지만 영국은 의원내각제를 채택하면서 소선거구 단순다수제를 통해 의원을 선출하고 있다. 대통령제 국가의 의회선거제도도 획일적이지 않다. 순수한 대통령제 국가인 미국의 연방의회는 소선거구 단순다수제에 의해 구성되고 준대통령제를 채택하고 있는 프랑스는 소선거구 과반수-단순다수제(결선투표제)로 의회선거를 실시한다. 1958년 이후 민주주의를 유지하고 있는 대통령제 국가인 코스타리카, 1985년 민주화 이후 대통령제 국가인 우루과이, 그리고 1976년 이후 민주주의 공고화에 성공한 준대통령제 국가인 포르투갈이 모두 정당명부 비례제를 이용하여 의회를 구성한다.

이런 점에서 한국 대통령제에서도 독일식 2표 연동형 혼합제를 채택하지 못할 이유가 없다. 오히려 그런 제도적 조합이 한국 대통령제의 승자독식 논리를 완화하는 제도적 장치를 총선에서 강구하는 효과가 발생할 것이다. 즉 독일식 선거제도는 패권정당을 허용하지 않는 다당제를 만들어 놓기 때문에 여러 정당들 간의 정책경쟁에 있어서 협조가 아니면 파국이라는 인식이 확산되고 정당 간의 의정활동 과정에서 자연스럽게 상호 관용하고 타협할 수밖에 없는 정치심리적 문화적 메커니즘을 창출할 수 있을 것이다. 이 관용·타협 문화 메커니즘은 또 다시 정당 간의 권력분점인 연립정부의 구성을 제도화시키는 길로 이어질 것이며 정당 간 연립정부의 자원동원 능력이 극대화되어 정치적 효율성과 안정성이 높아질 수 있다. 하지만 독일식 선거제도에도 약점이 있다. 그것은 지역 유권자들이 집단적으로 전략적 투표를 하는 경우, 예컨대 제1표를 지역주의 정당에게 몰표를 몰아 줄 경우 지역구도 완화 효과가 없으며 심각한 초과의석 발생 가능성도 배제할 수 없다. 그 결과 지역주의 정당들이 다른 정당에 비해 보너스를 받을 가능성이 크다. 따라서 지역구 의석수가 제2표에 의한 권역별 정당득표율에 따라 얻어진 의석수보다 높은 정당에게는 해당 권역의 비례대표 의석을 배분하지 않도록 하는 것이 바람직할 것이다.

독일식 연동형 혼합제로의 선거제도 개혁 과정에서 중요한 것은 비례대표 의석의 규모이다. 가장 바람직한 비례대표와 지역구 의석의 비율은 1 : 1이다. 의회정치의 대표성과 효율성이라는 측면에서 볼 때 그렇다. 따라서 87년 헌정체제의 선거제도는 지역구 의석을 축소하면서 비례대표를 대폭 확대하는 방향으로 개혁될 필요가 있다. 현행 선거제도에서 그대로 채택해도 무방한 선거규칙은 비례대표 배분의 배제조항(exclusion clause)이다. 즉 유효투표 총수의 3% 이상 득표한 정당이나 5석 이상의 지역구 의석을 차지한 정당에게만 비례대표 의석을 배분하면 될 것이다. 한편, 비례명부는 권역별(예컨대 서울, 인천-경기, 강원, 대전-충청, 광주-호남, 대구-경북, 부산-울산-경남, 제주 등)로 작성하는 것이 지역주의 정치를 완화하는데 기여할 것이다. 또한 권역별 명부의 작성 권한이 시·도당의 권역 정당조직에게 주어지는 경우 현 중앙당 중심의 정치구조를 지방당 중심의 정당정치로 전환함으로써 지방정치를 활성화시킬 수 있다.

(3) 연합정치의 제도화: 의회와 정부 차원

대통령제는 '87년 헌정구조' 내에서 한국화로 착근했고 제도적 내구성을 갖게 되었다. 하지만 대통령이 국가권력을 송두리째 장악하고 배분하는 승자독식 구조에서 정부정책에 대한 야당과 의회의 협력을 끌어내는 일은 쉽지 않다. 따라서 대통령제의 승자독식성을 제거하기 위한 집행부-입법부 관계를 핵심으로 하는 정부형태 개편 논쟁이 불붙고 있다. 우선 대통령 4년 중임제인 미국식 대통령제이다. 미국의 대통령제는 입법부와 대통령 간의 견제와 균형, 연방제, 양원제 등과 결합된 권력분점형이다. 하지만 이런 미국 대통령제마저도 대통령 선거에 따른 아메리카분열국(Disunited States of America)으로 전락했다는 비판의 목소리가 비등하다(김재한, 2001: 10). 이 점에서 미국식 대통령제는 한국의 중앙집권제 틀 속에서 되레 대통령제의 승자독식을 사실상

8년으로 연장시키고 지역갈등을 더욱 증폭시킬 개연성이 높다. 연임 실패는 매우 드물게 나타나는 예외적 현상이라는 점에서 그렇다.

둘째, 독일식 의원내각제이다(선학태, 2005: 175-188). 이는 '건설적 불신임'(constructive non-confidence) 장치를 두기 때문에 내각의 잦은 교체에 따른 정치 불안을 피할 수 있으며 정당 간 연립정부를 통해 한국 대통령제의 승자독식성을 일거에 대체할 수 있다. 하지만 재벌이 대통령을 매수할 개연성은 낮지만, 내각(수상)과 의회(의원)를 정경유착의 연계 고리로 삼아 자신들에게 유리한 법령, 정책을 유도할 개연성이 높고 지역정당 간 연합정치를 등장시켜 계급·계층 갈등의 조정정치는 작동하기 어려워질 수 있다.

셋째, 분권형 대통령제이다. 이는 전국민적 정통성에 기반한 실권 대통령으로서의 국가수반과 의회의 신임여부에 의존하는 당파적 실권 총리로서의 정부수반이 공존하는 정부형태를 말한다.[10] 대통령과 총리의 권력관계는 상황에 따라 변화한다(황태연, 2005: 51-56). 즉 집권당이 의회 다수당인 경우 대통령은 조각권을 비롯한 국정을 사실상 주도해 대통령제에 근접하는 반면에, 야당이 다수당이 된 경우 다수당 총리와 소수당 대통령으로 구성되는 이른바 동거내각(cohabitation cabinet)이 등장하여 국정 주도권이 총리에게 넘어 가는 내각제에 근접한다. 그러나 분권형 대통령제 하에서는 대통령과 수상 사이의 심각한 권력갈등이 일상화될 수 있으며[11] 중앙집권제 틀 속에서 연출되는 대통령 선거의 제로섬 게임은 전국적인 경쟁력 있는 거대 정당 간 정치적 양극화를 초래할 것이다. 더구나 대통령이 총리와 동일한 정당에 속해 있는 경우 순수 대통령제에 비교가 안 되는 '초대통령'(hyper-president)이 등장하여(Keeler and Schain, 1997: 95-97) 그에 대한 의회의 견제와 균형 메커니즘은 사실상 무

10) 국왕이 없는 유럽 공화국들은 국가수반과 정부수반을 분리시키는 분권형 대통령제를 발전시켰다. 프랑스, 폴란드, 핀란드 등은 대통령 우위의 분권형 대통령제 국가이며 오스트리아, 아일랜드 등은 총리우위의 분권형 대통령제 국가이다.

11) 분권형 대통령제를 채택한 프랑스는 권력분점에 따른 대립과 갈등관계를 표출할 소지를 제거하기 위한 헌법개정(2002년)을 시도해 대통령 임기를 5년으로 단축하고 대선과 총선의 주기를 일치시켜 동거정부 수립 가능성을 제거했다.

력화된다.

이런 맥락에서 대통령제, 의원내각제, 분권형 대통령제는 주요 변수가 아니다. 단순한 정부형태만의 택일적 개편은 사회의 갈등해결에 도움이 되기는커녕, 오히려 증폭시킬 가능성이 높아진다. 따라서 입법부와 행정부의 관계에 관한 합의제형 헌정 공학은 미국식 대통령제, 독일식 의원내각제, 프랑스식 분권형 대통령제 등 택일적 논쟁이 아니라, 어떻게 수평적 권력분점에 기초한 연합정치(coalitional politics)의 제도화를 통해 사회갈등을 완화할 수 있느냐 하는 관점에서 접근한다.

우리 사회의 균열과 갈등이 다양화 되고 이를 정당체제로 반영시키기 위한 정당명부식 비례대표제가 강화되면 다양한 사회세력의 정치적 대표와 의회진출이 확대될 것이다. 이는 향후 한국 국회가 어떤 정당도 과반수를 크게 초과하는 의석을 차지하지 못하는 정국이 일상화되면서 한층 더 다당제로 재편되는 가운데 여소야대 구도가 지속되고 국회와 대통령 간의 갈등이 첨예화될 것임을 예고하는 대목이다. 그렇다면 이런 정치적 갈등 사태를 최소화하고 국회와 대통령(행정부) 간의 상호 견제와 함께 원활한 협력관계를 유지하는 해법은 무엇인가? 대통령제 국가에서 어느 정당도 과반 의석을 차지하기 어렵거나 근소하게 과반 의석을 넘는 의회 구도가 발생할 경우 효율적이고 안정적인 의회정치의 운영을 위한 해법은 정당 간 연합정치 외에 다른 탈출구가 없다(박찬욱, 2005: 24-26). 정당 간 연합정치는 정치과정의 어느 단계에서 형성되는가에 따라 선거연합, 정책연합, 입법연합, 집행연합(연립내각) 등이 있다(선학태, 2005: 74-77). 이러한 연합정치는 정당이 자기조직을 유지하고 다른 정당과 경쟁하면서도 공동의 목적을 위해 연대·제휴하는 정치다. 또한 정책 어젠다에 대한 협력과 합의를 전제한다는 의미에서 무원칙한 '야합'과 다르며 정당조직을 해체하고 다른 정당과 통합하는 '합당'과도 다르다. '한시적인 것'이며 정책교환과 타협을 통해 해결해야 할 중요 과제를 해결하고 각기 따로 가는 것이다.

유럽의 정당 간 연합정치에서 정파의 작동원리는 절제, 협력, 합의에 기초하는 정당 교차 파트너십(cross-partnership)이다. 유럽정치에서는 정당명부식 비례대표제가 패권정당을 허용하지 않는 다당제를 만들어 놓기 때문에 여러 정당들 간에 교차적 협조가 아니면 파국이라는 인식이 확산되어 의사결정 과정에서 정당 간에 상호 협상하고 타협한다. 말하자면 다층적이고 복합적인 사회적 균열과 갈등을 대표하는 온건 다당제가 형성된 서유럽 정치에서는 당내 결속이 강해 정당 간 연대와 제휴와 협력에 기반을 둔 연합정치의 발전을 통해 정치안정과 생산성을 높인다. 이러한 서유럽의 정당 간 연합정치에서 다수파와 소수파는 정파의 경계를 가로지른다. 다수파가 반드시 고정되어 있지 않으며 정책 사안별로 다수가 유연하게 형성될 수 있는 가능성이 열려 있어 특정 정당들 간의 무한 대결을 피할 수 있다. 정치사회에서의 이러한 정당연합은 곧 시민사회와 경제사회의 여러 집단 및 세력간 연합으로 이어진다. 사회적 기반에 뿌리를 박고 있는 각 정당 간의 연대가 자연스럽게 시민사회와 경제사회의 집단과 세력 간의 협력을 이끌어내기 때문이다. 역으로 시민사회와 경제사회의 집단과 세력 간의 협력은 정당 간의 정책협의를 촉진하는 선순환 메커니즘이 작동한다. 이런 정당 간 연합정치가 작동하는 의회는 행정부 감독을 보다 효과적으로 실행하여 정부의 대표성과 책임성, 그리고 정책능력을 높이는데 기여한다.

정당 간 연합정치가 형성되는 근거는 그것이 추구하는 이념적 가치와 정책지향성이 되는 것이 순리이다. 이는 규범적 차원에서나 유럽 연합정치의 경험에 비춰 볼 때 그러하다. 그런데 한국 사회의 양극화에 따른 계급·계층 갈등 분출, 그리고 민주정당의 탈지역주의화와 이에 따른 계층적·이념적 분화는 불가피한 것으로 예상된다. 실제로 민주개혁 평화세력은 민주당, 창조한국당, 민주노동당, 진보신당 등으로 다당화하는 현실로 나타나고 있다. 이 까닭에 각종 선거에서 지지표의 분산으로 민주평화 개혁세력의 패배 가능성이 높아진다. 이에 따른 한국민주주의의 부정적 영향에 효과적으로 대응하기 위해서는 민주정당들 간 연합정치가 절실히 필요하다. 물론 이때의 연합정치는 정당통합을 통해서가 아니라 각 민주정당의 독자성과 정체성이 존중되는 제휴와 연대라 할 수 있다. 그것은 이를테면 그들 간의 정책공조, 선거공조 및 입법공조 등의 형태가 될 수 있다. 특히 자유주의 개혁세력과 급진적 진보

세력은 '소통과 상생의 정치'를 가능케 하는 개방적 실천을 고민할 필요가 있다. 이러한 정당 간 연합정치는 대통령 및 국회의원 선거 등 상황의 변화에 따라 정치・선거공학적 이합집산하는 정당이 아니라, 자신의 분명한 정체성과 정책적 지향을 가진 민주정당의 정립을 가능케 할 것이다. 이를 통해 한국 정당체제의 제도화가 가능할 것이다. 나아가 한국민주주의를 한 단계 업그레이드시키기 위해서는 보수와 진보 간 '비적대적 공존'이 필요하다(조희연, 2006). 이는 보수와 진보의 다원화와 더불어 연합정치가 활성화될 때 가능하다. 이를 통해 '전부 아니면 전무'의 게임(all or nothing game)과 같은 '사생결단'식의 대결 그리고 모든 쟁점의 정략적 쟁점화의 필요성이 상대적으로 적어질 수 있다.

의회 차원에서의 정당 간 연합정치는 대통령제 하의 연립정부의 제도화로 이어지는 것이 순리이다. 그런데 영국을 제외한 대부분의 서유럽 국가들의 헌정체제에서는 연립정부 구성이 보편화되어 있다. 소수정당이라는 이유로 중앙정부의 정책결정 과정에서 배제되는 것은 사회적・정치적 갈등의 원인이 되기 때문이다. 특히 게르만유럽 국가들은 사회적 균열과 갈등구조에 바탕하고 있는 각 정당이 의회 차원에서 연합하고 이를 토대로 연립정부 구성을 통해 시민사회에 존재하는 다민족, 다문화, 다언어, 다종교, 다계층, 다지역 등에서 연유한 갈등관계를 조정 관리한다. 정치적 결정과 국가자원의 분배 과정이 가능한 소외된 지역・계층・집단 간의 갈등을 최소화하여 국민통합을 이룩한다(선학태. 2005: 74-75). 그들 국가의 연립정부는 중도우파 정당 간, 중도좌파 정당 간, 그리고 좌파정당과 우파정당 간에 성립되곤 한다. 가장 의석수를 많이 차지한 제1당이 연립정부에서 배제되기도 하고 반드시 제1당을 중심으로 연립정부가 구성되지도 않는다.

연립정부는 일반적으로 의원내각제에 조응한다. 그렇다고 언제나 의원내각제에서만 연립정부가 구성된 것은 아니다. 대통령제 하에서도 특정 정당이 의회 과반 의석을 확보한 경우에 정책적 거리가 가깝거나 정치적 통합을 극대화하기 위해 다른 정당을 연정 파트너로 선정하여 연립정부를 구성한다. 그리고 대통령제 하의 연립정부는 대통령 소속 정당이 의회에서 과반 의석을 확보하지 못하거나 원내 소수정당일 경우에 구성된다. 물론 대통령제 하의 연립정부 구성은 통상적이지는 않다. 비록 내각제보다 유인이 약하기는 하지만 그렇다고 대통령제 하에서도 연립정부 구성이 불가능하거나 '예외적인 경우'에만 발생한 것은 아니다.[12] 브라질, 코스타리카, 우루과이, 포르투갈 등의 대통령제 하에서도 여소야대의 분할정부가 발생한 경우 연립정부는 빈번하게 구성된다.

선거제도의 비례성이 강화되고 다당제에 기초한 보수-중도-진보 정당체제가 수립되는 정치적 조건에서 원활한 정부운영과 책임정치는 대통령제 하의 연립정부의 제도화를 통해 가능하다. 연립정부는 87년 헌정체제 하에서 일상화되고 있는 대통령-야당 간의 충돌과 집행부-입법부 간의 교착상태를 극복하고 국정안정을 위한 전략적 선택이 될 수 있다. 대통령제 하에서 정당 간 연립내각을 구성할 경우 획일적인 방식이 정해져 있는 것은 아니고 다양하다(소연정 등 연립정부 유형). 예컨대 대통령 선거에서 정당후보 득표율에 따라 혹은 의회에 진출한 정당 간에 각료직을 배분하여 주요 정당들에게 일정한 권력지분을 보장하는 방식을 상정해 볼 수 있다.[13] 다만 연립정부의 구성을 위한 협상과정은 단순히 각 정당 간 각료배분이나 상호 정치적 이익의 교환 과정에 그치면 연립정부의 의미를 희석시킬 수 있다. 대신 경제정책, 사회정책, 노동정책, 한반도 평화정책 등의 진전을 위한 종합적 정책비전이 제시되는

12) 전형적인 대통령 중심제를 채택하고 있는 미국에서 비록 정치적 상징 효과 수준이나 대통령은 자신과 다른 정당 출신 인물을 내각구성에 참여시켜 일종의 행정권의 공유를 실현하곤 한다. 예컨대 민주당 출신인 오바마 대통령은 공화당 출신인 게이츠를 국방장관으로 입각시켰고 민주당 출신인 클린턴 대통령은 공화당 상원 의원인 코헨(W. Cohen)을 국방장관으로 임명했다.

13) 일반적으로 연립정부 구성 방법에는 두 가지 방법이 있다. 즉 사전결정과 자율결정이 있다. 전자는 연정내각에 참여할 인적 구성을 사전에 정한 경우이고 후자는 의회에서 최소한 의석을 가진 정당은 비례적으로 내각에 참여할 수 있는 권리를 부여하는 방식이다. 서유럽에서 정당들은 보통 선거 직전 어느 당과 어느 당이 어떤 전제 위에서 어떤 목적의 연립정부를 구성하기로 합의했는지를 국민 앞에 선언하고 총선 후 각 당의 각료 비율을 협상에 따라 분배한다.

것이 연립정부의 정책적 효과를 높일 수 있다. 이런 점에서 1997년의 이른바 DJP연합처럼 정략적 발상에서 구성된 연립정부는 정책적 효과를 기대할 수 없다.

그런데 한국 정치에서 과연 연립정부가 구성될 수 있을 것이며, 설사 구성된다고 하더라도 정상적으로 작동하겠는가 하는 회의론이 정치권이나 국민들 사이에 광범위하게 확산되어 있다. 연립정부의 원활한 구성과 작동은 대화와 타협이 가능한 정치문화를 요구하기 때문이다. 그러나 대화와 타협의 정치문화가 존재할 때 연립정부의 필요성은 반감되거나 제기되지 않는다. 노르딕유럽 국가들은 온건다당제 하에서도 정당 간 연립정부를 수립하지 않고 단일정당에 의해 소수 정부가 구성된 경우가 많다(선학태, 2005: 73). 그래도 국정혼란과 마비는 나타나지 않는다. 왜냐하면 정당 간 대화와 타협의 정치문화가 보편화되어 있기 때문이다. 이와는 달리 한국 정당들의 경우 규범적 차원에서는 대화와 타협의 정치를 강조하지만 관용과 포용의 행동문화가 정착되지 않았기 때문에 역설적으로 연립정부의 제도화가 요구되고 있다. 여기에는 정치인들의 전략적 선택이 필요하다. 게르만유럽 국가들에서 보편화되고 있는 연립정부의 수립이 처음부터 대화와 타협과 합의 문화에 기초한 것은 아니다. 그들 나라는 언어·종교·이념·계급·계층·지역 등 사회적 균열이 구조화되어 사회집단들 간에 대화와 타협과 합의보다는 분열과 갈등이 첨예하게 분출했다. 이러한 사회적 균열과 갈등을 관리·조정하기 위해 그들 국가의 정치엘리트들은 연립정부를 전략적으로 선택했고 그 결과 분열집단 간의 '상생과 공존'을 위한 대화와 타협과 합의 문화를 점진적으로 창출해 냈다. 이런 점에서 한국의 정치인들도 연립정부의 제도화를 전략적으로 선택한다면, 이는 정치체제의 작동을 원활하게 하는 대화와 타협의 정치문화를 형성시켜 한국민주주의 공고화에 기여할 수 있을 것이다.

연합정치는 민주주의의 대표성을 높이고 효율적인 정책 산출능력을 강화시키는 정치예술이다. 그것은 정당들에게 사회의 대립하는 이익과 가치들을 대표할 수 있는 길을 열어 주고 이익갈등과 가치갈등을 조정·타협하기 위한 균형된 정책 실행을 가능케 할 수 있기 때문이다. 이를 통해 정치적 결정과 국가자원의 분배 과정에서 소외된 계층과 집단을 최소화하고 그 결과 국민통합을 이룩하게 된다. 만일 소수집단 혹은 사회경제적 취약집단 및 계층의 이해관계를 대표하는 정당이 중앙정부의 정책결정 및 집행과정에서 배제되고 정부 내각구성에 참여의 길이 제도화되지 못하면 그것은 사회적·정치적 갈등의 원인이 된다. 연합정치가 제도화되어 있는 국가에서는 그러한 불씨를 제거할 수 있다. 소수당도 언젠가는 내각구성에 참여할 수 있는 길이 보장되기 때문에 선거를 전후해서 해체되는 일이 없고 자신의 정체성과 독자성을 견지할 수 있다. 게르만유럽 국가들은 사회 내의 소수 세력 혹은 사회경제적 취약집단과 세력을 대표하는 정당도 일정한 권력지분과 대표성을 인정하여 정부구성에 참여시키는 것이 보편화되었다(선학태, 2005: 74-77). 다시 말하면 사회균열 구조에 뿌리를 두고 있는 각 정당이 의회 입법활동 및 연립내각 구성을 통해 다양한 사회갈등관계를 조정하고 관리하여 국민통합을 이룩하고 있다. 이를 통해 서유럽 국가들의 연립정치는 사회적 기반을 갖춘 정당 간 연합이고 정당연합은 곧 시민사회와 경제사회의 여러 집단과 세력 간 연합으로 이어진다. 이러한 정치현상은 특히 자유주의 정당과 사민주의 정당 간의 연합정치를 통해서 계급 계층 갈등을 조정·해소하는 과정에 두드러지게 나타난다.

한국 사회에 존재하는 균열과 갈등은 다양한 형태의 연립정치를 통해 그 해결이 가능하다. 현행 한국 정치에서는 다양한 사회갈등과 분열로 말미암아 다당제 요구가 존재하는 반면에, 대통령직 획득을 위한 양당제 요구 압박이 강하다. 바로 이 때문에 한국 정당체제는 형식적으로 다당제의 틀이 지속되는 가운데 대통령 선거를 전후해 정당 간 이합집산이 전개되는 등 끊임없이 불안정하다. 연립정치는 그 같은 정당체제의 불안정을 해소하고 다양한 사회갈등과 분열을 조직하고 대표하는 정당체제를 제도화할 수 있다. 소수당도 연립정치에 참여할 수 있어 대통령 및 국회의원 선거를 전후해서 해체되지 않고 자신의 정체성과 독자성을 견지할 수 있기 때문이다. 또한 연립정치에 참여하는 파트너 정당들은 각각 상이한 계급적, 계층적, 지역적 이익갈등과 이념(가치)갈등에 기초한 당 정책을 조정과 타협을 통해 국가정책화 할 수 있다.

강조해야 할 것은 진보정당이 권력분점의 형태로 내각구성에 참여하는 길이 제도화될 때 그 연립정부는 경제적 · 정치적 자원을 계급 · 계층 간에 보다 합리적으로 배분할 수 있다는 점이다. 왜냐하면 진보정당의 정치고객이 될 수 있는 노동대중과 사회경제적 소외계층의 이익이 연립정부에 의해 정치적으로 대표되고 응답될 수 있기 때문이다. 예컨대, 서유럽 국가들에서는 노동과 사회취약계층의 이익이 중도 좌파정당들이 참여하는 연립정부의 정책 협상테이블에서 대표될 수 있고 이는 노조의 전략적 행동에 영향을 준다(선학태 2006). 즉 노조는 과격한 투쟁전략을 피하고 글로벌 시장의 충격에 대응하기 위한 '온건과 절제와 타협'의 전략을 택함으로써 노사정 대타협을 이끌어내곤 한다. 이런 점에서 진보정당이 득표율에 따라 연립정부 구성에 참여할 수 있다면, 이는 노동대중과 사회경제적 소외계층의 이익을 대표하고 부응할 수 있는 국가정책 결정 집행(복지정책, 노동정책, 교육정책 등)을 가능하게 하여 계급 · 계층 갈등과 이념갈등 완화에 크게 공헌할 수 있을 것이다.

나아가 연합정치가 제도화될 수 있는 기회가 열려 있을 때 정당체제가 균형 잡힌 보수-중도-진보 정당블록구도로 형성될 가능성이 높아지고 이를 통해 노사정 거버넌스 시스템이 정상적으로 작동할 수 있는 효과가 발생할 수 있다. 이는 서유럽국가들의 노사정 거버넌스 시스템의 작동에서 엿볼 수 있다. 예컨대, 사회경제적 균열과 갈등의 해소에 기여한 네덜란드와 아일랜드의 노사정 거버넌스는 정당 간, 특히 보수-중도-진보 정당 간의 협력체제에 기반한 연립정부의 수립에 의해 가능했다(선학태, 2006: 제5 · 9장).[14] 이런 점에서 글로벌 시대에 경제효율성과 사회형평성을 조화시키는 노사정 거번넌스 시스템의 성공적인 작동은 다양한 형태의 연립정부의 구성이 제도화될 때 가

14) 네덜란드에서는 1989년에는 기민당-노동당 대연정, 1994년에는 노동당-자유당-D'66로 구성된 이른바 '자줏빛 연정'(purple coalition)일 때 노사정 거버넌스 시스템이 활성화됐다(선학태, 2005: 236-237). 1987년 이후 아일랜드 정당들도 연립정부를 구성했는데 Fianna Fáil-진보민주당(Progressive Democrat)의 연정, Fianna Fáil-노동당의 연정, Fine Gael-노동당-민주좌파당(Democratic Left Party)의 연정, Fianna Fáil-진보민주당의 연정 등에 의해 노사정 대타협이 이뤄졌다(Hardiman, 2002: 22).

능하다. 특히 진보적 개혁정당에게 권력지분을 보장하는 연립정치(의회 입법연합, 연립내각)의 제도화야말로 갈등조정과 사회통합을 실현하고자 하는 사회경제적 거버넌스 시스템의 작동에 핵심 변수이다.

2) 수직적 권력분점의 제도화와 그 효과

(1) 연방제형 지방분권제

민주주의 공고화 관점에서 볼 때, 합의제형 헌정체제는 수평적 권력분점과 더불어 중앙-지방 간 수직적 권력분점의 제도화를 요구한다. 여기서 수직적 권력분점이란 연방제형 지방분권제를 의미한다. 갈등과 분열이 상존한 사회에서 연방제형 지방분권제는 소수 지역이 정치적 영향력을 행사할 수 있는 핵심적인 장치이다(Ghai, 2002: 144-153). 중앙정부의 권한과 권력이 자치단체로 이양되어 나타난 연방제형 지방분권제는 자기 문제는 "스스로 판단하고, 스스로 결정하고, 그 집행 결과에 스스로 책임진다"는 민주주의 철학에 기초한다.

연방제형 지방분권제는 중앙정부와 지방정부 간에 권력분할이 이뤄지며 지방정부에 충분한 자율성과 자치권을 부여한다(Lijphart, 1999: 186-191). 중앙정부는 상위 권위, 예컨대 외교, 국방, 통화관리, 거시 경제·사회정책 수립 및 집행, 전국 규모의 국토개발, 지역개발불균형 시정 등에 대한 권한과 기능을 갖는다. 중앙정부와 지방정부 간에 이 같은 권한과 기능의 적절한 배분은 전국적 통일성과 지방적 다양성을 동시에 추구한다(Bishay, 1993: 81-83). 87년 헌정의 중앙집권제를 이 같은 연방제형 지방분권제에로의 합의제형 헌정 공학은 연방을 구성하는 단위지역(예컨대 현행 광역자치단체, 아니면 보다 더 큰 규모로 서울주, 호남주, 영남주, 충청주 등)에게 정치적 자율성과 자치권의 부여를 의미한다. 즉 지방정부가 법률의 위임이 없어도 그에 상응한 조례제정권, 지방행정 사무를 자율적으로 추진하는데 필요한 인·허가권 중심의 자치행정권, 지역특성에 맞는 독자적 행정기구(사업소, 출장소 등)를 설치할 수 있는 자치조직권, 지방 고유의 특징을 반영하는 자치인사권 등이다. 연방제형 지방분권제의 성패는 지방재정의 확보여부에 있다는 점에서 지방정부는 지방세의 특정 세목과 세율에 대한 과세권을 가짐으로써 지역특성에 맞는 지역발전계획의 집행이 재원부족으로 유명무실해지는 사태를 방지할 수 있다. 그리고 국세와 지방세의 비율을 재조정하고 중앙정부의 재정권을 축소하여 지방정부의 재정권을 확대하는 장치이다. 이는 국세의 일부를 지방세로의 전환을 통해 가능하다. 예컨대 지방재정 확충을 위해 특정 법인세와 부가가치세, 특별소비세의 일부 또는 전부를 지방세로 전환하는 것이다.

나아가 연방제형 지방분권제는 정치적 분권(devolution)을 요구한다(조명래, 2003: 230-235; 박재욱, 2003: 210-215). 글로벌 시장이 진전됨에 따라 지방정치의 요구가 동시에 증대되고 있기 때문이다. 우선 지방정당의 활성화를 위해 정치권력의 매개체인 정당조직의 분권화가 진행될 필요가 있다. 정당조직의 분권화는 거대정당들 간에 전개되는 지역주의적 대결의 완화에 기여할 수 있다. 둘째, 지방의회의 올바른 역할과 위상정립이다. 이를 위해 관료입법을 대체할 조례입법에서의 의원입법을 강화하고 단체장에 대한 의회의 불신임권 도입, 정책집행에 대한 의회 의결권 확대를 제도화하는 것이다. 셋째, 주민발의제 도입이다. 그것은 지방정치 및 행정에 지역민의 직접 참여를 촉진하여 이미 도입된 주민소환제와 함께 현재의 실망스런 지방정부 운영의 문제점에 대한 해결책이 될 것이다. 넷째, 지방분권은 중앙행정의 일부를 지방정부에 이양하는 것만이 아니라 지방정부가 중앙권력에 영향을 미칠 수 있을 때 가능하다. 현재 중앙정부는 지방정부를 공식적으로 통제할 수 있지만 역으로 지방정부는 중앙정부의 운영에 공식적으로 참여할 제도적 장치가 없다. 따라서 지방정부가 중앙 차원의 정치적 의사형성에 참여할 수 있는 제도적 장치를 만들어야 한다. 이를 위해서는 지자체의 이해관계가 걸려 있는 입법 및 정책결정과정의 사전청취절차에 참여와, 지방 관련 문제들에 대한 지방정부의 법률제안권 부여가 필요하다. 이상과 같은 지방분권화 전략은 연방제형 자치라는 대장정으로 가는 길목에서 지방자치의 하부구조를 구축하는 요소라 할 수 있겠다.

이와 같은 연방제형 지방분권제는 국가권력의 공간적 배분을 통해 각 지방정부가 균등한 권력을 갖고 수평적으로 공존하므로 정치적 평등에 기초한 절차적 민주화를 촉진한다. 또한 의사결정이 지역단위에서 신속하게 이뤄져 주민의 요구에 대한 정책 대표성과 반응성(responsiveness)을 높일 수 있다. 다시 말해 지역실정에 맞는 신속한 대응과 조정, 그리고 지역주민의 욕구에 부응하는 행정 및 생활 서비스를 제공하는 데 지방정부 차원의 대응이 더 효과적이다. 무엇보다도 연방제형 지방분권제를 통해 중앙정부의 몫이 줄어들면 대통령직을 차지하기 위해 지역에 기반한 정당 간의 생사를 건 격렬한 경쟁은 완화될 것이며 지역발전의 책임을 중앙정부가 아니라 지자체 스스로에게 맡길 수 있는 효과를 낳아 지역갈등이 완화·해소되는 길이 열릴 수 있다. 더불어 지역균형발전정책을 둘러싸고 더 많은 중앙정부의 재원을 확보하기 위한 자치단체 간의 갈등을 해소하는 길이다. 더욱이 연방제형 지방분권제는 복지, 환경, 주택, 교육, 의료, 교통 등에서 삶의 질을 개선하고 지역사회의 다양한 공공 어젠다를 다루기 위한 로컬거버넌스 시스템의 작동에 긍정적으로 작용할 것이다. 마지막으로 남한에서 연방제형 국가체제 수립은 통일의 준비가 될 수 있다. 즉 북한으로 하여금 흡수통일에 대한 불안감을 덜어 주어 통일과정을 촉진할 수 있으며 향후 남북 지역갈등을 완화할 수 있는 장치가 될 수 있다.

그런데 연방제형 지방분권제에 대한 반론이 제기되고 있다. 첫째, 중앙집권제의 전통이 강한 한국에서 일거에 연방제형 지방분권제가 쉽지 않다는 견해이다. 그렇다면 지방자치법을 개정해 과도기적으로 지방자치제에 연방제적 요소를 도입하면서 점진적으로 지방분권제의 강도를 강화해 가는 접근이 가능하다. 그러나 역사적으로 한국처럼 중앙집권제를 채택해 온 이탈리아, 스페인은 지역균열을 해소하는 수단으로 헌법개정을 통해 연방제형 지방분권제를 실시했다(선학태, 2005: 113-114).[15] 따라서 한국에서 전통적으로 중앙집

15) 스페인은 프랑코 군사독재 정권 하에서 자행된 극심한 지역차별로 인해 1974년 독재 정권의 붕괴와 함께 바스크, 까딸로니아 등의 격화된 지역주의에 밀려 지방분권화 헌법을 채택했다. 이탈리아도 부유한 북부 롬바르디아 산업지대와 빈곤한 남부 소외지

권제를 유지해 왔다는 사실이 연방제형 지방분권제로의 헌법개정이 불가능함을 뒷받침하는 결정적인 사유는 되지 못한다. 둘째, 한국 국토의 협소성에 기초한 반론이다. 그러나 작은 국가인 오스트리아, 스위스, 벨기에는 연방제를 실시함으로써 지역균열을 완화하는 데 성공했다(선학태, 2005: 111-113; 제7·9·10장). 셋째, 연방제형 지방분권제는 인종, 언어 등으로 인한 문화적 사회적 정체성이 다양한 사회의 갈등과 대립을 완화하는 사회통합 메커니즘이며(Saunders, 2003: 34), 따라서 동질적인 문화를 갖는 한국 사회에서는 연방제가 부적절하다는 주장이다. 그러나 독일은 단일 게르만민족이 강한 동질적인 문화적 정체성을 갖는 상황에서 연방제를 실시한 사례이다. 문화적·사회적 다양성보다 공간적 지배권을 중심으로 한 독일 '공간적 연방제'는 단일민족을 이루고 있는 한국에게 유익한 시사를 제공하고 있다. 요약컨대, 지역갈등이 구조화된 한국 사회에서 연방제형 지방분권제는 지역정체성과 지역발전 욕구가 강한 지역 주민들 간의 요구와 이해관계를 조율할 수 있는 매력적인 수직적 권력분점의 제도화라 할 수 있겠다.

(2) 균형적인 상·하원

연방제형 지방분권제가 되레 재정자립도가 낮은 지역의 저발전과 낙후를 가속화시키고 재정자립도 차이에 따른 수도권과 지방 간 불균형 발전구조를 심화시킬 것이라는 비판적 견해가 있다. 사실 연방제형 지방분권제가 자칫 재정자립도의 차이에 따른 수도권과 지방 간, 지자체 간에 발전의 격차를 초래하고 이로 말미암아 그들 간 대립과 갈등을 격화시킬 우려가 없지 않다. 따라서 중앙과 지방, 혹은 지역간의 차별과 불균등발전을 해소하는 지역 등권주의를 실현하는 헌법적 장치가 필요하다. 이를 위해서는 연방제형 지방분권제와 제도적 친화성을 갖는 양원제 의회의 도입이 요구된다. 양원제 의회는 상원과 하원 간 수직적 권력분점의 제도화이다. 양원제에서 상원은 소수 지

역 간의 갈등 등 지역균열 문제를 해결하기 위해 최근 개헌을 통해 지방분권적 연방제를 실시하고 있다.

역에 대한 특별 대표권을 부여하는 데 의미가 있다.

통상적으로 연방제 국가에서 채택하는 양원제 의회는 하원은 국민 전체를 대표하는 반면, 상원은 연방을 구성하는 각 주(州)를 대표한다. 하원은 연방국가를 구성하는 지역단위 인구수에 따라 의회권력 지분(의원 수)을 나누는 형식으로 구성되고 상원은 연방을 구성하는 각 지역단위의 이익을 대변하기 위해 동등한 대표수로 구성되기도 한다(선학태, 2005: 116-122). 현대 민주주의국가들은 이 같은 양원제 의회를 채택함으로써 지역갈등을 효과적으로 관리·해소하고 지역균형발전을 지향하는 제도적 토대를 갖추고 있다.

한국민주주의가 연방제형 지방분권제와 제도적으로 연계되어 있는 양원제 의회를 채택할 경우, 지역을 대표하는 상원 의원은 현행 지방자치 단체(예컨대 경기도, 강원도, 충남도, 충북도, 전남도, 전북도, 경남도, 경북도, 제주도, 서울 등)의 광역단위를 기준으로 하거나, 아니면 보다 더 큰 규모로 서울주, 호남주, 영남주, 충청주 등으로 나누어 선출될 수 있을 것이다. 상원 구성에서 미국과 스위스처럼 연방을 구성하는 각 주를 평등하게 대표시킬 것인가, 아니면 독일처럼 인구수에 따라 차등적으로 대표시킬 것인가 하는 문제가 있으나[16] 한국 사회의 지역갈등 조정을 위해서는 미국과 스위스처럼 상원과 하원 의원 선출방식에 다른 기준이 적용되는 것이 바람직하다. 즉 하원의원 선출에는 앞에서 논

16) 연방제를 채택하는 미국과 스위스는 상원과 하원이 동등한 권한을 보유하는 양원제 입법부를 갖는데 연방을 구성하는 모든 주는 상원에서 동등하게 대표되기 때문에 주들은 하원에서보다 상원에서 보다 더 강력하게 대표된다. 특히 미국의 상원은 인구 및 면적과 관계없이 각 주마다 2명씩 선출되는 의원으로 구성되고 외교 국방 등 대외적인 문제를 입안·감독하며 하원의 비준안을 거부할 수 있는 막강한 권한을 갖는 반면에, 하원은 인구비례에 따라 각 주마다 선출되는 의원으로 구성되고 국내 문제에 대한 권한을 갖는다. 스위스의 양원제 역시 미국과 거의 유사하다. 즉 상원과 하원은 거의 동등한 권리와 의무를 갖으며 상원은 평등하게 각 주를 대표하고 하원은 인구비례에 따라 선출되어 국민 전체를 대표한다. 독일 상원의 경우 의원은 국민으로부터 직접 선출되지 않고 연방을 구성하는 각 주정부의 대표자(각 주의 행정각료)로 구성되며 각 주는 인구비례에 따라 3~5명의 의원수를 배정 받는다. 독일에서 의원내각제를 채택한 이유로 하원의 권한이 상원보다 약간 우위를 보이지만, 상원도 하원을 통과한 법률안을 거부하는 등 무시할 수 없는 실질적 권한을 갖는다.

의한 바와 같이 지역구 중심의 다수대표제와 정당명부식 비례대표제의 조합이 적절한데 반해, 상원은 지역(주) 크기와 인구규모에 관계없이 지역 등가대표(parity representation) 원칙에 따라 지역별로 동수의 의원 선출에 의하여 구성될 필요가 있다. 지역별 등가대표 원칙은 주의 성격을 갖는 지역의 규모에 관계없이 각 주별로 2명의 의원을 선출하는 미국과 스위스의 상원 구성방식이 바람직하다. 이로써 특정 지역의 상원의원들이 지역의 크기 및 인구 규모에 관계없이 다른 지역의 상원의원들과 대등하게 상원의 입법 및 정책결정 과정에 참여할 수 있도록 해 줌으로써 지역갈등 완화와 지역균형발전에 기여할 수 있을 것이다. 각 지역에서 인구비례에 따라 선출된 의원들로 구성된 하원에서의 법안 및 예산안 심의는 항상 상원에서 그것이 재조정되거나 통과될 것이냐 여부를 예상하는 가운데 진행될 수 있어 인구 규모가 큰 지역을 대표하는 의원들의 횡포를 견제할 수 있기 때문이다.

상・하원의 권한을 대등하게 할 것인가 아니면 하원에게 우월성을 부여할 것인가는 그 국가의 권력구조 여하에 따라 달라질 수 있다. 연방제형 국가이면서 대통령제인 경우 상원과 하원에게 권한을 균등하게 배분하는 것이 일반적이다. 상원은 특히 재정, 행정 등에서 지역의 이해관계에 영향을 미치는 법안을 심의, 의결하고 지역공동체 간의 화합과 균형발전에 관해 토의하고 법제화하는 최고의 대의기구가 된다. 이 점에서 한국민주주의가 연방제형 지방분권제와 양원제 의회의 조합으로 하는 합의제형 헌법장치를 채택할 경우 지역주의의 폐단을 예방하고 향후 통일과정에서 북한 소수지역과의 정치통합, 남북 지역갈등을 효과적으로 조정한다는 측면에서 상원의 역할이 막중할 것이므로 상・하원의 권한을 대등하게 하는 것이 바람직하다.

의회는 사회여론을 수렴하여 입법과 정책에 반영하고 사회의 이해관계를 조정해 갈등과 대립을 해소하며 사회통합을 촉진하는 주요 헌법적 장치이다. 한국 정치가 양원제 의회를 채택할 경우 그 같은 역할을 효과적으로 수행하여 민주주의 공고화를 구축할 수 있는 수직적 권력분점의 제도화가 될 수 있을 것이다. 양원제 국회는 인구비례가 아닌 동일한 의원수로 배정된 지역대표들로 상원을 구성함으로써 인구가 소수인 지역의 권익이 입법 및 예산심의 과정에 제대로 반영되고 연방제형 지방분권제로 인해 발생하는 수도권과 지방 간 혹은 각 지역 간의 이해대립과 경제력 격차를 조정하는 데 크게 기여할 수 있다. 이를 통해 지역갈등과 대립은 완화되고 지역균형발전을 유도해 낼 수 있을 것이다.

요컨대, 양원제 의회를 통한 입법권 분점은 87년 헌정의 단원제-대통령제 조합에서 파생된 여러 문제를 해결해 주는 진정한 수직적 권력분점이다. 양원제 국회를 도입할 경우에는 상·하원 간의 상호 견제가 가능하므로 단원제 국회로 인한·여야 간의 극한 대립을 해소할 수 있는 정치적 효과가 있다. 하원에서 다수당의 횡포를 막을 수 있고 날치기 통과를 막는데 도움이 될 수 있다. 물론 양원제 국회는 단원제 국회보다 입법이나 의사일정에 있어서 시간과 비용이 더 소요되어 단기적으로 국정의 효율성을 떨어뜨리는 우려도 없지 않다. 그러나 양원제 국회에서는 입법절차가 심의와 토론을 통해 신중히 진행될 수 있고 대통령(행정부)과 의회간의 충돌을 조정·완화하는 기능을 함으로써 오히려 국정이 원활하게 수행될 수 있다. 나아가 통일을 준비하는 측면에서 양원제 의회는 바람직하다. 통일한국의 국회가 인구비례에 의해서만 구성된다면 인구가 더 많은 남한이 인구가 적은 북한을 정치적으로 압도할 수밖에 없기 때문에 북한 지역 주민들은 정치적으로 소외될 것이고 남북한 지역갈등과 지역불균형발전은 심각해질 것이다. 양원제 의회는 소수지역의 권익을 보호하기 위한 특별한 대표권을 부여하는 데 의미가 있기 때문에 통일 이후 정치적·사회경제적 소외감이 클 북한주민을 고려하여 통일한국의 의회제도로 채택될 수 있다. 이는 북한지역의 정치적 소외감을 덜어 주고 통일국가의 정치적 안정과 통합을 가져오는 효과가 있을 것이다.

5. 맺음말

우리 사회에 존재하는 다층적이고 복합적인 갈등과 분열을 조정하고 통합하는 과정인 한국민주주의 공고화를 구축하기 위해 이 글은 과반수 혹은 단순 다수파에게 권력(결정권)을 집중시키는 다수제 패러다임에 바탕을 둔 87년 헌정체제의 부적합성을 논하고 그 안티테제인 합의제 헌정체제, 즉 수평적 · 수직적 권력분점 · 공유의 제도적 공학을 시도했다. 즉 계급 계층 이념 지역 간 갈등을 대표할 수 있는 '다당제를 하부구조로 하는 균형 잡힌 보수 · 중도 · 진보 정당체제' - '2표 연동형 혼합제' - 연립정치의 제도화 - 연방제형 지방분권제 - 양원제 의회 등으로 디자인했다. 이러한 제도적 매트릭스는 기능적으로 상호 연계되어 작동한다. 따라서 한 부분의 제도만을 선별적으로 발췌하여 개혁할 때 헌정체제의 작동이 민주주의 공고화에 미치는 효과는 무의미해진다.

이 같은 합의제 헌정 메커니즘은 정치시장의 유연화(flexibilization of political market)에 바탕을 둔 '이익 및 가치 조정정치'(politics of accommodation)의 작동을 가능케 하여 사회 갈등조정과 사회통합 과정인 한국민주주의 공고화에 중요한 제도적 돌파구(institutional breakthrough)를 제공해 줄 수 있다. 무엇보다도 '동등하고 효과적'인 정치참여의 제도화를 통해 우리 사회의 억압 · 불평등 · 차별 · 소외 · 배제 · 박탈을 최소화하며, 이를 통해 사회경제적 시민권을 포함한 보통사람들의 삶의 질을 개선할 수 있는 제도적 인센티브를 갖는다. 한국 헌정체제가 권력분점형 제도적 매트릭스로 전환되기 위해서는 우선 법률 개정(예컨대 입법권의 분점을 위한 비례대표제) 수준에서 합의제적 요소를 도입하고 헌법적 한계로 더 이상 민주주의 공고화와 정치의 발전을 기대할 수 없을 때 개헌(예컨대 정부형태, 연방제형 지방분권제, 양원제 의회)을 통한 합의제적 정치 요소를 도입하는 수순을 밟을 수 있을 것이다. 또는 법률개정 및 헌법개정이 동시에 진행될 수도 있을 것이다. 후자의 방법이 더 효과적일 수 있다. 87년 헌정체제는 87년 헌법체제와 88년 정당체제의 조합에 바탕을 둔 기능적 연계성을 갖는 제도의 세트이기 때문이다.

합의제형 헌정체제가 과연 한국 정치에서 작동이 가능할 수 있을까? 특정의 제도는 그 원래의 모델이 창출해낸 효과를 다른 환경에서는 자동적으로 보장해 주지 않는다는 주장이 있다(최장집, 2006). 즉 동일한 제도는 정치적 사회문화적 조건에 따라 상이한 효과를 만들어내기 때문에 제도개혁은 그 제도가 작동하는 사회적 조건이 함께 검토돼야 한다는 것이다. 이는 제도로서의 헌정체제 개혁에 관한 연구에서 주목할 만한 올바른 관점이라 할 수 있겠다. 하지만 그러한 관점은 일종에 제도 작동의 문화결정론적 함정에 빠지기 쉽다. 물론 문화는 제도의 작동에 영향을 미치는 주요 변수이다. 제도가 어떠한 문화적 토양에서 어떠한 성향의 정치행위자들에 의해 작동되느냐에 따라 동일한 제도도 다르게 작동한다. 그러나 문화결정론적 비관론은 문화의 고정불변성을 전제하여 제도에 대한 문화의 일방적 영향을 가정하고 있다는 점에서 이론적으로나 경험적으로 설득력이 취약하다. 문화는 정치행위자들의 전략적 선택(strategic choice)에 따라 도입된 제도의 변화와 혁신에 의해, 그리고 구성원들의 공동 제도적 학습(institutional learning)의 결과로서 변화할 수 있다. 따라서 우리는 제도적 발전은 개인이나 집단의 행동을 규제하는 구속력을 갖고 있기 때문에 제도가 문화를 바꿀 수 있다는 관점에서 논의를 전개해 왔다.

이를 뒷받침하는 경험적 사례는 많다. 언어 · 종교 · 이념 · 계급 · 계층 · 지역 등 사회갈등이 구조화된 서유럽 국가들에서 이를 관리 · 조정하기 위해 그들 국가의 정치엘리트들은 합의제 헌정체제를 전략적으로 선택했고, 그 결과 분열집단 간의 '상생과 공존'을 위해 대화와 타협과 합의 문화를 점진적으로 창출해 냈다(선학태, 2005). 비서유럽 국가인 인도 및 남아프리카 또한 합의제형 헌정체제를 통해 민주정치를 정착시켰다(Stuligross and Varshney, 2002: 429-458; Koelbe, 2000: 129-153; Lijphart, 1998: 144-150). 남아프리카의 정치지도자인 만델라는 집권 후 합의제 헌정 시스템을 채택하여 과거 흑 · 백 간의 뿌리 깊은 적대감과 갈등을 극복하고 상생과 공존 문화를 창출했다. 인종적 · 종교적 · 언어적 갈등이 상존한 인도에서도 권력분점 헌정체제를 채택하여 비교적 안정적인 민주주의를 정착시켰다. 이러한 경험적 사례들은 한국 정치엘리트들이 전략적으로 합의제형 헌정체제를 창출하고 이를 작동시킨다면 그들의 행동패턴을 상생 · 공존문화로 바꿔 한국민주주의 공고화를 구축할 수 있음을 강력히 뒷받침해 준다.

이 글의 완료를 계기로 한국민주주의에 대한 올바른 인식을 가질 수 있다. 많은 사람들은 한국민주주의가 절차적 수준(정치적 평등)에서는 완성 단계에 접어들었고, 이제는 실질적 민주주의(사회경제적 평등)라는 이름으로 수행된 사회경제적 시민권 신장이 한국민주주의의 주요 과제로 이해하는 경향이 있다. 하지만 그것은 민주주의에 대한 인식의 오류이다. 한국민주주의의 과제는 단순히 실질적 민주주의 확대가 아니라 권력분점(합의제형 헌정체제), 즉 우리 사회의 다양한 집단과 계층과 지역, 특히 사회적 약자들의 '동등하고 효과적'인 정치(정책결정 과정)참여의 제도화를 촉진하는 절차적 민주주의를 발전시키는 데 있다. 절차적 민주주의가 보다 심화되고 정교화 될 때에만 실질적 민주주의도 가능해질 수 있기 때문이다.

분열과 갈등의 정도가 심각한 사회에서 바람직한 헌정체제가 무엇인가에 대한 논의는 오랫동안 민주주의 이론에서 아주 중요한 주제로 떠올랐다. 이 글을 계기로 민주주의 공고화 구축에 효과적인 합의제형 헌정체제에 대한 정치학적 상상력과 연구의 지평을 넓히는 이성적 공론적 논의가 발전되기를 기대한다. 특히 이 글의 문제의식이 향후 개헌 정국에서 합의제형 '제도적 어젠다' 개발과 설정에 '한 장의 벽돌'이 됐으면 한다. 하지만 합의제형 헌정체제는 국가정책 결정 과정에 참여자의 확대로 인해 복잡하고 시간을 소모하는 비생산적 비효율적인 정치를 야기하여 사회경제적 실적과 성과 산출에 부정적으로 작용할 것이라는 비판이 없지 않다. 따라서 합의제형 헌정체제가 다수제형 헌정체제보다 사회경제적 성과와 실적 측면에서 '왜' 우월한지에 대해 인과론적 측면의 실증적인 후속 연구가 진행돼야 할 것이다.

참고문헌

김재한. 2001. 『분열의 민주주의』. 서울: 소화.

박명림. 2008. "헌법개혁, 민주주의, 그리고 한국 국가관리의 비전." 연세대 국가관 리 연구원. 『한국의 국가관리 모델과 비전』. 5월 26일.

박상훈. 2007. "'정당 없는 민주주의'는 왜 문제인가." 최장집・박찬표・박상훈. 『어 떤 민주주의인가』. 서울: 후마니타스. 304-323.

박재욱. 2003. "지방분권과 지방의회의 개혁." 『한국정치, 안보, 지방정치』. 한국정치학회(12월).

박찬욱. 2005. "지역균열의 해소와 균형정치." 미발표 논문. 1-37.

선학태. 2005. 『민주주의와 상생정치: 서유럽 다수제 모델 vs 합의제 모델』. 서울: 다산출판사.

선학태. 2006. 『사회협약정치의 역동성: 서유럽 정책협의와 갈등조정 시스템』. 서울: 한울출판사.

손호철. 2006. 『해방 60년의 한국 정치』. 서울: 이매진.

이기우. 2003. "지방분권 추진 로드맵 개요." 『자치발전』. 9월호.

조명래. 2003. "참여정부 균형발전 및 분권시책의 비판적 검토: 권력의 공간적 민주화를 위하여," 『한국정치, 안보, 지방정치』. 한국정치학회(12월).

최장집 외. 2006. 『민주주의의 민주화』. 서울: 후마니타스.

최장집. 2002. 『민주화 이후의 민주주의』. 서울: 후마니타스.

Armingeon, Klaus. 2002. "Consociationalism and Economic Performance in Switzerland, 1968-1998: The Conditions of Muddling Through Successfully." *Acta Politica*. Vol. 37, No. 2. 121-138.

Belmont, Katharine, Scott Mainwaring, and Andrew Reynolds. 2002. "Introduction: Institutional Design, Conflict Management, and Democracy." in Andrew Reynolds(ed.). *The Architecture of Democracy: Constitutional Design, Conflict Management, and Democracy*. Oxford: Oxford University Press, 1-11.

Birchfield, V. and M. M. L. Crepaz. 1998. "The Impact of Constitutional Structures and Collective and Competitive Veto Points on Income Inequality in

Industrialized Democracies." *European Journal of Political Research.* Vol.34. 175-200.

Bishay, S. 1993. "Conformist Federalism." *Telos.* Vol. 95.

Blondel, Jean. 1968. "Party Systems and Patterns of Government in Western Democracies." *Canadian Journal of Political Science.* Vol. 1, No. 2(June). 180-203.

Crepaz, M. L, T. A. Koeble and D. Wilsford(eds.). *Democracy and Institutions: The Life Work of Arend Lijphart*. Ann Arbor, Michigan: The University of Michigan Press.

Crepaz, M. L. M. 2002. "Global, Constitutional, and Partisan Determinants of Redistribution in Fifteen OECD Countries." *Comparative Politics.* Vol.22. 169-187.

Crepaz, M. L. M. and V. Birchfield. 2000. "Global Economics, Local Politics: Lijphart's Theory of Consensus Democracy and Politics of the Inclusion." in M. L. Crepaz, T. A. Koeble and D. Wilsford(eds.). *Democracy and Institutions: The Life Work of Arend Lijphart.* Ann Arbor, Michigan: The University of Michigan Press. 197-224.

Crepaz, Markus M. L and Ann W. Moser. 2004. "The Impact of Collective and Competitive Veto Points on Public Expenditures in the Global Age." *Comparative Political Sciences.* Vol.37. 259-285.

Crepaz, Markus M. L. 1996. "Consensus versus Majoritarian Democracy: Political Institutions and Their Impact on Macroeconomic Performance and Industrial Disputes." *Comparative Political Studies.* Vol.29, No.1(February). 4-26.

Dahl, Robert. 1998. *On Democracy.* Yale University Press.

Encarnacion, Omar G. 1997. "Social Concertation in Democratic and Market Transitions: Comparative Lessons from Spain." *Comparative Political Studies.* Vol. 30, No. 4. 387-419.

Ghai, Yash Pal. 2002. "Constitutional Asymmetries: Communal Representation, Federalism, and Cultural Autonomy." in Andrew Reynolds(ed.). *The Architecture of Democracy: Constitutional Design, Conflict Management, and Democracy*, Oxford: Oxford University Press. 141-170.

Grofman, Bernard. 2000. "Arend Lijphart and the New Institutionalism." in M. L. Crepaz, T. A. Koeble and D. Wilsford(eds.). *Democracy and Institutions: The Life Work of Arend Lijphart.* Ann Arbor, Michigan: The University of Michigan Press. 43-73.

Hardiman, Niamh. 2002. "From Conflict to Co-ordination: Economic Governance and Political Innovation in Ireland." *West European Politics.* Vol. 25, No. 4 (October). 1-24.

Hays, J. C. 2003. "Globalization and Capital Taxation in Consensus and Majoritarian Democracies." *World Politics.* Vol.56.

Katzenstein, Peter J. 2003. "Small States and Small States Revisited." *New Political Economy.* Vol.8, No.1. 9-29.

Keeler, John T. S. and Martin A. Schain. 1997. "Institutions, Political Poker, and Regime Evolution in France." in Kurt von Mettenheim(ed.). *Presidential Institutions and Democratic Politics: Comparing Regional and National Contexts.* Baltimore, MD: The Johns Hopkins University Press. 84-105.

Ko. Se-Hoon. 2007. "Reinventing Korean Welfare System: Still a Case 'for Politics against Market'." Paper prepared for the International Conference on Labour, the Welfare State, and Democracy. The Asiatic Research Center, Korea University, Seoul, Korea, March 15-16. 1-31.

Lijphart, Arend. 1998. "South African Democracy: Majoritarian or Consociational?." *Democratization.* Vol. 5. 144-150.

Lijphart, Arend. 1999. *Patterns of Democracy: Government Forms and Performance in Thirty-Six Countries.* New Haven: Yale University Press.

Lijphart, Arend. 2002. "The Wave of Power-sharing Democracy." in Andrew Reynolds(ed.). *The Architecture of Democracy: Constitutional Design, Conflict Management, and Democracy.* Oxford: Oxford University Press. 37-54.

Lijphart, Arend. 2004. "Constitutional Design for Divided Societies." *Journal of Democracy.* Vol. 15, No. 2(April). 96-109.

Linz, Juan and Alfred Stepan. 1996. "Toward Consolidated Democracies." *Journal of Democracy.* Vol. 7, No. 2. 15-33.

Nagel, Jack H. 2000. "Expanding the Spectrum of Democracies: Reflections on

Proportional Representation in New Zealand." in M. L. Crepaz, T. A. Koeble and D. Wilsford(eds.). *Democracy and Institutions: The Life Work of Arend Lijphart.* Ann Arbor, Michigan: The University of Michigan Press. 113-128.

Royo, Sebastian. 2005. "From Contention to Social Bargaining: Labour Unions and Democratic Consolidation in Spain." Democratization. Vol. 12, No. 1(February). 60-84.

Rustow, Dankwart. 1970. "Transition to Democracy." *Comparative Politics.* Vol. 2, No. 3. 337-363.

Saunders, Cheryl. 2003. "Federalism, Decentralization and Conflict Management in Multicultural Societies." in Raoul Blindenbachen and Arnold Koller(eds.). *Federalism in A Changing World: Learning from Each Other Countries.* London: McGill-Queen's University Press, 33-38.

Schmidt, Manfred G. 2004. *Political Institutions in the Federal Republic of Germany.* Oxford: Oxford University Press.

Stuligross David and Ashutosh Varshney. 2002. "Ethnic Diversities, Constitutional Designs, and Public Policies in India," in Andrew Reynolds(ed.). *The Architecture of Democracy: Constitutional Design, Conflict Management, and Democracy.* Oxford: Oxford University Press. 429-458.

Chapter

04 한국에서 연합정치의 제도적 조건과 효과

1. 한국민주주의에 대한 문제의식

민주주의의 본질은 시민사회의 여러 집단 계층 지역 간에 나타나는 이해관계와 가치관의 차이, 특히 시장경제가 야기하는 불평등 차별 소외 배제로 인해 발생하는 갈등과 분열을 조정 관리하여 사회통합을 유도하는 기제이다. 그러므로 사회의 다양한 이익과 가치를 투입하고 이에 부응하는 정치시스템을 디자인할 수 있을 때 민주주의는 발전한다(Belmont, Mainwaring, and Reynolds, 2002: 3). 정치시스템이란 선택과 결정을 내리는 권력을 어떻게 구성하고 배분할 것인가를 규정하는 규칙과 규범의 앙상블이고 이 틀이 작동하는 과정과 절차를 의미한다. 이 점에서 민주주의 발전 여부는 어떤 정치시스템을 통해 갈등과 분열을 잘 조정 관리하느냐에 따라 좌우된다.

그런데 민주화 이후의 한국사회에서 87년체제(정치적 민주주의)는 자유권·참정권(선거참여)·권력통제권에 기초한 선거·정당·의회정치의 작동으로 나타나고 있는데 반해, 97년체제(신자유주의적 시장경제)는 비정규직 확산·중소기업 한계화·영세자영업·근로빈곤층·중산층붕괴·실업·교육양극화·생태파괴·저출산 고령화 등 새로운 사회경제적 이슈들로 인한 사회의 위험과 긴장, 분열과 갈등을 만들어내고 있다. 정치적 시민권의 진전과 사회경제적 시민권의 역진 사이에 커다란 '단절의 강'이 흐르고 있는 것이다. 이것이 바로 한국민주주의의 패러독스이다.

그렇다면 왜 이러한 현상이 발생하는가? 정치참여의 평등은 민주주의의 핵심적 요소이다. 바꿔 말하면 현대의 대의제 민주주의의 정상적 작동은 평등한 정치참여의 원리에 기초한 절차적 민주주의의 정교화를 통해서 가능하다. 로버트 달(Robert Dahl)에 의하면 절차적 민주주의는 공동체의 정책결정 과정에 모든 사회 성원이 '동등하고 효과적'으로 참여할 수 있는 정치시스템을 말한다(1998: 37). 이 기준에서 보면 한국 정치시스템은 우리 사회의 다양한 집단과 계층, 특히 사회경제적 약자들을 '동등하고 효과적'으로 정치과정(정책·의사결정 과정)에 참여시키는 데 심각한 제도적 결손을 드러낸다. 이것이야말로 한국민주주의의 치명적 아킬레스건이라 하지 않을 수 없다. 한국 진보학자들의 주장과는 달리, 사회경제적 시민권(예컨대 복지국가)을 의미하는 실질적 민주주의가 아직 초보적 단계에서 벗어나지 못한 것도 사실은 한국민주주의가 로버트 달식 절차적 민주주의의 정치시스템을 세련되고 정교하게 설계하지 못한데서 비롯되고 있다. 한마디로 한국사회에서 정치적 참여의 불평등이 경제시장에서의 불평등을 만들어내는 구조이다. 그 결과 한국 사회는 계층 간, 노사 간, 그리고 이념 간, 지역 간, 환경-개발 간에 갈등과 분열이 동시다발적으로 분출하는 '갈등공화국'이라는 불명예를 안고 있다. 이는 한국 절차적 민주주의의 '제도적 피로감'(institutional fatigue)을 시사한다.

정치참여의 평등과 이를 통해 한국 절차적 민주주의의 심화 발전을 실현하는 과제는 레이파트(A. Lijphart)가 체계화한 합의제 민주주의(consensus democracy)에 입각한 한국 정치시스템, 특히 연합정치(coalition politics)의 제도화를 통해서 해결 가능하다는 것이 이 글의 문제의식이다. 따라서 우리의 관심은 사회분열과 갈등을 조정 관리하는 한국민주주의의 발전을 위한 정치패러다임 시프트(paradigm shift)에 모아진다. 어떤 정치패러다임에 기초하여 시스템이 설계되고 작동하느냐가 절차적 민주주의 발전의 성패를 좌우하는 핵심 변수이기 때문이다. 이런 의미에서 이 글은 한국민주주의에 합의제 민주주의를 정착시키기 위해 정당 간의 수평적 권력분점(horizontal power-sharing)을 의미하는 연합정치의 제도화 가능조건과 효과를 탐색하고자 한다. 이는 연합정치가 기능적으로 연계되어 있는 일련의 정치제도적 세트라는 점에서 선거제도-정당-입법부-집행부 간에 상호작용하는 '기능적 연계성'을 전제로 하여 이뤄질 것이다.

2. 합의제 정치패러다임: 연합정치

1) 비교시각에서 본 합의제 정치의 인식 틀 및 제도조합

민주주의가 사회갈등과 분열을 조정 관리하는 데는 두 가지 방법이 있다. 하나는 비용과 손실을 부담하는 집단, 계층, 지역에 보상정책을 마련해 주는 방법이다. 다른 하나는 정책에 의해 영향을 받는 집단, 계층, 지역의 대표를 그 결정 과정에 참여시키는 방법이다(Lijphart, 1999: 31). 보상정책은 결국 비용과 손실을 겪는 집단, 계층, 지역의 대표가 정책결정 과정에 참여할 수 있느냐 여부에 따라 그 성격과 수준이 좌우된다. 민주주의 발전에서 정책결정 과정에의 참여를 중시하는 이유가 바로 여기에 있다.

레이파트 학파(Lijphart school)에 의하면 민주주의의 정치패러다임은 다수제(majoritarian)와 합의제(consensual)로 구분된다(Lijphart, 1999; Crepaz, Koeble and Wilsford, 2000). 전자는 과반수(혹은 단순 다수)에게 권력을 집중시켜 '정치의 효율성'을 지향한다. 후자는 다수파와 소수파 간의 권력분점을 통해 '상생정치'를 지향한다. 레이파트 학파는 합의제 정치패러다임을 갈등과 분열이 상존하는 균열사회(cleavage society)를 통합시키기 위한 최적의 민주주의 발전 조건으로 평가한다(Esman, 2000: 99-103; Crepaz and Birchfield 2000: 205-212; Lijphart 2004: 96). 이런 관점에서 레이파트 학파는 권력집중을 지향하는 다수제 정치패러다임(아메리칸 데모크러시)과의 비교 시각에서 권력분점을 지향하는 합의제 정치패러다임(유러피언 데모크러시)의 인식 틀을 제시하고 있다.

정책결정 과정에의 참여 정도는 권력집중과 권력분점(분산)에 관한 문제이다. 권력의 집중과 분산 정도는 국가의 정책결정에 참여하는 행위자, 특히 정당의 수에 의해 달라진다. 이런 관점에서 레이파트 학파는 권력집중을 지향하는 다수제 정치패러다임과의 비교 시각에서 권력분점을 지향하는 합의제 정치패러다임의 인식 틀을 제시하고 있다.

다수제 정치패러다임은 자유경쟁 원리에 기초하는 다수결주의(majoritarianism)에 따라 작동하는 정치를 민주주의의 이상으로 인식한다. 즉 다수제 정치패러다임이 상정하는 민주주의는 정치경쟁의 결과로 나타나는 수적 다수(numerical majority)와 수적 우위(numerical upper hand)로 정치적 승부를 가리는 수의 정치(numerical politics)이다. 이 점에서 다수제 정치패러다임의 본질은 다수파 지배(majority rule)이다. 다수자에 의한, 다수자의 의사에 부합하는 정치(정부)가 소수자에 의한, 소수자의 요구에 책임지는 정치(정부)보다 민주주의의 이상에 보다 근접한다는 인식이다(Lijphart, 1984: 6-9).

그러나 다수제 정치패러다임의 기본 원리인 자유경쟁은 단순 다수 혹은 과반의 지지를 확보하느냐 못하느냐에 따라 권력의 전부(승자독식) vs 전무(패자전몰)를 결정한다. 바꿔 말하면 소수파(사회적 약자, 비주류 등)의 정책결정 과정 참여를 비효율적인 정치로 인식하기 때문에 계층 · 노사 · 이념 · 지역 간의 갈등사회를 관리 통합하는 데 근본적인 한계를 드러낸다.

다수제 정치패러다임의 안티테제는 합의제 정치패러다임이다. 합의제 정치패러다임은 협력과 호혜성(mutuality)에 기반을 둔 합의주의(consensualism)를 지향하는 정치를 민주주의의 이상으로 인식한다. 즉 합의제 정치패러다임이 상정하는 민주주의는 위다척소(衛多斥少)의 원리가 아니라 다수의 최대화(maximization of majority)를 실현하기 위해 다수파와 소수파 간에 상생하는 정치이다. 바꿔 말하면 정치는 이익과 가치의 차이에 따른 다양성을 통합으로(diversity into integration) 바꾸기 위해 선거의 승자와 패자, 다수파와 소수파의 구분 없이 공존 공영하는 조화를 끌어내는 다사불란(多絲不亂)의 예술로 인식되고 있다.

따라서 합의제 정치패러다임은 다양한 갈등이 존재하는 사회를 조정 관리하는 데 효과적이다. 즉 영구적 소수와 약자와 비주류를 포용하고 국가정책 결정과정에 그들의 참여를 '동등하고 실질적으로' 허용하는 수평적 권력분점 공유의 제도화를 꾀해 지속 가능한 사회통합을 이끌어내는 데 공헌할 수 있다(Crepaz and Birchfield, 2000: 205-206).

그렇다면 다수제 정치패러다임과의 비교 시각에서 합의제 정치패러다임의 구체적인 정치시스템은 어떤 제도적 조합으로 나타나는가?<표 4-1>. 다수제 민주주의에서는 선거에서 승리한 다수당이 정치권력을 독차지하는 것이 원칙이다. 승자독식(winner-take-all)·패자전몰(loser-lose-all) 민주주의라고 부르는 이유이다. 반면에 합의제 민주주의에서는 여러 정당 간 권력분점(power-sharing)이 되어 정치과정은 상호의존과 협력, 대화와 타협에 의해서만 작동한다. 그래서 합의제 민주주의는 상생(win-win) 민주주의라고 칭하기도 한다. 두 민주주의 모델의 정치제도적 차이를 구체적으로 설명하면 다음과 같다..

〈표 4-1〉 두 민주주의 모델의 제도 변수 클러스터

민주모델 / 정치제도	다수제 민주주의	합의제 민주주의
선거제도 (국회의원)	다수대표제	비례대표제 혹은 2표연동형혼합제
정당체제	양당제	다당제(보수-중도-진보)
정부구성	일당 단독정부	연립정부
이익집단 간 관계	다원주의	사회적 합의주의

첫째, 선거제도/정당체제이다. 다수제 정치모델의 선거제도는 소선거구 다수대표제이다. 소선거구 다수대표제 성격이 강할수록 유권자의 불확실성에 따르는 전략적 투표(strategic voting)를 유도하여 거대 양당제가 형성되는 경향을 보인다. 두 메이저 정당은 선거·의회정치를 주도하면서 중위투표자(median voter)의 이익·가치에 부합하는 정책에 집중하기 때문에 정책 차별성이 없을 뿐만 아니라 중위 그룹의 좌·우에 포진하는 집단·계층의 이익·가치를 대표하는 데 소홀히 한다(Iversen and Soskice 2009: 452-453). 설령 중도좌

파 정당이 존재한 경우에도 중간층의 지지를 끌어내는 전략에는 변함이 없다(Iversen and Stephens 2008: 604). 아니면 두 메이저 정당은 마치 '우산'처럼 모든 집단·계층의 이해를 모두 대표하려는 백화점식 정책을 남발하여 실질적으로는 서민층을 대변하지 못하는 대표성의 사각지대를 낳는다. 나아가 소선거구 다수대표제/양당제 하에서는 지역개발 프로젝트(지역공공재) 중심의 정부 예산배분정치(pork-barrel politics), 국지주의 정치(parochial politics)가 지배하는 현상이 나타나는 경향을 보인다. 이런 까닭에 소선거구 다수대표제/양당제는 사회의 다양한 집단·계층의 이익·가치가 투영되는 재분배·복지 정책에 부정적 영향을 미친다.

반면에 합의제 정치모델의 선거제도는 비례대표제이다. 비례대표 선거제도는 정당별 득표율 비례에 따라 의회 의석을 배분하여 정치의 이념적 스펙트럼을 확장하고 좌·우 방향에 이념·정책 중심의 '구조화된 다당제'를 만들어낸다. 각 정당은 중위투표자를 의식할 필요 없고 자신의 지지기반에 대한 정책을 강도 높게 추진하기 때문에 대표성의 사각지대는 존재하지 않는다. 특히 비례대표제/다당제는 지역 이권배분 프로그램보다는 연금수급자·노동자·빈곤층·저소득층·실업자 등 다양한 집단과 계층에게 혜택이 돌아갈 보편적 사회전체적인 재정지출 프로그램 개발에 기여한다(Milesi-Ferretti, Perotti and Rostagno 2002: 610-611). 이런 까닭에 비례대표제/구조화된 다당제는 소득이전을 위한 사회보장 지출을 확대하여 사회통합성 제고에 효과적인 제도적 인센티브이다(Persson and Tabellini 2003: 82).

둘째, 집행부 내각 구성이다. 다수제 모델은 다수대표제/양당제 하에서 등장하는 다수당에 집행권을 집중시키는 '단일정당내각'을 선호하는 반면에, 합의제 모델은 비례대표제/다당제 하에서 의회·정부를 단독으로 지배하는 패권정당이 등장할 수 없기 때문에 2개 이상의 정당 간 공동의 정부구성을 통해 집행권을 분점·공유하는 다당연정내각(multiparty coalition cabinet)을 지향한다. 그런데 합의제 정치모델의 비례대표제/다당제 하에서는 중도좌파 정당이 연립정부의 정책결정 과정에 참여하는 확률이 높아진다. 정부의 이념적 성격과 선거제도의 조합에서 비례대표제/다당제 하에서 중도우파 정당 주도 연립정부가 들어선 경우는 26%에 그치는 반면, 중도좌파 주도 연립정부가 등장하는 경우는 약 74%로 나타난다(Iversen and Soskice 2006: 166; 2009: 452). 이는 비례대표제/다당제가 중도좌파 연합정치를 이끌어내는 경향이 매우 높다는 것을 뜻한다. 이러한 중도좌파 정당 주도 연합정치는 중도우파 연합정치보다 사회지출과 증세정책을 선호하기 때문에 노동·저소득층을 위한 재분배·복지를 촉진할 수 있다(Persson and Tabellini 2003).

마지막으로 이익집단과 정부의 관계로 규정되는 이익대표(interest representation) 양식이다. 이익대표체계는 정당체제/내각구성과 '구조적 상관성'을 갖는다(Lijphart 1999: 182-183). 다수제 정치모델의 이익대표체계는 이익집단 간 경쟁적 이익표출과 분산적 협상에 토대를 둔 의사결정 방식인 다원주의 시스템을 지향한다. 다수대표제/양당제에서는 어느 메이저 정당이 다수당을 획득하면 의회·정부 차원에서 다른 정당과 연대할 이유가 없고 다수당이라는 정치적 채널이면 충분하기 때문에 사회적 합의제와 같은 장외 장치에 무관심하다. 반면에 합의제 모델에서는 이익집단과 정부 간 조정적 타협지향적 의사결정 방식인 사회적 합의제(social corporatism)로 나타난다(Lijphart and Crepaz, 1991: 235). 다당제 하의 보수정당은 자신의 정치고객인 자본·기업·상류계층의 이익을 극대화하는 데 불리한 장소인 의회가 아닌 다른 통로의 의사결정구조, 즉 사회행위자 간의 타협정치인 사회적 합의제를 선호한다.

다수제 정치모델은 다수대표제/거대 양당제(군소정당 존재)/다수당 단독정부/다원주의 이익대표 등 기능적으로 연계된 제도적 매트릭스를 내장한다. 이러한 제도적 패키지는 사회의 다양한 계층과 집단, 특히 시장경제의 실패자·낙오자를 제대로 대표하지 못하는 '배제의 정치'(politics of exclusion)를 낳는다. 따라서 다수제 정치모델에서는 재분배·복지친화적인 정책을 지향하는 정당과 동맹세력이 취약하고 신자유주의적 정책에 반대할 수 있는 제도적 기회 가능성은 낮다(Swank 2002: 58). 실제로 1980년대 이후 급진적으로 진행된 신자유주의 정책은 다수제 정치모델을 지향하는 영국과 미국에서 추진되었다. 반면 합의제 정치모델은 비례대표제/이념·정책 중심의 다당제/정당 간 연합정치/사회적 합의제 등 기능적으로 연계되어 있는 제도적 매트릭스를 내장한다. 이를 통해 사회의 다양한 집단·계층의 선호와 이익이 '동등하고 효과적'으로 정치과정에 투입(절차적 민주주의)이 이뤄지며, 이는 그들의 사회경제적 시민권을 신장하는 정책콘텐츠를 산출하여 실질적 민주주의 강화로 이어진다. 무엇보다 합의제 정치모델의 제도적 매트릭스는 글로벌 시장경제의 충격에 위협받는 노동자와 사회취약계층에게도 정치적 의사결정 과정에의 효과적인 참여를 허용하는 제도적 인센티브를 갖는 포용의 정치(politics of inclusion)로 작동할 수 있다(Crepaz and Bircjfield 2000: 205-206). 이는 신자유주의 정책변화에 저항하고 시장리스크를 줄이는 조세나 복지 등 정부의 재분배 정책 산출을 통해 갈등조정과 사회통합 효과를 높이는 데 기여한다(Crepaz and Moser, 2004; Katzenstein, 2003; Crepaz, 2002; Armingeon, 2002; Hays, 2003; Bichfied and Crepaz, 1998).

2) 연합정치의 의미와 형성모델

정치패러다임은 고유의 시스템을 내장한다. 다수제 정치패러다임은 다수대표제-거대 양당제-다수당 단독정부 등의 제도적 매트릭스로 나타난다. 그러나 이런 제도적 매트릭스가 갈등사회에서 작동하면 사회적 정치적 갈등을 해결하는 데 기여하는 것이 아니라 오히려 증폭시킬 개연성이 높아지는 경향을 보인다(Lijphart 1981: 3).[1] 이 점에서 다수제 정치패러다임은 합의제 정치패러다임의 도전을 받는다. 합의제 정치패러다임은 국가권력의 수평적 수직적 두 차원에서 다수제 정치패러다임과는 다른 시스템을 내장한다(Lijphart 1999: 2-4). 여기서는 수평적 권력분점 시스템만을 논의하기로 한다. 수평적 권력분

1) 영국은 현재(2010년) 보수당-자민당 간 연정을 구성하고 있으나 전통적으로 선거에서 승리한 정당에 의해 단독으로 내각을 구성한다. 그래도 영국 정치는 크게 갈등과 대립을 치르지 않는다. 왜냐하면 이는 영국 사회에 지역균열이 존재하지만 정치적으로 크게 영향을 미치는 변수가 되지 않고 상대적으로 고도의 문화적 동질성을 가지며, 또 정책 차별성을 크게 보이지 않는 보수당-노동당 간에 순환적 정권교체가 원활하게 이뤄지고 있는 데에 연유한다.

점은 정책결정 과정에서 정당 간의 교섭과 타협 메커니즘에 의해 작동되는 연합정치 시스템을 의미한다.

연합정치 시스템은 의회에서 최다수당이 근소한 과반수 의석 정당에 그치거나 혹은 어느 정당도 과반수 의석을 확보하지 못한 다당제 구도에서 비롯된다. 다당제 하의 각 정당들은 집단 계층 노사 지역 등에 사회적 뿌리를 두고 있다. 연합정치는 이러한 정당들에 의해 집단 계층 노사 지역 간의 갈등과 분열을 조정하거나 혹은 국가적인 위기관리를 위해 이뤄진다. 의회 차원에서 이념적 가치와 정책 지향점에 따라 정당 간 연합이 이뤄질 수 있고 이는 연립내각의 구성으로 이어진다. 어떤 연합정치이든 간에 의회와 행정부 사이에서 이뤄질 수 있는 모든 정치적 연계를 모색한다는 점에서 공통적이다. 따라서 의회와 내각 사이의 상호작용이 바로 연합정치의 본질이다.

연합정치의 토대가 되는 다당제는 어떻게 창출될 수 있는가. 진정한 다당제는 비례성이 높은 선거제도를 매개로 해서 등장한다. 비례대표제는 사실상 의회 입법권을 독과점하는 거대 양당제를 유도하는 다수대표제와 다르다. 즉 의회 의석이 정당별 득표율에 따라 배분되기 때문에 사회의 다양한 갈등과 분열을 대표하는 다당제가 형성되고 의회에서 정당 간의 입법권 분점이 이뤄질 수 있다.

비례대표제는 또한 여러 사회갈등과 분열을 대표하는 '균형 잡힌 보수-중도-진보 정당체제'를 창출하고, 특히 보수정당과의 권력분점(공유)에 참여하는 진보정당의 정치력(득표율, 각료 및 의석 점유율)을 강화하는 경향을 보인다. 이는 불평등과 소외와 배제를 줄이는 정책과 입법으로 계층 노사 이념 간 갈등과 분열의 조정과 사회통합에 긍정적 효과를 미칠 수 있는 정치적 토대이다.

이와 같은 비례대표제와 이를 통해 구축되는 다당제 하의 균형 잡힌 보수-중도-진보 정당체제는 정당 간에 입법권과 집행권을 분점 공유하는 연합정치 시스템의 필요성과 가능성이 제기될 수 있는 전제 조건이다. 즉 이런 전제 조건이 갖춰질 때 서로 경쟁관계에 있는 독립된 2개 이상의 정당이 의회와 정부에서 입법 및 정책 공조를 통해 각 당 정책의 관철이라는 목표를 가지고 조직적으로 협력할 수 있는 것이다.

연합정치는 준연정(pseudo-coalition)과 정연정(real coalition) 등 두 유형으로 구분될 수 있다(Lijphart 1984: 47-51). 준연정은 절대다수의 의석을 차지한 정당이 전술적 차원에서 다른 정당과 연정을 구성하는 경우이다. 또 미국 의회에서처럼 서로 다른 정당 소속 의원 간의 교차투표(cross voting)를 통해 정당노선을 뛰어넘어 초보적인 입법 연정을 꾀하는 것도 준연정 사례이다. 정연정의 경우는 대체로 세 유형이 있다(Lijphart 1999: 91-104).

첫째, '최소승리연정'(minimal winning coalition)이다. 여기서 '승리'(winning)는 연정에 참여하는 정당의 의회의석이 과반수 이상을 점유한다는 의미이며 '최소'(minimal)는 연정이 의회 과반수를 확보하는 데 필요하지 않는 어떤 정당도 포함시키지 않는다는 의미이다. 이 점에서 최소승리연정은 '근소한 과반수연정'(bare-majority coalition) 혹은 '소연정'이라고도 부른다. 이런 소연정은 독일 네덜란드 오스트리아 등 게르만유럽 국가들에서 이뤄지곤 한다.

최소승리연정에서 이에 참여하는 정당들은 자신의 권력 몫(각료직)을 최대화하기 위해 의석 과반수 확보에 불필요한 정당을 연정에서 배제시킨다. 이런 까닭에 연정에 참여하는 정당 간의 정책조정 비용이 적게 소요되는 장점이 있지만 연정 파트너로 선정된 정당에게 불비례적 권한(각료직)을 부여할 수밖에 없는 상황이 올 수 있다(Slomp 2000: 59). 또 1개의 정당이 연정으로부터 탈퇴하면 의회의 의석 과반수와 연정이 무너지기 쉽다. 하지만 연정에 참여하는 파트너 정당들은 사회의 갈등과 분열 관계를 연정이라는 정치적 참여제도를 통해 조정 관리해 낼 수 있다.

둘째, 의회에서 과반수 의석에 필요한 이상의 정당을 참여시키는 과다규모연정(oversized coalition)이다. 보통 3개 이상의 정당이 참여한 연정 형태를 띤다. 이때 1개의 소수정당이 탈퇴해도 의회의 과반수 이상의 의석을 잃지 않는다. 이러한 포괄적 연정은 다양한 이질적 집단이 존재하거나 의석의 특별한 다수(2/3)를 요구하는 헌법개정 혹은 국가가 대내외적 위기에 봉착하여 주요 정당들이 협력해야 할 정책적 전략적 고려가 발생했을 때 등장하는 경향이 있다. 이런 연정은 정책 조율 비용을 많이 요구하는 단점이 없지 않지만 연정이 추구하고자 하는 정책에 대한 반대파를 최소화하고 정책 지지의 대중적 외연을 확장할 수 있다.

스위스는 기민당, 사민당, 자민당, 스위스국민당 등 4개의 정당으로 구성되는 과다규모연정내각을 채택하고 있는 나라이다. 이를 통해 스위스는 사회집단들의 다양성과 이질성에도 불구하고 높은 국민통합력을 과시하고 있다(Kloti 2001: 22-29). 핀란드도 정책 성향이 다른 여러 정당 간의 과다연립정부를 구성한다. 이에 따른 내각의 잦은 교체에도 불구하고 핀란드 정치는 초당파적인 대통령이 국민통합을 위한 정치적 권위를 갖기 때문에 안정적이다.

셋째, 의회에서 제1당과 제2당이 연립하는 대연정(grand coalition) 경우이다. 대연정을 가능케 하는 동기는 정당 간의 이념적 정책적 유사성에 연유하는 경우가 있지만 국가적 위기 국면 속에서 중도좌파 정당과 중도우파 정당 간에 이뤄지곤 한다.

전후 연합국 군대의 점령과 전후 복구라는 국가적 위기 속에서 오스트리아 정치는 1949~66년에 두 거대 좌·우정당인 사회당과 국민당 간의 대연정이 이뤄졌다. 독일에서도 1966~69년, 2005~09년에 제1당, 제2당이었던 기민당과 사민당 간 대연정이 구성됐다. 프랑스의 이원정부제도 1986~88년, 1993~95년, 1997~2002년에 제1당, 제2당이었던 사회당과 우파정당(대중연합)에 의해 대통령과 총리 간, 내각의 각료 간에 권력이 분점되는 이른바 동거정부(cohabitation) 형태로 나타난 대연정이 이뤄졌다. 대통령과 총리 간 권력분점에서 빚어지는 '갈등정치'가 발생하기도 했지만 다양한 사회세력의 이익을 정치과정에 반영시킴으로써 사회갈등을 조정했다는 평가를 받는다(Hall, Hayward, and Machin 1994: 109).

3) 서유럽의 연합정치 유형

서유럽 국가들에서 연립정부의 구성은 대부분 다당제 위에서 이루어진다. 연립정부와 다당제의 관계에서 파트너 정당이 토대를 두고 있는 사회적 지지계층·지역이 중요한 고려 사항이 된다. 사회계층 또는 지역 간의 갈등이나 국민경제의 위기관리를 위해 각 정당들로 하여금 연립하도록 만들 수 있기 때문이다. 그래서 연정은 크게 정당의 이념적 위치와 정당의 정책적 지향점에 따라 그 성격이 분류된다. 흔히 서유럽에서 발견되는 연립정부의 유형은 독일, 이태리 등의 대륙형 내각책임제, 프랑스의 이원집정제, 스위스의 콘코르단쯔(*Konkordanz*) 모델 등이 있다.

첫째, 대륙형 내각책임제의 전형인 독일인 경우 의회에 진출한 정당은 기민당, 기사연, 자민당, 사민당, 녹색당, 민사당(현재는 '좌파정당'으로 개명되었음) 등 5-6개 정당이다. 기사연은 기민당을 대신해 독일 남동부 지역(바이에른 주)을 대표하는 지역정당이다. 그래서 이 두 정당은 한 개의 정당이나 다름이 없다. 민사당은 과거 동독 사회주의통일당의 후신으로 통일 후 독일 정당체제에 새로이 편입되어 독일 동쪽 지역의 의미 있는 지역정당이다. 이러한 다당체제에서 한 정당이 절대다수의 의석을 획득하는 것은 사실상 불가능하다. 그래서 정당체제의 스펙트럼상 동류에 속하는 정당끼리 연립정부를 구성하여 통치하는 것이 관례화 되어 있다. 2차대전 이후 서독에서 기민/기사연은 자민당과 연립하여 1966년까지 통치하였고 1966~1969년에는 기민/기사연과 제1야당인 사민당 간의 대연정이 이루어졌으며 1969~1982년에는 사민당이 자민당과 연립하였고 1982-1998년에는 기사/기민당이 자민당과 연립하였다. 1998년-현재는 사민당/녹색당이 연정하여 통치하고 있다. 1998년 이전까지는 불과 10% 안팎의 지지율을 보인 소정당인 자민당이 줄곧 연정에 참여하여 자신의 고유 외교 및 경제정책을 국정에 반영하여 정책적 일관성을 유지할 수 있었다. 바이에른 주의 유권자들로부터 절대적 지지(50-60% 지지율)를 받았던 지역정당인 기사연 또한 기민당과의 연정에서 재무성, 교통성, 보건성, 농림성 장관을 점유하여 전국 차원의 정치적 결정과 집행에 참여할 수 있었다. 나아가 사민당과 자민당의 연정은 국가경제가 위기에 처했을 때 노동자의 실업과 파업을 막고 사용자와 노동자의 연대를 가능케 했다. 이러한 연정은 주정부 차원에서도 나타난다. 예컨대 민사당은 구동독 지역(브란덴브루크 주)에서 사민당과 함께 연정을 구성한 경우도 있다. 이러한 사례들은 각 정당이 사회적 균열구조에 기반을 두고 사회적 갈등관계를 연립정부라는 정치적 참여제도를 통해 조정하고 통제할 수 있음을 시사한다.

둘째, 프랑스의 이원집정제도 권력분점에 기초한 연립정부의 구성을 가능케 하고 있다. 행정권이 대통령과 총리를 포함한 내각에 의해 거의 비슷할 정도로 분산되어 있다. 대륙형 내각제에서는 각료의 분배를 통해 권력분점이 이루어지고 여기서는 대통령과 총리를 중심으로 권력이 배분된다. 이 경우 대통령과 총리의 소속정당이 다르다. 예컨대 1981~2002년까지 가장 지지율이 높은 사회당과 공화국연합이 좌파대통령-우파총리, 우파대통령-좌파총리의 형태로 '동거정부'(cohabitation)를 구성한 바 있다. 내각의 각료도 연정에 참여한 정당들에 의해 분점된다. 프랑스의 이러한 이원집정제는 때로는 대통령과 총리가 대립하여 국정이 마비되는 경우도 없지 않지만 기본적으로 다양한 사회세력의 이익을 정치과정에 반영시킴으로써 사회갈등을 조정하고 있다.

셋째, 스위스 '콘코르단쯔(*Konkordanz*)' 민주주의도 사회집단들의 다양성과 이질성에도 불구하고 연립정부를 통해 높은 국민통합력을 보인 협의민주주의의 한 유형이다.[2)]

3. 연합정치 시스템 작동의 전제 조건

1) 고(高)비례성 선거제도: '2표 연동형 혼합제'

연합정치와 정당체제 간에는 밀접한 관련성이 있다(Slomp 2000: 58). 즉 연합정치 시스템의 필요성과 가능성은 어떤 정당도 의회에서 과반수 의석을 차지하지 못하거나 근소한 과반수를 확보할 수밖에 없는 정당체제에서 발생한다. 이는 연합정치가 다당제 토대 위에서 이뤄질 수 있음을 의미한다.

그렇다면 한국민주주의에서 연합정치 시스템의 필요성과 가능성이 제기될 수 있는 다당제는 구축되어 있는가? 현행 국회의원 선거제도는 소선거구 다수대표제가 중심이고 여기에 비례대표제가 결합된 '2표 병립형 혼합제'이다.

2) 상세한 논의는 (선학태 2005) 제10장을 참조할 것.

이 선거제도가 만들어내는 한국 정당체제는 형식적으로 다당제이나 실제에 있어서는 한나라당과 민주당 등 지역에 기반을 둔 거대 양당제이다.[3] 이러한 거대 양당제 하에서는 연합정치의 가능성과 필요성이 매우 낮거나 혹은 제기되지 않는다. 한나라당, 민주당 두 거대 정당 중 어느 정당도 대통령 선거에서 승리해 연정 파트너 없이 단독으로 집권할 수 있고 국정을 주도할 수 있기 때문이다.

한국민주주의에서 연합정치에 기능적으로 조응하는 진정한 다당제는 어떻게 창출될 수 있는가? 현재 한국 정치에는 대통령직 획득을 위한 양당제적 압박이 없지 않으나 사회갈등과 분열로 말미암아 다당제 요구가 강렬하다. 이러한 요구에 부응하기 위해서는 선거제도의 활용을 통해서 가능하다. 선거제도는 사회갈등이 정당체제에 반영될 수 있도록 매개해 주는 장치이다. 이 점에서 우리 사회에 존재하는 지역주의 이외에 계층 노사 이념 환경 등에서 나타난 여러 갈등과 분열이 정당체제에 투사되게 하는 선거제도가 필요하다. 그 방향은 합의제 정치패러다임의 선거제도인 비례대표제 강화이다.

이를 위해서는 두 가지 선거제가 검토될 수 있겠다. 우선 민주당이 선호하는 중대선거구제이다. 중대선거구제는 한 선거구에서 2~5명의 의원을 선출하는 준비례대표제의 성격을 띠고 있어 다당제를 유도해 낼 수 있고, 특정 정당의 지역별 의석 싹쓸이 현상을 완화하여 탈지역주의 효과를 가져 올 수 있다. 하지만 한나라당과 민주당이 각각 영호남에서 의석 싹쓸이를 완화하는 대가로 지역중심의 낡은 보수-중도 독과점 양당체제를 심화시킬 우려가 없지 않다.

그 대안으로 소선거구 다수대표제(50%)와 권역별정당명부 비례대표제(50%)

---

3) 정권교체를 실현하거나 정부 내각 구성에 참여하는 정당은 언제나 두 개의 거대 정당 중 하나에 한정된다는 점에서 한국의 정당체제는 양당제로 규정할 수 있다(Blondel 1968: 184-187). 이 양당제가 대통령제와 조합하는 87년 헌정체제는 대통령 선거를 사활적인 제로섬 게임으로 전개하여 지역주의와 정치적 양극화를 심화시키고 제3당의 건전한 육성을 가로 막는다. 더욱이 한나라당과 민주당 등 보수-중도 거대 양당제는 우리 사회의 다양한 가치와 이익에 따른 갈등과 분열을 대표하고 관리 조정하는 정책 프로그램을 제시하는 데 커다란 한계를 드러내고 있다.

가 유기적으로 결합한 독일식 '2표 연동형 혼합제'가 고려될 수 있다(Schmidt 2004: 131-134). 전체 의석의 절반은 각 지역구 유권자의 제1투표 결과에서 최다득표자가 당선되고, 나머지 절반 의석은 각 정당이 일정 규모의 광역자치단체별(도와 광역시 혹은 도와 도의 결합 형태) 당원들에 의해 작성된 후보자 명부에 던지는 제2투표 결과에 따라 결정된다. 각 정당은 정당명부 투표결과에 따라 의석을 배분 받은 뒤 각 광역자치단체의 득표율에 따라 광역별 의석수를 각 광역자치단체의 지방당에게 할당한다. 그리고 광역자치단체에 배분된 의석수에서 지역구 당선 의석을 뺀 나머지 의석이 후보자명부 순서에 따라 비례대표가 결정된다. 결국 정당득표율에 따라 정당의 총 의석수가 결정되는 셈이다. 이런 까닭에 각 정당은 유권자들의 지지를 끌어내기 위해 정책 개발에 앞장서고 자연스럽게 정당 간 정책경쟁이 역동적으로 연출된다.

독일식 선거제도 채택을 가정하고 18대 총선에 나타난 정당별 득표율로 의석수를 계산해 보면, 한나라당의 정당 득표율은 37.5%였으므로 112석, 민주노동당의 정당 지지율은 5.7%였으므로 17석을 얻게 된다. 한나라당은 41석이 줄고, 민주노동당은 12석이 늘어난다. 이러한 정당 간 의석 분포는 독일식 선거제도를 실제로 시행할 경우 유권자들의 선호 정당투표가 더욱 강화돼 군소정당에 유리한 선거결과가 나올 수 있다는 게 17~18대 총선결과에 대한 시뮬레이션에서 검증되고 있다.

독일식 2표 연동형 혼합제에서는 특정 정당이 과반수 의석을 차지하지 못하거나 근소한 과반수 의석 확보에 그쳐 패권 정당으로 등장될 수 없기 때문에 진정한 다당제 구도 형성 가능성이 높아진다. 물론 독일식 선거제는 현재의 다당제를 더욱 확대하여 국정의 안정성과 효율성을 저해하는 등 한국 대통령제와 조응하지 못하는 선거제도라는 비판이 제기될 수 있다. 이는 정부형태를 의원내각제로 변경해야 된다는 주장으로 이어진다. 그러나 정부형태(대통령제)와 선거제도 사이에 논리적 필연성은 존재하지 않는다. 선거제도는 반드시 정부구조에 예속되지는 않기 때문이다. 예컨대, 게르만유럽 국가들의 의원내각제는 비례대표제를 선호하지만 영국 의원내각제는 소선거구 단순다수대표제를 채택하고 있다. 또 동일한 대통령제를 채택하면서도 미국은 소선거구 단순다수대표제를, 브라질 코스타리카 우루과이 포르투갈(준대통령제)은 모두 정당명부식 비례대표제를 각각 채택하고 있다.

이 점에서 대통령직을 두는 한국 정치에서도 독일식 2표 연동형 혼합제를 채택하지 못할 이유가 없다. 오히려 그런 제도적 조합이 한국 대통령직의 승자독식 논리를 완화하는 제도적 장치를 총선에서 강구하는 효과가 발생할 것이다. 즉 독일식 선거제도는 패권 정당을 허용하지 않는 다당제를 만들어 놓기 때문에 여러 정당들 간의 정책경쟁 과정에서 협조가 아니면 파국이라는 인식이 확산되고 의정활동 과정에서 정당 간에 자연스럽게 상호 대화하고 타협할 수밖에 없을 것이다. 이와 같은 정당 간의 대화와 타협 메커니즘은 연합정치의 제도화 가능성을 의미한다.

2) 탈지역적 계급·계층 중심의 보수-중도-진보 정당체제

비례성이 높은 선거제도는 다양한 사회갈등과 분열을 대표하면서 정책과 가치에 따라 경쟁하는 다당제 하의 '보수-중도-진보 정당체제'를 창출할 가능성이 높아진다. 2009년 독일 총선 결과에서도 이 정당구도가 크게 훼손되지 않았다. 즉 보수정당인 자민당의 약진(93석), 중도보수당인 기민당 패배(239석), 중도진보당인 사민당 참패(146석)로 나타났으나 좌파정당(76석)과 녹색당(68석)이 역대 최고의 의석을 기록해 진보 정당블록은 아직도 건재하고 있음을 과시했다.

87년 헌정의 정당체제는 이념과 가치에 따라 보수-중도-진보 정당체제로 나타나고 있다. 하지만 문제는 한나라당과 민주당 중심의 보수-중도 정당블록은 과도하게 공룡화된 데 반해, 진보정당은 과도하게 왜소화되어 있는 정당구조가 재생산되고 있다는 점이다.[4] 이는 지역 중심의 낡은 보수-중도 정

---

4) 대선과 총선을 전후해서 정치세력 간의 이합집산이 변화무쌍하게 요동치며 정당체제가 개편되곤 한다. 하지만 그건 정책비전과 가치와 노선에 기반을 둔 정체성이 아니라 '선거 공학적 계산에 따른 것에 불과하다. 그 결과 지역에 뿌리를 둔 보수-중도 독과점 정당체제의 틀이 고스란히 복원되는 악순환이 반복된다. 최근 민주당은 서민과 중산층

당들이 선거정치와 의회정치, 특히 입법권과 집행권을 독과점하고 있음을 의미한다. 이런 정당체제에서 연합정치 시스템의 가능성과 필요성은 낮아지거나 사라진다.

이 점에서 한국민주주의에서 연합정치 시스템이 건강하게 작동하기 위해서는 현 지역중심의 정당체제가 사회경제적 이슈를 투영하고 정책과 가치에 기초하는 정당체제로 재편성될 필요가 있다. 즉 소득불평등 실업 비정규직 빈곤 복지 교육 의료 주택 환경 저출산 고령화 등 보통사람들의 '먹고 사는' 문제를 둘러싸고 사회의 다양한 이해관계와 요구에 따른 갈등과 분열이 대표될 수 있도록 하는 정당체제의 민주화 프로젝트이다. 이건 지역중심의 낡은 보수-중도 독과점적 정당체제를 해체하고 균형 잡힌 보수-중도-진보 정당체제를 창출하는 것을 의미한다.

독일식 선거제도는 정당투표가 각 정당의 의석수를 결정하기 때문에 진보정당의 국회 의석수를 늘려 현행 지역 중심의 낡은 보수-중도 독과점 정당체제를 해체하고 정책비전과 가치에 따른 다당제 하의 균형 잡힌 보수-중도-진보 정당체제를 구축할 개연성이 높아진다. 이는 현재의 '탈계급적 탈계층적 지역' 중심의 정당체제가 계급적 계층적 이해관계에 기초한 '탈지역적 계급 계층' 중심의 정당체제로 대체됨을 의미한다. 소선거구 다수대표제를 채택했던 뉴질랜드는 독일식 선거제도를 채택하여 1996년 총선 이후 6개의 주요 정당을 의회에 진출시켜 다당제 하의 균형 잡힌 보수-중도-진보 구도의 다당제를 창출하고 있다(Lijphart 1999: 25-27, 243-247; Nagel 2000: 115-116).

보수-중도 독과점 정당체제를 형성하고 있는 한나라당과 민주당 내부에는 각각 '머리'는 진보적이나 '몸'은 보수적으로, '생각'은 보수적이나 '행동'은 진보적으로 하는 인사들이 상당수 포진하고 있다. 이념적으로 두 당은 '만물상 정당'인 셈이다. 지역 정당체제에서는 국회의원 당선 가능성에 따라 지역정당을 선택할 수밖에 없는 게 정치인들의 피해 갈 수 없는 운명이기 때문이다. 하지만 독일식 정당명부식 선거제도에서는 정당득표율에 따라 정당의 의석

을 위한 '뉴민주당 플랜'을 발표했다. 흥미로운 것은 자유주의 보수정당의 챔피언인 한나라당과 청와대도 중도실용 친서민 정책어젠다를 끄집어내고 있다는 점이다.

수가 결정되기 때문에 그런 현상을 비켜 갈 수 있다. 정치인들은 자신의 정책 비전과 지향가치 등 '색깔'에 따라 정당정체성을 보고 보수 인사는 보수정당으로, 중도 인사는 중도정당으로, 진보 인사는 진보정당으로 발길을 돌릴 수 있을 것이다. 이렇게 '색깔'에 따라 교통정리가 되면 자연스럽게 보수-중도-진보 정당체제가 구축될 수 있다. 이 같은 정당체제는 가치와 정책비전에 따라 보수-중도 연합정치, 진보-중도 연합정치, 보수-진보 연합정치의 제도화를 가능하게 하는 정치적 토대가 될 수 있다.

결론적으로 한국민주주의 발전을 위해서 정당 간에 입법권 집행권을 분점하는 연합정치 시스템이 작동할 수 있는 전제 조건은 독일식 2표 연동형 혼합제를 통해 지역 중심의 낡은 거대 보수-중도 독과점 정당체제를 깨고 정책비전과 가치에 따라 분화되는 다당제 하의 균형 잡힌 보수-중도-진보 정당체제의 구축이라 할 수 있다.

4. 합의제 민주주의의 정치공학: 연합정치 시스템

1) 정부형태를 보는 합의제 패러다임의 관점

대통령제는 '87년 헌정체제'에서 한국화로 뿌리를 내렸고 제도적 내구성을 갖게 되었다. 하지만 대통령이 국가권력을 송두리째 장악하고 배분하는 승자독식 구조에서 정부정책에 대한 야당과 의회의 협력을 끌어내는 일은 쉽지 않다. 따라서 대통령의 승자독식성을 제거하기 위한 집행부-입법부 관계를 규정하는 정부형태 개편론이 제기되고 있다. 2009년 8월 31일 국회 헌법연구자문위원회가 헌법 개정안을 발표한 것이 그 한 사례이다. 부통령을 두는 4년 중임 대통령제, 대통령 권력을 국무총리에게 넘겨주는 이원정부제(분권형 대통령제) 중에서 택일 하자는 게 핵심이다. 대부분의 국민들은 대통령 만큼은 내 손으로(직접선거) 뽑아야 한다는 욕망이 강렬하기 때문에 대통령직을 포기한다는 게 쉽지 않았을 것이다.

그런데 합의제 정치패러다임은 국정의 효율성보다는 사회갈등 조정이라는 관점에서 정부형태의 적합성 문제를 바라본다. 그렇다면 과연 헌법자문위원회가 제시한 정부형태가 과연 우리 사회의 갈등과 분열을 제대로 조정 관리하는 데 적합할까?

우선 4년 중임 정·부통령제이다. 미국의 4년 중임 정·부통령제는 입법부와 대통령 간의 견제와 균형, 의원의 교차투표(cross voting), 연방제, 양원제 등과 결합된 권력분점형이다. 그러나 이런 미국 대통령제마저도 대통령 선거에 따른 국론분열로 인하여 아메리카분열국(Disunited States of America)을 야기하고 있다는 비판의 목소리가 비등하다(김재한 2001: 10). 한국 정치에서 4년 중임 정·부통령제가 채택된다면 현행 중앙집권제와 조합되는데, 이 경우 특정 지역 출신 대통령의 승자독식이 사실상 8년으로 연장되는 상황이 올 수 있다. 연임 실패는 매우 드물게 나타나는 예외적 현상이라는 점에서 그렇다. 이때 대통령을 배출하지 못한 다른 지역의 정치적 상실감과 박탈감을 엄청날 것이고 지역갈등은 더욱 증폭될 개연성이 매우 높다.

둘째, 그렇다면 이원정부제가 대안인가? 이원정부제는 국민이 직접 선출한 대통령(국가수반), 의회의 신임 여부에 의존하는 총리(정부수반)가 공존하는 정부형태를 말한다.[5] 대통령과 총리의 권력관계는 총선 결과에 따라 달라진다(황태연 2005: 51-56). 대통령 소속 정당이 의회 다수당인 경우 이원정부제는 대통령이 국정을 사실상 주도하는 대통령제에 근접한다. 반면에 야당이 의회 다수당이 된 경우 다수당 총리와 소수당 대통령으로 구성되는 이원정부제에서는 국정 주도권이 총리에게 넘어가는 내각제에 근접하는 이른바 동거내각(cohabitation cabinet)이 등장한다. 이원정부제는 이처럼 총선 결과에 따라 정부형태가 달라지는 제도적 유연성과 탄력성을 갖는다는 점에서 매력적이다.

그러나 우리 헌법에서 이원정부제를 채택하는 데에는 세 가지 함정이 숨어 있다. 이원정부제 하에서는 대통령과 수상 사이의 심각한 권력갈등이 일

5) 국왕이 없는 유럽 공화국들은 국가수반과 정부수반을 분리시키는 분권형 대통령제를 발전시켰다. 프랑스, 폴란드, 핀란드 등은 대통령 우위의 분권형 대통령제 국가이며 오스트리아, 아일랜드 등은 총리우위의 분권형 대통령제 국가이다.

상화할 수 있다.[6] 또 대통령과 총리가 권력을 나눈다고 하더라도 어차피 권력과 돈줄을 거머쥐고 있는 쪽은 중앙정부다. 따라서 대선과 총선 과정이 중앙정부 장악을 둘러싸고 한나라당과 민주당 등 지역정당들 간 피 터지는 사활전으로 전개되는 정치적 양극화 시나리오가 재연될 것이다. 더 큰 함정은 대통령과 총리가 모두 한나라당 혹은 (실현 가능성이 낮지만) 민주당 단독으로 장악되는 시나리오에 있다. 이 경우 순수 대통령제에 비교가 안 되는 '슈퍼 대통령'이 등장하여 그에 대한 국회의 견제 메커니즘은 사실상 무력화된다 (Keeler and Schain, 1997: 95-97).

결론적으로 4년 중임 정·부통령제와 이원정부제, 모두 현행 제왕적 대통령제의 권력을 덜어내는 데는 도움이 될지 모르지만 현행 중앙집권제의 틀 속에서는 지역갈등을 더욱 증폭시킬 게 분명하다. 더욱이 그러한 두 정부형태 중 어느 것이든 과연 우리 사회에 존재하는 이념 간, 그리고 사회경제적 양극화로 인해 분출하는 계층 노사 간 갈등을 제대로 관리 조정하는 데 얼마나 유용할지 자못 회의적이다. 물론 그런 갈등조정 문제는 법률적 정책적 차원의 관할 사항일 수 있다. 하지만 법률과 정책이 제아무리 금과옥조(金科玉條)로 만들어져 있어도 정부형태가 사회갈등 조정에 부적절하면 사회통합에 실패할 개연성이 높다.

이런 까닭에 합의제 정치패러다임에서 4년 중임 정·부통령제냐 이원정부제냐, 그도 아니면 현행 5년 단임 대통령제냐 같은 택일적 논쟁은 주요 변수로 떠오르지 않는다. 각 정부형태는 장단점이 있고 단순한 정부형태만의 택일적 개편은 사회의 갈등해결에 도움이 되기는커녕, 오히려 증폭시킬 가능성이 높아지기 때문이다. 따라서 입법부와 행정부의 관계에 관한 합의제 패러다임의 정치공학은 어떻게 수평적 권력분점에 기초한 정당 간 연합정치의 제도화를 통해 사회갈등과 분열을 조정 관리할 수 있느냐 하는 관점에서 정부형태 문제에 접근한다.

---

6) 분권형 대통령제를 채택한 프랑스는 대통령과 총리 간 권력분점에 따른 대립과 갈등관계의 소지를 제거하기 위한 헌법개정(2002년)을 시도해 대통령 임기를 5년으로 단축하고 대선과 총선의 주기를 일치시켜 동거정부 수립 가능성을 제거했다.

2) 국회 차원의 연합정치

우리 사회에서 분출하는 여러 분열과 갈등을 정당체제로 반영시키기 위한 독일식 '2표 연동형 혼합제'가 채택되면 어떤 정당도 패권 정당으로 등장할 수 없는 정당지형이 일상화되는 가운데 한층 더 다당제로 재편될 것이다. 이 경우 국회에서 정당 간의 원활한 의정활동을 유지하는 해법은 무엇일까?

대통령직을 둔 한국 정치에서 어느 정당도 과반 의석을 차지하기 어렵거나 근소하게 과반 의석을 넘는 다당제 구도의 의회가 발생할 경우 효율적이고 정상적인 의회정치의 운영을 위한 해법은 정당 간 연합정치 외에 다른 탈출구가 없다(박찬욱 2005: 24-26). 특히 한국 정당체제가 갖는 '구조적 특수성'을 고려할 때 연합정치가 유일한 해법이다. '구조적 특수성'이란 한국의 주요 정당들이 정권 쟁취를 위한 경쟁이 치열하여 선거가 정치적 갈등을 완화해주는 메커니즘이 되지 못하고 오히려 갈등을 증폭시킴으로써 갈등조정 관리와 전반적인 사회적 정치적 통합이 요구되는 상황을 가리킨다.

국회 차원의 연합정치는 정당이 자기조직을 유지하고 다른 정당과 경쟁하면서도 공동의 목적을 위해 연대 제휴하는 정치다. 또한 정책 어젠다에 대한 협력과 합의를 전제한다는 의미에서 무원칙한 '야합'과 다르며 정당조직을 해체하고 다른 정당과 통합하는 '합당'과도 다르다. 국회에서의 연합정치는 정책사안별로 '한시적'으로 이뤄지며 정책 교환과 타협을 통해 해결해야 할 중요 정책 과제를 해결하고 각기 따로 가는 정치이다.

의회 차원의 연합정치에서 정당의 작동원리는 절제, 협력, 합의에 기초하는 정당 간 교차 파트너십(cross-partnership)이다. 영국과 프랑스를 제외한 유럽정치에서는 정당명부식 비례대표제가 패권정당을 허용하지 않는 다당제를 만들어 놓기 때문에 여러 정당들 간에 교차적 협조가 아니면 파국이라는 인식이 확산되어 의정활동 과정에서 정당 간에 상호 협상하고 타협하는 경향을 보인다. 다수파가 반드시 고정되어 있지 않으며 정책 사안별로 다수가 유연하게 형성될 수 있는 가능성이 열려 있어 특정 정당들 간의 무한 대결을 피할 수 있다.

현재 민주개혁 평화세력은 민주당, 민주노동당, 진보신당, 창조한국당 등으로 분화 현상을 보이고 있다. 이런 까닭에 각종 선거에서 지지표의 분산으로 민주평화 개혁세력의 패배 가능성이 높아지고 있다. 이에 대응하기 위해서는 민주정당 간 연합정치가 절실하게 필요하다. 실제 국회 안팎에서 최근 미디어법 투쟁, 4대강 사업 저지 등 일부 정책 사안 중심의 '느슨한 연대' 형태로 일종의 연합정치가 이뤄지기도 했지만 가치와 정책에 따라 보다 적극적으로 모색될 필요가 있다.

이때의 연합정치는 정당통합을 통해서가 아니라 각 민주정당의 독자성과 정체성이 존중되는 가운데 이뤄지는 제휴와 연대라 할 수 있다. 특히 자유주의 개혁세력인 민주당과 탈지역주의 진보세력인 민주노동당은 국회 차원에서 적극적인 정책 및 입법연합을 시도할 필요가 있다. 정책 및 입법연합은 단지 한나라당을 비판하고 반MB정부 연합전선을 형성하는 수단이 아니라 국민을 설득시키는 정책 및 입법 대안을 창출하는 데 무게 중심을 둔 적극적 성격을 띤 것이었을 때 정치고객층 외연을 확장시킬 수 있을 것이다. 이러한 정당 간 연합정치는 대선과 총선을 전후하여 정치 및 선거 공학적으로 이합집산하는 정당이 아니라, 자신의 분명한 정체성과 정책적 지향을 가진 민주정당의 정립을 가능케 할 것이다. 이를 통해 사회적 뿌리를 두고 갈등과 분열을 대표하는 한국 정당체제의 제도화 길이 열릴 수 있다.

나아가 한국민주주의를 한 단계 업그레이드시키기 위해서는 보수정당과 진보정당 간의 '비적대적 공존과 상생'이 필요하다(조희연 2006: 64-70). 이는 균형 잡힌 정통보수-중도보수-중도진보-정통진보 등의 정당체제가 구축되었을 때 가능하다. 정당체제의 이념적 스펙트럼이 다원화되면 정치의 완충지대가 만들어질 수 있기 때문이다. 이때 보수정당과 진보정당은 자기 정체성에 따른 정책프로그램을 국정에 반영시키기 위해 상대방 정당과의 호혜와 상생의 길을 걸을 수 있다. 예컨대 한나라당과 민주노동당 간의 연합정치가 이뤄질 수 있다. 물론 독일식 선거제도 도입으로 어느 정당도 패권 정당이 될 수 없다는 대전제가 충족돼야 한다. 이를 통해 '전부 아니면 전무'의 게임(all or nothing game)과 같은 보수-진보 간 '사생결단'식의 대결 그리고 모든 쟁점의

정략적 쟁점화의 필요성이 상대적으로 줄어들 수 있을 것이다.[7)]

3) 연립내각의 제도화

국회 차원에서의 정당 간 연합정치는 대통령이 통할하는 정부에서 합의제 패러다임의 정부형태인 연립내각의 제도화로 이어지는 게 순리이다. 특정 정당, 특히 소수정당이라는 이유로 항구적으로 중앙정부의 정책결정 과정에서 배제되는 것은 사회적 정치적 갈등의 씨앗이 될 수밖에 없기 때문이다.

특정 정당이 선거에서 승리해 최다수당이 됐다는 이유 하나만으로 단독으로 내각을 구성하는 게 얼마나 비민주적이고 정치시장의 경직성인가. 단일정당 내각구성은 국정의 책임성을 분명히 한다는 장점이 없지 않지만 집권당과 야당, 대통령과 국회 간에 정면충돌을 유발하고 국가정책의 갑작스런 변경으로 국가정책의 일관성을 잃어 국론분열과 사회갈등을 증폭시키는 원인이 된다. 우리는 이명박 정부의 대북 정책기조 변경, 세종시 원안 수정 기도 등에서 이를 생생하게 목도하고 있다.

게르만유럽 국가들은 사회분열과 갈등구조에 뿌리를 박고 있는 각 정당이 의회 차원에서 연합하고 이를 토대로 연립내각 구성을 통해 시민사회에 존재하는 다민족, 다문화, 다언어, 다종교, 다계층, 다지역 등에서 비롯된 갈등과 분열을 조정 관리한다. 연립내각은 사회적으로 분열된 이익과 가치들을 서로 조정 타협하여 균형된 정책의 실시를 가능케 할 수 있기 때문이다. 그들 국가의 연립내각은 중도우파 정당 간, 중도좌파 정당 간, 그리고 좌파정당과 우파정당 간에 변화무쌍하게 성립되곤 한다. 가장 의석수를 많이 차지한 제1당이

7) 네덜란드 노동당은 자신들의 사민주의 정책을 끝까지 관철시키는 방식이 아니라 중도우파정당들과의 정책협의와 합의 속에서 사민주의 노선의 길을 모색한다. 이러한 노동당과 중도우파 정당들과의 정책협의가 연립내각에서 이뤄짐으로써 중도 좌우파 정당은 상대방의 정책을 배려하는 경우가 많다. 그래서 노동당의 사민주의 정책은 중도우파 정당들과의 협의와 소통과 합의라는 틀 속에서 논의되고 접점이 모색되기 때문에 사민주의적 가치가 항상 정책에 선명하게 투영된 것은 아니다.

연립정부에서 배제되기도 하고 반드시 제1당을 중심으로 연립내각이 구성되지도 않는다. 이는 정치시장의 유연화를 의미하고 이를 통해 정당 간 무한 대결이 사라진다.

일반적으로 연립내각은 의원내각제에 조응한다. 그렇다고 언제나 의원내각제에서만 연립정부가 구성된 게 아니다. 연립내각과 정부형태의 관계가 필연적 논리에 근거하고 있지 않기 때문이다. 영국 의원내각제는 연립내각을 채택하지 않는다. 대통령제 하의 정부는 대통령이 소속된 정당(집권당)에 의해 단독으로 구성되는 게 일반적 현상이지만 연립내각도 수립될 수 있다. 즉 집권당이 의회 과반 의석을 확보한 경우에 정책적 거리가 가깝거나 국민통합을 극대화하기 위해 다른 정당을 연정 파트너로 선정하여 연립내각을 구성한다. 또한 집권당이 의회에서 과반 의석을 확보하지 못하거나 원내 소수정당일 경우에 연립내각이 구성된다. 물론 대통령제 하의 연립정부 구성은 통상적이지는 않고 내각제보다 유인이 약한 게 사실이다. 그렇다고 대통령제 하에서 연립정부 구성이 불가능하거나 '예외적인 경우'에만 발생한 것은 아니다(Lijphart 2002: 47). 대통령제 하에서도 최소승리내각(소연정), 과대규모내각, 대연정 등이 등장할 수 있다(Lijphart 1999: 105).

대통령은 자신이 속한 정당의 인물로만 각료직을 임명하지 않고 여타 다른 정당 출신 인물도 내각구성에 참여시키는 경우도 없지 않다. 전형적인 대통령 중심제를 채택하고 있는 미국에서 비록 정치적 상징 효과 수준에 그치고 있으나 대통령은 자신과 다른 정당 출신 인물을 내각구성에 참여시켜 일종의 행정권의 공유를 실현하곤 한다. 예컨대 민주당 출신인 오바마 대통령은 공화당 출신인 게이츠를 국방장관으로 입각시켰고 민주당 출신인 클린턴 대통령은 공화당 상원 의원인 코헨을 국방장관으로 임명했다. 특히 브라질, 코스타리카, 우루과이 등 라틴아메리카 국가들의 대통령제 하에서도 연립정부는 빈번하게 구성되어 '정당 간 합의 규범'(norm of cross-party consensus)을 구축한 바 있다(Lijphart 1999: 108; Cheibub, Przeworski and Saiegh 2004).

무엇보다도 브라질의 연정대통령제(coalitional presidentialism)는 우리의 주목을 끈다.[8] 브라질 집권당은 의회에서 항상 과반수 의석을 차지하지 못한다.

예컨대 2003년 이후 현재까지 집권당인 노동자당(PT)은 하원에서 불과 15~20% 의석을 얻고 있을 뿐이다. 이는 브라질 선거제도인 개방형 비례대표제(open-list proportional representation)가 극단적 정당 분화를 초래하고 있기 때문이다. 다당제에 기초한 브라질 연정대통령제는 의원내각제처럼 작동한다(Power 2009: 23). 고정된 임기를 갖고 의회 신임을 받을 필요 없이 다당제적 대통령제(multi-party presidentialism) 하에서 2개 이상의 정당과 복잡한 연정협상(coalition bargaining) 과정이 이뤄진다. 집행부는 다당 내각과 의회정치에서 투표블록을 형성한다. 예컨대 사민당 소속인 카르도소 대통령(1995~2002)은 중도정당과 보수정당들과 다당 연합정치를 구축했다. 그 후 노동자당 소속인 룰라 대통령(2003~2010) 또한 좌에서 중도우파에 이르기까지 이념적 스펙트럼이 다양한 정치연합을 시도했다. 브라질 연정대통령제는 카르도소 및 룰라 대통령 하에서 행정부-의회 간 조정이 최상으로 조정되어 왔다는 것은 잘 알려진 사실이다(Figueiredo 2007: 190).

한국 정치에서도 선거제도의 비례성이 강화되고 이를 통해 다당제 하의 균형 잡힌 보수-중도-진보 정당체제가 구축될 때 원활한 정부운영과 책임정치는 연립내각의 제도화에 바탕을 둔 연정대통령제를 통해 가능하다. 대통령직(현행 5년 단임 대통령제 유지 경우)을 채택하는 한국 정치에서 정당 간 연립내각을 구성할 경우 획일적인 방식이 정해져 있는 것은 아니고 다양한 시나리오를 상정해 볼 수 있다. 예컨대 대통령 선거에서의 정당후보 득표율에 따라 혹은 의회에 진출한 정당 간에 각료직을 배분하여 정당들에게 일정한 권력지

8) 1990년대 전반기까지는 대통령제와 다당제 간의 관계가 '어려운 조합'(difficult combination)으로 인식되었다(Mainwaring 1993). 대통령제에서 집행권은 정당 간 분점될 수 없으며 따라서 대통령제에서는 정당 간 연합정치는 이뤄질 수 없다는 것이다. 다당제는 행정부-입법부 간의 교착상태를 증가시키고 이념적 양극화를 심화시킴으로써 대통령제의 위험성을 악화시킨 것으로 보았던 것이다. 대통령제는 이념적 양극화를 줄이고 연합정치의 위험을 불식하며 통치능력을 향상시키는 양당제와 조합될 때 최상으로 작동할 가능성이 높아진다는 인식이 팽배했다. 그렇지만 브라질을 비롯한 라틴아메리카국가들에서는 연합정치에 기초하는 대통령제(coalition-based presidentialism)가 민주주의 양식이 되고 있다.

분을 보장하는 방식이다. 다만 연립내각의 구성을 위한 협상과정은 단순히 각 정당 간 각료배분이나 상호 정치적 이익의 교환 과정에 그치면 연립내각의 의미를 희석시킬 수 있다. 대신 경제정책, 사회정책, 노동정책, 한반도 평화정책 등의 진전을 위한 종합적 정책비전이 제시되는 게 연립내각의 정책적 효과를 높일 수 있다.

4) 연립정부 사례 평가

단순히 지역주의를 극복한다는 발상에서 연립정부를 구성하면 사회갈등 해소에 도움이 되지 않는다. 1997년 DJP연합에 기반을 둔 김대중 정부의 수립이 바로 그런 사례이다. DJP연합은 정당 간 정권교체라는 민주정치의 진전을 가져온 것은 사실이나 호남 출신 대통령과 충청 출신 총리의 등장으로 영호남의 갈등구조는 해소되지 않았다. DJP연합은 정치적 '혈통'이 다를 뿐만 아니라 이념적 지향성과 정책기조가 다른 지역정당 간에 오직 정권장악이라는 정략적 목표에 의해 형성되었다고 해도 과언이 아니다. 영남출신 정치세력의 장기집권으로 지역균열이 깊어졌기 때문에 호남출신이 집권해야 지역균열이 해소된다는 논리가 등장했다. 호남을 중심으로 한 저항적 지역연합을 구축함으로써 '연립정부'의 수립을 촉구했고 결국 이는 성공했다. 그러나 저항적 지역주의가 집권하여 영호남 지역균열구조는 해체되지 않았다. 지역에 기반을 둔 연립정부는 정략적 유용성은 있을지 모르나 오히려 지역균열구조를 고착시킬 우려가 높다(박찬욱 2005: 26).

2005년 한나라당에 대한 노무현 대통령의 대연정 제안은 어떠했는가? 그의 대연정 제안은 내각 구성이라는 측면에서 보면 다수제에서 합의제로 정부 구성 패러다임을 바꾸려는 시도였다. 하지만 이러한 제안은 집권 초기, 아니면 2004년 열린우리당이 국회 과반수 의석을 확보했을 때에 했어야 했다. 그래야만 정치적 상징 효과도 국민들의 이해도 구할 수 있었을 것이다. 당시 지지율이 20% 안팎을 오르락 거릴 때 그것도 집권 중반기에 이러한 제안을 했다는 사실은 대연정으로의 전환을 하겠다는 정치적 진정성이 아니라 국정 책임 분산을 위한 정략적 발상에서 나온 것이라는 오비이락(烏飛梨落)의 해석을 불러일으켰다. 더욱이 열린우리당-한나라당 간의 대연정 형태의 연립정부는 서유럽 국가들의 연립정부 경험에서 알 수 있듯이 국가적 위기 상황에서나 가능하지, 평상시에는 그 구성이 좀처럼 쉽지 않다.

연립정부가 구성되는 근거는 각 정당의 이념적 가치와 정책지향성이 되는 게 순리이다. 한국 정당의 이념적 가치와 정책기조의 인접성과 유사성으로 고려 할 때 노무현 정부 당시 연합 내부의 정책갈등 소지가 적은 소연정(최소승리연합)은 당시 열린우리당-민주노동당, 열린우리당-민주당간의 연립정부 구성이었을 것이다. 이 중 열린우리당과 민주당은 분당 이후 쌓인 정치적 앙금으로 인해 연립정부의 구성이 쉽지 않았을 것이다. 반면에 열린우리당-민주노동당의 연립정부가 정책조정에 있어서 무리가 없었을 것이다.

이런 점에서 노무현 대통령이 제기했던 한나라당과의 대연정 제안은 실현 가능성이 없었을 뿐만 아니라 바람직하지도 않았다. 그것은 일종의 지역통합 전략의 일환으로서 일시적으로 영호남 주민의 심정적 거리를 좁히는 효과가 있었을지 모르지만 사회경제적 양극화에 따른 계층 노사 갈등 해소에는 별로 도움이 되지 않았을 것이기 때문이다. 오히려 한나라당보다는 일종의 정치적 블루오션 전략의 한 해법으로서 정당명부 비례대표제 강화·한미자유무역협정(FTA)·비정규직 차별 시정 등을 매개고리로 하여 민주노동당을 연정 파트너로 선택했더라면 더 바람직했을 것이다. 물론 급진 진보세력을 경계하는 한국의 정치문화를 고려할 때 그것은 한국 국민에게 하나의 정치적 충격이 되었을지도 모른다.

그렇지만 열린우리당과 민주노동당 간에는 연정의 조건, 즉 일정부분 정책지향의 공유성 및 지지기반의 오버래핑이 존재했다. 자유주의 개혁세력과 진보세력간에 연립정부를 구성하여 노사정 대타협을 이끌어내곤 했던 서유럽 국가들의 경험에서 비춰 볼 때 열린우리당-민노당 연립정부는 사회경제적 양극화 해소에 기여할 수 있었을 것이다. 무엇보다도 그것은 한국노총과 민주노총을 노사정위원회에 복귀시킴으로써 사회적 대타협을 유도할 계기를 만들어 낼 수 있었을 것이다.

5) 연립정부 회의론과 가능성

한국 정치에서 과연 연립정부가 구성될 수 있을 것이며, 설사 구성된다고 하더라도 정상적 작동이 가능하겠는가 하는 회의론이 정치권이나 국민들 사이에 존재하고 있는 게 사실이다. 연립정부의 원활한 구성과 작동은 대화와 타협이 가능한 정치문화를 요구하는데 한국에는 그런 정치문화가 뿌리를 내리지 않았기 때문이다.

그러나 대화와 타협의 정치문화가 존재할 때 연립정부의 필요성은 반감되거나 제기되지 않는다. 핀란드를 제외한 노르딕유럽 국가들은 온건다당제 하에서도 정당 간 연립정부를 수립하지 않고 단일정당에 의해 소수 정부가 구성된 경우가 없지 않다(선학태 2005: 73). 특히 사민주의정당들은 의회 과반수 의석을 차지하지 못해 단독으로 소수내각을 구성하곤 한다. 그래도 국정혼란과 마비는 나타나지 않는다. 여야 간 대화와 타협의 정치문화가 보편화되어 있기 때문에 야당이 연립정부에 참여할 의사를 갖지 않는다. 또 그들 나라의 이익단체는 정책결정을 둘러싸고 정부와 직접 협상하는 것이 제도화돼 있기 때문에 이익집단의 정치적 지원을 받는 야당은 굳이 정부 구성에 참여할 필요가 없다. 예컨대 사민주의정당은 노조, 그리고 보수당은 사용자단체와 각각 연결되어 연립정부에 가담하지 않더라도 정부정책에 영향을 미칠 수 있다.

이와 달리 한국 정당들의 경우 입으로는 대화와 타협의 정치를 강조하지만 실제로는 대화와 타협, 관용과 포용의 문화가 정착되고 있지 않다. 말하자면 한국 정당 간에는 규범문화와 행동문화의 괴리가 존재하고 있는 것이다. 바로 이렇기 때문에 역설적으로 연립정부의 제도화가 요구되고 있다. 여기에는 정치인들의 전략적 선택(strategic choice)이 필요하다. 연립정부가 제도화되면 정당 간 무한 경쟁과 대결 문화가 대화와 타협 문화로 바뀌질 수 있다.

게르만유럽 국가들에서 보편화되고 있는 연립정부의 수립이 처음부터 정당 간의 대화와 타협과 합의 문화에 바탕을 둔 게 아니다. 잘 알려진 바와 같이 그들 나라는 언어 종교 이념 계급 계층 지역 간에 대화와 타협과 합의보다는 극심한 분열과 갈등이 분출했다. 특히 노사갈등은 걷잡을 수 없을 정도로 격렬했다. 이러한 사회갈등과 분열을 관리 조정하기 위해 그들 국가의 정당들은 비례성이 높은 선거제도를 도입하여 연합정치, 특히 연립정부를 전략적으로 선택했고 그 결과 분열집단 간의 '상생과 공존'을 위한 대화와 타협과 합의 문화를 점진적으로 창출해 냈다.

이런 점에서 한국의 정치인들도 연립정부의 제도화를 전략적으로 선택하면 이는 정치체제의 작동을 원활하게 하는 대화와 타협의 정치문화를 형성시켜 한국정치 발전에 기여할 수 있을 것이다. 이를 위해서는 대전제가 필요하다. 즉 비례성이 높은 선거제도를 채택하여 어느 정당도 패권 정당을 허용하지 않는 다당제의 균형 잡힌 보수-중도-진보 정당체제의 등장이다.

6) 연합정치의 제도적 효과

연합정치는 의회정치 및 정부의 대표성을 높이고 효율적인 정책 산출능력을 통해 정치의 책임성을 높이는 정치예술이다(Crepaz and Birchfield 2000: 206-215). 실제로 게르만유럽 국가들은 사회분열과 갈등 구조에 뿌리를 둔 각 정당이 의회 및 내각 차원에서 연합정치를 통해 다양한 사회갈등 관계를 조정 관리하여 국민통합을 이룩하고 있다. 특히 사회 내의 소수 세력 혹은 사회경제적 취약집단과 세력을 대표하는 정당도 일정한 권력지분과 대표성을 인정하는 연합정치에 참여시키는 것이 보편화되어 있다(선학태 2005: 74-77). 서유럽 국가들의 연합정치는 사회적 기반을 갖춘 정당 간 연합이고 이는 곧 시민사회와 시장의 여러 집단과 계층과 지역 간 연합으로 이어진다. 이러한 현상은 특히 자유주의정당과 사민주의정당 간의 연합정치를 통해서 계층 노사갈등을 조정 해소하는 과정에 두드러지게 나타난다.

이 점에 비춰 볼 때 한국민주주의도 합의제패러다임에 입각해 연합정치 시스템을 작동할 수 있다면 몇 가지 제도적 효과를 기대할 수 있다. 첫째, 연합정치는 불안정한 한국 정당체제의 제도화에 기여할 수 있을 것이다. 한국 정당체제에서는 갈등과 분열을 보이는 다양한 집단 계층 지역에 각각 뿌리를 둔 다당제 요구가 존재하는 반면에, 대통령직 획득을 위한 경쟁력을 갖춘 거대 양당제 요구 압박이 강하다. 이 때문에 한국 정당체제는 형식적으로 다당제의 틀이 지속되는 가운데 대통령 및 국회의원 선거를 전후해 정당 간 이합집산으로 요동치는 등 끊임없이 불안정하다. 연합정치는 그 같은 정당체제의 불안정을 해소하고 다양한 사회갈등과 분열을 조직하고 대표하는 정당체제를 제도화하는 데 도움이 될 수 있다. 소수당도 연합정치의 파트너로 참여할 수 있는 가능성이 열려 있어 대선과 총선을 전후해서 해체되지 않고 자신의 정체성과 독자성을 견지할 수 있기 때문이다.

둘째, 국회와 정부 차원에서 정당 간 연합정치가 보편화되면 이는 곧 시민사회와 시장의 여러 집단 계층 간 파트너십으로 이어지는 정치적 디딤돌이 될 수 있을 것이다. 독일식 선거제도가 채택되면 사회적 기반에 뿌리를 둔 정당이 출현하고 이들 간에 이뤄지는 연합정치가 자연스럽게 시민사회와 시장의 여러 집단 계층 간의 갈등 해소를 이끌어낼 수 있기 때문이다. 역으로 시민사회와 시장의 여러 집단 계층 간의 화합 분위기는 그들에 뿌리를 둔 정당 간의 정책협의를 촉진한다. 이처럼 연합정치와 사회파트너십 간에는 선순환 메커니즘이 작동할 수 있다. 이를 통해 한국 사회에서 분출하는 다종다양한 분열과 갈등의 조정 관리가 가능해 질 수 있다. 부연하면 사회분열 구조에 뿌리를 둔 각 정당 간 연합정치는 파트너 정당들로 하여금 서로 상대방의 정책을 배려하도록 유도하기 때문에 균형된 실용주의적 정책 결정 및 실행을 통해 이익갈등과 가치갈등을 조정하고 국민통합을 이룩해 낼 수 있을 것이다.

셋째, 정당 간 권력분점 공유 형태로 나타난 연합정치는 사회의 다양한 집단 계층 지역의 대표가 '동등하고 효과적'으로 정치참여를 가능케 하는 절차적 민주주의를 강화시킬 수 있다. 또 강화된 절차적 민주주의는 보통사람들의 사회경제적 시민권을 신장하는 정책콘텐츠를 산출하는 실질적 민주주의 강화로 이어진다. 이런 선순환 과정은 한국민주주의 발전, 공고화를 의미한다. 연합정치는 특히 시장의 실패자나 사회적 약자, 소수자를 대표하는 정당에게도 국가정책 결정 과정에 참여할 수 있는 제도적 인센티브를 제공함으로써 복지 교육 의료 주택 등 그들의 삶의 질을 높일 수 있는 사회통합 정책을 산출해 내는 동력이 된다. 사회경제적 성과에서 연합정치의 우월성은 레이파트 학파의 많은 경험적 연구로 검증된 바 있다(Birchfield and Crepaz 1998; Crepaz 2002; Crepaz, and Moser 2004).

넷째, 진보정당이 다른 정당과의 권력분점 형태로 내각구성에 참여할 경우 이는 노동대중의 이익을 대표하고 부응할 수 있는 정부정책(복지정책, 노동정책, 교육정책 등)을 이끌어내 노사 갈등과 이념갈등 완화에 크게 이바지 할 수 있을 것이다. 바꿔 말하면 파트너십과 정책네트워킹에 기초하는 노사정 거버넌스 시스템의 원활한 작동은 진보정당이 참여하는 연립정부의 구성이 제도화될 때 가능하다.[9] 진보정당은 노동대중으로 하여금 '길거리 정치' 유혹을 뿌리치게 하도록 하여 사회적 대화 및 협상 테이블로 견인하는 데 공헌할 수 있을 것이기 때문이다. 이러한 사례는 서유럽 국가들의 경험에서 볼 수 있다. 그들 나라에서는 노동과 사회취약계층의 이해관계가 중도 좌파정당들이 참여하는 연립정부의 정책 협상테이블에서 대표될 수 있고 이는 노조의 전략적 행동에 영향을 준다. 즉 노조는 산업 현장에서 과격한 투쟁전략을 피하고 글로벌 시장의 충격에 대응하기 위한 '온건과 절제와 타협'의 전략을 택함으로써 노사정 대타협을 이끌어내곤 한다. 예컨대 스페인, 네덜란드, 아일랜드의 노사정 대타협은 정당 간, 특히 사민주의를 표방한 진보정당이 자유주의 보수정당과의 협력체제에 기반을 둔 연립정부의 수립에 의해 가능했다(선학태 2006: 제5, 9, 13장).

마지막으로 연합정치는 국정의 일관성을 유지하고 효율성을 높이는 데 도움이 된다. 다수제 정치패러다임에서는 집권당 단독으로 구성된 정부가 앞선 정부정책을 갑작스럽게 중단, 수정, 역전시키는 경향을 보인다. 바꿔 말하면 정권이 경제적 정치적 문제에 대한 상이한 해법을 갖는 두 개의 거대 정당

9) 진보적 개혁정당 출신 인물이 예컨대 노동 및 복지 분야의 장관을 담당하는 것은 사회통합에 도움이 될 것이다. 그들은 전투적이고 무리한 요구를 하는 노동운동을 설득시키는 데 유리하다. 스페인에서 진보정당 출신 장관들은 노동의 권익을 대표하고 과격한 노동운동을 자제시키는 등 노조들의 절제와 타협적 태도를 이끌어내는데 공헌했다 (Encarnacion, 2001a: 343; 2001b: 76-77).

간에 전면적으로 교체되면 정부정책의 안정성, 일관성 및 예측 가능성이 떨어진다. 우리는 이를 현 이명박 정부에서 경험하고 있다. 반면에 연합정치에서는 연정 파트너의 부분적 교체만 이뤄질 개연성이 높고 국가정책이 정당 간의 상생과 협력에 바탕을 둔 결정 프로세스를 경유하기 때문에 안정적이고 예측 가능하다. 또 연정 내부의 정책협상 과정은 국정의 효율성을 기대할 수 있다. 물론 토론과 심의를 통해 합의에 도달하려는 권력분점 시스템으로서의 연합정치는 정책결정 과정을 지연시켜 비효율적이라는 비판이 제기될 수 있다. 그러나 연합정치를 통해서 일단 정책이 결정되면 저항과 갈등을 최소화하여 실행될 수 있기 때문에 사회적 정치적 갈등을 관리하는 데 효과적이다. 이 점에서 연합정치는 단기적으로는 비효율성 측면이 있을지 모르지만 중장기적으로는 모두 다수결주의적 의사결정에 따른 갈등 대립정치보다 훨씬 더 효율적이다.

결과적으로 연합정치는 민주주의의 주요 원리이고 평가 잣대인 정통성과 효과성, 대표성과 통치력, 투명성과 책임성을 동시에 높이는 효과가 있다.

5. 맺음말

합의제 패러다임의 연합정치 시스템은 위정척사(衛正斥邪)의 잣대가 아니라 화이부동(和而不同)의 잣대를 요구한다. 그것은 다수파 '정의'의 정책결정이 아니라 다수파와 소수파 간의 변증법적 토론 절차에 따른 '모두스 비벤디'(modus vivendi)의 정책결정을 지향한다. 이는 상생정치를 의미한다. 상생정치는 연합정치 시스템의 본질이다.

한국민주주의의 지향점은 다수파 '정의의 정치'가 아니라 다수파와 소수파 간의 '상생정치'이다. '수(數)의 논리'와 '경쟁'으로 정치적 승부를 거는 한국민주주의에서는 '승리문화'에 몰입하려는 열망이 크기 때문에 대화와 타협, 관용과 포용, 양보나 협상에 기초하는 '상생문화'는 자리 잡을 수 없다. '상대방의 완패'와 '우리의 완승'을 겨냥하는 한국민주주의는 본질적으로 갈등과 대립과 불안정을 야기할 수밖에 없다. 따라서 그 대안으로 '정의의 비전'이 아니라 '상생의 비전'을 지향하는 합의제 패러다임의 연합정치 시스템이 디자인될 필요가 있다. 이는 '포스트민주화 헌정체제'의 프로젝트이고 이를 통해 한국 민주주의의 절차적 정당성이 강화될 수 있다.

한국 절차적 민주주의의 정교화를 위한 정치시스템을 디자인하는 데 있어 우리는 문화결정론적 함정에서 벗어나야 한다. 물론 문화는 정치시스템 작동에 영향을 미치는 주요 변수이다. 정치시스템이 어떠한 문화적 토양에서 어떠한 성향의 정치행위자들에 의해 작동되느냐에 따라 동일한 정치시스템도 다르게 작동한다. 그러나 문화결정론적 비관론은 문화의 고정 불변성을 전제하여 정치시스템 작동에 대한 문화의 일방적 영향을 가정하고 있다는 점에서 이론적으로나 경험적으로 설득력이 취약하다. 문화는 정치행위자들의 전략적 선택에 따라 도입된 정치시스템의 혁신에 의해 변화할 수 있다. 정치시스템은 개인이나 집단의 사고와 행동을 규율하는 구속력을 갖고 있기 때문이다. 서유럽 국가들의 정치 경험이 이를 웅변한다. 언어 종교 이념 계급 계층 지역 간 갈등이 구조화된 서유럽 국가들은 이를 관리하기 위해 합의제 패러다임의 연합정치 시스템을 작동시켜 갈등집단 간의 대화와 타협, 상생과 합의 문화를 점진적으로 창출해 냈다(선학태 2005). 정치시스템의 혁신에 주목해야 하는 이유가 바로 여기에 있다.

이런 의미에서 한국민주주의에 정착시키고자 하는 합의제 패러다임의 연합정치 시스템 작동을 위한 첫 단추는 독일식 '2표 연동형 혼합' 선거제도라고 말하지 않을 수 없다. 선거제도야말로 정당체제와 권력구조의 초석이며 궁극적으로 한 나라의 민주주의 발전 모델을 규정하는 가장 강력한 정치적 지렛대이다.

하지만 만일 독일식 선거제도로의 개혁을 추진한다면 그건 정당 및 의원 개인별 손익 계산이 얽히고설킨 매우 어려운 과정이 연출될 게 분명하다. 그들은 선거제도 개편 문제에 대면할 때 선거 이후 자신들의 정치적 지분이 줄지 않기를 바라는 정략성, 아니 어쩌면 정치적 생명줄이 달려 있는 사활적인 문제이기 때문이다.

이러한 사정을 고려할 때 선거제도 개혁을 정당 및 정치인들의 손에만 맡기는 것은 되레 개악될 수 있는 여지가 많다. 축구 선수가 게임 룰을 만들 수 없는 이치와 같다. 그래서 일종의 정치적 아웃소싱을 통해서 선거제도를 개혁하는 게 바람직하다. 1993년 뉴질랜드는 독일식 선거제도 변경을 위해 국민투표를 실시했다. 한국도 선거제도 개혁의 중대성을 감안해서 이를 국민투표의 주요 안건으로 회부하는 것을 진지하게 검토해 볼 것을 제안하고 싶다. 그것이 불가능하다면 학자, 시민단체, 정당 등의 대표들이 참여하는 초정파적 사회합의형 선거제도개혁위원회를 구성하는 게 하나의 선택지가 될 수 있다.

그것도 아니라면 향후 시민운동 단체들이 옷소매를 걷어붙이고 발품을 팔아야 한다. 선거철에 후보자 개개인의 도덕성 검증 및 자격요건을 따지고 '저비용 고효율 정치'로의 개혁 등을 요구하는 것보다 선거제도 개혁에 온몸을 던지라는 말이다. 노동운동도 진정으로 생존권 투쟁을 하려면 임금과 같은 단기적 이익을 챙기는 데 시간과 에너지를 할애하는 것보다 선거제도의 개혁에 관심을 갖고 전력투구하기를 권고하고 싶다.

필요하다면 2008~09 촛불의 감동과 시민정치운동이 선거제도 개혁을 위해 다시금 불타오를 수도 있을 것이다. 정치권에 압박과 충격을 가하기 위해서이다. 불씨 하나가 광야를 태울 수 있다는 비장한 각오로 지역에서 풀뿌리 운동을 하는 지역단체들과 시민사회단체, 진보운동 단체들, 그리고 야당과 진보정당까지 포괄하는 선거제도 개혁 연합전선을 구축할 수 있다면 합의제 정치패러다임 구축과 한국민주주의 발전의 터닝포인트가 될 수 있을 것이다.

참고문헌

김재한 편. 2001. 『분열의 민주주의』. 서울: 소화.

박찬욱. 2005. "지역균열의 해소와 균형정치." 미발표 논문. 1-37.

선학태. 2005. 『민주주의와 상생정치: 서유럽 다수제 모델 vs 합의제 모델』. 서울: 다산출판사.

선학태. 2006.『사회협약정치의 역동성: 서유럽 정책협의와 갈등조정 시스템』. 서울: 한울아카데미.

조희연. 2006. "한국의 이념갈등과 '진보의 혁신', '보수의 혁신'." 한국여성개발원 · 한국사회학회. 『한국 사회의 새로운 갈등구조와 국민통합』. 53-85.

황태연. 2005. "유럽 분권형 대통령제에 관한 고찰." 『한국정치학회보』. 39집, 2호. 45-62.

Belmont, Katharine, Scott Mainwaring, and Andrew Reynolds. 2002. "Introduction: Institutional Design, Conflict Management, and Democracy." in Andrew Reynolds(ed.). *The Architecture of Democracy: Constitutional Design, Conflict Management, and Democracy*. Oxford: Oxford University Press. 1-11.

Birchfield, V. and M. M. L. Crepaz. 1998. "The Impact of Constitutional Structures and Collective and Competitive Veto Points on Income Inequality in Industrialized Democracies." *European Journal of Political Research*. Vol. 34. 175-200.

Blondel, Jean. 1968. "Party Systems and Patterns of Government in Western Democracies." *Canadian Journal of Political Science*. Vol. 1, No. 2(June). 180-203.

Cheibub, Jose Antonio, Adam Przeworski and Sebastian M. Saiegh. 2004. "Government Coalitions and Legislative Success under Presidentialism and Parliamentalism." *British Journal of Political Science*. Vol. 34. 565-587.

Crepaz, M. M. L. 2002. "Global, Constitutional, and Partisan Determinants of Redistribution in Fifteen OECD Countries." *Comparative Politics*. Vol. 34, No. 2. 169-188.

Crepaz, M. L. M. and V. Birchfield. 2000. "Global Economics, Local Politics: Lijphart's Theory of Consensus Democracy and Politics of the Inclusion." in M. L. Crepaz, T. A. Koeble and D. Wilsford(eds.). *Democracy and Institutions: The Life Work of Arend Lijphart*. Ann Arbor, Michigan: The University of Michigan Press. 197-224.

Crepaz, Markus M. L and Ann W. Moser. 2004. "The Impact of Collective and Competitive Veto Points on Public Expenditures in the Global Age." *Comparative Political Sciences*. Vol. 37. 259-285.

Crepaz, Markus M. L. 1996. "Consensus versus Majoritarian Democracy: Political Institutions and Their Impact on Macroeconomic Performance and Industrial Disputes." *Comparative Political Studies*. Vol.29, No.1(February). 4-26.

Encarnción, Omar G. 2001a. "Labour and Pacted Democracy: Post-Franco Spain in Comparative Perspective." *Comparative Politics*. Vol. 33, No. 3(April). 337-355.

Encarnción, Omar G. 2001b. "Civil Society and the Consolidation of Democracy in Spain." *Political Science Quarterly*. Vol. 116, No. 1(Spring). 53-81.

Figueiredo. Argelina Cheibub. 2007. "Government Coalitions in Brazilian Democracy." *Brazilian Political Science Review*. Vol. 1, No. 2. 182-206.

Hall, Peter, Jack Hayward, and Howard Machin. 1994. *Development in French Politics*, London: Macmillan Press.

Hamann, K and K. John. 2007. "Party Politics and the Reemergence of Social Pacts in Western Europe." *Comparative Political Studies*. Vol. 40, No. 8. 53-71.

Hays, J. C. 2003. "Globalization and Capital Taxation in Consensus and Majoritarian Democracies." *World Politics*. Vol.56.

Iversen, Torben and David Soskice. 2006. "Electoral Institutions and the Politics of Coalition: Why Some Democracies Redistribute More Than Others." *American Political Science Review*. Vol. 100, No. 2. 165-180.

Iversen, Torben and David Soskice. 2009. "Distribution and Redistribution: The Shadow of the Nineteen Century." *World Politics*. Vol. 61, No. 3. 438-486.

Iversen, Torben and John D. Stephens. 2008. "Partisan Politics, Welfare State, and Three Worlds of Human Capital Formation." *Comparative Political Studies*. Vol. 41, No. 4/5. 600-637.

Katzenstein, Peter J. 2003. "Small States and Small States Revisited." *New Political Economy*. Vol.8, No.1. 9-29.

Keeler, John T. S. and Martin A. Schain. 1997. "Institutions, Political Poker, and Regime Evolution in France." in Kurt von Mettenheim(ed.). *Presidential Institutions and Democratic Politics: Comparing Regional and National Contexts*. Baltimore, MD: The Johns Hopkins University Press. 84-105.

Klöti, Ulrich. 2001. "Consensual Government in a Heterogeneous Polity." *West European Politics*. Vol. 24, No. 2(April). 19-34.

Lijphart, A., and M. M. L. Crepaz. 1991. "Corporatism and Consensus Democracy in Eighteen Countries: *Conceptual and Empirical Linkages*." *British Journal of Political Science*. Vol. 21. 235-256.

Lijphart, Arend. 1981 "Introduction: The Belgian Example of Cultural Coexistence in Comparative Perspective." in A. Lijphart(ed.). *Conflict and Coexistence in Belgium*. Berkely: Institute of International Studies. 1-12.

Lijphart, Arend. 1984. *Democracies: Patterns of Majoritarian and Consensus Government in Twenty-One Countries*. New Haven and London: Yale University Press.

Lijphart, Arend. 1999. *Patterns of Democracy: Government Forms and Performance in Thirty-Six Countries*. New Haven: Yale University Press.

Lijphart, Arend. 2002. "The Wave of Power-sharing Democracy." in Andrew Reynolds(ed.). *The Architecture of Democracy: Constitutional Design, Conflict Management, and Democracy*. Oxford: Oxford University Press. 37-54.

Lijphart, Arend. 2004. "Constitutional Design for Divided Societies." *Journal of Democracy*. Vol. 15, No. 2(April). 96-109.

Mainwaring. S. 1993. "Presidentialism, and Democracy: The Difficult Combination." *Comparative Political Studies*. Vol. 26, No. 2. 198-228.

Nagel, Jack H. 2000. "Expanding the Spectrum of Democracies: Reflections on Proportional Representation in New Zealand." in M. L. Crepaz, T. A. Koeble and D. Wilsford(eds.). *Democracy and Institutions: The Life Work of Arend Lijphart*. Ann Arbor, Michigan: The University of Michigan Press. 113-128.

Persson, T. and G. Tabellini. 2003. *The Economic Effects of Constitution*. MIT Press.

Power, Timothy J. 2010. "Optimism, Pessimism, and Coalitional Presidentialism: Debating the Institutional Design of Brazilian Democracy." *Bulletin of Latin*

America Research. Vol. 29, No. 1 18-33.

Raile, Eric D., Carlos Pereira, and Timonthy J. Power. 2006. "The Presidential Toolbox: Generating Support in a Multiparty Presidential Regime." Paper presented to the Annual Meeting of the American Political Science Association, Philadelphia 31 August-3 September. 1-38.

Reynolds, Andrew. 2000. "Majoritarian or Power-Sharing Government." in M. L. Crepaz, T. A. Koeble and D. Wilsford(eds.). *Democracy and Institutions: The Life Work of Arend Lijphart*. Ann Arbor, Michigan: The University of Michigan Press. 155-195.

Schmidt, Manfred G. 2004. *Political Institutions in the Federal Republic of Germany*. Oxford: Oxford University Press.

Slomp, Hand. *European Politics into the Twenty-first Century: Integration and Division*. Westport, CT: Praeger.

Swank, Duane. 2002. *Global Capital, Political Institutions, and Policy Change in Developed Welfare State*. Cambridge University Press.

Part Ⅱ

제5장 네덜란드 사회적 파트너십의 변화와 지속성
제6장 네덜란드 합의제 민주주의: 변화와 지속성
제7장 오스트리아 정책파트너십의 역동성: 도전과 연속성
제8장 오스트리아 합의제 정치: 역동성과 도전
제9장 영국과 아일랜드의 노사정 시스템

Chapter

05 네덜란드 사회적 파트너십의 변화와 지속성

1. 탈분극화 · 탈정치화, 화합의 정치경제

사회세력의 분절화(pillarization)에도 불구하고 이를 희석시키려는 탈분극화 노력은 오랫동안 네덜란드 정치의 기본 과제였다. 분절화는 로마 카톨릭 세력과 칼빈 프로테스탄트 세력의 분열로 나타났다. 소수파인 카톨릭 세력보다는 다수파인 프로테스탄트 세력에 의해 네덜란드 사회문화가 형성되었다. 이에 따라 카톨릭 세력과 프로테스탄트 세력 사이에 갈등이 상존했다. 이러한 갈등의 해법은 지역적 분권화(regional decentralization)가 아니라 서로 다른 학교, 대학, 병원, 라디오, TV 등을 갖는 카톨릭 블록과 프로테스탄트 블록 사이의 사회문화적 분열을 근거로 한 '기능적 분권화'(functional decentralization)였다. 카톨릭 세력과 프로테스탄트 세력은 어떤 상호 접촉을 갖지 않고 상호 결혼하는 경우도 드물었다. 오로지 각 균열 축을 대표하는 엘리트만이 상호 접촉을 통해 문제해결을 시도했다.

분절화된 사회에서 게임의 규칙은 '수용의 정치'(politics of accommodation)였다(Lijphart, 1975). '수용의 정치'를 구현하는 수단은 사회세력간의 갈등과 대립을 예방하기 위해 정치적 임명, 국가재정 배분 등의 영역에서 적용되는 비례성(proportionality) 원칙이었다. 이 비례성 원칙은 강력한 탈분극화의 틀이었다.

왜냐하면 비례성 원칙은 정부재정을 필요로 하는 모든 결정에 적용되는 근거가 됨으로써 정부재정이 인구 수에 기초하여 각 분절집단에 배분되고 있었기 때문이다. 사민주의 세력과 자유주의 세력은 때때로 균열축의 경계를 넘어서는 이념에 집착하기도 했지만 자신의 분절집단을 효과적으로 발전시켰다. 네덜란드 사회의 분절화는 엘리트들에 의해 해결되었는데 각 분절집단에 거주하는 주민들은 다른 분절집단의 대표들과 협상할 수 있는 권한을 부여받은 자신들의 지도자들의 결정에 순응했다. 바꾸어 말하면 네덜란드의 정치적 안정은 소수 엘리트에 의한 의사결정과 이에 대한 주민들의 정치적 수동성을 요구했다.

분절집단을 갖는 다른 나라(벨기에, 오스트리아)보다도 네덜란드 사회의 분절화가 효과적으로 관리되는 요인이 있었다(Slomp, 2004: 71-72). 첫째, 네덜란드 정치는 이념적 스펙트럼상 중도적 성향을 보인 거대 정당에 의해 지배되는 구심적 정치(centripetal politics)를 전개함으로써 일반시민들의 과도한 정치적 동력화와 정치적 주도를 방지하는 탈분극화(de-polarization)의 길을 걸을 수 있었다. 구체적으로 정부에서 줄곧 지배정당의 위상을 견지했던 기민당은 좌·우 균열에서 중도적인 정향을 보였다. 사민당이 최대의 좌파정당이었지만 1990년대 후반기를 제외하고는 정치력에 있어 거의 지속적으로 기민당에 비해 열세였다. 지배정당인 기민당은 보수자유주의 우파정당 혹은 중도좌파인 사민당을 연정파트너로 선택했다. 이러한 특징으로 인하여 네덜란드 정치는 사회의 탈분극화와 구심적 정치를 지향할 수 있었다. 1970년대 말까지 기독교민주주의는 거대한 카톨릭 정당, 두 개의 작은 프로테스탄트 정당 등 3개의 정당들로 구성되었지만 그 후 대체로 그들은 하나의 블록을 형성하여 정치에 참여했다.

둘째, 카톨릭과 사민주의 사이의 균열축이 지배하고 있는 다른 나라들과는 대조적으로 네덜란드에는 프로테스탄트 세력이 카톨릭과 사민주의 간의 분극화를 방지하고 정치적 이슈들에 대한 '과학적' 해법을 모색했다. 프로테스탄트들이 과학, 특히 자연과학, 계량경제학에 강한 신뢰를 보냄에 따라 네덜란드는 이런 과학의 명성에 대한 오랜 전통을 가졌다. 프로테스탄트는 '과학적으로 검증된'(scientifically-based) 정책을 주창했으며 따라서 그들의 성실한 계량경제학적 데이터에 대해서 다른 분절집단의 대표들도 의심하지 않았다. 과학적 데이터, 특히 중앙기획국(Central Planning Bureau)이 제공하는 경제상황에 관한 계량경제학적 데이터에 근거하여 정책결정을 시도하는 것은 네덜란드 사회경제정책 과정에서 탈정치화의 주요 특징이 되었다.

셋째, 카톨릭 균열축과 프로테스탄트 균열축은 각각 노동계급, 중산계급, 상층계급 등 여러 사회계급 출신의 사람들을 포함했다. 이 때문에 계급·계층균열 이슈의 돌출이 그렇게 심하지 않았다. 카톨릭 노동자들은 사민주의 균열축의 프로테스탄트 출신 노동자들보다 카톨릭 중산계급에 더 동질감을 느꼈다. 이런 점에서 카톨릭 균열축과 프로테스탄트 균열축의 각 계급·계층은 다른 종교적 균열축의 특정 사회계급·계층에 기반한 수평적 동질성보다는 동일 종교적 균열축의 실질적인 수직적 동질성을 더 지닐 수 있었다. 이러한 구조는 사회계급의 탈분극화에 도움이 됐다.

마지막으로 정책결정의 일부를 이해관계 집단들에 맡기는 사회적 파트너십에 기초한 탈정치화를 통하여 정치적 갈등을 조정했다. 사실 네덜란드는 가장 모범적인 사회적 파트너십 시스템을 채택하고 있는 서유럽국가들 중 하나다. 후술한 바와 같이 제2차 세계대전 말 이후 노조와 사용자단체들은 사회경제정책을 논의하는 공식적인 자문기구에 적극적으로 참여했다. 네덜란드는 게르만유럽 소국들에 공통적인 현상인 이 같은 사회적 파트너십 시스템의 작동을 통하여 탈정치화를 실천했다.

네덜란드 사회적 파트너십은 본시 카톨릭 사회교리와 칼빈주의 교리에서부터 유래한 것이다. 카톨릭 사회교리는 자본주의와 사회주의 사이의 '제3의 길'(third way)을 선호했다. 카톨릭 사회교리는 카톨릭 노동자들이 사회주의로 이탈하지 못하도록 하기 위해 자본주의를 동력화할 수 있는 '유기적'(corpora) 결사체로 노동과 자본을 조직화함으로써 계급투쟁을 완화하고자 했다. 국가는 보충성의 원칙에 따라 경제주체들에게 자율성을 주되 시장의 경제주체들이 스스로 문제해결을 할 수 없는 경우에만 시장규율에 간여할 뿐이다.

카톨릭 사회교리는 네덜란드에서 매우 강력하다. 그것은 카톨릭이 네덜란드공화국 시대 이래 프로테스탄트가 지배하는 국가에서 제2의 소수파계급이었기 때문이었다. 헌법적 권리, 자유주의 정부, 종교의 평등 등을 가져 왔던 1848년 부르주아혁명은 카톨릭 해방운동의 등장을 자극시켰다. 이것은 카톨릭 시민사회를 별개의 조직으로 만드는 계기를 마련했으며 카톨릭 사회교리는 카톨릭 조직의 이념적 버팀목이 되었다. 카톨릭 해방운동은 프랑스, 스페인, 이탈리아와 같은 카톨릭 세력이 압도적인 나라, 그리고 루터파가 압도적인 스칸디나비아국가들에서는 활성화되지 못했다. 이 때문에 사회적 파트너십이 프랑스와 이탈리아에서는 과거에 별로 자리잡지 못했던 것이다.

국가교회로부터 이탈한 근본주의적 칼빈주의자들에 의해 전개된 연이은 해방운동은 자신의 사회철학을 발전시키는 데 카톨릭 사회교리를 원용한 바 크다. 이러한 이념적 환경과 협의주의의 맥락에서 사회민주주의자들도 자신의 다양한 사회적 파트너십 철학을 발전시켰다. 사회민주주의자들 역시 자본주의의 동력화와 사회적 파트너십을 위해 국가의 적극적 역할을 희망했다. 그러나 종교세력들의 저항에 직면하여 사회민주주의자들은 '기능적 분권화'(functional decentralization)로 일컬어지는 독자적인 사회적 파트너십의 이념을 개발했다. 이에 따라 네덜란드 사회적 파트너십은 각 균열축 내에서 발전된 세 유형의 이념적 토대를 갖고 있었다.

19세기 후반 네덜란드 정치를 지배했던 두 가지 쟁점이 떠올랐다. '학교문제'와 '사회문제'가 그것이다. 전자는 공공의 세속교육과 민간의 종교교육 간에 벌어진 갈등이었고(선학태, 2005: 231-233) 후자는 산업화 과정에서 발생한 노동계급의 저항이었다. 정통 칼빈교 및 로마 카톨릭 하위문화의 해방이 사회문제의 발생 이전에 있었기 때문에 20세기 초 노사관계의 정치는 종교적 하위문화 라인을 따라 전개되었다. 이에 따라 네덜란드의 노사관계에서 노동조합과 사용자연합은 각각 서로 독립적인 칼빈파, 카톨릭파, 그리고 사회주의 계열 등 하위문화별로 구축되었다. 종교적 노조와 사용자조직은 비슷한 성향의 정당과 밀접히 연계되었다. 종교 축은 노동계급을 조직화함으로써 사민주의적 계급조직의 발전을 봉쇄했다. 1929년 세계 대공황은 칼빈, 카톨릭 및 사회주의 진영 내에서 이념적인 발전에 영향을 미쳤는데 1920~30년대에 걸쳐 경제질서에 대한 그들 각각의 이념과 이상은 점점 수렴되었다.

경제학자이고 법률이론가인 베라트(J. A. Veraat)는 네덜란드 경제질서의 사회합의주의적 조직화를 주창한 카톨릭 진영 인사이다. 그는 여러 산업부문에서 노사 동수 대표들로 구성된 산업위원회의 도입을 통해서 개인주의적 경쟁원칙을 수정하고자 했다. 또한 그는 산업위원회가 상당한 정도의 자율적 입법권과 사법권을 부여받아 노동조건, 물가, 임금 및 기업조직에 관한 구속력 있는 결정을 내릴 수 있는 권한을 가져야 한다고 주장했다. 이에 따라 1919년 진보적인 카톨릭 출신의 노동장관은 중앙 3자 자문기구인 최고노동위원회를 창립했다. 1930년대에는 고실업에 직면하여 카톨릭 출신 경제장관이 1919년에 설립된 최고노동위원회를 뛰어넘는 노사 동수의 대표로 구성된 경제위원회의 설립을 제안하기도 했다. 1930년대 중반 사민주의자들이 주도한 사회적 파트너십은 절정에 달했다(Hemerijck, 2002: 225-226). 1931년 사민당은 그 연합세력인 노조연맹(NVV)과 합동으로 '신기관'(New Organs)에 대한 보고서를 발표했는데 이것은 1935년에 사민주의적 계급타협과 정책협의로 전환을 꾀하는 '노동계획'(Plan of Labour)으로 이어졌다. 자본주의의 타도가 아니라 개혁을 시도하는 것으로서 그 노동계획은 구조적 경제개혁을 통하여 대공황에 대응한다는 야심 찬 전략이었다. 그것은 계급투쟁을 언급하지 않음으로써 마르크스주의 도그마를 불식했으며 공공근로를 통해 공황을 극복하려는 케인즈주의적 사고를 담고 있었다. 이처럼 제2차 세계대전 발발 이전 네덜란드 사회적 파트너십 개념은 카톨릭과 사민주의 세력에 의해 주도되었다. 개신교 노조도 카톨릭과 사민주의 세력의 사회적 파트너십에 공감하고 있었다.

나치는 점령기간 동안 네덜란드 정치경제를 철저히 통제된 독재체제로 재편했다. 그러나 나치에 의해 자본과 노동의 기능적 이익조직들이 해체된 이후 사용자와 노조의 지도자들은 비밀회담을 통해 전후 정치경제의 새로운 틀을 디자인했다. 그들은 양차 대전 사이에 만들어졌던 분산적인 협상의 틀로 회귀하는 것은 불가능하다는 데에 합의했다. 그들의 비밀회담은 '노동재단'(Foundation of Labour: FL)의 설립에 모태가 되었다. 이는 전후 네덜란드 정치경제가 화합모델로 자리잡게 한 버팀목이 된 것이다.

나치로부터 해방된 이후 사회경제적 재건의 절박성에 대한 합의가 사회적 파트너십 제도의 분출로 구체화되었다. 6여 년 동안에 3자 혹은 2자의 다양한 협의기구가 설립되었다. 2차대전 전에 있던 공공행정과 사회적 조직의 전통에 뿌리박은 네덜란드 사회적 파트너십은 1945년 '산업관계에 관한 특별명령'(Extraordinary Decree on Industrial Relations)이라는 법적 틀 속에서 확립되었다(Hemerijck, 2002: 227). 그리고 자본과 노동의 공식적 대표들은 새로이 만들어진 노동 및 자본의 대표로 구성된 FL에서 정부정책에 열성적으로 협조했다. 나치 점령기에 은밀히 기획된 FL은 협력적 산업관계가 네덜란드 경제재건에 필수적이라는 공감대 속에서 창립되었다. FL은 정부의 주요 자문기구로 인식되었고 여러 협의기구를 통하여 사회경제정책의 형성에 깊이 관여했다.

2. 사회적 파트너십의 제도화

1) 노동재단과 경제사회협의회의 작동

전술한 바와 같이 네덜란드는 2차 세계대전 이전 종교적 균열(칼빈주의와 카톨릭주의)과 계급갈등으로 사회의 '횡적 블록화' 현상이 존재했다. 그러나 칼빈주의, 카톨릭주의, 사회주의 블록들은 1930년대에 고실업을 경험하면서 사회협약정치의 필요성을 절감했다. 특히 2차 세계대전 종식 이후 사회경제적 재건이라는 절박한 국면에서 네덜란드의 그들 세 블록은 사회적 파트너십에 기초한 강력한 사회협약정치를 구축하여 임금억제와 단체협약의 포괄적 적용을 실천하고자 했다. 네덜란드의 산업관계는 제2차 세계대전에서 앞서 언급한 나치즘에 대한 레지스탕스 운동에서 보여진 노동과 자본의 협력에 뿌리를 둔 '노동재단'이라는 노동과 자본 간의 자율적인 민간기구로 출발했다(Hemerijck, 2002: 227-228).[1] FL은 민법 관할 하에 있는 조직인데 사회적 파트

1) '노동재단'은 사회주의 블록노조(NVV), 카톨릭주의 블록노조(NKV), 칼빈주의 블록노조인 전국기독교노조연합(CNV, 기민당과 연계), 그리고 사용자연합들에 의해 설립되

너들은 정부의 참여 없이 만나 전국적 임금협상에 중요한 역할을 담당했다.

1950년 노동재단의 권유에 따라 노·사·정이 참여하는 '사회경제협의회'(Social and Economic Council: SEC)가 설립되었다. SEC는 공식적 자문회의로서 정부에 의해 창립되어 공법 관할 하에 있으며 정부의 모든 사회 및 경제정책에 관해 자문에 응할 수 있는 법적 권리를 갖는다. 노조, 사용자, 정부는 각각 SEC 위원의 1/3을 지명한다. 이런 점에서 SEC는 협의주의의 비례성 원칙과 기술관료주의(technocracy)라는 서로 다른 2개의 원칙을 구현했다. 이는 경제전문가들이 사회적 파트너들로 하여금 정책 선택, 그리고 임금요구의 비용과 경제적 영향을 고려하여 무리하고 과도한 정책 요구를 자제하도록 유도하게 하는 기대가 깔려 있다. SEC는 사회적 파트너들로 하여금 자신들의 요구사항을 정당화하기 위해 '과학적 담론'에 참여하기를 강제하고 있다. 네덜란드에서 정책결정 과정에 경제전문가의 영향력은 놀라울 정도로 크다. 경제전문가의 활용은 타협과 합의를 촉진하기 위해 경제 이슈들을 탈정치화 하려는 전형적인 협의주의적 전략이다(van Waarden, 2002: 56).

SEC의 주요 임무는 유사 상품의 생산 및 분배에 관여하는 자율적인 상품위원회를 조정하고 감독하는 동시에, 특별 부문 내의 기업들로 구성된 수평적 산업위원회를 관리하는 것이다. SEC의 2차적 임무는 정부 자문 역할이다. 정부는 새로운 경제 및 사회 입법안을 의회에 상정하기 전에 SEC의 자문을 얻어야 하는 법적인 의무를 갖는다. 이로써 SEC는 사회경제정책 형성에 있어 최고의 정부 자문기관으로서 인정을 받게되었다. SEC의 이사회는 노사 대표 30명(현재는 22명)과 소위 '왕립위원'(crown member) 15명(현재는 11명)으로 구성되었다. SEC는 독립적인 위원장이 맡으며 노사 양측은 2명의 부위원장을 선출한다. 왕립위원은 독립적인 전문성에 근거하여 선출되는데 그들은 보통 주요 대학의 경제학 혹은 법학 교수들이다. 네덜란드 중앙은행 총재와 중앙기획청장은 왕립위원이 된다. SEC는 설립 이후 FL로부터 많은 자문기능을 인수받았다. 양대 정책협의체 간의 공식적인 역할분담에 대해 결정된 것은 없

었다. 1976년에 NVV와 NKV가 통합하여 네덜란드노조연합(FNV, 사민당과 연계)이 되었는데 이는 전체 조합원 중 63%를 차지하여 최대 노조이다.

었지만 실제로는 타협이 이루어졌다. 즉 FL은 임금 및 고용에 대한 일차적 컨설턴트로서의 법적 역할을 수행한데 반해, SEC는 보다 구조적이고 장기적인 사회경제정책에 관심을 갖는다.

FL과 SEC는 중앙 차원에서 사회적 파트너들간의 협상을 유도함으로서 노조와 사용자단체 간의 계급협력을 끌어내는 사회적 협의체(또는 정책협의체)이다. 그 아래 부문수준에서 임금협상이 이뤄지며 부문수준의 협상은 작업장협의회에 관한 법의 집행을 감독한다. 뿐만 아니라 보다 구체적인 정책분야에서 노조와 사용자단체의 대표가 참여하는 다른 공식적인 자문 및 협상위원회들이 있다. 자문 및 협상위원회에서 논의되는 주요 테마들은 사회보장, 건강보험, 산업정책, 직장에서의 안전, 품질관리, 기술적 표준화, 직업훈련, 환경정책, 보건정책, 공공주택, 교통, 사회간접자본 확충 등이다. FL과 SEC는 사회적 파트너 지도부가 서로 만나 복잡한 협상과 거래를 하는 많은 채널을 제공한다. FL과 SEC를 중심으로 한 이 같은 네덜란드 사회적 파트너십 제도는 전후부터 1960대 말까지 네덜란드 노사관계의 온건화에 크게 기여했다. FL과 SEC의 상호 연계된 이사회에서 자본과 노동의 정상조직, 그리고 사회부 및 경제재정부의 각료들은 경제정책의 목표와 방향에 대한 중요한 권한을 행사했다.

사회적 파트너들은 사회적 협의체에 참여하는 자신들의 대표들을 통하여 임금 결정과정에 깊숙이 관여했다. 엄격한 임금규제의 시기 내내 사회부 장관은 SEC의 자문과 중앙기획청의 경제예측을 근거로 FL과 긴밀히 협력하여 소위 '경제적으로 허용 가능한' 임금 수준을 산정하기 위해 노력했다. 노사협력은 적정 임금수준이 네덜란드의 재건에 필수적이라는 공동의 인식에 기초하고 있었다. 노동에 있어 저임금은 증가하는 인구를 위한 미래의 고용, 그리고 임금 증대 효과를 가진 사회복지 프로그램의 개발을 보장했다. 자본에 있어 저임금은 수출주도 성장과 산업투자를 촉진하였다. 그리고 1937년 '단체협약 연장법'(Collective Agreement Extension Act)에 따라 단체교섭 결과는 다른 산업분야의 기업과 노동자에게도 합법적인 구속력을 가졌다. 이는 계약 당사자가 아닌 기업과 노동자도 단체교섭의 구속력을 받는다는 것을 의미한다

(Hemerijck, 2002: 229). 세계경제의 팽창이라는 조건 속에서 저임금 전략은 네덜란드에게 인접 다른 서유럽 국가에 비해 비교 우위의 경쟁력을 과시하게 해 주었다.

네덜란드 사회적 파트너십은 세 형태의 사회적 타협의 결합이다(Slomp, 2002: 242). 첫째, 사회경제정책에 대한 협의, 둘째, 사회보장 및 지역적 고용기관의 노사 공동통제와 감독, 셋째, 단체교섭의 공동감시 등이다. SEC는 주로 첫째의 역할을 맡는 반면에, FL은 모든 형태에 관여한다. 정부는 모든 사회적 파트너십을 감시하는 데 깊숙이 개입하기 때문에 세 형태의 사회적 타협은 모두 3자주의(tripartism)의 변형이다. 정부의 개입 없는 중앙 수준의 타협은 거의 존재하지 않는다. 정부는 외부에 있는 '제3자'가 아니라 다양한 형태의 사회적 파트너십 및 정책협의에서 '제3의 파트너'이다. 세 형태의 사회적 파트너십에서 정부 책임과 사용자-노조 협상 사이의 경계가 그어졌다. 정부는 정책을 추구하고 사회보장 및 고용기관을 감독한다. 사용자와 노조는 국가정책에 자문하고 국가감독 속에서 사회보장과 고용서비스를 관리, 감독하며 국가개입 없이 단체교섭을 감시한다.

네덜란드 사회적 파트너십 및 정책협의는 노사정 3자 협의체인 SEC의 설치로 제도화된 것이다. 이 정책협의체의 철학은 카톨릭과 사회주의 사상의 종합이다. 즉 카톨릭의 유기적 사회합의주의 사상과 경제계획과 사회경제정책에의 구속성을 신봉하는 사회주의 사상을 결합한 것이다. 네덜란드에서 SEC의 정당화 근거는 그것이 합의, 협력 및 타협에 기초하고 있다는 데 있다. 그 핵심은 가능한 많은 이해관계를 사회경제정책 결정 과정에 참여시킴으로써 이익갈등을 조정하는 데에 있다. 네덜란드에서 이러한 '비배제'(non-exclusion)와 '비갈등'(non-conflict)의 원칙은 사회적 균열 축이 존재하고 이에 따라 사회적 파트너십을 도입하려는 협의주의적 접근에 뿌리박고 있다. '비배제' 및 '비갈등'의 원칙은 갈등적이고 대립적인 정치적 · 사회적 문화를 불식함으로서 사회통합을 실현할 수 있다. 물론 SEC는 의사결정의 신속성이 결여되어 있고 의회정치를 훼손시키고 있다는 비판이 없지 않다. 그렇지만 네덜란드 사회적 파트너십 및 정책협의 정치는 영향력을 행사하기 위한 시위 · 로

비 활동이 전개되는 다원주의적 정치에서 대표가 불평등하고 투명성을 갖지 못하며 오직 힘만이 고려되는 갈등·투쟁문화가 팽배하는 상황을 막을 수 없는 것과 대조를 보인다.

2) '네덜란드 병'과 바세나르협약

1963년 네덜란드 정부는 단체교섭 합의 결과를 동의하는 역할을 SEC로부터 FL로 이관하는 조치를 취했다. 이에 따라 임금결정은 종국적으로 독립적인 기능적 이익집단들간의 자유로운 협상에 맡겨지게 되었다. 이러한 새로운 관행은 급격한 임금상승을 촉발했다. 사회적 협의(social concertation)에 의한 경제운용에도 불구하고 1967년에 물가인상이 자동적으로 임금인상에 반영되는 단체협약이 도입되어 1960년대 말에는 실질임금이 폭발적으로 인상되었다. 이러한 고임금화는 1973~83년에 걸쳐 노동집약적 산업을 포함한 전 산업부문에서 대량실업 사태를 야기하여 평균 10%의 실업률을 야기했으며 인플레이션을 가속화시켰다. 또한 네덜란드는 당시 실업문제를 적극적 노동시장정책으로 해결하기보다는 실업보험, 조기은퇴 및 장애프로그램으로 흡수시켰다.[2] 실업에 대한 이러한 접근은 1970년대 후반 GDP 대비 사회보장비 지출을 크게 증가시켰다(Wolinetz, 1989: 88). 그리고 복지체제는 노사의 높은 기여금에 의존하고 있었기 때문에 기업의 경쟁력을 약화시킨다는 비판을 받았다. 결국 이것은 '네덜란드 병'(Dutch disease)이라는 악순환을 야기했다. 실질 노동비용은 급증하여 생산성 증가를 앞질렀다. 1979년 제2차 석유위기는 1973년 제1차 위기보다 네덜란드 경제를 더욱 어렵게 만들었다. 이런 상황 속에서

2) 실업에 대한 국가정책은 적극적 노동시장정책과 수동적 노동시장정책(passive labor market policy) 등이 있다. 전자는 노동시장이 실업을 흡수하도록 유도하는 것이다. 예컨대 직업알선, 직업교육, 기업의 취업유지 보조금 등이 있다. 후자는 노동시장 밖으로 실업자들을 유인하여 이들에게 조기은퇴, 산업장애자 범위 확대, 실업보험 보조금 지급, 실업보험 조건의 완화 등이 있다. 서유럽의 많은 국가들은 실업문제를 임금억제, 노동시간 단축을 통한 일자리 나누기, 경제성장, 사회정책, 적극적 노동시장정책 등을 결합하여 해결코자 한다.

사회적 파트너들은 사회적 합의에 도달할 수 없었고 결국 이 시기 네덜란드 사회적 협의체는 정상적으로 작동하지 못했다.

이러한 경제위기 국면 속에서 1982년 11월 기민당과 자유당 등 중도우파의 루버스(Lubbers) 연립정부가 출범했다. 연립정부는 지난 10여 년 동안 실패를 거듭한 사회적 파트너십과 단절하고 FL과 SEC의 사회적 파트너들과 협의를 생략한 채 일방적으로 긴축프로그램을 추진했다. 이를 위해 루버스 연립정부는 기술관료적 전문가 집단의 자문에 의존했다. 연립정부의 이런 조치들로 인하여 정부와 조직노동 사이에 긴장과 대립이 발생했다. 그러나 실업이 전후 최고에 이르고 조합원이 지속적으로 감소하는 상황에서 노조운동은 산업갈등을 일으킬 입장에 있지 못했다(Visser, 1997: 323-324). 이런 상황에서 노조와 사용자들은 노동재단에 합류하여 단체교섭을 재개했다. 말하자면 비효과적인 사회적 합의 제도를 의도적으로 무시하는 등 루버스 중도우파 연립정부의 신자유주의적 성향에도 불구하고 아이러니컬하게도 사회적 파트너십이 부활하게 된다.

네덜란드 노조는 임금억제와 노동시간 단축에 관심을 보이기 시작했고 1982년 연립정부 또한 노동시간 단축을 통한 일자리 나누기, 임금억제, 복지예산 삭감, 기업이윤의 제고, 물가연동임금제 폐기 등의 수용을 노동과 자본에 요구했다. 이에 따라 노동시장의 경직성(정규직 근로자에 대한 해고의 어려움), 저성장, 실업증가, 복지팽창(질병급여, 장애급여의 관대성),[3] 재정적자 등 '네덜란드 병'을 치유하기 위해 네덜란드의 산업관계는 '코포라티즘의 적응'(responsive corporatism), 즉 사회적 파트너십 시스템의 복원을 지향했다(Hemerijck, 1995: 183-185). 특히 노조 지도부는 대량실업의 현실 속에서 기업의 투자, 수익성

3) 네덜란드의 사회보장제도 중 질병급여(sickness benefits)와 장애급여(disability benefit)는 '네덜란드 병'의 주범으로 지목되었다. 질병급여와 장애급여는 불경기시 인력감축을 위해 또는 생산성이 떨어지는 노동자들을 퇴출시키는 손쉬운 방법으로 사용되었다. 특히 장애급여는 자격기준의 모호성과 관대한 급여로 인하여 노동자들은 노동시장에서의 위험에 대한 대안으로 이용하였고 사용자는 해고의 어려움 대신 택하는 인력관리의 수단으로 이용하였다(De Jong, 1997: 188). 이는 곧 1970년대 재정지출을 증가시키는 요인으로 작용하였다.

및 경쟁력 향상을 통해서만 고용증대가 가능하고 이를 위해 사용자집단과 정부와의 협조가 필요하다고 인식했다. 이에 따라 노조(FNV) 대표와 고용자연맹(VNO) 대표는 노동재단(FL)에서 1982년 '바세나르협약'(Wassenaar Accord)에 합의했다.[4] 바세나르협약의 기본 목표는 대량실업을 극복하기 위한 임금자제와 근로시간 단축 그리고 고용창출이었다.[5] 당시 노조는 자발적 임금자제(물가연동 임금제 폐지)로 기업의 투자를 촉진시키고 이를 통한 고용이 창출되어 복지에 의존하는 계층을 감소시키며 이로써 정부의 세입이 증대하여 정부재정을 건실하게 할 수 있다고 믿었다. 이 협약에서 자본은 근로시간을 단축시켜 '일자리 나누기'(work-sharing)를 통한 고용증대로 화답했다. 그리고 정부는 세금감면, 복지개혁, 건전재정, 기업보조 확대를 약속했다. 요컨대 바세나르협약은 임금억제를 통해 기업경쟁력 회복, 실업감소, 재정적자 축소, 세금감면, 기업경쟁력 증가, 고용증가, 생산증가로 이어지는 선순환의 회복을 겨냥했다.

3. 폴더모형의 변화[6]

1) 사회협약의 외연적 유연화와 내포적 안정화

모든 사회협약의 모태가 된 바세나르협약은 거시적 협약(macro-pact)으로부

4) 정부는 공식적으로는 참여하지 않았지만 협약이 체결되기까지 행정적 · 재정적으로 적극적인 지원을 했다.

5) 협약 이전 네덜란드의 노동시장정책은 관대한 사회보장을 통하여 노동자들의 조기퇴직을 유도하는 '소극적 노동시장정책'에 초점을 맞추었으나 바세나르협약은 직업교육 및 훈련을 통해 실업노동자의 노동시장 참가를 주된 정책목표로 삼았다.

6) 네덜란드의 사회적 파트너십은 폴더모형(Polder model)이라고 일컬어지고 있다. 폴더란 네덜란드의 지리적 조건, 즉 해면보다 낮은 간척지를 의미한다. 이것은 네덜란드 사회적 파트너십이 국민의 단합된 힘으로 바닷물을 막는 데 기여한 상호 신뢰와 협력의 문화에 바탕하고 있음을 시사한다.

터 분산적 협약(decentralized pact)으로의 전환을 시도한 최초의 협약이었다. 즉 세계적 차원의 경제변화에 따라 고전적인 거시적 사회협약은 한계를 드러내기 시작하여 부문별·산업별·기업별·사업장별 수준에서의 협약이 등장했다. 1994년에 산업별협약이 86.6%로 증가했으며 그 후 다국적 기업부문의 비중이 높아져 기업별 협약이 증가하는 현상을 보였다(Ruysseveldt and Visser, 1996: 244-246). 그러나 이러한 추세는 거시적 사회협약의 종언이 아니라 세계화에 탄력적으로 대응하려는 사회협약의 외연적 유연화·분산화를 의미한다. 아직도 네덜란드의 거시적 사회협약은 거시 경제의 관리 차원에서 가이드라인을 협의하고 조종하는 역할을 수행하고 있기 때문이다.

사용자와 노조는 정부에 영향력을 행사하는 수단으로서 SEC의 논쟁보다 노사 양자의 노동재단 합의를 선호했다. 따라서 1993년 노동재단은 '신노선'(A New Course)이라는 노사 공동의 보고서를 발표했다. 다시 말하면 바세나르협약의 연장으로서 노사간 '신노선협약'(New Course Accord)이 체결되었다. 이는 '소득보다 고용 우선'(jobs-before-incomes) 전략에 기초한 노조의 자발적 임금자제, '노동 없는 복지'(welfare without work)의 악순환을 단절하는 방향으로 국가의 복지개혁,[7] 정부보조금과 고용창출을 연계하는 국가와 사업주의 '적극적 고용정책', 노동시간 단축을 통한 '일자리 나누기'(job-sharing), 파트타임 근로 장려 등을 포함했다(Visser, 1995: 287-293; Visser, 1998: 279-284). 단순화하면 이 '신노선협약'은 임금자제와 노동시간 단축의 정치적 교환이며[8] '바세나

7) '노동 없는 복지'로 개념화된 네덜란드의 사회보장이 '복지에서 노동'(welfare to work)으로 전환되었다. 즉 적극적 노동시장정책을 통해 노동시장에 진입하려는 노동자들(청년, 저숙련, 장기 실업자)에게 일자리를 제공하거나 일자리 제공 보조를 제공한다는 것이다. 특히 복지개혁은 '네덜란드병'의 주범인 장애급여(disability benefit)와 질병급여(sickness benefit)에서 사회보장의 관대성을 축소시키는 방향으로 나타났다. 80%라는 높은 소득대체율, 급여기간의 무제한을 특징으로 했던 장애연금은 급여의 삭감, 급여자격 조건의 강화, 소득대체율의 70%로 하향조정, 근로경력에 따른 급여 차등화, 연령에 따른 급여기간의 차등화 등으로 개혁되었다. 장애급여 이전에 12월간 받을 수 있는 질병급여의 경우도 유사하게 개혁되었다.

8) 독일 통일의 여파로 인한 네덜란드 길더의 평가절상이라는 국제적 조건 속에서 경제가

르협약'으로부터 시작된 분산적 협약, 특히 중위적·미시적 협약을 더욱 가속화시키는 촉매제가 되었다. 이처럼 네덜란드에서는 영미식처럼 해고의 자유를 강조하는 것이 아니라 노동시장 유연화를 추구하지만 기업별·사업장별 수준에서 해고 대신 파트타임 노동, 일자리 나누기를 추구했다.

이와 같은 노동재단의 활동과는 달리 1990년대 전반기에 SEC는 장애연금 문제에 관련하여 의견이 분열했다. 최대 노조인 FNV는 소속 노조원들의 반발에 직면하여 정부에 의해 시도된 장애연금에 대한 사회보장의 삭감을 거부했다. 사용자들은 해고를 용이하게 하기 위해 잉여 노동력을 장애연금 수혜자로 분류하려는 노조의 요구를 수용했다. 그러나 정부는 노조의 대규모 반발 시위를 무시하고 가혹한 긴축정책을 시행했다. 이에 따라 SEC는 큰 혼란에 직면했다.

그런데 바세나르협약과 신노선협약에 힘입어 1990년대 중반 네덜란드 경제는 호전되었고 그 사이에 중요한 정치적 변화가 있었다. 장애연금을 포함한 사회보장 삭감 문제가 주요 이슈로 제기되었던 1994년 총선 결과로 노조 의장이었던 빔 콕(Wim Kok)을 수상으로 하고 사민주의자, 보수적 자유주의자, 사회적 자유주의자로 구성된 이른바 '자줏빛'(purple) 연립정부가 출범한 것이다. 이 연립정부는 거의 1세기 동안 기민당이 참여하지 않는 첫 내각이었다. 두 자유주의 정당은 사민당이나 기민당에 비해 하위문화의 뿌리가 취약했으며 SEC에 참여하고 있는 사회적 파트너들과의 강력한 연계를 갖지 않았다. 새 연립정부에서 그들은 모든 중요한 사회경제정책에 관해 SEC의 자문을 요청하는 정부의 의무를 폐지하려고 했다. 이에 따라 어느 정책분야에서도 연립정부는 SEC의 보고를 기다리지 않았다. '시장의 확대, 정부의 축소'(more market, less government)가 적-청(red-blue) 연립정부의 제1의 과제였고 '정부주도의 확대, 정책협의의 축소'(more government, less policy concertation)가 제2의 과제였다. 별다른 논의 없이 정부는 질병보험 프로그램을 민영화했고 고용창출 프로그램에서 노사정 고용서비스기구를 무시했다. 자유시장을 지향

회복되기 위해서는 임금자제가 절실히 요구되었다. 현재 네덜란드 근로자들의 일주일 평균 근로시간은 32시간으로 서유럽국가들 중 가장 낮은 수준이다.

하는 정부 주도권은 1998년 출범한 제2기 적-청 연립정부에서도 지속되었다. 이 무렵 '폴더모델', 즉 임금자제, 노동시간 유연성, 사회보장비 축소 등을 향한 평화로운 이동은 국가적 자존심의 원천이었다. 네덜란드 '폴더 모델'에 대한 국제적 찬사는 여기에 모아졌다.

그러나 1990년대 후반은 네덜란드 사회적 파트너십의 전성기로서 사회협약의 내포적 안정화의 계기를 경험했다. 적-청 연립정부 하에서 SEC는 과거에 비해 보다 온건한 사회경제정책에 관한 중기 보고서를 발표했으며 1996년 노사는 FL에서 '바세나르협약'과 '신노선' 틀 속에서 '유연성과 사회보장'(Flexibility and Security)의 주요 테마를 정교히 다듬었다. 즉 노사의 합의는 유연성(보다 많은 파트타임 노동)과 안정성(파트타임 노동의 법적 보호) 간의 균형을 강조했다. 이러한 협약은 적-청 연립정부 내의 상이한 의견들을 조율시켜 주는 데 기여했으며 1990년대 정책협의 중 가장 훌륭한 것이었다. 임금 완화와 노동시장 유연성은 1997년 발간된 노동재단(FL) 보고서인 '어젠다 2002년'의 핵심이었다(Slomp, 2002: 238).

일련의 협약 체결과정에서 노조가 보여 준 실용주의적이고 유연한 입장은 '유연안정법'(Flexibility and Security Act)에 드러난다. 즉 1996년 유연안정성협약(Flexicurity Accord)을 체결하여 1999년에는 '유연성 및 안정성에 관한 법률'의 제정으로 정규근로자의 보호완화(기업의 정규직 해고 규정 완화)와 비정규직노동의 보호 및 사회안정망 강화를 담았다. 이처럼 이 법은 노동시장 유연화 강화와 유연노동자(비정규직)의 권리강화를 정치적으로 맞교환한 것이다(Hermerijck and Visser, 2000: 242; 김종건 외, 2003: 198-199).[9)] 이 법안은 정규직(노동시장 인사

9) 특히 이 법은 정부와 고용주로 하여금 법정 최저임금, 유급휴가, 사회보험 가입 등에 있어서 파트타임 근로자들을 정규근로자들과 법적인 동등한 권리를 보장하도록 규정하고 있다. 물론 1999년의 '유연보장법' 제정 이전에도 네덜란드는 이미 사회협약정치를 통한 노동시장의 유연화를 이루었고 유연화의 사회적 충격과 파장을 최소화하기 위한 법제도를 만들었다. 유연화된 노동자를 사회보장제도로 편입시키려는 노력은 1980년대 중반 이후 정부가 기업주에게 노동을 유연화시키는 대가로 보조금을 지급하는 동시에 계속 증가하는 파트타임 노동자와 유연화된 노동자에게 사회보험 가입을 제한하는 근로시간이나 임금제한 기준을 제거하는 등 다양하게 나타났다. 이로써

이더)과 비정규직(노동시장 아웃사이더)의 격차를 좁혀 주는 '분배연합'(distributional coalition)을 형성하는 혁신안이었다. 또한 이 법은 고용주에게는 더 많은 유연화된 계약에의 합법화, 해고 예고기간의 축소, 해고과정의 간소화 등을 제공하는 한편, 유연화된 근로자들에게는 정규근로자들과 법적 차이를 해소하여 동등하게 취급하도록 했다. 이런 점에서 유연안정법은 한편으로는 노사의 타협이었고 다른 한편으로는 노노 간 타협이었다. 이는 유연화된 노동으로의 진입, 즉 파트타임 근로자로 전환되는 것에 대한 반발과 불안감을 줄여줌으로써 노동시장 유연화를 더욱 활성화시키는데 기여하고 있다. 따라서 네덜란드의 노동시장 유연화는 노동자들의 저항이 아니라 합의, 즉 타협지향적이고 협력적인 협상 시스템에 의해 이루어졌다.

2) 정치경제적 변화

1980년대 초반 이후 네덜란드는 사회협약의 분권화(바세나르협약), 신노선 협약 및 유연안정법 등을 이행하는 과정에서 과거와는 다른 가히 혁명이라 불릴만한 일련의 정치경제적 변화를 경험했다. 그 변화는 네덜란드 문화의 국제화와 경제의 세계화에 대한 반응이었다(Slomp, 2004: 74-76).

첫째, 글로벌 시장에서 국가경쟁력을 제고하기 위해 노동윤리와 노동문화의 변화가 발생했다. 이는 노동시장 참여를 통해 더 많은 사람이 일자리를 얻게 하는 것이다. 그 하나는 실업수당을 받는 실업자들이 일자리를 찾는 의무를 엄격하게 준수토록 하는 것이며 다른 하나는 노동시장에 대다수 여성들을 진출하게 하는 것이다. 우선 노동윤리와 노동문화의 변화는 실업자들을 단순한 사회보장 수혜자로 머물러 있게 하기보다는 노동시장 (재)진입을 유도하자는 데 그 목적이 있다. 사실 네덜란드의 낮은 노동참여율은 사회보장 급여 수령자의 과다 현상으로 나타났다. 1996년 약 230만 명 인구가 실업, 질병, 장

1993년 모든 파트타임 근로자들이 법정최저임금과 유급휴가를 보장받게 했을 뿐만 아니라 법정 최저임금과 시간당 임금, 연금 및 사회보장 제도 등에서 정규근로자들과의 차별을 철폐하였다.

애 등의 복지급여 등을 수령했다. 이 숫자는 2000년대 초 현재 220만 명 노령연금자를 포함해서 사회보장 급여 수령자는 총 550만 명에 육박한데 반해, 노동인구는 690만 명에 불과했다(van Waarden, 2002: 63). '저노동참여율 · 고급여수령자'는 사회적 파트너십의 탓으로 인식되었고 한동안 사회적 파트너십 시스템의 정당성을 훼손시켰다.[10] 이에 따라 네덜란드 정부는 사회보장 급여를 관리하는 기관도 '노동 및 소득센터'(Centers of Work and Income)로 개명했고 이 기구는 보험가입자가 적극적으로 일자리를 찾지 않으면 급여감축의 수단으로 제재를 가할 수 있는 권한을 갖게 되었다. 또한 조기은퇴 · 질병 · 장애 등을 이유로 조기퇴직을 차단하여 도덕적 해이현상을 차단함으로써 노동시장 참여를 장려했다.

다음으로 네덜란드에서 노동윤리와 노동문화의 변화는 여성들을 노동시장에 적극적으로 참여시키는 현상으로 나타났다. 특히 1990년대 이후 사회보장 혹은 남편 소득에 대한 여성의 의존을 줄이고 노동시장에의 여성의 참여를 강조하게 되었다. 사실 네덜란드에서 카톨릭과 칼빈주의 이념은 전통적으로 여성을 가사에만 몰두하는 존재로 인식했고 심지어 한동안 여성이 결혼하면 사용자들이 그들을 해고할 수 있도록 하는 법까지 있을 정도였다. 복지국가의 부담을 줄이고 국제경쟁력을 유지하기 위해, 여성들의 노동시장 참여 증대를 요구하는 사회의 변화와 실천에 정부의 정책이 순응하게 된 것이다. 이로써 노동시장에 여성들이 대거 진출하는 현상이 나타나고 있다. 물론 이것은 단순히 정부의 노동시장 정책만의 결과가 아니라 오히려 페미니스트운동, 노동시장에서 남녀 동등한 기회와 조건을 요구하는 유럽연합의 압력 등에 힘입어 사회에서 여성의 지위가 상승한 결과이기도 하다. 여성의 노동시장 참여는 파트타임 노동의 급증으로 나타났으며 기혼 여성의 소득은 그들 남편들로 하여금 풀타임 직장보다는 오히려 파트타임 일자리를 찾도록 하는

10) 사회적 파트너들은 1970년대에 노동자들을 위한 보다 관대한 장애인 급여제를 마련하는 등 사회보장을 통제하여 산업구조개혁을 지연시켰다는 비난을 받았다. 갈등적이고 대립적인 시대에 협상이 종종 교착상태에 빠졌을 때 사회적 파트너십 시스템은 한동안 개혁을 가로막는 장애물로 간주되기도 했다.

계기를 만들었다. 파트타임 일자리의 급증은 세계화에 대응하는 노동시장 유연성으로 높이 평가되고 있다. 풀타임 노동으로부터 파트타임 노동으로 변하는 일반적인 경향은 칼빈주의 국가의 전통적인 노동윤리에서 이탈한 것으로 볼 수 있다.

둘째, 1994~2002년에 기민당이 정부 구성에서 배제되었다. 기민당은 20세기 초반이래 줄곧 정부구성에 참여했으며 대부분 정부에서 지배정당의 위상을 견지했다. 그러나 1994년 집권한 '자주빛'(purple) 연정은 사민당(red), 보수자유당(blue), 군소 사회자유당으로 구성되었다. 이전에 앞서 지적했듯이 최대 노조연맹의 지도자였던 사민당의 지도자가 '자주빛 연정'을 지도했다. '자주빛' 연정 집권 동안 저실업, 정기적인 임금인상, 전반적인 소득증대 등 번영기를 구가했으며 노동문화와 노동시장 참여의 변화에 공헌했다. 그리고 연정은 동성연애 및 결혼, 매춘의 합법화 등 윤리적 규범을 완화했다.

셋째, 2002년 총선에서 승리한 기민당 출신 발케넨데(Jan Peter Balkenende) 내각은[11] 보수자유주의 세력과 군소 사회자유주의 세력들과 함께 연정을 구성했다. 발케넨데 내각은 정치적 난민과 이민의 유입 규제 강화와 출국 조건 완화 조치를 취했다. 또한 발케넨데 내각은 실업이 점점 증가세를 보이게 되자 사민주의 계열 노조연맹과 기민주의 계열 노조연맹 등 두 거대 노조들과 대결적인 자세를 취하면서 임금동결, 사회보장 지출 삭감, 조기 퇴직 등 강력한 조치를 단행했다. 네덜란드 사회적 합의제는 더 이상 단순히 정부가 사회적 파트너들의 의해 결정된 합의를 입법화시켜 주는 것을 의미하지 않는다. 발케넨데 내각 하에서는 사회적 파트너들이 임금인상 자제와 사회보장 지출 삭감이라는 공동합의를 통해서만이 엄격한 정부의 규제를 피할 수 있다. 이러한 시장 지향적인 정부정책은 노조의 저항을 불러일으켰다.

11) 2002년 총선을 전후로 하여 네덜란드는 정치적 소요를 경험했다. 무소속 국회의원 후보였던 핌 포르틴(Pim Fortuyn)은 범죄증가와 이슬람이민 유입으로 인한 사회치안 불안 문제, 그리고 정부의 비대화 등의 문제를 제기했다. 그는 그 책임을 사민당에 전가했고 이는 사민당을 자극했다. 이런 상황에서 총선 직전 암살 당했다. 그의 암살은 2002년 총선에서 사민당의 패배와 기민당의 재집권을 가져 왔다.

마지막으로 사회의 분절화가 완화됨에 따라 과거 유형의 사회적 파트너십의 이념적 토대가 약화되었다. 이러한 현상은 사회적 파트너십 시스템에 영향을 미쳤다. 첫째, 균열축의 경계를 넘어 대부분의 이익결사체들이 통합되었다. 이에 따라 결사체들의 수, 그리고 결사체 엘리트들의 수가 줄어들어 협의의 논리가 변했다. 균열축 내의 계급간 연대가 이루지고 경쟁자들이 서로 갈등할 소지가 줄어들었다. 나아가 결사체 엘리트들의 축소는 담론을 촉진시켰으며 결사체들은 이제 회원을 충원, 보존, 교육시키기 위해 이념적 호소에 더 이상 의존할 수 없었다. 결사체의 지도자들은 권위와 재량권을 점차 상실했을 뿐만 아니라 결사체들은 연대재(solidaristic goods)가 더 이상 필요 없게 되었고 대신 법률적 서비스, 쾌적한 휴일 등 '선택재'(selective goods)를 회원들에게 제공하기 시작했다. 중도 보수정당이면서도 사회적 파트너십의 이념적 담지자(bearer)인 기민당이 의회의 다수당과 정부의 각료직을 상실함에 따라 자유주의가 점차 설득력을 얻게 되었다. 사회적 파트너십 시스템은 점차로 의사결정을 지연시켜 비효율성을 낳고 지대추구(rent-seeking)를 초래하며 복지국가제도를 통제할 수 없도록 한다는 비판을 받았다. FL은 권리와 업무와 함께 소득과 인력을 상실했고 많은 법적 자문기구들이 폐지되거나 통합되었다. FL은 의회와 경제부처로부터 심각한 불신의 표적이 되었으며 네덜란드 사회적 파트너십 및 정책협의의 상징인 SEC까지도 사회경제의 제동 장치로 공격을 받았다.

4. 사회적 파트너십의 지속성

1) 기독교민주주의의 전통 및 엘리트주의

앞에서 논의한 변화는 전통적인 네덜란드 정치경제의 특징에 대한 중대한 도전으로 볼 수 있다. 그러나 네덜란드 정치경제의 지속성은 여전히 존재한다(Slomp, 2004: 76-77).

첫째, 기민당이 정부구성에 있어 거의 줄곧 별다른 도전 없이 지배정당의 위상을 견지하고 있다. 사민당은 연정 파트너로서 기민당의 위상에 크게 위협이 되지 못한다. 물론 기민당의 지지도가 지속적으로 감소하는 추세를 보고 많은 사람들이 기민당의 종언을 예고하고 있다. 그러나 기민당이 세속화하고 종교단체와 어떤 공식적 연계를 더 이상 유지하고 있지 않지만 네덜란드 정치는 여전히 기독교민주주의에 의해 지배되고 있다. 이러한 현상은 여성이 노동시장에서 여전히 남성과 동등한 지위를 확보하지 못하고 있다는 사실에서 확인된다. 왜냐하면 여성은 가사에 전념할 것을 권장하는 기독교민주주의의 전통이 여전히 자리잡고 있기 때문이다. 물론 앞서 지적했듯이 여성의 노동시장 참여 증가, 사회보장에서 성차별 감소 등 노동윤리 및 노동문화가 변하고 있다. 파트타임 노동시장에 여성이 대거 참여하는 것은 대부분의 여성이 풀타임 노동보다는 파트타임 노동을 선호한다는 점을 고려할 때 여성해방의 상징이다. 그러나 파트타임 노동은 단지 절반의 해방에 불과하다는 견해가 있는 것이 사실이다. 왜냐하면 여성은 여전히 상대적으로 저임금 일자리, 해고위험 등의 측면에서 볼 때 노동시장의 약자이기 때문이다.

1994~2002년에 정부구성에서 기민당이 일시적으로 배제된 것을 두고 중도정당 없는 정치의 시대가 도래한 것으로는 볼 수 없다. '자줏빛' 연정에서 협력했던 두 개의 주요 자유주의 정당들은 기민당이 오랫동안 추구했던 선택과 유사한 사회경제정책을 추구했다. '자주빛' 연정은 단지 몇 가지 윤리적 이슈들에 대해서만 기민당과 다른 정책을 선택하는 모험을 시도했다. 그렇지만 윤리적 규범의 변화도 기독교민주주의의 전통인 탈분극화의 규칙을 고수했고 그 변화의 어떤 이슈도 선거운동에서 뜨거운 쟁점이 되지 못했다. 정부구성에서 중도정당의 일시적 불참이 좌·우파 정당들의 분극화를 야기하지 않았으며 오히려 좌·우파 정당들의 협력의 기회가 되었다. 2002년이래 기민당은 재집권에 성공했으며 자신들의 세속화와 탈종파화(de-confessionalization)에도 불구하고 존속하게 된 사실에 정치적 자부심을 갖고 있다.

둘째, 네덜란드 정치는 여전히 엘리트주의적 성격을 갖는다. 포르틴운동(Fortuyn movement)은 엘리트주의 정치에 대한 대중적인 반발이었으나[12] 네덜란드의 사회경제적 생활에 별다른 영향을 미치지 못했다. 그것은 또한 사회경제적인 정책이 아니라 국내 치안, 대도시의 경찰인력 부족 등에 관심의 초점을 두었다는 점에서 사회적 파트너십 시스템과의 단절을 초래하지 않았다. 포르틴 지지자들은 이민 유입에 따른 치안 불안, 일자리 감소 등에 불만과 항의를 분출하는 집회를 가졌을 뿐,[13] 사회보장 이슈는 그들의 관심 사항이 아니었다. 더욱이 2003년 이후부터는 그 같은 항의 집회가 거의 사라졌고 포르틴운동은 내부 자중지란으로 분열현상을 보이고 있다. 새로운 발케넨데 연정내각은 사회적 파트너십을 통해 사회경제정책에 과감한 조치들을 취하고 있다. 이것은 네덜란드 정치의 엘리트주의적 성격이 깨지지 않고 있음을 시사한다. 사회적 파트너십에서 노동과 자본의 이익결사체(특히 노조) 지도부는 회원들을 관리, 통제할 수 있는 권한을 가졌으며 이익결사체들 간의 접촉은 주로 실질적인 권한을 가진 정상 지도자들 간의 수준에서 이루어진다. 이익결사체의 지도자들은 엘리트 카르텔을 형성함으로써 협상과 협의를 지속한다.

2) 결사체적 거버넌스의 부활

사회적 파트너십 시스템은 다시금 복원되는 경향을 보인다. SEC는 이제 자발적으로 정부정책의 자문에 응하고 있으며 그 영향력은 사회적 파트너들 간의 새로운 합의에 힘입어 증가하고 있다. 또한 사회보장의 민영화 조치에 대해서 회의적 견해가 나타나고 있다. 탈규제는 국가규제가 결사체들의 자율규제로 대체되는 형태로 나타난다. 사회적 파트너십 및 정책협의 시스템이 공격을 받고 있기는 하지만 최근의 경제적 성과로 인해 사회적 파트너십 및

12) 엘리트주의는 점차로 공격의 대상이 되고 있다. '풀뿌리 민주주의'로의 부분적인 변화가 나타나고 있는데 예컨대 지자체 단체장이 이제 더 이상 중앙정부에 의해 임명되지 않고 선출되며 국민투표의 도입에 관한 논의가 진행되고 있다.

13) 이것은 다른 서유럽 국가들처럼 네덜란드 정치에도 이민문화의 이슈가 이제 더 이상 정치적 경쟁 및 선거쟁점 밖에 머물러 있지 않고 정치적 어젠다로 떠오르고 있음을 의미한다.

정책협의 제도의 가치가 다시 인정받고 있다. 그것은 새로운 정책분야(예컨대 환경정책)에서 새로운 모습으로 다시 등장하고 있다. 지난 10여 년에 걸쳐 정부는 환경오염을 줄이려는 데에 몰두하는 산업체와 함께 협상하여 70개 이상의 계약(covenants)을 체결한 바 있다. 이 같은 성공은 협상에 참여하는 엘리트들이 비공식적인 규칙과 규범을 정교하게 수립하고 실천하는 데에서 비롯된 것이다. 그러한 규칙과 규범은 a) 이해관계의 차이를 수용하고 관용하는 것, b) 소수파를 무시하는 결정을 채택하지 않는 것, c) 사회적 협의체들에서 이해관계 집단들의 비례적 대표, 그리고 적어도 장기적으로 비용과 이익의 비례적 배분, d) 민감한 문제를 객관적인 경제적·기술적 문제로 전환하는 탈정치화 등을 포함한다(Haverland, 1998: 1-10).

사회적 파트너십에 관한 연구는 네덜란드 경제의 최근 성과가 주로 임금인상 자제, 사회보장 개혁, 파트타임과 임시근로의 인기를 만들어낸 노사정 간 거시수준의 협상시스템에 기인한 것으로 설명한다(Visser and Hemerijck, 1997). 그러나 네덜란드 사회적 파트너십 시스템에는 단지 거시적 수준의 협상만이 존재한 것은 아니다. 비단 산업관계만이 아니라 많은 정책분야가 여러 수준의 (하위) 결사체들에 의해 규율되고 조정되는 특징을 보인다. 민간 결사체들은 다양한 방식으로 자율규제에 관여하며 이는 국가에 의해 인정된다. 국가는 결사체들을 관용하고 국가기구에의 접근을 허용하고 민간합의를 입법화하며 결사체에 법적 권한을 부여하기까지 한다. 또한 결사체들은 여전히 공공정책의 형성과 이행에 참여하며 이를 위한 법적 권한을 갖추고 있다. 나아가 결사체들은 경쟁적 갈등을 완화하고 자원과 직원을 관리하면서 국가기구에 접근할 수 있는 특권을 가지며 회원들의 행동을 통제하면서 많은 활동을 수행한다. 예컨대 결사체들은 노동자와 사용자들을 위한 교육, 훈련, 자문과 같은 공공재를 제공한다. 경쟁을 완화하는 특수 목적을 갖는 많은 노사카르텔은 민간 결사체들이 공공주권을 공유함으로써 이뤄지는 네덜란드 '조정 및 협의 경제'(coordinated or concerted economy)에 전형적으로 나타난다. 노사카르텔은 수많은 협약을 체결한다. 이런 점에서 네덜란드는 '카르텔 천국'(cartel paradise)이라는 칭호를 받기도 한다. 이러한 광범위한 사회적 파트너십 개념은 네덜란드가 상대적으로 큰 경제적 성과를 이룩하는데 기여하고 있다.

합의제 민주주의(Consensus democracy)를 지향하는 네덜란드 정부는 결사체에 의한 경제적 거버넌스를 지원한다. 정부가 카르텔이 공공이익을 저해한다고 인식하지 않는 한 카르텔은 허용된다. 결사체적 거버넌스(associational governance)에 대한 국가지원은 수동적 관용 수준에서 한 걸음 더 나아가 민간임금 혹은 노사카르텔 합의를 부문 전체로 확대하기 위한 입법화로 이어진다. 더욱이 정부는 결사체들에 공적 지위를 부여한다. 네덜란드 산업의 약 1/4은 의무적인 법적 거래결사체(statutory trade associations: STA)로 조직되어 있으며 그들의 법적 지위는 주와 시의 법적 지위와 비견될 수 있는 정도이다. 주와 시는 국가의 지역적 분권화를 구현한 반면에, STA는 '기능적 분권화'(functional decentralization)의 조직이다. 주와 시(지방자치단체)에 거주하는 주민들은 그 지역에서 생활하는 시민인 것과 마찬가지로 산업부문의 주민들은 STA의 회원들이다. 그들은 의무와 권리에서 비슷하다. 지방자치단체와 STA의 경우에 조세수입은 집단재(collective goods)를 위해 사용된다. STA의 경우 직업훈련, 연구개발, 품질관리 등의 분야에 조세수입을 사용한다. 지방자치단체와 STA에 '대표 없이 조세 없다'(no taxation without representation)는 원칙이 있다. STA에서 기업과 노동자들은 STA와 노조에 의해 간접적으로 대표된다. 따라서 네덜란드 사회적 합의주의는 다양한 공식적 조직으로 구현되고 있다. 네덜란드의 사회적 파트너십은 시장과 경쟁을 폐기하지 않고 있다. 이런 점에서 네덜란드의 '조정 및 협의 경제'는 '시장', '국가', '결사체' 등의 조절원칙을 절충적으로 조합시키고 있는 것이다(van Waarden, 2002: 58). 바로 이것이 제도의 경제적 성과를 설명해 준다.

사회경제정책에 있어 발케넨데 정부의 시장 지향성이 사회적 파트너십 시스템 하에서 정부의 수동성을 종식시키고 있는 것은 사실이다. 그러나 이 점에 관한 한 발케넨데 정부는 이전 기민당 연정과 '자줏빛 연정'의 선례를 따랐다. 노조들은 사회보장 지출삭감에 대한 항의 성명을 내기도 했지만 그들의 항의는 별다른 영향을 미치지 못했다. 물론 노조의 지도자가 이끌었던 '자줏빛 연정' 하에서 갈등은 오히려 증대되었다. 그것은 주요 노조연맹이 사민주의 블록의 하위 파트너 지위에 머물러 있는 것을 철회하고 의회정치에 직접 참여하는 독자적인 사회운동을 통해 노조운동의 정치화를 시도했음을 의미한다. 실제로 1990년대에 노조들은 전국적인 항의 집회를 전개했고 이는 사회보장 축소에 대한 불만을 반영한 것이었다. 그러나 그러한 불만을 분출하는 항의집회는 사회불안을 초래할 정도는 아니었고 이렇다할 가시적 결과도 가져오지 못했다. 오히려 '자줏빛 연정'은 집권 8년 동안 상당한 인기를 유지했다. 이런 맥락에서 볼 때 네덜란드에서 노조운동의 정치적 저항은 조직화되기도 어렵고 효과적이지 못했음을 알 수 있다. 그래서 정부는 사회경제적 협의시스템을 제쳐두고 노조운동과 정면 충돌을 하려 하지 않는다. 이것은 네덜란드에 결사체적 거버넌스 시스템이 여전히 건재하고 있음을 읽을 수 있는 대목이다. 네덜란드 국민들은 사회보장 개혁에 우려를 표명했지만 정부를 직접적으로 공격하지 않았다. 정부정책을 수용하고 순응하려는 정치문화가 네덜란드 정치를 전통적으로 지배하고 있다(Slomp, 2004: 79). 네덜란드에서는 성공적인 자본주의 발전의 동력이 시장의 완전성에 아니라 시장의 조정적 능력에 연유한 것이라는 명제가 건재하다(Lazonick, 1991: 8).

3) 사회적 파트너십 시스템과 합의제 민주주의 간 구조적 유사성

네덜란드 사회적 파트너십 시스템은 합의제 민주주의의 일부분일 뿐만 아니라 종교적 소수파(균열) 문제를 해결하고자 했던 합의제 민주주의로부터 생성되었다. 말하자면 네덜란드 경제영역에서도 합의제 민주주의의 특징이 작동했다. 그 특징들은 노동과 자본의 관계, 자본과 정부의 관계, 노동과 정부의 관계, 그리고 노동과 자본과 정부 간의 관계에서 구체화된다. 이러한 경제적 거버넌스 시스템은 사회적 파트너십이라고 일컬어지고 있다. 합의제 민주주의와 사회적 파트너십 간에 유질동상(ismorphic link), 즉 놀라울 정도의 구조적 유사성이 존재한다(Lijphart and Crepaz, 1991: 236). 이런 현상은 특히 네덜란드 사회적 파트너십 시스템에 전형적으로 나타난다. 네덜란드 사회적 파트너십은 합의제 민주주의 모델에 뿌리를 두고 있는데 스칸디나비아국가들의 사회적 파트너십에서는 찾아 볼 수 없는 특징적인 양상이다.

사회적 파트너십 시스템의 구조는 1920~70년 동안의 그 절정기에 합의제 민주주의의 구조와 유사했다. 경제주체들의 조직은 균열축의 조직과 유사했다. 노동과 자본은 별개의 상층결사체 체제로 조직화되었는데 이는 일종의 사회경제적 균열축이라 할 수 있다. 내부적으로 노동과 자본의 이익결사체(특히 노조)는 위계적으로 조직되었으며 지도부는 회원들을 관리, 통제할 수 있는 권한을 가졌다. 이러한 이익결사체들간의 접촉은 주로 실질적인 권한을 가진 정상 지도자들 간의 수준에서 이뤄졌다. 이익결사체의 지도자들은 엘리트 카르텔을 형성했다. 자문, 협상, 협의를 매개하고 촉진하기 위해 전문적인 제도가 만들어졌다. 이익결사체들은 이러한 사회경제 체계의 초석이다. 보충성(subsidiarity)의 원칙에 따라[14] 이익결사체들은 자신들의 영역, 즉 국가가 설정한 테두리 내에서 경제부문에 대한 얼마간의 자율성을 갖는다. 약간의 예외는 있지만 이러한 이익결사체들은 협의제적(consociational) 리더십을 갖는다. 이익결사체들의 엘리트들 간의 화합(수용)정치(politics of accommodation)는 합의제 민주주의(또는 협의주의)의 규칙, 즉 상호 관용, '의견이 다름을 인정', 자문, 심의(토론)와 협력, 상층지도부간의 협상과 타협, 탈정치화(예컨대 임금협상을 위해 '기술적'인 업무분류체계의 개발), 조직의 전문화, 비례성(예컨대 정부의 자문에 임하는 기구), 상호행동의 예측가능성, 그리고 전반적인 실용주의 등에 따라 작동되었다.

네덜란드 사회적 파트너십 시스템은 구조면에서 합의제 민주주의의 절대 불가결한 요소였다.[15] 따라서 합의제 민주주의는 네덜란드 사회적 파트너십

14) 보충성 원칙은 모든 정치적·경제적·사회적 행위에 있어서 작은 단위의 공동체가 우선권을 가지며 보다 상위의 공동체(예컨대 중앙정부)는 이들 하위 단위의 단위체가 수행하지 못한 영역에 한해서 도움 혹은 보조를 해 주는 원리를 의미한다. 따라서 보충성 원칙의 시각에서 볼 때 이익결사체는 자신들의 문제를 스스로 해결하고 또한 그 공동생활에 책임을 지는 '자기결정성'과 '자기책임성'의 원칙에 따라 활동한다.

15) 네덜란드에는 합의제 민주주의의 작동 조건으로 거론되는 언어·인종 균열 정도 등이 결여되어 있다는 견해가 있다(Mair, 1994: 116-118). 따라서 네덜란드 사회는 상이한 하위문화를 갖고 있지 않다는 것이다. 네덜란드가 높은 합의제 민주주의를 지향

을 발전시키는 역할을 했고 사회적 파트너십의 이념을 발전시키는데 구조적 맥락을 제공했으며 사회적 파트너십 그 자체의 구조적 조건, 즉 결사능력(associability), 보충성의 원칙, 협의제 정부, 실용주의적 관용 등을 마련해 주었다. 네덜란드 합의제 민주주의를 지향했던 카톨릭 및 프로테스탄트 정당들은 1899년과 1994년 사이에 있었던 모든 내각의 중추를 이루었으며 경제를 규제하고 조직화함으로써 자본주의의 내적 모순인 자기파괴성(self-destructiveness)을 예방하려는 자신들의 이념을 실현하고자 했다. 국가는 경제개입에서 단지 보조적인 역할을 했을 뿐이었다. 이는 네덜란드에서 강력한 국가 전통의 부재로 인해 촉진되었다.

네덜란드의 노조와 사용자단체는 계급·계층균열 축의 중요한 초석이었으며 이는 노동과 자본의 결사체들이 사회적·경제적 균열라인에 따라 분화되었음을 의미한다.[16] 이들 이익결사체는 사회경제적인 이익조정을 수행하는 중요한 제도였다. 정상 노조 및 사용자단체들의 지도자들은 합의제 민주주의의 규칙에 따라 사회 전체의 차원에서뿐만 아니라 각 균열축 내부에서 분화된 결사체간의 이해관계를 조정했다. 이것은 네덜란드 사회적 파트너십 시스템의 특징이었고 스칸디나비아국가들의 사회적 파트너십 시스템과는 다른 점이었다. 노조운동의 통합을 사회적 합의주의 시스템의 하나의 지표로 인식하는 논자들은 균열축 내의 노조 분화를 보이는 네덜란드 사회적 파트너십 시스템을 과소 평가했다(Calmfors and Driffill, 1988: 14-15). 그러나 균열축 내의

케 하는 것은 경제의 개방이라는 주장이다. 그러나 네덜란드 사회에는 인종과 언어에 있어서 크게 균열되어 있지 않는 것은 사실이지만 종교적·이념적·계급적·지역적 균열이 존재했으며 따라서 이로 인한 정치적 갈등을 해결하기 위해 합의제 민주주의를 작동시켰다.

16) 1970년대 중반까지 정상 이익결사체들은 분열되었다. 노동의 경우 프로테스탄트, 카톨릭, 사회주의 등 3개의 정상결사체가 있었다. 사용자의 경우 종교, 경제, 산업, 농업, 대기업과 중소기업 등으로 분화된 10개의 결사체가 있었다. 그러나 노동과 자본의 조직체계는 사업장결사체, 부문결사체, 정상결사체 등 위계적인 체계로 통합되었지만 다른 균열라인(예컨대 블루칼라와 화이트칼라)에 따라 결사체의 분화가 다시 증대되었다.

결사체(특히 노조) 분화가 곧 네덜란드에 포괄적인 결사체가 없다는 것을 의미하지는 않는다. 그 정반대다. 노동 균열축 전체는 자본 균열축 전체를 상대로 노동이익을 집약시키는 포괄적인 조직으로 인식할 수 있다. 그것은 적어도 카톨릭 노조가 자신들의 요구사항에서 발생하는 비용을 외부화(externalizing)하는 것을 어렵게 했다. 이러한 결사체들이 국가의 최고 요직에 선출되기 위한 주요 충원 채널이 되고 있는데 이는 이익결사체들이 갖는 정치적 중요성을 나타낸다. 예컨대 빔 코크(Wim Kok) 수상은 이전에 노조 지도자였고 그의 선임 수상은 과거 사용자단체의 지도자였다. 이는 서유럽 다른 나라에서는 흔히 찾아 볼 수 없는 현상으로서 엘리트 차원에서 합의제 민주주의와 사회적 파트너십 간의 연계성을 시사해 주는 대목이다.

네덜란드의 사회적 파트너십 시스템이 원활히 작동한 것은 합의제 민주주의에 힘입어 노조와 사용자집단 간의 상호 협력과 신뢰에 힘입은 바 크다. 사실 바세나르협약은 법적 구속력이 있는 협약이 아니고 노사가 준수하기를 희망하는 느슨한 권고사항에 불과했다. 그럼에도 불구하고 노조가 물가연동임금제를 포기하고 임금인상 자제를 통한 기업의 수익성 제고에 협조했고 기업들도 노조의 그러한 유화적인 양보에 상응하여 근로시간 단축을 통한 고용창출에 적극적인 노력으로 화답한 것이다(Visser, 1998: 289). 이러한 노동과 자본 사이의 양보와 협조는 네덜란드의 합의제 민주주의적 정치문화에 힘입은 바 큰데 이러한 문화적 토양이 사회적 파트너십 시스템의 정착을 방해할 수 있는 장애 요소들을 제거한 것이다.

합의제 민주주의 하에서 네덜란드 정부는 중도우파와 중도좌파 간의 정권교체에도 불구하고 노사관계에 대해 일관성 있게 중립적인 조정자 입장에서 협조지향적인 정책을 통해 노사 자율적 협상분위기를 조성했다. 예컨대 중도우파 정당이 집권했을 경우 공무원 및 공기업의 임금을 동결시키는데 솔선수범하여 민간기업 노조들의 자발적인 임금자제를 유도해 냈다. 그리고 노조와 정당의 연계, 즉 CNV이 기민당, FNV은 사민당과 각각 연계하고 있는데서 비롯된 노조의 정치적 영향력이 높은 것도 사회적 파트너십 시스템의 정상적 작동에 기여한 것이다. 이와 더불어 때때로 보수당(기독교민주당 혹은 자유당)과 노동친화적인 정당(사민당)간에 연정이 이루어지고 투자·사업 인수인계·구조조정·근로시간 등을 경영진과 공동으로 결정하는 노동평의회(workers' council)가 작동되는 등 네덜란드의 사회적 파트너십 시스템을 성공시킨 요소가 많다. 복지제도 또한 정책결정의 합의적 접근, 즉 합의제 민주주의의 정도를 측정하는 지표인데(Mair, 1994: 107) 네덜란드는 사회보장 부문에 GDP 대비 32%를 지출하는 관대한 사회복지체제를 유지해 오고 있다.17) 이는 서유럽에서 스웨덴, 핀란드, 덴마크에 이어 네 번째로 높은 수준이며 이러한 관대한 사회복지제도가 노동시장 유연화의 버팀목 역할을 하고 있다(Visser, 1998: 290). 이는 네덜란드 사회보장정책이 '노동 없는 복지'에서 '복지에서 노동'으로 이동하는 일종의 복지정책 패러다임적 전환이 이루어지고 있어도 복지제도의 기본 골격이 그대로 남아 있음을 시사하고 있다. 이것이 네덜란드 사회적 파트너십 시스템을 지속시키는 요인으로 작용하고 있다.18)

5. 맺음말

네덜란드 사회적 파트너십의 부활과 탁월성은 국제적인 극찬과 부러움의 대상이 되고 있다. 그 이유는 1980년대 초 이후 장기간에 걸쳐 사회적 파트너십 시스템을 작동시켜 1970년대의 '네덜란드 병'을 기적적으로 치유했다는

17) 네덜란드의 복지제도는 보수주의적 측면과 사민주의적 측면 모두가 결합된 야누스적인 성격을 가지고 있다(Esping-Andersen, 1999: 88). 즉 사회보장 측면에서는 복지비용 가운데 사회서비스 비중이 약하고 노사가 부담하는 기여 중심적이기 때문에 보수주의 복지레짐이라 할 수 있으나 소득지원의 보편 원칙이 강하고 관대하다는 점에서 사회민주주의 복지레짐과 유사하다. 보수주의 복지레짐과 사회민주주의 복지레짐에 관해서는『선학태, 2003: 310-314』를 참조할 것.

18) 네덜란드 노조조직률이 1995년 현재 30% 수준에 머무르고 있음에도 불구하고 노조들의 대표성은 매우 높다. 따라서 국민들은 노조가 근로자들의 집단적 이익을 보호하기 위해 필요한 제도이고 모든 근로자들의 이익을 충분히 고려해야 한다는데 동의했다(Visser, 1995: 294). 이것 또한 네덜란드 사회적 파트너십의 작동에 공헌한 요소이다.

데에 있다. 사회적 파트너십 시스템의 경제적 효과는 위험, 불확실성, 거래비용을 줄이고 시장의 투명성을 제고하며 기업간, 노동자와 사용자간의 관계를 안정시켜 상호 신뢰를 증가시킨다. 그리고 그것은 훈련·교육체계 및 일반적인 R&D와 같은 집단재(collective goods)를 공급하여 성장과 고용을 촉진시킨다. 이러한 사회적 파트너십 시스템의 경제적 효과는 네덜란드에 나타났다. 네덜란드 경제는 1990년대 줄곧 성장, 물가, 재정, 고용 등 거의 모든 면에서 유럽연합의 평균보다 우월한 성과를 유지했다(김학노, 2004: 414-415). 특히 1983년 약 14%에 이르는 실업률을, 1997년에는 6%로 떨어뜨리는데 성공함으로써 '고용의 기적'을 이루었다는 평가를 받았다(Visser and Hemerijck, 1997: 9). 동시에 네덜란드는 사회협약정치를 통해 노동시장의 유연화를 이루었고 이로 인한 사회적 충격과 파장을 최소화하기 위한 법제도를 만들어 산업의 국제경쟁력과 사회적 형평성간의 부정적 대체(negative trade-off) 관계를 해결하고 있다. 따라서 이익조정에 기초한 사회협약정치는 수익성 위기를 극복하고 국제경쟁력을 개선하려는 사업주, 그리고 고용창출과 복지제도의 주요 측면을 유지하려는 노조 등 양측 모두를 유리하게 해 준다.

네덜란드 사회협약은 일자리 부족을 사회보장에 의하여 보상하는 방식으로부터 탈피하여 노동시간 단축과 파트타임 일자리의 형태로 유연성 제고를 통하여 일자리를 창출하는 방식으로 전환하는 한편, 정규직의 양보를 전제로 정규직과 비정규직의 동등한 법적 권리를 보장하는 안정화 내용을 담아냈다. 이를 통해 상이한 이해관계를 가진 사회적 파트너들이 '비배제' 및 '비갈등'을 실현하는 새로운 방법으로서 변화된 형태의 이른바 '경쟁적 사회협약정치'를 수용했다(Rhodes, 2001: 181-184). 여기서 '비배제' 및 '비갈등'은 가능한 많은 이해관계자를 사회경제정책 결정 과정에 참여시켜 이익갈등을 조정함으로써 실현된다. '비배제' 및 '비갈등' 규칙에 따른 네덜란드 '경쟁적 사회협약정치'는 글로벌 시장에 대응하기 위한 전략으로서 경쟁력(생산성)연합과 분배연합을 동시에 지향한다.

슈미터(Philippe Schmitter) (1989)가 선언했던 '사회적 합의주의의 소멸, 사회적 합의주의의 장수'(Corporatism is dead, Long live corporatism)는 당시에 거시적

사회협약정치가 소멸되었지만 부문별 사회협약정치는 활성화되고 있음을 의미했다. 그러나 그의 진술은 이제 과거의 '공식적'·'수요중심적' 사회협약정치는 정당성을 상실했지만 새로운 형태의 '협의·조정'시스템은 새로운 이름과 다른 모습으로 등장했음을 의미하는 것으로 볼 수 있다. 이에 따라 사회적 파트너십 시스템은 다시금 정당성을 획득하게 되었으며 이 정당성은 이념이 아니라 강력한 실적에 근거한 정당성이다. 현재 네덜란드 경제는 결사체, 보충성의 원칙, 자율규제, 협의제적 정부, 합의주의 등 합의제 민주주의와 사회적 파트너십에 내재하는 원칙이 여전히 강력하게 작동하고 있는 '협의·조정 메커니즘'에 의해 작동된다. 특히 자율규제와 시장의 질서화(ordering of market)에 간여한 잘 조직화된 시민사회의 전통은 이익결사체에 의한 '사회경제적 거버넌스'의 형태로 보다 선명하게 나타나고 있다. 이러한 사회경제적 거버넌스 시스템은 괄목할 만한 경제적 성과를 이룩하는 데 기여했다. 이런 점에서 오늘날의 네덜란드 사회적 파트너십 시스템은 보다 원숙하고 균형된 무게가 실리고 어쩌면 활기차 있다고 볼 수 있겠다.

네덜란드 정치에서 탈분극화는 변화하지 않았다. 정부구성에서 기민당의 일시적 배제 기간에도 좌·우파 정당들은 서로 갈등하지 않고 협력했다. 과학을 존중하는 풍토가 아직도 확고하다. 현 수상은 글로벌 시장에서 경쟁력 제고의 중요성을 강조하면서 사회보장 지출삭감과 임금인상 자제를 유지하려 한다. 사회적 파트너십 시스템에 대한 현 정부의 관심이 다소 퇴조했지만 정부의 정책주도가 사회적 파트너십에 기초한 의사결정시스템을 위협할 정도는 아니다. 탈정치화의 원칙에 따라 정부는 사회변화를 주도하기보다는 오히려 사회적 변화 트렌드를 따라 가고 있다. 특히 사회경제 정책에서 네덜란드 정부는 사회경제구조의 변화를 주도하기보다는 그 변화에 반응적인 스탠스를 취한다. 그러나 네덜란드 정치의 주요 초점은 시장이고 변화는 글로벌 시장에서 국가경쟁력을 회복하는데 목적이 있다. 그렇지만 시장은 네덜란드 정치의 새로운 기준이지만 정치가 사회경제생활을 시장에 맡겨두지는 않는다. 정치 그 자체는 좀처럼 변화하지 않고 아직도 게르만유럽 소국들의 정치적 특징인 탈분극화와 탈정치화가 지배하고 있다. 정책이 변화하여 시장에 적응하고 있다. 그러나 시장이 지배하도록 내버려두지 않는다. 이런 점에서 현 정부의 사회적 파트너십 시스템에 대한 관심 결여는 일시적 현상일 것이다. 사회적 파트너십 시스템은 네덜란드 경제사회에서 '비배제' 및 '비갈등'을 실현하는 해법이기 때문이다.

참고문헌

김종건 · 정희정. 2003. "네덜란드의 복지개혁과 노동시장정책." 『상황과 복지』. 14호. 177-211.

김학노. 2004. "네덜란드 모델의 성과와 한계." 『한국정학회보』. 38집, 3호. 411-434.

Calmfors, L. and J. Driffill. 1988. "Bargaining Structure, Corporatism and Macroeconomic Performance." *Economic Policy*. Vol. 6, 14-61.

De Jong, Philip R. 1997. "Rehabilitation and Incentives." in P. R. de Jong and Theodore R. Marmor(eds.). *Social Policy and Labour Market*. Ashgate, 185-201.

Esping-Andersen, Gosta 1999. *The Social Foundations of Post-Industrial Economies*. Oxford: Oxford University Press.

Haverland, M. 1998. *Convergence of Packaging Waste Policies in the EU? Germany, the United Kingdom and the Netherlands Compared*. Amsterdam: Thelathesis.

Hemerijck, Anton and Jelle Visser. 2000. "Change and Immobility: Three Decades of Policy Adjustment in the Netherlands and Belgium." *West European Politics*. Vol. 23, No. 2. 229-256.

Hemerijck, Anton. 1995. "Corporatist Immobility in the Netherlands." in Colin. J. Crouch and Franz. Traxler(eds.). *Organised Industrial Relations in Europe: What Future?* Aldershot: Avebury. 183-224.

Hemerijck, Anton. 2002. "The Netherlands in Historical Perspective: The Rise and Fall of Dutch Policy Concertation." in Stefan Berger and Hugh Compston(eds). *Policy Concertation and Social Partnership in Western Europe: Lessons for the 21st Century*. Oxford: Berghahn Books. 221-233.

Lazonick, W. 1991. *Business Organization and the Myth of the Market Economy*. Cambridge: Cambridge University Press.

Lijphart, A., and M. M. L. Crepaz. 1991. "Corporatism and Consensus Democracy in Eighteen Countries: Conceptual and Empirical Linkages." *British Journal of Political Science*. Vol. 21, 235-256

Lijphart, Arend. 1975. *The Politics of Accommodation: Pluralism and Democracy in*

Netherlands. Berkeley: University of California Press.

Mair, Peter. 1994. "The Correlates of Consensus Democracy and the Puzzle of Dutch Politics." *West European Politics.* Vol. 17, No. 4(October). 97-123.

Ruyssevelt Joris Van and Jelle Visser. 1996. "Weak Corporatism Going Different Ways?: Industry Relation in the Netherlands and Belgium." Joris Van Ruyssevelt and Jelle Visser(eds.). *Industrial Relations in Europe: Traditions and Transitions,* London: Sage Publications. 205-264.

Schmitter, P. 1989. "Corporatism Is Dead! Long Live Corporatism." *Government and Opposition.* Vol. 24, 54-73.

Slomp, Hand. 2004. "The Netherlands: Changing Politics or Leaving Politics for the Market." Paper prepared for the Conference on 'Small States in World Markets', Seoul, Korea, October 14-15. 65-83.

Slomp, Hans. 2002. "The Netherlands in the 1990s: Towards 'Flexible Corporatism' in the Polder Model." in Stefan Berger and Hugh Compston(eds.). *Policy Concertation and Social Partnership in Western Europe: Lessons for the 21st Century.* Oxford: Berghahn Books. 235-247.

Van Waarden, F. 2002. "Dutch Consociationalism and Corporatism: A Case of Institutional Persistence." *Acta Politica.* Vol. 37, No. 2. 44-67.

Visser, Jelle and Anton Hemerijck. 1997. *A 'Dutch 'Miracle', Job Growth, Welfare Reform and Corporatism in the Netherlands.* Amsterdam: Amsterdam UP.

Visser, Jelle. 1995. "The Netherlands: the Return of Responsive Corporatism." in Anthony Ferner and Richard Hyman(eds.). *Changing Industrial Relations in Europe*. Oxford: Blackwell, 283-314.

Visser, Jelle. 1997. "The Netherlands: The End of An Era and the End of A System." in R. Hyman and A. Ferner(eds.). *Industrial Relations in Europe.* Oxford: Blackwell. 323-356.

Visser, Jelle. 1998. "Two Cheers for Corporatism, One for the Market: Industrial Relations, Wage Moderation and Job Growth in the Netherlands." *British Journal of Industrial Relations.* Vol. 36, No. 2. 269-292.

Wolinetz, Steven B. 1989. "Socio-Economic Bargaining in the Netherlands: Redefining the Post-War Policy Coalition." *West European Politics.* Vol. 12, No. 1. 85-101.

Chapter 06

네덜란드 합의제 민주주의: 변화와 지속성

1. 사회적 분절화와 '평화헌법'

전통적으로 네덜란드사회는 이질적이고 지역적 기반이 강하며 문화적으로 다원화 현상을 보였다. 바꿔 말하면 네덜란드 시민사회는 종교, 이념, 계급, 지역 등을 축으로 사회적 균열이 중첩되는 양상을 보였다.

이에 따라 1579년 우트레흐트(Utrecht)라는 준평화헌법을 채택하여 네덜란드는 문화적으로 다원적이고 지역적으로 분산된 정치체의 특징을 갖는 '7지역 연합공화국'(Republic of the Seven United Provinces)을 수립했다. 이 공화국의 정치구조는 각기 주권을 갖는 7개의 독립지역의 느슨한 연합 형태를 갖추고 있었다. 따라서 네덜란드공화국은 정책결정 과정에서 불협화음, 교착상태로 점철되고 있었다. 지역, 종교 및 민족 등 분파주의가 일상화되었다. 이로 인해 역설적으로 여러 분파세력과 공화국 당국 사이에 갈등과 반목을 타협, 협상, 상호양보의 관행을 통하여 해결하는 정치스타일이 발전하였다. 특히 우트레흐트는 지방주권 원칙을 규정하였는데 이는 각 지방이 종교적 자유를 유지한다는 것을 의미한다. 국가종교의 부재, 그리고 공화국의 권력분산은 종교적 관용의 실천을 고무한 것이다. 모든 종교세력은 관용의 정신으로 공존할 수 있었다. 이와 함께 네덜란드공화국의 안정을 지탱하는 통합적 요인도 있다. 네덜란드공화국은 스페인의 지배에 대한 저항에서 출범하였는데 이를 위해서 내부의 일체감이 필요했다. 프랑스 점령기간(1803-13) 동안 단방국가(unitary state) 행정의 틀이 수립되었지만 이것이 역사적 유산, 즉 지역적 다원성과 공동 의사결정의 전통을 불식하지는 못했다.

19세기 중반 이후 두 개의 논쟁적인 이슈가 네덜란드정치를 지배하게 되었다(Hemerijck, 2002: 223-225). 하나는 공공 세속교육과 사립 종교교육을 둘러싼 장기간의 갈등이 되어 온 '학교문제'였다. 이는 자유주의 성향의 국가와 정통 캘빈교 및 로마 카톨릭 사이의 갈등으로 전개되었다. 사실 '학교문제'는 이미 1850년대에 캘빈교 내부에서 초등학교의 지위를 둘러싸고 자유주의 정부에 대한 반목으로 분출했다. 다른 하나는 산업화의 진행에 따라 노동계급의 저항이라는 '사회계급문제'였다.

이 같은 사회적 균열은 정치세력화로 전개됐다. 19세기 후반 이후 각 종파들이 종교이념에 따라 개신교의 캘빈파와 카톨릭교파가 주요 정치세력으로 등장했다. 즉 1884년 캘빈교파의 정치세력은 종교단체가 운영하는 사립학교에의 정부 재정지원, 성인 참정권의 확대 문제를 둘러싸고 반혁명당과 기독교역사연합(Christian Historical Union)으로 분열되었고 카톨릭교파는 카톨릭당으로 발족되었다. 1885년에 자유주의자들이 중심이 되어 자유당이 결성되었다. 제1차 세계대전 이후 네덜란드에서는 사회주의 확대 분위기와 보통선거의 도입에 따라 사회민주당 세력이 확대되었으며 이에 대응하여 여러 종파의 정당들(카톨릭당, 반혁명당, 기독교역사연합)이 정치연합을 결성함으로써 기독교민주연합(Christian Democratic Alliance)을 결성하였다.

그런데 1848년 네덜란드는 의회의 직접선거제를 도입했다. 그러나 네덜란드의 다수결주의는 점차 불안정을 노출하여 정치적 위기가 지속되었다. 이로부터 탈출하기 위해 1917년 네덜란드의 정치사에서 중요한 사건이라 할 수 있는 헌법개정이 발생했다. 즉 1917년 대평화헌법(Great Pacification Constitution)이라는 역사적인 타결이 이뤄졌던 것이다. 여기서 사민주의 세력을 포함한 정당들은 남성의 보통선거권을 결정했고 전국단위 선거구의 비례대표제에 합의했다. 1922년 선거권은 여성에게까지 확대되었다. 비례대표제에 힘입어 의회에 각 소수파의 대표가 진출함에 따라 의회는 네덜란드사회의 중요한 균열구조를 그대로 반영했다. 나아가 네덜란드정치는 양차 대전 사이에 줄곧 기독교민주계열 정당들이 의회와 정부에서 다수를 장악하고 있었기 때문에 종교적 성격을 띠고 있었다(Lijphart, 1968).

네덜란드 분절집단들에 대해 갖는 대평화헌법의 정치적 의미는 정책결정의 절차적 규칙으로서 정치공간을 하위문화 집단들이 공유할 수 있도록 제도화했다는 데에 있다. 이를 통해 보건, 의료, 문화, 주택, 실업보험 및 정부고용 등의 분야에서 주요 공공 책임기관들은 하위문화 집단별로 서로 분리하여 관리되었다. 그 책임기관들은 각 하위문화 집단들 간 '등가대표'(parity representation) 원칙에 따라 운영되는 일련의 자문기구와 위원회들의 전문적 자문을 지원 받았다(Hemerijck, 2002: 224).

그러나 평화헌법에도 불구하고 네덜란드는 양차 대전 사이에 사회적 분절화(segmentation)에서 자유롭지 못했다. 각 균열 축은 학교, 대학, 정당, 노조, 사용자집단, 복지 및 보건조직 등 복합적인 분절사회의 사회조직망을 갖추었다. 개별 하위문화(sub-culture)가 이념적인 분절집단들에 따라 다른 속도로 형성되었다. 카톨릭은 네덜란드사회의 분절집단 가운데 가장 먼저 총체적인 조직을 결성했다. 사민주의 세력은 자신들이 정치무대에 진입할 때 이미 캘빈교와 카톨릭이 자신들의 주요 정치 고객인 노동자들을 동원한 상태였기 때문에 잠재적인 정치적 지지 공간이 제약을 받았다. 19세기 동안 가장 영향력이 있었던 그룹인 자유주의 세력은 양차 대전 사이에 어떤 형태의 조직적 통일도 달성하지 못했다. 그들의 자유주의적 세계관이 집단적 조직화를 방해했기 때문이다.

정통 캘빈교 및 로마 카톨릭 종교그룹 하위문화의 자율성이 사회계급문제의 출현 이전에 인정되었기 때문에 20세기 전반기 노사관계의 정치는 종교적 분할에 따라 형성되었다. 이에 따라 산업관계 패턴이 캘빈파, 카톨릭파, 사회주의계열 등 별개의 노조, 그리고 캘빈파, 카톨릭파, 자유주의계열 등 별개의 사용자집단들로 나누어져 하위문화별로 분절된 산업관계 패턴이 형성된 것이다. 종교적 노조와 사용자단체는 성향이 비슷한 정당들과 밀접히 연계되었다. 종교적 노조는 대부분의 노동계급을 흡수함으로써 사민주의적 계급조직의 발전을 제한했다. 네덜란드에서 캘빈교-카톨릭, 그리고 종교-세속 등 2중으로 분절된 하위문화 지형은 산업관계의 발전에 두 가지 영향을 미쳤다. 자본과 노동의 조직역량이라는 점에서 분절화의 역동성은 먼저 응집력 있고 수직적으로 통합되며 중앙집권적인 정상노조와 사용자연맹의 형성을 촉진했다. 다음으로 캘빈교-카톨릭, 그리고 종교-세속 등 2중의 사회적 분절화는 산업관계의 분열을 조장하여 통일된 노동운동의 형성을 방해했다.

2. 합의제 정치의 제도화

1) 협의주의적 장치

합의제 정치는 다수제 정치의 안티테제로서 언어, 종교, 계급, 지역 등에 의해 사회적 균열(social cleavages)의 고착화를 극복하는 정치운영의 유용한 틀을 제시한다. 그 문제의식은 적대적인 갈등관계에 있는 블록간의 사활적인 이익을 상호 보장하기 위해 각 블록을 대표하는 정치결사체인 정당들 간의 권력분점(power-sharing)을 제도화함으로써 그 갈등구조를 해소하려는데 있다(Scholten, 1987: 4). 따라서 각 블록의 어떤 주요 정당도 의사결정과정에서 소외되지 않으며 그 정치엘리트들은 문화・이데올로기적 분열(cultural-ideological compartmentalization)로 인한 사회의 원심력을 상쇄하기 위해 이익조정(interest accommodation) 정치에 참여하여 갈등해결을 시도한다. 이 같은 정당엘리트 카르텔에 의한 정치는 경쟁적인 관행의 회피, 즉 의도적 탈정치화(purposive depoliticization) 절차를 발전시켜 소수파로 하여금 정치적 완패로부터 벗어날 수 있도록 해주며(Lijphart, 1969: 222; Daalder, 1974: 607) 이를 통해 고도로 분열된 사회를 안정적으로 통합시켜 준다.

전통적으로 종교, 이념, 계급, 지역 등을 축으로 사회적 균열이 중첩되는 양상을 보였던 네덜란드사회는 균열로 인한 정치적 갈등을 해결하기 위해 합의제 모델에 기초하는 협의주의 정치를 작동시켰다. 이를 통해 네덜란드는 높은 사회적 균열에도 불구하고 사회와 정치의 수준에서의 분열과 갈등이 정치체제의 불안정이나 양극화로 비화되지 않고 정치적 안정과 합의를 실현했다. 이는 협의주의적 장치를 통해서 가능했다.

먼저 이질적이고 문화적으로 다원화 현상을 보였던 네덜란드 시민사회를 반영하여 정당체제는 1950년대 이후 '다당제를 하부구조로 하는 보수-진보 정당블록' 구도로 편성되었다. 즉 극좌파로서 공산당과 급진당, 온건 중도좌파에는 사민주의 정당인 노동당(PvdA)과 민주주의'66(D'66)과 녹색연합(GL), 온건 중도우파에는 기민당(CDA)과[1] 자유당(VVD), 극우파로서 농민당과 개혁정치연합 등이 포진하고 있었다. 2차 대전 이후 네덜란드 정치사회에서 노동당, 기민당, 그리고 자유당 사이에 의석수 상의 우열로 인한 국가운영에 배타적·독점적 권한을 행사할 수 있는 '패권정당'은 존재하지 않았다.

둘째, 네덜란드의 다당체제는 정당명부식 비례대표제의 채택을 통해서 형성되었다. 4년 임기 150명으로 구성된 네덜란드의 하원의석은 각 당이 얻은 전국 총 득표수에 비례하여 배분된다. 각 당은 순번이 매겨진 후보자의 명부를 제시하고 이에 근거하여 유권자들은 자신들이 선호하는 한 개의 당을 선택하게 된다. 후보자의 서열은 당의 지도부에 의해 결정되고 정해진 서열은 전당대회에서 승인을 받는 절차를 밟는다. 서열은 당에 대한 공헌 및 충성도에 따라 매겨지는데 이 같은 관행은 지도부가 당원의 행동을 규제할 수 있는 장치이다. 이는 후보자의 자율성을 제한하는 반면에, 이들이 당의 정강에 충실하도록 유도하는 효과를 갖는다. 선거정치에 관련된 강력한 당 규율은 네덜란드식 선거제도의 특성이라 할 수 있다. 이 같은 네덜란드식 비례대표제는 유권자 의견의 다양성 표출을 통해 다당제의 정치를 촉진시켜 왔다.[2]

1) 네덜란드에서 기민당은 노동당에 대항하는 중도우파 정당이다. 그러나 기민당은 때로는 중도좌파와 온건우파의 경계선상에 자리매김하여 중도좌파 정당으로 분류되기도 한다(Hazen, 1995: 78). 이는 기민당이 좌파적인 정책을 과감히 수용하기 때문이다.

2) 그러나 다당제와 친화력이 있는 비례대표제의 상대적 취약점이 있다. 지역구 개념이

셋째, 네덜란드의 분절화된 사회에서 게임의 규칙은 '수용의 정치'(politics of accommodation)인데(Lijphart, 1975) 이를 구현하는 수단은 사회세력 간의 갈등과 저항을 예방하기 위해 정치적 임명, 국가재정의 배분 등의 영역에서 적용되는 비례성(proportionality) 원칙이었다. 이 비례성 원칙은 강력한 탈분극화(depolarization)의 틀이다. 왜냐하면 비례성 원칙은 정부재정을 필요로 하는 모든 결정의 확고한 근거가 됨으로써 정부재정이 인구수에 기초하여 각 균열축에 배분되고 있기 때문이다.

넷째, 네덜란드에서는 국가 차원에서 연립내각을 구성하고 합의주의적 문화에 의해 국정운영을 시도했다. 예컨대 1989년 중도우파인 기민당-자유당 연합이 붕괴되면서 기민당-노동당의 연합인 루베르스-코크 내각(Lubbers-Kok cabinet)이 등장했다. 이 연정 기간에 노동당은 합의주의적 문화의 전통에 따라 기민당의 긴축재정 정책에 협조하였고 복지정책의 일환인 '장애자 장기계획' 예산 삭감에 동의했다. 1994년 선거 직전 기민당은 모든 사회복지 프로그램에 대한 지출을 향후 4년 간 동결시킬 것을 발표했다(Wolinetz, 1995: 190). 이 같은 루베르스-코크 내각의 정책은 1994년 선거에 반영되어 연립정부에 참여했던 기민당과 노동당에 대한 유권자의 지지율 하락과 이에 따른 두 정당의 의석수 축소로 나타났다. 대신 D'66과 자유당이 득세하였다. 네덜란드에서 전후 실시된 선거는 노동당과 기민당 사이에 의석수의 균등화를 보여 온 것이 일반적인 현상이었으나 1994년 선거에서는 노동당(24%), 기민당(22.2%), 자유당(19.9%), D'66(15.5%) 등 주요 정당들이 비교적 고른 의석 배분을 가져 왔다. 그 결과 1989년 선거에서 제1당으로 등장하여 긴축재정과 복지비 삭감을 주도했던 기민당이 배제된 상태에서 1994년 8월 노동당, D'66,

---

없는 네덜란드식 비례대표제는 유권자들과 의원 간의 연계성을 단절시키는 요인으로 작용한다. 의원은 지역구 유권자들과 직접적인 연관이 없기 때문에 오로지 당의 정강에만 충실할 위험성이 도사리고 있다. 뿐만 아니라 정당명부의 서열과 정강의 결정이 당지도부에 의해 이루어지면 이는 민의의 반영과는 거리가 먼 소수 정치보스들의 권위주의화가 초래될 소지가 있다. 따라서 네덜란드식 선거제도는 경우에 따라 지극히 비민주적인 정치로 퇴색할 개연성마저 없지 않다. 이 같은 네덜란드식 제도의 단점을 개선하고자 하는 방안으로 제시되는 것이 스위스식과 독일식 선거제도이다.

자유당의 3자 연합에 의한 중도 좌・우파 연립정부가 구성되었다.3) 이어지는 1998년 선거에서도 네덜란드 유권자들은 긴축재정과 복지비 삭감의 원흉인 기민당을 아예 제3당으로 끌어내어 자유당이 제2당의 위치로 부상하였다. 1998년 선거로 노동당(29%), 자유당(24.7%), D'66(9%)의 3개 정당이 연합한 중도 좌・우파 연립내각이 다시금 등장했다.4)

그러나 2002년 총선 결과(<표 6-1>참조) 7월 기민당, 자유당, LPF(List Pim Fortuyn)으로 구성된 중도우파 연정내각이 출범했다.5) 즉 기민당 출신 발케넨데(Jan Peter Balkenende) 내각은 보수자유주의 세력과 군소 사회자유주의 세력들과 함께 연정을 구성하여 정치적 난민, 이민의 유입 규제 강화와 출국 조건 완화 등의 조치를 취했다.

---

3) 1994~2002년에 기민당이 정부구성에서 배제된 것은 상당한 정치적 사건이었다. 기민당은 20세기 초반이래 줄곧 정부구성에 참여했으며 대부분 정부에서 지배정당의 위상을 견지했다. 그러나 1994년 집권한 '자주빛'(purple) 연정은 노동당(red), 자유당(blue), D'66으로 구성되었다. 이전에 최대 노조연맹의 지도자였던 노동당의 지도자가 '자주빛' 연정을 주도했다. '자주빛' 연정이 집권하는 동안 저실업, 정기적인 임금인상, 전반적인 소득증대 등 번영기를 구가했으며 노동문화와 노동시장 참여의 변화에 공헌했다. 그리고 연정은 동성연애 및 결혼, 매춘의 합법화 등 윤리적 규범을 완화했다.

4) 1998년의 선거에서는 노동당과 자유당이 모두 약진하였다. 노동당의 5% 증가율은 같은 중도좌파이나 상대적으로 신자유주의에 관용적인 D'66이 잃어버린 의석율에서 왔고 자유당의 4.8% 증가율은 같은 중도우파인 기민당이 잃어버린 의석율이 왔던 것으로 볼 수 있다. 이런 점에서 네덜란드 선거시장에서 표의 이동성은 비슷한 좌파내 혹은 우파내에서 움직이는 '블럭내의 이동성'(intra-bloc mobility) 현상을 보이고 있으며 '좌파와 우파 상호 간의 이동성'(inter-bloc mobility)은 낮다.

5) 2002년 총선을 전후로 하여 네덜란드는 정치적 소요를 경험했다. 무소속 국회의원 후보였던 핌 포르틴(Pim Fortuyn)은 범죄증가와 이슬람이민 유입으로 인한 사회치안 불안 문제를 제기, 그리고 정부의 비대화 등의 문제를 제기했다. 그는 그 책임을 노동당에 전가했고 이는 노동당을 자극했다. 이런 상황에서 그는 총선 직전 암살 당했다. 그의 암살은 2002년 총선에서 노동당의 패배와 기민당의 부활을 가져 왔다.

〈표 6-1〉 2002년 5월 및 2003년 1월 총선 결과

	총선 투표율: 78.9%		총선 투표율: 79.9%	
	2002년 5월 총선 득표율 및 의석수		2003년 1월 총선 득표율 및 의석수	
기민당	27.9	43	28.6	44
LPF	17.0	26	5.7	8
자유당	15.4	24	17.9	28
노동당	15.1	23	27.3	42
녹색연합	7.0	10	5.1	8
사회주의당	5.9	9	6.3	9
민주주의'66	5.1	7	4.1	6
기독교통일당	2.5	4	2.1	3
농민당	1.7	2	1.6	2
개혁정치연합	1.6	2	0.4	0
기타 정당	0.7	0	0.9	0
합계	100%	150	100%	150

출처: Joop, Holsteyn, and Irwin, 2004: 159

원래 네덜란드정치는 두 가지 차원, 즉 지배적인 사회경제적 좌·우파 차원과 종교적·세속적 차원이 주요 이슈였다. 그러나 2003년 총선에서는 네덜란드로 밀려오는 이민, 여러 소수민족 거주 등으로 인하여 사회통합 문제가 추가되었다. 그러나 당시 선거에서 정치적 어젠다의 정점에 위치하는 이슈는 경제문제였다. 이런 상황에서 노동당이 가장 정치적 이득을 얻을 수 있었다. 그런데 노동당과 기민당의 견해 차이는 어려운 경제에 대처하는 방법, 재정삭감 등과 같은 경제적 문제에서 확연히 드러났다. 이에 따라 중도좌파 연정은 불가능했고 대신 중도우파 연정이 가장 가능성이 높았다. 그 결과 기민당의 지도자인 발케넨데가 수상으로 지명되는 가운데 기민당 출신 9명·자유당 출신 6명·D'66 출신 2명 등의 각료들로 구성된 발케넨데의 제2기 연정이 결성되었다. 즉 발케넨데의 제2기 내각이 표방했던 주요 내용은 '참여·더 많은 일자리·규제 축소'(Participate, More Work, Fewer Regulations)라는

정치협약에 규정되어 있었다(Joop, Holsteyn and Irwin, 2004: 163-164). 발케넨데의 제2기 연립내각은 튼튼한 경제, 결단력 있는 정부, 양질의 민주주의, 그리고 안전한 사회 등의 성취를 약속했다. 이러한 정책을 달성하기 위해서는 네덜란드의 경쟁력 회복, 규제완화, 시민들의 책임감 강화 등이 절실하게 요구되었다.

네덜란드의 연립내각은 어느 특정 지역, 종교, 계급의 패권을 인정하지 않고 여러 사회세력의 공존과 포괄을 중시하는 합의제 정치를 실현하는데 그 목적이 있다. 바꿔 말하면 어떠한 정치적 결정에 의하여 영향을 받는 집단과 세력 모두를 그 결정의 형성에 참여시킴으로써 권력의 집중화, 권력의 독점화를 방지하자는 것이다. 선거에서 승리한 정당이 내각구성을 독식하여 선거에서 패배한 정당을 정책결정 과정에 배제시킨다면 그것은 결국 시민사회와 정치사회의 갈등을 야기할 수밖에 없기 때문이다.

다섯째, 사회세력의 분절화(pillarization)에도 불구하고 이를 희석시키려는 정치의 탈분극화 노력은 '기능적 분권화'(functional decentralization)를 통해서 이뤄졌다. 앞에서 논의되었듯이 네덜란드의 사회적 분절화는 로마 카톨릭 세력과 칼빈 프로테스탄트 세력의 분열로 나타났다. 소수파인 카톨릭 세력보다는 프로테스탄트 세력에 의해 네덜란드 사회문화가 형성되었다. 이에 따라 카톨릭 세력과 프로테스탄트 세력 사이에 갈등이 존재했다. 이러한 갈등의 해법은 연방주의, 즉 지역적 분권화가 아니라 학교, 대학, 병원, 라디오, TV 등을 포함하는 카톨릭 블록과 프로테스탄트 블록 사이의 사회문화적 분열을 근거로 한 '기능적 분권화'이다. 카톨릭 세력과 프로테스탄트 세력은 상호 접촉을 갖지 않고, 상호 결혼하는 경우도 드물기 때문에 오로지 각 균열 축을 대표하는 엘리트만이 상호 접촉을 통해 문제해결을 시도한다.

이상과 같이 네덜란드는 협의주의 정치의 제도적 장치를 통해 사회적 균열에 따른 정치적 갈등을 해결하여 사회통합을 실천하고 있다. 이는 무엇보다도 정치엘리트들의 합의적(협의적) 정치문화(consensual or consociational political culture)에 연유한다. 네덜란드 정치사회에는 여러 정당들 간에 협조가 아니면 파국이라는 인식과 그에 따른 합의주의적 정치문화가 지배하고 있었다. 근본적으로 인식과 견해가 다른 정당들이 정치판을 깨어 파국에 이르기보다는 타협이나 합의를 통하여 해결하고 함께 공생하는 지혜를 터득한 것이다. 따라서 정치세력들이 상호 관용하고 화합함으로써 소수파나 반대세력을 배척하지 않았다(Lijphart, 1975). 예컨대 네덜란드의 사민주의 정당은 독자적인 노선을 통하여 자신들의 정책을 관철시키는 방식이 아니라 중도 우파정당들과의 정책적 협의와 합의 속에서 사민주의 노선의 길을 모색하는 것이다. 이러한 노동당과 중도우파 정당들과의 정책적 협의가 결코 사민주의 노선의 포기가 아니며 연립내각에서 중도좌파 정당과 중도우파 정당은 상대방의 정책을 고려하는 경우가 많다. 노동당의 사민주의 정책은 중도우파 정당들과의 합의주의라는 정치문화의 틀 속에서 논의되고 접점이 모색되기 때문에 사민주의적 가치가 항상 정책에 선명하게 투영된 것은 아니다.

2) 사회적 합의주의 시스템

경제영역에서도 합의제 정치의 제도화가 실현되었다(van Waarden, 2002: 50-52). 그 특징들은 노동과 자본의 관계, 자본과 정부의 관계, 노동과 정부의 관계, 그리고 노동과 자본과 정부 간의 관계에서 구체화된다. 이러한 경제적 거버넌스 시스템이 사회적 합의주의 시스템이다. 네덜란드에서 협의주의 정치와 사회적 합의주의는 놀라울 정도의 구조적 유사성을 보이며(Lijphart and Crepaz, 1991: 235) 이처럼 네덜란드의 사회적 합의주의가 합의제 모델에 뿌리를 두고 있는 것은 스칸디나비아 국가와 같은 다른 사회적 합의주의 국가에서는 찾아 볼 수 없는 특징적인 양상이다.

네덜란드에서 경제주체들의 조직은 균열 축의 조직과 유사했다. 노동과 자본은 별개의 상층결사체 체제로 조직화되었는데 이는 일종의 사회경제적 균열 축이라 할 수 있다. 내부적으로 노동과 자본의 결사체들(특히 노조)은 위계적으로 조직되었으며 지도부는 회원들을 관리, 통제할 수 있는 권한을 가졌다. 이러한 결사체들간의 접촉은 주로 실질적인 권한을 가진 정상 지도자들 간의 수준에서 이뤄졌다. 결사체의 지도자들은 엘리트카르텔을 형성했다. 자문, 협상, 협의를 매개하고 촉진하기 위해 전문적인 기구가 만들어졌다. 결사체들은 이러한 사회경제적 이익대표체계의 초석이다. 보충성의 원칙에 따라 결사체들은 자신들의 영역, 즉 국가가 설정한 테두리 내에서 규율할 수 있는 경제부문에 대한 얼마간의 자율성을 갖는다. 약간의 예외는 있지만 이러한 결사체들의 지도자는 협력적 리더십을 갖는다. 엘리트들간의 화합(수용)정치(politics of accommodation)는 합의주의의 규칙, 즉 상호 관용, '의견의 다름을 인정', 자문, 심의(토론)와 협력, 상층지도부간의 협상과 타협, 탈정치화(예컨대 임금협상을 위해 '기술적'인 업무분류체계의 개발), 조직의 전문화, 비례성(예컨대 정부의 자문에 임하는 기구), 상호행동의 예측가능성 및 안정 중시, 그리고 전반적인 실용주의 등에 따라 작동된다.

네덜란드 사회적 합의주의 시스템은 구조면에서 합의제 모델의 주요 요소일 뿐만 아니라 합의제 모델의 절대 불가결한 요소이다. 결사체는 사회경제적인 이익조정을 수행하는 중요한 제도이다. 정상노조 및 사용자단체들의 지도자들은 사회 전체의 차원에서 뿐만 아니라 각 균열 축 내부에서 만난다. 예컨대 그러한 접촉은 카톨릭 정당내부에서 비공식적으로 이루어진다. 그러나 프로테스탄트는 균열 축 내부의 사회경제적 이해관계 조정을 위한 공식적 제도를 가지고 있다. 균열 축 라인에 따라 이 같은 결사체의 분화는 네덜란드 사회적 합의주의 시스템의 특징이고 스칸디나비아국가들의 사회적 합의주의 시스템과는 다른 점이다. 매우 역설적으로 균열 축 내의 노조 분화와 노조운동의 통합을 사회적 합의주의 시스템의 하나의 지표로 인식하는 논자들은 네덜란드 사회적 합의주의 시스템의 등급을 낮게 평가했다(Calmfors and Driffill, 1988). 그러나 균열 축 내의 결사체(특히 노조) 분화는 네덜란드에 포괄적인 결사체가 없다는 것을 의미하지는 않는다. 사실은 그 반대다. 노동 균열 축 전체는 자본 균열 축 전체를 상대로 노동이익을 집약시키는 포괄적인 조직으로 인식할 수 있다. 그것은 적어도 카톨릭 노조가 자신들의 요구사항에서 발생하는 비용을 외부화(externalizing)하는 것을 훨씬 어렵게 한다. 이러한 결사체들이 국가의 최고 요직으로 선출되기 위한 주요 충원 채널이 되고 있는데 이는 결사체들이 갖는 정치적 중요성을 나타내고 있다. 예컨대 빔 코크 수상은 이전에 노조 지도자였고 그의 선임 수상은 과거 사용자단체의 지도자였다. 이는 유럽 다른 나라에서는 흔히 찾아 볼 수 없는 현상이다.

이와 같은 특징을 갖는 네덜란드 사회적 합의주의 시스템은 제2차 세계대전 이후 임금억제와 단체협약의 포괄적 적용을 실천했다.[6] 네덜란드의 산업관계는 제2차 세계대전에서 나치즘에 대한 레지스탕스 운동에서 보여진 노동과 자본의 협력에 뿌리를 둔 '노동협회'(Stichtung van de Arbeid)라는 노・자간의 자율적인 민간기구로 출발하였는데[7] 이는 전국적 임금협상에 중요한 역할을 담당했다. 1950년 노동협회의 권유에 따라 노・사・정이 참여하는 '사회경제협의회'(Sociaal Economische Raad)가 설립되었으며 이 협의회는 정부의 사회 및 경제정책에 대한 자문을 해오고 있다.[8] 그러나 이러한 사회협의(social concertation)에 의한 경제운용에도 불구하고 1967년에 물가인상이 자동적으로 임금인상에 반영되는 단체협약이 도입되어 1960년대 말에는 실질임금이 폭발적으로 인상되었다. 이러한 고임금화는 1973~1983년에 걸쳐 노동집약적 산업을 포함한 전 산업부문에서 대량실업 사태를 야기하여 평균 10%의 실업률을 기록했다. 또한 네덜란드는 실업문제를 적극적 노동시장정책으로 해결하기보다는 실업보험, 조기은퇴 및 장애프로그램으로 흡수시켰다. 실업에 대한 이러한 접근은 1970년대 후반 GDP 대비 사회보장비 지출을 크게 증가시켰다(Wolinetz, 1989: 88).[9] 그리고 복지체제는 노사의 높은 기여금에 의존하고

6) 앞서 지적한 바와 같이 네덜란드는 2차 세계대전 이전 종교적 균열(칼빈주의와 카톨릭주의)과 계급갈등으로 사회의 '횡적 블록화' 현상이 고착화되었다. 그러나 칼빈주의, 카톨릭주의, 사회주의 블록들은 1930년대에 고실업을 경험하면서 전후 사회적 합의주의 시스템의 필요성을 절감했다(Hemerijk, 2002: 225-226).

7) '노동협회'는 사회주의 블록노조인 NVV, 카톨릭주의 블록노조인 NKV, 칼빈주의 블록노조인 전국기독교노조연합(CNV, 기민당과 연계)과 사용자연합들에 의해 설립되었다. 그런데 1976년에 NVV와 NKV가 통합하여 네덜란드노조연합(FNV, 사민당과 연계)이 되었는데 이는 전체 조합원 중 63%를 차지하여 최대 노조이다.

8) 이 협의회는 노・사・정이 지명하는 중립적 인사들, 예컨대 경제학자, 사회학자, 구정치인 등으로 구성되는 3자협의체이다.

9) 실업에 대한 국가정책은 적극적 노동시장정책과 수동적 노동시장정책(passive labor

있었기 때문에 기업의 경쟁력을 약화시킨다는 비판을 받았다.

이러한 상황에서 네덜란드 노조는 임금억제와 노동시간 단축에 관심을 보이기 시작했고 1982년에 출범한 기민당과 자유당 연립정부 또한 노동시간 단축을 통한 일자리 나누기, 임금억제, 복지예산 삭감, 기업이윤의 제고, 물가연동임금제 폐기 등을 노동과 자본에 요구했다. 이에 따라 노동시장의 경직성(정규직 근로자에 대한 해고의 어려움), 저성장, 실업증가, 복지팽창(질병급여, 장애급여의 관대성),[10] 재정적자 등 '네덜란드병'(Dutch disease)을 치유하기 위해 네덜란드의 산업관계는 '코포라티즘의 적응'(responsive corporatism), 즉 사회적 합의주의 시스템의 복원을 지향했다(Visser, 1995). 특히 노조 지도부는 대량실업의 현실 속에서 기업의 투자, 수익성 및 경쟁력 향상을 통해서만 고용증대가 가능하고 이를 위해 사용자집단과 정부와의 협조가 필요하다는데 인식을 같이 했다. 이에 따라 노조(FNV) 대표와 고용자연맹(VNO) 대표는 노동협회에서 1982년 '바세나르협약'(Wassenaar Accord)에 합의했다.[11] 바세나르협약의 기본 목표는 대량실업을 극복하기 위한 임금자제와 근로시간 단축 그리고 고용창출이었다.[12] 당시 노조는 자발적 임금자제로 기업의 투자를 촉진시키고 이

---

market policy) 등이 있다. 전자는 노동시장이 실업을 흡수하도록 유도하는 것이다. 예컨대 직업알선, 직업교육, 기업의 취업유지 보조금 등이 있다. 후자는 노동시장 밖으로 실업자들을 유인함으로써 조기은퇴, 산업장애자 범위 확대, 실업보험 보조금 지급, 실업보험 조건의 완화 등을 시도하자는 것이다. 서유럽의 많은 국가들은 실업문제를 임금억제, 노동시간 단축을 통한 일자리 나누기, 직업훈련교육, 경제성장, 사회정책, 적극적·소극적 노동시장정책 등을 결합하여 해결코자 한다.

10) 네덜란드의 사회보장제도 중 질병급여(sickness benefits)와 장애급여(disability benefit)는 '네덜란드병'의 주범으로 지목되었다. 질병급여와 장애급여는 불경기 시 인력감축을 위해 또는 생산성이 떨어지는 노동자들을 퇴출시키는 손쉬운 방법으로 사용되었다. 특히 장애급여는 자격기준의 모호성과 관대한 급여로 인하여 노동자들은 노동시장에서의 위험에 대한 대안으로 이용하였고 사용자는 해고의 어려움 대신 택하는 인력관리의 수단으로 이용하였다(De Jong, 1997: 188). 이는 곧 1970년대 재정지출을 증가시키는 요인으로 작용하였다.

11) 정부는 공식적으로는 참여하지 않았지만 협약이 체결되기까지 행정적·재정적으로 적극적인 지원을 했다.

를 통해 고용이 창출되어 복지에 의존하는 계층을 감소시키며 이로써 정부의 세입이 증대하여 정부재정을 건실하게 할 수 있다고 믿었다. 이 협약에서 자본은 근로시간을 단축시켜 '일자리 나누기'(work-sharing)를 통한 고용증대로 화답했다.

폴더모형(Polder model)이라고 일컬어지는 네덜란드의 사회적 합의주의 시스템이 원활히 작동한 것은 노조와 사용자집단 간의 상호 협력과 신뢰에 기초한 것이다. 사실 바세나르협약은 법적 구속력이 있는 협약이 아니고 노사가 준수하기를 희망하는 느슨한 권고사항에 불과했다. 그럼에도 불구하고 노조가 물가연동임금제를 포기하고 임금인상 자제를 통한 기업의 수익성 제고에 협조했고 기업들도 노조의 그러한 유화적인 양보에 상응하여 근로시간 단축을 통한 고용창출에 적극적인 노력으로 화답한 것이다(Visser, 1998: 289). 이러한 노동과 자본 사이의 양보와 협조는 네덜란드의 합의제 정치문화에 힘입은 바 큰데 이러한 문화적 토양이 사회적 합의주의 시스템의 정착을 방해할 수 있는 장애 요소들을 제거한 것이다. 정부 또한 중도우파와 중도좌파 간의 정권교체에도 불구하고 일관성 있게 노사관계에 대해 중립적인 조정자 입장에서 협조지향적인 정책을 통해 노사 자율적 협상분위기를 조성했다. 예컨대 중도우파정당이 집권했을 경우 공무원 및 공기업의 임금을 동결시키는데 솔선수범하여 민간기업 노조들의 자발적인 임금자제를 유도해냈다. 그리고 노조와 정당과의 연계, 즉 CNV과 FNV은 각각 기민당과 사민당과 연계하고 있어 노조의 정치적 영향력이 높은 것도 사회적 합의주의 시스템의 정상적 작동에 기여한 것이다. 이와 더불어 때때로 보수당(기민당 혹은 자유당)과 노동친화적인 정당(사민당)간에 연정이 이루어지고 사회보장 부문에 GDP 대비 32%를 지출하는 관대한 사회복지체제를 유지하고 있으며[13] 투자·사업 인

12) 협약 이전 네덜란드의 노동시장정책은 관대한 사회보장을 통하여 노동자들의 조기퇴직을 유도하는 '소극적 노동시장정책'에 초점을 맞추었으나 바세나르협약은 직업교육 및 훈련을 통해 실업노동자의 노동시장 참가를 주된 정책목표로 삼았다.

13) 이는 유럽에서 스웨덴, 핀란드, 덴마크에 이어 네 번째로 높은 수준이며 이러한 관대한 사회복지제도가 노동시장 유연화의 버팀목 역할을 하고 있다(Visser, 1998: 290).

수인계 · 구조조정 · 근로시간 등을 경영진과 공동으로 결정하는 노동평의회(workers' council)가 작동되는 등 네덜란드의 사회적 합의주의 시스템을 성공시킨 요소가 많다. 노조조직률이 1995년 현재 30% 수준에 머무르고 있음에도 불구하고 노조들의 대표성은 매우 높다. 따라서 국민들은 노조가 근로자들의 집단적 이익을 보호하기 위해 필요한 제도이고 모든 근로자들의 이익을 충분히 고려해야 한다는데 동의했다(Visser, 1995: 294).

3. 합의제 정치의 성공적 작동 결과

1) 사회적 균열 축의 해체 및 재편

지난 30-40년 동안 네덜란드는 사회적 균열에 근거하여 합의제 정치(consensus politics)를 역동적으로 전개해 온 결과 다양한 사회적 균열이 점차로 소멸 · 재편되는 현상을 경험하게 되었다(Koole and Daalder, 2002: 25-30). 우선 카톨릭 균열 축이 변화했다. 가장 놀라운 사회적 균열 축의 해체는 카톨릭 하위문화의 경우이다. 카톨릭정당(KVP)의 득표력은 1963년에 총 유효투표의 31.9%를 기록했으나 1972년에는 거의 그 절반 수준인 17.7%로 감소했다. 같은 기간에 당원 수도 크게 감소현상을 보였다. 카톨릭 정당의 이 같은 지지표와 당원 수 감소는 카톨릭 균열 축이 전반적으로 해체되고 있다는 전형적인 현상이다. 카톨릭 신자들은 산아제한과 같은 영역과 정치의 장에서 점점

이는 네덜란드 사회보장정책이 '노동 없는 복지'에서 '복지에서 노동'으로 이동하는 일종의 정책패러다임적 전환이 이루어지고 있어도 복지제도의 기본 골격이 그대로 남아 있음을 시사하고 있다. 네덜란드의 복지제도는 보수주의적 측면과 사민주의적 측면 모두가 결합된 야누스적인 성격을 가지고 있다. 즉 사회보장 측면에서 복지비용 가운데 사회서비스 비중이 약하고 노사가 부담하는 기여 중심적이기 때문에 보수주의 체제라 할 수 있으나 소득지원의 보편 원칙이 강하고 관대하다는 점에서 사회민주주의체제와 유사하다. 보수주의 복지체제와 사회민주주의 복지체제에 관해서는『선학태, 2003: 310-314』를 참조할 것.

자신들의 신념을 자유롭게 추구했다. 따라서 카톨릭 교회는 교회 이외의 분야에서 모든 카톨릭 세력을 통일시키는 구심력이 되지 못한다. 세속화(secularization) 과정(예컨대 카톨릭 신자들이 비신도로 전향)이 탈분절화(depillarization: 종교단체가 더 이상 사회적·정치적 활동을 규정하지 못함)에 의해 더욱 촉진되었다. 카톨릭 노조가 소유하고 있던 한 신문도 1966년 주요 좌파신문으로 변신했고 1976년에는 카톨릭노조(NKV)도 사회주의노조(NVV)와 함께 새로운 노조(FNV)로 통합하였다. 그 결과 프로테스탄트노조(CNV)가 종교적 성격을 갖는 유일한 주요 노조로 남았다. 사용자 측에서도 카톨릭 및 프로테스탄트 기업인들이 함께 사용자단체(NCW)로 새로이 창립되었다.

둘째, 정치영역에서도 카톨릭 정당은 카톨릭 균열 축을 대표하지 못했다. 카톨릭 균열 축이 해체되었을 뿐만 아니라 카톨릭정당 자체가 변화를 희망했기 때문이다. KVP는 교회의 상황전개와 세속화 과정을, 향후 카톨릭정당의 독자적인 위상을 견지할 없는 징표로 인식했다. 카톨릭 정당과 2개의 거대 프로테스탄트 정당들이 1913년이래 처음으로 의회의석의 절반 이하를 획득했던 1967년 선거 이후 그들 정당의 지도자들은 집요한 협상 끝에 기민당으로 통합을 시도하기도 했다. 이에 따라 프로테스탄트와 카톨릭 간의 정치적 대립은 1980년에 2개의 프로테스탄트 정당과 1개의 카톨릭 정당의 통합정당인 기민당의 창당으로 이미 종식되었다. 기민당은 2번의 총선에서 연이어 패배했는데 기독교 정당들은 총 유효투표 중 1967년 44.5%에서 1998년 18.4%로 득표력이 크게 하락했다. 이것은 또한 기독교와 근대성 간의 대립이 끝났음을 의미한다. 1968년에 좌파성향의 카톨릭 세력과 프로테스탄트 세력은 1990년에 녹색좌파(Green Left) 정당을 창당했고 카톨릭정당의 우파세력은 여러 군소정당으로 분열되었다.

셋째, 프로테스탄트 균열 축도 변화했다. 프로테스탄트 균열 축 내부의 두 주요 정당(ARP와 CHU)의 퇴조 과정은 카톨릭 균열 축의 해체보다는 덜하고 장기적으로 나타났다. ARP의 선거 퇴조는 제2차 세계대전 직후에 시작되었다. CHU의 정치적 퇴조는 1930년대에 시작되었으나 1970년대 초에 급감했다. 사회변화도 프로테스탄트 균열 축에 영향을 미쳤다. 앞서 지적한 바와 같이 프로테스탄트 사용자단체는 카톨릭 사용자단체와 통합했고 한때 ARP의 지도부의 홍보 도구였던 신문사도 독자적인 논조를 취하기 시작했다. 프로테스탄트노조도 사회주의노조와 통합했다. 프로테스탄트노조는 기민당과 좋은 관계를 가졌지만 동시에 다른 정당, 특히 사회주의 노동당과의 관계도 소중히 했다. 나아가 주요 프로테스탄트 교회의 지도부는 종종 프로테스탄트 정당들이 언제나 정부를 장악해야 한다는 것은 아니라는 전향적인 입장을 취했다. 한편, ARP는 1960년대에 보수정당으로부터 복음주의국민당(Evangelical People's Party)으로 변신했다.

프로테스탄트 정당들의 기간 당원들은 1965~75년 사이에 세 개의 기존 주요 종교 정당들을 대체할 대안으로서 휴머니즘과 기독교정신에 입각한 기민당을 선호했다. 그 결과 앞에서 지적한 바와 같이 1980년 공식적으로 개방적 강령을 표방한 기민당으로서 창당되었다. 기민당의 당원과 후보들은 바이블 그 자체보다는 정당의 강령에 충실하면 되었다. 기민당의 당원과 지지자들은 프로테스탄트와 카톨릭 신자들이 압도적인 다수를 차지하지만 어떤 교회와도 특별한 접촉을 갖고 있지 않다. 오히려 그 정당은 1982~94년까지 당 지도자였던 루버스(R. F. M. Lubbers)의 인기로 상당한 비종교 투표자들의 지지를 끌어낼 수 있었다. 따라서 네덜란드정치에서 기민당은 중요한 역할을 할 수 있었다.

그러나 1994년에 상황은 급격하게 변했다. 그 해 총선은 정치적 '지각변동'을 가져 왔다. 엄청난 선거유동성이 발생한 것이다. 기민당이 평소 득표의 거의 40%를 상실했다. 사회보장비의 대폭 삭감에 따른 정치적 불만과 당 내부의 분열에 연유한 당지도부의 교체로 인하여 기민당은 정치적 위상을 크게 상실했다. 기민당의 선거참패는 가속화된 탈분절화의 소산으로 볼 수 있다. 그러나 그것만이 전부는 아니다. 기민당의 1994년 선거참패는 아직도 진행되고 있는 점진적인 탈분절화와 세속화의 과정과 더불어 1980년대에 기민당 대열에 잠시 참여했던 비신자 투표자들의 이탈에서 비롯된 것이다. 당의 면모를 새롭게 하려는 기민당의 노력은 1998년 총선에서도 별다른 성과를 이뤄내지 못해 단지 총 유효투표의 18.4% 득표에 그쳤다.

넷째, 사회주의 균열 축은 탈분절화 과정에 의해 영향을 받았다. 사회주의 균열 축은 카톨릭 균열 축 혹은 프로테스탄트 균열 축처럼 충분히 발전하지 못했다. 사회주의 균열 축은 사회주의노조, 청년 및 여성단체, 사회주의 방송단체 등 사회주의 공통 이념에 기초한 여러 사회단체들이 존재했다. 그러나 이들 단체는 네덜란드 사회문화 생활의 어떤 측면도 지배하지 못했고 사회주의자들의 자녀들은 자유주의자의 자녀들처럼 중립적인 공립학교에 다녔다. 사회주의자들 또한 진보적 · 보수적 성향을 가진 자유주의자들과 함께 비분절화된 공공영역의 제도들을 공유했다. 많은 사회주의자들이 네덜란드 개혁교회(Dutch Reformed Church)에 다녔으며 자유주의 정당, CHU, 프로테스탄트 정당 등에 지지한 사람들과 신앙생활을 공유하기도 했다.

뿐만 아니라 1960년경 최대의 독자를 가지면서 노동당과 사회주의 노조에 의해 소유되었던 한 일간 신문이 1970년에는 구독자들을 많이 상실하여 보다 중립적인 지방 신문으로 전락했다. 사회주의노조가 카톨릭노조와 보다 중립적 노조(FNV)로 통합하게 되자 사회주의노조는 1970년대에 사라졌다. 사회주의 방송단체인 VARA와 노동당 간의 상호 정서적 공감대는 존재하지만 공식적 유대는 단절되었다.

나아가 사회주의 균열 축의 탈분절화는 노동당 내부의 상당한 변화에 의해 조장되었다. 1960년대 후반에 신좌파(New Left) 그룹은 노동당의 급격한 변화를 희망했고 1969년부터 노동당에 지배적인 영향력을 발휘했다. 신좌파 그룹의 노력에 따라 노동당은 '행동당'(action party)이 될 필요성을 선언했고 의회 밖의 모든 종류의 반대그룹(소위 여성, 학생, 환경주의자, 평화주의자의 '행동그룹')과 밀접한 관계를 모색했다. 특히 평화운동과의 연대는 1970년대와 1980년대 전반기에 중요했다. 네덜란드 영토 내에 핵 크루즈미사일 배치 문제는 여러 해 동안 뜨거운 정치적 논쟁의 대상이 되었는데 노동당은 강력한 평화운동을 전개하면서 핵 크루즈미사일 배치 문제에 정치적 반대를 했다. 그러나 노동당은 1970년대와 1980년대 초에 점점 정치적으로 고립화되었으며 대부분의 정당들처럼 당원 수도 특히 1980년대 중반이후 급감했다. 1986년 이후 일련의 선거패배는 노동당의 개혁 노력으로 이어졌다.

사회주의노조에 소속되었고 후에 중립적 노조(FNV)의 지도자였던 빔 코크(Wim Kok)의 리더십 하에서 노동당은 보다 중립적인 정책으로 전향했으며 '행동당'이 되는 목표를 철회했다. 노동당은 또한 비제도적이고 매우 개별적이었지만 전통적인 균열 축의 안팎에서 시민사회의 인사들과의 접촉을 모색했다.

다섯째, 노동과 자본 간의 균열도 크게 약화되고 있다. 노동과 자본이라는 분절사회를 대표하는 정당인 자유당과 노동당은 20세기의 첫 자유당-노동당 내각(1994~98)에서 상호 협력하는데 성공했다.

마지막으로 사회적 균열 축이 크게 약화되고 있는 현상은 비분절적(non-pillarized)인 공공영역의 성장을 보면 알 수 있다. 이것은 항상 가장 비분절적이었던 자유당이 제2차 세계대전 이후 선거정치에서 득표력을 꾸준히 증가시켜 왔다는 사실에 의해 확인된다. 분절화의 절정기에 회의체를 통하여 공식적으로 유대관계를 가진 어떤 자유주의 단체 네트워크도 존재하지 않았다. 1960년대 이후에 다른 정치적 그룹들도 시민사회와의 접촉에 관련하여 그러한 자유당을 닮아 가기 시작했다. 즉 시민사회와 제도화된 유대를 갖는 대신에 비공식적인 개별적 접촉을 가졌다. 노조들과 사용자단체들은 이제 모든 주요 정당들과 우호적인 관계를 가지려고 노력한다. 모든 주요 정당들 또한 시민사회와의 우호적 관계의 중요성을 강조한다. 물론 이런 전개 속에서도 노동당과 기민당 내의 좌파성향 인사들은 다른 정당들보다 노조와 더욱 긴밀한 관계를 갖고 있다. 녹색좌파 정당과 환경단체들 간에는 높은 호혜적인 이해관계를 갖고 있으며 자유당과 사용자단체들은 여전히 상호 공감대를 형성하고 있다.

2) 정치의 탈분극화 및 탈정치화

네덜란드 합의제 정치는 전형적인 게르마닉국가이지만 다른 특징을 갖는다. 노동당이 최대의 좌파정당이지만 정치력에 있어 거의 지속적으로 기민당에 비해 열세였다. 기민당은 좌·우 균열에서 중도적인 길을 걸었으며 1990

년대 후반기를 제외하고는 정부에서 줄곧 지배정당의 위상을 견지했다. 기민당은 보수자유주의 우파정당 혹은 중도좌파인 노동당을 연정파트너로 선택했다. 기민당은 또한 노조운동을 지배했다. 사민주의 노조운동은 언제나 보다 규모가 큰 노조였지만 1970년대 후반 카톨릭노조와 합병되고서야 카톨릭노조와 프로테스탄트노조의 결합보다 수적으로 우세였다. 이러한 특징으로 인하여 네덜란드는 탈분극화(depolarization)와 구심적 정치(centripetal politics)를 지향할 수 있었다. 말하자면 사회세력의 분절화에도 불구하고 이를 희석시키려는 정치의 탈분극화 노력은 오랫동안 네덜란드 합의제 정치의 기본적인 요소였다.

네덜란드사회의 분절화가 사회적 분절을 갖는 다른 나라(벨기에, 오스트리아)보다도 효과적으로 탈분극화로 이어지게 하는 요인이 있다(Slomp, 2004: 71-72). 첫째, 합의제 정치를 주도했던 프로테스탄트세력은 카톨릭과 사민주의 간의 분극화를 방지하고 정치적 이슈들에 대한 '과학적' 해법을 모색했다. 프로테스탄트들은 과학, 특히 자연과학, 계량경제학을 중시했는데 이에 따라 네덜란드는 '과학국가'로서의 명성을 오랜 전통으로 가져 왔다. 프로테스탄트는 '과학에 기초한'(scientifically-based) 정책을 주창했으며 따라서 그들의 성실성(integrity)에 대해서는 다른 균열 축의 대표들도 의심하지 않았다. 과학적 데이터, 특히 중앙기획국(Central Planning Bureau)이 제공하는 경제상황에 관한 계량경제학적 데이터에 근거하여 정책결정을 시도하는 것은 네덜란드 사회경제정책 과정에서 탈정치화의 주요 특징이 되었다. 이것이 바로 네덜란드 사회적 합의주의 시스템을 서유럽에서 가장 모범적으로 작동케 한 요인이다.

둘째, 네덜란드 합의제 정치의 전제조건이었던 카톨릭 균열 축과 프로테스탄트 균열 축에는 각각 노동계급, 중산계급, 상층계급 등 여러 사회계급 출신의 사람들을 포진하고 있었다. 그들은 사회적 균열을 가로질렀고 이 때문에 이슈의 심각한 돌출이 없었다. 카톨릭 노동자들은 사민주의 균열 축의 프로테스탄트 출신 노동자들보다 카톨릭 중산계급에 더 동질감을 느꼈다. 이런 점에서 각 균열 축은 특정 사회계급에 국한된 수평적인 층의 성격이 아니라 사회계급적 측면에서 수직적 층의 성격을 지녔다. 이러한 구조는 탈분극화에 기여했다.

요약컨대 네덜란드 합의제 정치는 이념적 스펙트럼 상 중도의 길을 걷는 하나의 거대 정당에 의해 지배되는 구심적 정치를 수행하여 일반시민들의 정치적 동력화와 정치적 주도를 방지하는 탈분극화, 그리고 정책결정의 일부를 이해관계 집단들에 맡기는 사회적 합의주의에 기초한 탈정치화를 통하여 정치적 갈등을 완화시켰다.

3) 정치문화 및 정당전략의 세속화

앞에서 균열 축 내부와 균열 축간의 변화에 무게를 두고 살펴보았듯이 1960년대 이후 네덜란드는 20세기 초반이래 진행되었던 분절사회가 더 이상 아니었다. 라이파르트(Lijphart, 1968)의 민주체제 유형화 측면에서 볼 때 네덜란드 정치문화의 구조는 '분절적'(fragmented) 정치문화에서 보다 '동질적'(homogeneous) 정치문화로 변했다. 네덜란드 정치체제를 라이파르트의 틀에 따라 설명하기 위해서는 우리는 정치엘리트들의 행태가 '협력적'(coalescent)이냐 아니면 '경쟁적'(competitive)이냐 하는 또 하나의 차원을 볼 필요가 있다. 이러한 시각에서 볼 때 1960년대 말부터 1980년대 중반까지의 시기와 그 후 시기와는 확연한 구분이 가능하다. 네덜란드 정치문화가 지난 30여 년 동안 그 분절정도가 점점 줄어들어 왔는데 반해, 정치엘리트의 행태는 단선적으로 발전하지 않았다. 1960년대 말부터 1980년대 중반까지의 정치엘리트들은 다소 갈등적이고 경쟁적인 행태를 보였으나 그 이후는 다시금 합의지향적 행태로 변화했다. 논란의 여지는 있으나 네덜란드 정치체제는 1980년대 중반 이후 '합의제 민주주의'에서 '구심적'(centripetal) 민주주의체제의 방향으로 발전한 것처럼 보이지만 그 후 결국 '탈정치적'(depoliticized) 민주주의로 변했다(Koole and Daalder, 2002: 30).

물론 라이파르트의 이론적 틀에서 본 정치문화는 종교적·계급적·인종적 정체성이라는 측면에서 완전한 동질적 사회를 의미하지는 않는다. 상이한 인종적 그룹은 네덜란드사회 내부에서 오늘날에도 전통적인 네덜란드 문화에 완전히 동화되지 않고 존재하고 있다. 그러나 네덜란드사회에서 볼 수 있는 이러한 차이는 정치문화에 반영되고 있지 않다. 즉 상이한 인종적, 종교적 그룹들은 각기 정치에서 자신의 그룹을 대표하는 특정 정당을 갖고 있지 않다는 것이다.

네덜란드 정치엘리트들은 네덜란드사회의 세속화와 탈분절화라는 구조적 발전을 충분히 인식하면서 시민사회를 이끌어 나갔다. 상호 관련성이 있는 개별화 과정과 세속화 과정이 서유럽 전체에서 일어나고 있지만 특히 네덜란드에서는 그러한 개별화 과정과 세속화 과정이 빠른 속도로 진행되었다.

네덜란드 정치엘리트들은 오스트리아와 벨기에와 같은 다른 합의제 민주주의에서 볼 수 있는 것보다는 후견-고객(patronage-clientelism) 관계에 대한 의존도가 훨씬 낮다. 이 때문에 네덜란드의 '탈분절화' 과정의 속도가 상대적으로 빠르다. 후견-고객 관계가 취약한 것은 네덜란드 균열 축의 단체들이 국가에 침투하는데 큰 제약 요인으로 작용했다(Andeweg, 1999: 120). 강한 후견-고객 관계가 없다면 네덜란드 균열 축의 엘리트들은 단지 환경변화에 적응할 수밖에 없다.

네덜란드의 극단적인 비례대표 선거제도는 사회변화에 대한 정치인들의 민감성을 높이는데 공헌했다. 점증하는 선거정치의 유동성은 정치적 공학을 야기했다. 주요 종교정당들의 지도자들은 미래에 있을지도 모를 선거정치에서의 약세를 방지하기 위해 서로 협력하여 종파적 정당을 보다 개방적인 기민당으로 변신시켰다. 1967년 신생 정당인 D'66은 총 유효투표의 4.5%를 획득하여 전례 없이 7명의 의석을 차지했다. 이는 당시 네덜란드정치에서 놀라운 결과였다. D'66은 수상의 직접선거, 선거제도의 변화 등을 포함한 헌법개정을 제창했다. 그러한 개혁 사항들은 정치에서 유권자들의 목소리를 높일 수 있는 것이었다. 1967년 선거에서 D'66의 승리는 정치체제를 변화시키려는 유권자들의 신념에 불을 지폈다.

이러한 신념은 점차로 노동당, 특히 1969년부터 노동당을 지배했던 신좌파에 의해 공유되었다. 신좌파 주창자들은 카톨릭 정당(KVP)에 대해 강한 반감을 가지고 있었다. 노동당은 이른바 '양극화 전략'(strategy of polarization)을 취하고자 했다. 즉 노동당은 웨스트민스터 양당모델에 입각하여 유권자들에게 진보적인 좌파정당 블록과 보수적인 우파정당 블록 간의 분명한 선택의 기회를 주기를 희망했다. 이 전략은 분명히 네덜란드 정당체제에서 종교정당들의 중도적 위상을 깨는데 목적을 두고 있었다. 노동당, D'66, 기독교급진당(PPR) 등 3개의 정당들은 1972년 총선에서 다수 의석을 획득하지는 못했지만 이들 정당 없이는 강력한 연립정부를 구축할 수 없었다.

1960년대 중반에서 1980년대 중반까지 정치적 논쟁은 좌파세력에 의해 지배되었다. 따라서 정치적 분위기는 합의지향적이라기보다는 갈등적이고 대립적이었다. 그러나 1980년대 중반부터 정치적 분위기는 변화하여 합의정치가 복원되었다. 좌파 측에서 주요한 변화가 일어났다. 즉 소규모 좌파정당들이 거의 소멸되었고 노동당은 공식적으로 양극화 전략을 철회했다. 또한 좌파 내부의 변화 조짐으로 인하여 반좌파적 감정이 누구러지기 시작했다. 노동당 내부의 변화는 1979년 제2차 석유위기 후 경제침체와 신자유주의 경제의 등장에서 연유한 것이었다. 사민주의자들은 공적 논쟁을 더 이상 지배할 수 없음을 인식하기 시작했다.

대신에 기민당과 자유당이 정치적 어젠다를 장악하게 되었다. 이들 정당은 '국가의 철수'(a withdrawal of the state)의 사고에 입각하여 복지축소, 예산삭감 등 거시경제정책의 필요성을 강조했다. 서유럽 다른 나라처럼 케인즈주의도 1970년대에 사망했고 '보다 작은 국가'(less state)와 '보다 많은 시장'(more market)을 주창했던 정당들은 시대정신에 조율했다. 1970년대 네덜란드경제는 실업률이 높았고 재정적자 폭이 컸다. 그러나 역설적으로 네덜란드 경제는 회복세를 보였고 이는 1990년대 중반의 '네덜란드 기적'(Dutch miracle)으로 이어졌다. 이는 신자유주의의 성공이라기보다는 오히려 사회적 합의주의 시스템의 성공으로 인식되었다(Koole and Daalder, 2002: 33). 앞에서 살펴본 바와 같이 1982년 노조와 사용자단체는 소위 '바세나르협약'을 체결했다. 이를 통해 노조는 노동시간의 축소에 대한 대가로 임금인상 자제를 수용했으며 중앙차원의 사회합의주의적 협약은 부문수준의 분권적 협약으로 대체되었다. 이러한 '바세나르협약'이 당시 네덜란드 경제의 회복에 결정적인 요인이었다면 사회적 합의주의 시스템의 활성화는 당시 집권했던 중도우파 연정의 정치적 개입이 없었다면 발생하지 않았을 것이다.

1958년 이후 30여 년 대부분을 지배했던 자유당과 기민당의 연정은 1989년에 붕괴되었다. 노동당이 기민당의 지도자 루버스가 이끄는 내각에 참여함에 따라 기민당과 노동당으로 구성된 연립정부가 구성되었고 합의제 정치(consensual politics)가 복원되었다. 이 연립내각은 사회보장 지출을 줄이는 과감한 조치를 단행하지 않을 수 없었다. 이 조치는 1994년 '선거정치의 지각변동'으로 양당(기민당과 노동당)에 엄청난 경제적 손실을 가져오는 주요 요인이었다.

그러나 이러한 선거정치는 정치에 대한 보다 일반적인 반응이 고려되지 않는 한 충분히 이해될 수 없다. 네덜란드 국민들의 정치적 불만은 주로 2개의 지배정당에게 영향을 미쳤다. 기민당과 노동당의 정치적 손실은 2개의 주요 야당인 자유당과 D'66에게 정치적 이익을 가져다 주었다. 1994년 총선에서 승자인 D'66과 자유당은 선거패배에도 불구하고 다수정당이었던 노동당과 제휴했다. D'66은 네덜란드 정치체제의 개혁을 달성하기 위해 기민당이 참여하지 않는 연정을 희망했다. 자유당은 사민당과의 연정에 참여하는 것을 주저했지만 결국 협상을 통해 자유주의적 정부정책 프로그램을 성공적으로 도출해 낸 이상 사민당과의 연정에 참여하기로 했다. 그 결과 노동당의 적색과 자유당의 청색의 혼합인 소위 '자주색 연정'(purple coalition)이 출범했다. 1952년이래 처음으로 자유당과 노동당이 빔 코크(Wim Kok)를 수상으로 하는 연립정부에 참여했고 1918년이래 최초로 내각에 기민당이 배제되었다. 자주색연정의 구성은 양극화 전략의 포기일 뿐만 아니라 네덜란드정치의 세속화의 진전을 상징하고 있었다(Koole and Daalder, 2002: 34).

4) 정당지형의 변화

앞선 분석과 논의로부터 우리는 네덜란드 정당지형의 주요 변화를 연역해 낼 수 있다(Koole and Daalder, 2002: 34-35).

첫째, 주요 정치행위자들 간의 권력관계가 제2차 세계대전 이후 크게 변했다. 1946년 총 유효투표의 불과 6.4%만이 자유당을 지지했는데 1998년에는 D'66 혹은 자유당에 대한 지지는 총 유권자의 1/3 이상(33.7%)으로 상승했다. 이에 반해 주요 종교정당들의 지지도는 1967년부터 큰 폭으로 하락했다. 그 때까지 연합의 주요 종교정당들은 언제나 총 유효투표의 50% 이상을 획득했으나 1998년에 통합된 기민당은 불과 18.4%를 얻는데 그쳤다. 노동당은 많은 기복을 보였지만 1998년에 1952년과 같은 수준인 총 유효투표의 29%를 획득했다. 네덜란드정치에서 한 가지 분명한 것은 어떤 정당도 의회의석의 과반수를 차지해 본 경험이 없다는 사실이다. 이는 앞으로도 재연될 개연성이 높다.

둘째, 선거유동성(electoral volatility)이 상당히 높아졌다는 것도 정당지형의 변화를 가져 온 중요한 요인으로 작용했다. 전체 선거유동성 지수는 갈등적인 정치풍토가 만연했던 1970년대와 합의정치의 시기인 1990년대에 큰 변화가 발생했음을 보여준다. 높은 정치적 대립이 1970년대의 높은 선거유동성을 설명해 주는 반면에, 정치에 대한 반감이 1994년 선거 지각변동의 주요 요인이었다. 1998년 총선의 결과는 바로 높은 합의정치 때문에 선거유동성이 계속 높게 나타났다. 1970년대와 1980년대에는 대부분의 우파블록 정당 혹은 좌파블록 정당 내부에서 투표자들이 정당을 바꾸어 지지하는 블록내부 선거유동성이 대부분이었다. 그러나 1990년대에 접어들어서는 정당블록 내부의 유동성도 여전히 높지만 정당블록 간의 선거유동성이 상당히 증가했다.

셋째, 네덜란드 정치무대는 기본적으로 다당제이지만 수많은 정당들이 창당되었다가 소멸하는 등 부침이 있었다. 예컨대 카톨릭계의 KVP, ARP, CHU 정당이 1980년에 기민당으로 통합했고 공산당(CPN), 평화사회주의정당(PSP), 기독교급진당(PPR) 등 3개의 소규모 좌파정당이 합류하여 1990년에 녹색좌파 정당을 창당했다. 2000년에는 2개의 군소 프로테스탄트정당인 RPF와 GPV가 기독교연합(Christian Union)으로 통합했다. 이렇게 볼 때 네덜란드 정당체제는 이합집산을 상당히 변화무쌍하게 연출했다.

5) 사회적 합의주의 시스템에 대한 비판

1994년에 '자주색 연정'이 내걸었던 목표 중 하나는 사회적 합의주의 시스템의 영향력을 줄이고자 하는 것이었다. 연정의 두 자유주의 정당들인 D'66과 자유당의 지배는 '정치의 우위'(primacy of politics)로 나타났다. 물론 노조와 사용자단체의 영향력에 대한 비판은 전에도 제기되었다. 1980년대와 1990년대 초의 신자유주의의 파고 속에서 국가와 전통적인 자문기구들은 시장의 원활한 작동을 저해한다는 이유에서 비판을 받았다. 축소되었지만 강력한 국가가 사회적 파트너에 대한 우위를 확보했다. 그러나 이러한 축소된 국가는 가능한 시장의 원리에 따라 작동하려 했다.

네덜란드에서 사회적 합의주의와 분절화는 강한 친화성을 가졌다. 1990년대에 자유주의정당들은 사회적 합의주의 시스템을 과거의 유물로 인식했다. 분절사회(segmented society)에서 사회적 합의주의 시스템은 여러 균열 축에 속한 민간단체들이 사회경제 정책결정에 상당한 영향을 미친 것으로 볼 수 있다. 그러나 탈분절화 현상으로 그러한 상황은 지탱하기 어려웠다. 특별법이 채택되어 전통적인 자문기구의 권한을 제한했다. 네덜란드 사회적 합의주의 시스템의 상징인 사회경제위원회(Social Economic Council)까지도 공격의 대상이었다. 정부는 더 이상 노동정책 문제에 관해 사회경제위원회의 자문을 요청해서는 안 되는 것으로 인식했다.

그러나 '자주색 연정'의 말기에 상황이 변화했다. 네덜란드는 새로운 일자리를 창출하는데 성공했고 동시에 소위 폴더모델(Polder Model)이라 일컬어지는 관대한 사회보장제를 유지했다. 이것은 사회적 합의주의 시스템에 대한 비판을 희석시켰다. 왜냐하면 1990년대에 네덜란드경제의 성공은 대체로 심각한 경제위기가 확산되는 시기에 노조, 사용자단체 간에 맺어진 바세나르협약의 소산물이었기 때문이다. 정부의 실질적인 압력이 없었다면 아마도 그 협약체결은 불가능했을 것이다. 더욱이 사회경제위원회의 위상은 별로 약화되지 않고 그 영향력을 갖고 있다.

그럼에도 불구하고 사회적 합의주의 시스템에 대한 평가는 1980년대와

1990년대의 이념적 공세의 구조적인 파장을 뿌리치지는 못했다. 전통적인 자문기구들에 대한 공세로 인해 사회적 합의주의 시스템은 부분적으로 컨설턴트 정치에 의해 대체되었고 민영화와 임대정부(rent-a-government)가 상당히 증가했다. 이러한 현상은 다소 값비싼 대가를 치르기는 하지만 정치문제를 '탈정치화'(depoliticization)하는 방식으로 인식될 수 있겠다(Koole and Daalder, 2002: 37).

4. 합의제 정치의 지속성

1) 합의제 모델의 특징

오늘날의 네덜란드정치는 분절화가 절정기에 달했던 때의 정치와 어떻게 다른가? 이를 알아보기 위해 우리는 네덜란드 합의제 정치의 일반적인 평가를 시도해 볼 필요가 있다. 이는 라이파르트의 합의제 모델의 몇 가지 주요 특징(Lijphart, 1970: 10)에 비춰 파악될 수 있다.

첫째, 분절화(pillarization)이다. 소수파들은 '균열 축'(pillars)으로 지칭되고 통합을 구축하는 많은 결사체의 형태로 조직화되어 있다. 회원들은 다른 균열 축의 결사체 구성원들과 접촉을 거의 갖지 않는다.

둘째, 가부장적 위계제(paternalistic hierarchy)와 권위존중이다. 지도자와 추종자들 간에 봉건제적 교류가 이뤄진다. 지도자들은 추종자들을 대표하고 그들에게 생존과 안전을 담보 해주며 외부의 위협으로부터 그들을 보호한다. 그 대가로 그들은 많은 재량권을 가지며 추종자들은 그들의 권위를 인정한다. 균열 축과 결사체들은 협의체적 정부를 구성한 엘리트들에 의해 지배된다.

셋째, 비례성의 원칙이다. 갈등해결을 위해 정치적 자원이 열세한 소수파에게는 과소대표(under-representation)를, 정치적 다수파에게는 과잉대표(over-representation)를 방지해 주는 비례성(proportionality)의 원칙을 채택한다(Steiner, 1981: 346).

넷째, 보충성의 원칙이다. 균열 축과 이들의 결사체들은 사회 전체와 국가로부터 상대적인 자율성을 갖는다. 균열 축과 이들의 결사체들이 할 수 있는 업무는 무엇이든 그들에게 맡겨지고 위임되어야 한다.

다섯째, 엘리트 카르텔이다. 균열 축의 이해관계는 그들의 엘리트들을 통해 조율된다. 엘리트 카르텔은 협의체적 정부를 구성하여 사회 전체를 통치한다.

여섯째, 분권적 연립정부이다. 균열된 사회의 여러 블록간 갈등해결을 위한 장치는 의회를 구성하는 주요 정당들이 내각의 집행권을 공유하는 연립정부이다(Lijphart, 1981: 213). 계급적 · 지역적 소수파 정당들이 자신의 정치고객들의 주요 이익과 연관되는 의사결정과정에의 참여가 제도적으로 보장되어야 한다는 것이다. 이와 함께 이데올로기적 · 문화적 파편화(fragmentation)가 존재하는 사회에서 지역적 행위주체들이 중앙정부의 간섭과 통제로부터 탈피할 수 있는 자율성과 자치권을 보유할 때 지역갈등은 해소될 수 있다(Daalder, 1974: 614).

일곱째, 합의정치(집단적 의사결정)이다. 균열 축 간의 관계는 정치엘리트들로 하여금 이해관계를 조정케 하고 상호 혜택을 위해 협력토록 하는 비공식적인 규칙에 의해 규율된다. 합의정치를 보장하는 이러한 규칙들은 다음과 같다. ① 모든 소수파들은 서로 관용한다. "의견이 서로 다를 수 있음을 합의"(agreement to disagree)하는 관행이 존재한다. ② 모든 엘리트들이 참여하는 것은 아닐지라도 자문, 협력, 협의 등 이해관계의 충돌로 인해 발생하는 갈등과 긴장을 조정하고 해결하는 메커니즘이 존재한다. ③ 정부는 대연정을 선호하는 경향이 있다. 새로운 반대그룹은 관용되고 존중되며 가능한 통합에 참여시킨다. ④ 한 지도자의 독주를 단호히 거부하며 협의적 의사결정 방식은 내각 및 각종 위원회들이 준수해야 할 규범이다. ⑤ 타협과 합의를 모색하는 심리적 메커니즘이 존재한다. ⑥ 자문은 개인적 접촉, 비공식적 절차를 통해 촉진되며 이 과정에서 당사자들의 입장 양보를 유도해 낸다. ⑦ 잠재적 갈등은 탈정치화(depoliticization), 이슈들의 기술문제화, 중재, 비례성 원칙, 배분적 공평성 등을 통해 완화된다. ⑧ 탈정치화는 정당들과 깊숙이 연계되어 있지 않는 기술관료 전문가(예컨대 대학교수)들로부터 내각각료를 충원함으로써 촉진된다. ⑨ 정치적 안정과 계속성이 매우 중시된다. ⑩ 전반적으로 엘리트들은 실용적이고 합리적인 성향을 보인다. 이상과 같은 정치적·문화적 가치는 비례대표, 연립정부, 시장과 주지사의 지명 등과 같은 정치제도에 반영된다.

마지막으로 사회적 합의주의이다. 갈등관계에 있는 기능적 이익결사체가 협력과 호혜성의 원칙에 따라 문제 해결자로서 사회 및 경제 정책수립과 실천과정에 참여하는 것을 제도화한다.

2) 합의제 정치의 제도적·문화적 유산

앞에서 논의되었듯이 네덜란드에서는 합의제 정치의 작동 결과 합의제 정치의 전제조건인 사회적 균열과 분절화가 소멸·해체되고 있으며 이 현상은 정치적 변화도 초래했다. 1960년대 중반부터 사회적 균열 축들은 소멸되어 그들의 많은 단체들은 해체되거나 혹은 균열 축을 구성했던 대부분의 단체들이 기독교 정당들처럼 균열 축의 경계를 넘어 통합되었으며 과거 권위에 대한 존중도 불식되었다. 앞에서 논의했듯이 사회적 균열의 소멸은 네덜란드 협의주의 정치에도 변화를 야기했다. 1970년대에 엘리트들 간의 화합 또한 정통성이 상실되었으며 정치는 점점 갈등적이고 대립적인 양상을 보였다. 여러 신사회운동이 정치엘리트와 기존 정치게임 규칙에 도전했다. 그들은 '국민에게 권력'(power to people), 그리고 과두제·위계제 존중·상층부 중심의 협상 대신 직접민주주의, 비밀 대신 개방, 조화보다는 경쟁과 갈등, 모호한 집단적 의사결정 방식에 대한 대안으로 분명한 책임정치 등을 요구했다. 정치는 과거보다 개방적이었고 기술관료정치는 줄어들었다. 시민들은 국가를 상대로 해 보다 많은 권리를 가졌고 사법적 심사, 옴부즈만(Ombudsman)과 같은 제도적 견제와 균형 장치가 도입되었다. 이런 맥락은 1960년대와 1970년대는 과도기에 갈등적이고 대립적인 다수제 모델로 경도되는 듯한 정치적 현상이 연출되었음을 시사한다.

그렇다면 합의제 민주주의의 특징 중 네덜란드정치에서 남아 있는 것은 무엇인가? 결론부터 말하면 결사체로 잘 조직화된 시민사회, 협의체적 정부(collegiate government), 보충성(subsidiarity)의 원칙, 비례성의 원칙, 합의주의(consensualism) 등 합의제 정치의 기본적인 제도적 장치는 여전히 네덜란드정치에 확고히 자리매김되고 있다(van Waarden, 2002: 45-49; Koole and Daalder, 2002: 37-41). 동시에 이러한 특징은 법체계, 경제적 거버넌스(governance)를 비롯하여 네덜란드 사회를 특징짓기도 한다. 특히 사회적 합의주의 개념 속에 포함된 경제적 거버넌스 제도는 합의제 정치에 크게 힘입어 정착하게 되었다. 예컨대 1980년대 중반을 분수령으로 민주주의의 합의제 정치가 부활한 것이다.

집행권의 분점 · 공유 시스템

대연정은 분절화의 절정기에 발생하지 않았다. 1960년대와 1970년대에 정치개혁 분위기가 고조되었을 때 집행권의 분점 · 공유의 가정에 대한 도전이 있었다. 집행권의 분점 · 공유는 유권자들의 실질적인 정책 및 인물 선택의 기회를 박탈한다는 비판이 그 주된 이유였다. 다수제 민주주의가 선전되었고 중앙정부 및 지방정부 수준에서 부분적으로 실행되었다. 그러나 그 후 결국 그러한 시도는 포기되었고 연정 형태의 권력분점 · 공유 시스템은 네덜란드정부의 내각 수준에서 일상적으로 발생하고 있다. 점점 많은 시(municipal) 정부들이 다시 대연정을 구성하는 추세이다.

협의체적 정부

엘리트 카르텔의 전형적인 것은 협의체적 정부로 나타난다. 실제로 네덜란드는 여전히 집단 협의체에 의해 지배되고 있다. 정치는 위원회, 이사회에 삼투되어 있다. 위원회는 단순히 자문에만 임하는 것이 아니라 조사, 토론, 충고 등을 수행한다. 물론 오늘날 위원회와 이사회는 많은 나라의 정치체제에서 발견된다. 그러나 네덜란드에서 전형적으로 나타난 것은 이러한 위원회들이 지배하는 개인적 리더를 가지는 일이 별로 없다는 점이다. 물론 위원장은 있으나 권한에 있어 위원들과 별로 차이가 없다. 네덜란드의 수상도 미국 대통령, 영국과 독일의 수상보다 내각에서 훨씬 미약한 권한을 갖고 있을 뿐이다. 그리고 네덜란드에는 처칠과 비스마르크와 같은 카리스마적인 지도자가 없다.

소수파의 비토권과 집단적 의사결정 시스템

소수파의 비토권은 합의제 정치에서 매우 중요한 장치이지만 그 위력은 대체로 과거 이념적 하위문화의 하락과 함께 소멸되었다. 그러나 네덜란드 정치에서 집단적 의사결정 시스템은 보편화되고 있다. 집단적 의사결정 시스템은 자문, 협상, 타협을 필요로 한다. 네덜란드사회에서 한 동안 탈분절화 현상이 갈등적이고 대립적인 정치를 수반했지만 오늘날 정치는 다시금 대체로 합의정치의 틀에 입각한 집단적 의사결정 시스템이 작동되고 있는 것이다. 이에 따라 정치권으로부터 배제된 극우세력을 제외하고 야당에 대한 존중은 복원되었다. 이는 소수파에게도 발언권을 부여하자는 의도가 깔려있다. 최근 집권당들이 의회정치의 일상적인 처리에서 야당들에 대해 점차 고압적인 태도를 취하려고 하는 조짐이 없는 것은 아니지만 정치엘리트들로 하여금 숙명적으로 집단적 의사결정을 준수하도록 하는 대부분의 장치는 확고히 자리잡고 있다.

결사체의 활성화

사회적 균열 축은 와해되었지만 균열 축에 존재했던 결사체들은 형태와 기능을 달리하면서 소멸되지 않는 것은 확실하다. 네덜란드사회는 개인과 국가 간을 매개하는 다양한 결사체들로 조직화된 진정한 시민사회다. 3사람의 네덜란드인이 모이면 그들은 결사체를 구성한다는 말이 나올 정도다. 따라서 네덜란드 시민사회에는 수많은 결사체들이 존재한다. 그리고 서유럽 다른 나라와 비교해 볼 때 네덜란드는 결사체들간의 관계를 공식화하는 경향이 강하다. 그러나 합의제 민주주의의 절정기 이후에 변화가 발생했다. 즉 과거에 별개의 존재로 활동했던 카톨릭, 프로테스탄트, 사회주의, 자유주의 등의 결사체들은 보통 균열 축의 경계를 넘어 통합되었다. 이를 계기로 결사체들의 규모가 확대되는 경향이 나타났으며 직원과 지도부의 전문화가 제고되었다. 예컨대 노조지도자는 이제 더 이상 이전 공장노동자가 아니고 잘 훈련된 사회학자 혹은 복지연구자이다.

분절집단의 자율성(기능적 연방주의)

사회적 균열 축이 와해되고 소위 '개별화'(individualization) 현상이 크게 증가하는 가운데 균열 축의 내부 자율성 개념은 그 적실성을 많이 상실했다. 물론 과거 하위문화의 제도(예컨대 방송단체)는 잔존하고 있지만 이것들은 종교, 인종, 이념적 배경을 가진 단체들 간의 제도적 관계라는 측면에서 정의되는 '균열 축'에 더 이상 귀속되지 않는다. 그러나 과거 주요 하위문화의 자율성은 희석되었지만 특정 단체의 이익을 보호하고 재정지원까지 하는 관습은 남아 있다. 바꿔 말하면 보충성 원칙이 실현되고 있다. 많은 결사체들은 여전히 자율적 관할권을 사실상 국가로부터 인정받으면서 회원 관리는 물론이고 자신들의 업무 테두리 내에서 사회생활을 규제한다. 종종 결사체들은 국가규제사항을 집행하고 강제하기까지 한다. 이는 경제, 사회보장, 보건, 교육, 복지, 공공주택, 방송, 환경, 사회인프라 등의 정책분야에서 이루어진다. 이러한 정책분야의 중요성이 증대되고 관련 종사자와 재정도 강화되고 있다.

비례성 원칙

일련의 다수제 민주주의적 개혁안에도 불구하고 비례성 원칙은 네덜란드에서 별다른 논란 없이 유지되는 경향을 보인다. 서유럽은 물론이고 세계에서도 가장 개방적이고 비례적인 선거제도에 실질적인 변화는 나타나지 않았다. D'66이 오래도록 다수제 민주주의를 도입함으로써 정치체제의 변화를 위한 정치활동을 시도했지만 실현되지 않았고 앞으로도 다수결 투표제도가 실현될 개연성은 높지 않다. 권리와 재정이 비례적으로 배분되어야 한다는 사고도 그대로 유지되고 있다. 정부임명에서 비례성의 사고는 주요 관직(예컨대 시장)이 야당의 대표에게 배당되는 등 아직도 존중되고 있다. 심지어 비례성 원칙은 방송결사체들의 재정, 위원회 및 이사회의 위원 등에서 적용되면서 여전히 자리잡고 있다.

사회적 합의주의 시스템의 유연화

네덜란드 사회적 합의주의 시스템은 합의제 민주주의의 일부분일 뿐만 아니라 종교적 소수파(균열) 문제를 해결하고자 했던 합의제 민주주의로부터 생성되었다. 이 같은 네덜란드 사회적 합의주의 시스템은 1980년대에 들어 유연화의 길을 걷는다.

네덜란드에서 1980년대 이후 사회협약의 모태가 된 바세나르협약은 거시적 협약(macro-pact)으로부터 분산적 협약(decentralized pact)으로의 전환을 시도한 최초의 협약이었다. 즉 세계적 차원의 경제변화에 따라 고전적인 거시적 수준의 사회적 합의주의 시스템은 한계를 드러내기 시작하여 부문별 · 산업별 · 기업별 · 사업장별 수준에서의 협약이 등장했다. 1994년에 산별협약이 86.6%로 증가했는데 그 후 다국적 기업부문의 비중이 높아져 기업별 결정이 증가하는 현상을 보이고 있다. 그러나 이러한 추세는 거시적 수준의 사회적 합의주의 시스템의 종언이 아니라 글로벌 시장에 탄력적으로 대응하려는 사회적 합의주의 시스템의 유연화 · 분산화를 의미한다. 아직도 네덜란드의 거시적 수준의 사회적 합의주의 시스템은 거시 경제의 관리 차원에서 가이드라인을 협의하고 조종하는 역할을 수행하고 있기 때문이다.

'바세나르협약'의 연장으로서 1993년 노 · 사 · 정 사이에 '신노선 협약'(New Course Accord)이 체결되었다. 이는 '소득보다 고용 우선'(jobs-before-incomes) 전략에 기초한 노조의 자발적 임금자제, '노동 없는 복지'(welfare without work)의 악순환을 단절하는 방향으로 국가의 복지개혁,[14] 정부보조금과 고용창출

14) '노동 없는 복지'로 개념화된 네덜란드의 사회보장이 '복지에서 노동'(welfare to work)으로 전환되었다. 즉 적극적 노동시장정책을 통해 노동시장에 진입하려는 노동자들(청년, 저숙련, 장기 실업자)에게 일자리를 제공하는 것이었다. 특히 복지개혁은 '네덜

을 연계하는 국가와 사업주의 '적극적 고용정책', 노동시간 단축을 통한 '일자리 나누기'(job-sharing), 파트타임 근로 장려 등을 포함하고 있었다(Visser, 1995: 287-293; Visser, 1998: 279-284). 단순화하면 이 '신노선협약'은 임금자제와 노동시간 단축의 정치적 교환이며[15] '바세나르협약'으로부터 시작된 분산적 협약, 특히 미시적 협약을 더욱 가속화시키는 촉매제가 되고 있다. 이처럼 네덜란드에서는 영미식처럼 해고의 자유를 강조하는 것이 아니라 노동시장 유연화를 추구하지만 기업별 · 사업장별 수준에서 해고 대신 파트타임 노동, 일자리 나누기로 해결하고 있다.

나아가 '신노선 협약' 체결과정에서 노조가 보여 준 실용주의적이고 유연한 입장은 1999년 '유연보장법'(Flexibility and Security Act)에도 드러난다. 탈중앙화된 교섭관계에서 유연화된 노동자들(비정규직 노동자들)의 증가문제가 새로운 사회적 이슈로 등장하자 노조는 1999년 제정된 '유연보장법'을 수용하였다. 이 법은 정규노동자들의 해고 규정을 완화하면서 유연화된 노동자들의 고용계약상의 법적 지위를 향상시켜 주었다. 즉 고용주에게는 더 많은 유연화된 계약에의 합법화, 해고 예고기간의 축소, 해고과정의 간편화 등을 제공하는 동시에, 유연화된 근로자들에게는 정규근로자들과 법적 차이를 해소하여 동등하게 취급하도록 했다. 이 법은 특히 정부와 고용주로 하여금 법정 최저임금, 유급휴가, 사회보험 가입 등에 있어서 파트타임 근로자들을 정규근로자들과 법적인 동등한 권리를 보장하도록 규정하고 있다.[16] 이처럼 이 법

란드병'의 주범인 장애급여(disability benefit)와 질병급여(sickness benefit)에서 사회보장의 관대성을 축소시키는 방향으로 나타났다. 80%라는 높은 소득대체율, 급여기간의 무제한을 특징으로 했던 장애연금은 급여의 삭감, 급여자격 조건의 강화, 소득대체율의 70%로 하향조정, 근로경력에 따른 급여 차등화, 연령에 따른 급여기간의 차등화 등으로 개혁되었다. 장애급여 이전에 12월간 받을 수 있는 질병급여의 경우도 유사하게 개혁되었다.

15) 독일 통일의 여파로 인한 네덜란드 길더의 평가절상이라는 국제적 조건 속에서 경제가 회복되기 위해서는 임금자제가 절실히 요구되었다. 현재 네덜란드 근로자들의 일주일 평균 근로시간은 32시간으로 서유럽국가들 중 가장 낮은 수준이다.

16) 1999년의 '유연보장법' 제정 이전에 네덜란드는 사회적 합의주의 시스템을 통한 노동

은 노동시장 유연화 강화와 유연노동자의 권리강화를 정치적으로 맞교환한 것이다(Hermerijck and Visser, 2001: 242). 이는 유연화된 노동으로의 진입, 즉 파트타임 근로자로 되는데 대한 반발과 불안감을 줄여 줌으로써 노동시장 유연화를 더욱 활성화시키는데 기여하고 있다. 따라서 네덜란드의 노동시장 유연화는 노동자들의 저항이 아니라 합의, 즉 사회적 합의주의 시스템 속에서 시행되고 있는 것이다.

네덜란드 경제는 이와 같은 사회적 합의주의 시스템에 힘입어 1983년 약 14%에 이르는 실업률을, 1997년에는 6%로 떨어뜨리는데 성공함으로써 '고용의 기적'을 이루었다는 평가를 받고 있다(Visser and Hemerijck, 1997: 9). 동시에 네덜란드는 사회적 합의주의 시스템을 통해 노동시장의 유연화를 이루었고[17] 유연화의 사회적 충격과 파장을 최소화하기 위한 법제도를 만들었기 때문에 산업의 국제경쟁력과 사회적 형평성 간의 부정적 대체(negative trade-off) 관계를 해결하고 있다. 따라서 이익조정에 기초한 사회적 합의주의 시스템은 수익성 위기를 극복하고 국제경쟁력을 개선하려는 사업주 그리고 고용창출과 복지제도의 주요 측면을 유지하려는 노조 등 모두에게 유리한 것이다.

이상과 같이 합의제 민주주의 모델의 이러한 몇 가지 기준에 비춰 볼 때 네덜란드정치는 대체로 그 기준을 충족시키고 있다. 엘리트들은 균열 축을 대표하지 않고 엘리트들간의 이념적 거리도 크지 않지만 네덜란드의 '화합(수용)정치'는 본질적으로 변화하지 않았다(Mair, 1994: 121; Koole and Daalder, 2002:

시장의 유연화를 이루었고 유연화의 사회적 충격과 파장을 최소화하기 위한 법제도를 만들었다. 유연화된 노동자를 사회보장제도로 편입시키려는 노력은 1980년대 중반 이후 정부가 기업주에게 노동을 유연화시키는 대가로 보조금을 지급하는 동시에 계속 증가하는 파트타임 노동자와 유연화된 노동자에게 사회보험 가입을 제한하는 근로시간이나 임금제한 기준을 제거하였다. 1993년 모든 파트타임 근로자들이 법정 최저임금과 유급휴가를 보장받게 했을 뿐만 아니라 법정 최저임금과 시간당 임금, 연금 및 사회보장 제도 등에서 정규근로자들과의 차별을 철폐하였다.

17) 예컨대 파트타임 근로자에 있어 1996년 현재 네덜란드는 16.7%로서 프랑스 5.3%, 독일 3.6%, 영국 5.6% 보다 훨씬 높다.

37). 1960년대 후반에서부터 1970년대에 한동안 네덜란드에는 갈등과 대립의 정치가 연출되었지만 1980년대 중반부터 합의제 정치로 복원이 이뤄졌다. 따라서 네덜란드정치에는 여전히 고도의 합의와 타협과 상생의 심리적 메커니즘이 작동하고 있다.

3) 합의제 정치의 촉진변수

우리는 네덜란드 합의제 정치에 관해 두 가지 주요 문제를 제기할 수 있다. 첫째, 라이파르트가 '자기부정적 예언'(self-denying prophecy) 명제에서 주장했던 것처럼 왜 정치엘리트들은 성공적으로 협력적 행태를 표출할 수 있는가? 둘째, 사회적 균열이 합의제 민주주의의 주요 요인이라면 사회적 분절화가 분명히 사라진 오늘날에 합의제 민주주의 모델은 얼마나 적실성이 있는가?

이런 의문에 대한 해답은 우선 네덜란드의 정치엘리트들이 화합과 타협의 정치문화를 내면화·습관화하는 데서 찾을 수 있다. 지역적·종교적 다양성과 분절화가 네덜란드공화국의 시기에 '화합정치'를 필요로 했고 이를 통해 19-20세기의 사회적 근대화와 민주화의 시기에 갈등을 야기하지 않고 하위문화가 발전할 수 있게 했다. 그러한 엘리트들의 정치문화가 네덜란드 합의제 정치의 작동을 지속시키는 요인이다.

다음으로 경제적 변수도 중요하다. 예컨대 개방경제는 작은 국가들을 취약하게 만들어 내부 갈등을 유발시킬 수 있다. 이런 경우 사회적 합의주의 시스템이 요구된다. 네덜란드의 폴더모델도 네덜란드경제의 개방에서 비롯된 것이었다. 물론 앞에서 지적했듯이 시장의 정상적 작동 혹은 '정치의 우위'를 요구하면서 사회적 합의주의 시스템에 대한 거부반응이 있었다. 그렇지만 유럽통합이 강화되면서 개방경제를 가진 네덜란드는 사회적 합의주의 시스템의 중요성을 다시금 인식하게 된 것이다.

마지막으로 정치적 소수파가 존재하는 나라 — 어떤 정치그룹도 단독으로 의회의석의 과반수를 차지하거나 그에 근접할 수도 없는 나라 — 에서 정치엘리트들 간의 협력은 실용주의 혹은 합리적인 행동양식을 통해서 가능하다(Andeweg, 1999: 132). 이런 관점에서 볼 때 어떤 정당도 의회의석의 과반수를 차지할 수 없는 상황에서 네덜란드의 정치엘리트들은 실용주의적이고 협력지향적인 행동양식을 생활화하지 않으면 안 되었다. 그런데 정치엘리트들의 협력적인 행동양식이 네덜란드의 정치사회에서 정착되었다면 1960년대 말에서 1970년대에 네덜란드 정치사회에 만연되었던 대립적이고 갈등적인 분위기는 어떻게 설명되어야만 하는 것인가 하는 의문이 생긴다. 그것은 네덜란드의 사회적 균열 축이 해체되어 가는 시기에 특히 젊은층을 강타한 정치적 급진주의의 물결이 일고 있는 시점에서 발생했던 세대간의 갈등에서 비롯된 것이다. 그러나 1960~1970년대에 표출되었던 네덜란드의 갈등정치는 대체로 당시 상층부 엘리트들에 대해 불만을 품고 있었던 중간수준의 엘리트들이 그들에게 저항하는 방편이었다. 상층부 엘리트들은 당시 진행된 사태전개에 대한 통제력을 상실하지 않기 위해 모종의 정치적 제스처를 취하기도 했으나 그들은 일상적으로 지속적인 합의주의 전통에 따라 정치적 의사결정을 수행했다. 당시 분위기는 대립적이고 갈등적이었을지 모르지만 실질적인 정책결정은 크게 갈등적이지는 않았다. 말하자면 상층부 엘리트들은 합의주의 규칙에 따라 정치적 게임을 실행함으로써 각각 자신들의 지지자들 간의 이념적 거리를 극복하는 합의제 정치를 작동시킨 것이다.

분절사회와 정치엘리트 협력의 조합으로 작동되는 합의제 민주주의는 네덜란드의 정치패턴임에 분명하다. 합의제 정치는 비록 네덜란드사회의 균열 축이 소멸되고는 있지만 여전히 활성화되고 있다(Koole and Daalder, 2002: 40-41). 이민들의 유입으로 네덜란드는 '다문화 사회'(multicultural society)가 되어 가고 있지만 새로운 하위문화는 네덜란드 정치체제에 심각하게 투영되고 있지 않다. 그러므로 네덜란드 정치문화는 라이파르트의 민주주의 유형화 틀의 관점에서 볼 때 여전히 동질적이다. 그러나 이에 따라 네덜란드에 '탈정치적' 민주주의(depoliticized democracy)가 등장할 수 있다. 이는 1960년대와 1970년대에 격렬한 비판을 받았던 분열된 정치체제보다 더 엘리트주의적으로 흐를 위험성이 도사리고 있다.

민주주의체제에서 실질적인 반대세력의 부재는 체제에 대한 저항으로 이어질 개연성이 있다. 그러나 이러한 논리는 네덜란드정치의 새로운 수수께끼를 자아낸다. 오스트리아, 벨기에, 스위스에서 극우정당들이 등장되고 있는데 이는 '탈정치적' 민주주의 수준으로 진입한 국가에서 반체제적 반대세력이 등장될 수 있다는 가정을 확인시켜 주고 있는 사례처럼 보인다. 그러나 네덜란드에서는 사회적 탈분절화 속에서 정치엘리트들간의 높은 협력에 기초한 합의제 정치가 활성화되고 있음에도 불구하고 어떤 반체제 야당도 전면에 부상하고 있지 않다.

4) 합의시스템의 사회화 현상

합의시스템의 특징은 과거나 현재 비단 정치에만 국한된 것은 아니고 사회에도 광범위하게 나타난다. 보충성의 원칙은 사회영역에 전형적으로 실현되고 있다. 특히 사회에 보충성 원칙이 적용되는 것은 국가가 사회조직들의 공간을 허용함을 의미한다. 협의체적 의사결정 또한 민간재단, 결사체, 기업, 문화제도, 교회 등 정치제도의 밖에서도 실천되고 있다. 프로테스탄트 교회도 한 사람의 개인 지도자가 아니라 위원회에서 분권적 방식을 통해 이끌어진다. 다른 나라에서는 한 사람의 지도자에 의해 지도되는 카톨릭 교회까지도 네덜란드에서는 주교협의체에 의해 운영된다. 각종 이사회도 지도자 한 개인에 의해 지배되지 않는다. 기업경영진은 기업가족으로 인식되고 있다. 그러한 가족중심의 기업은 개인의 이윤추구가 아니라 가족주의에 의해 경영되고 있다.

합의시스템은 또한 네덜란드 사회생활에 확산되어 있다. 네덜란드에서는 다른 사람과 갈등하고 대립하지 않고 그룹과 관점을 달리하는 사람은 자신의 견해를 조율한다. 공개적인 갈등, 확신에 찬 소신, 격렬한 언쟁, 감정적 대응 등은 네덜란드 사회에서는 일반적 현상이 아니다(van Waarden, 2002: 49). 합의주의는 법률체계에서 가장 전형적으로 관철되는데 실용주의적 관용이 유연한 법 집행으로 나타난다. 예컨대 경미한 법 위반은 보다 무거운 법 위반을 효과적으로 예방하기 위해 관용된다. 네덜란드에서 이것은 공식적인 정책이다. 합의주의는 또한 법정소송률이 매우 낮은 데에서도 발견할 수 있다. 많은 갈등과 분쟁은 법정 밖에서 해결된다. 사람들은 갈등과 분쟁을 비공식적으로 혹은 조정을 통해서 해결하려고 노력한다. 이를 위해 많은 전문적인 분쟁 조정기구가 존재한다. 사건이 법정으로 제기되었을 때도 네덜란드 재판관들은 상대적으로 많은 재량권을 갖고 그 사건들을 유연하게 처리한다.

5. 맺음말

사회세력의 분절화에도 불구하고 이를 희석시키려는 정치의 탈분극화 노력은 오랫동안 네덜란드 합의제 정치의 기본적인 요소이다. 분절사회와 정치엘리트 협력의 조합으로 작동되는 합의제 민주주의는 네덜란드의 정치패턴임에 분명하다. 합의제 정치의 성공적 작동 결과로 네덜란드사회의 균열 축은 소멸·해체, 정치의 탈분극화, 정치문화 및 정당전략의 세속화, 정당지형의 변화 등이 발생하고 있지만 합의제 정치는 그대로 존속되고 있다. 즉 결사체의 활성화, 협의체적 정부, 비례성 원칙, 보충성의 원칙, 집단적 의사결정 시스템 등 기본적인 합의제 정치의 제도적 장치는 여전히 네덜란드정치의 주요 특징으로 남아 있다. 정치엘리트들의 합의주의적 정치문화는 정치세력들로 하여금 이해관계가 서로 다르거나 반대되는 정치세력에게도 관용하고 협조하는 상황을 조성케 함으로써 네덜란드 합의제 정치를 정상적으로 작동시키는 동인이다. 네덜란드의 '화합(수용)정치'는 정착되고 있다. 한편, 사회적 합의주의 시스템도 유연화의 길을 걸으면서 결사체, 보충성의 원칙, 자율규제, 협의체적 정부, 합의주의 등 합의제 정치에 내재하는 원칙이 여전히 강력하게 작동하고 있는 조정·협의경제 메커니즘이다. 이러한 사회경제적 거버넌스 제도는 괄목할만한 경제적 성과를 이룩하는데 기여했다.

네덜란드사회의 분절화는 엘리트주의에 의해 해결됐다. 그것은 각 균열 축에 거주하는 주민들은 다른 균열 축의 대표들과 협상할 수 있는 권한을 부여받은 자신들의 지도자들의 결정에 순응한다는 개념에 기초했다. 바꿔 말하면 정치적 안정은 소수 엘리트에 의한 의사결정과 주민들의 정치적 수동성을 요구했다. 네덜란드 합의제 정치는 이념적 스펙트럼 상 중도의 길을 걷는 거대정당에 의해 지배되는 구심적 정치를 수행하여 일반시민들의 정치적 동력화와 정치적 주도를 방지하는 탈분극화, 그리고 정책결정의 일부를 이해관계집단들의 대표에 맡기는 사회적 합의주의에 기초한 탈정치화를 통하여 정치적 갈등을 완화하는 시스템이다. 그러나 이에 따른 네덜란드의 합의제 정치가 엘리트주의적으로 흐를 위험성이 도사리고 있다. 따라서 엘리트주의는 점차로 공격의 대상이 되고 있다. '풀뿌리 민주주의'로의 부분적인 변화가 나타나고 있는데 예컨대 지자체 단체장이 이제 더 이상 중앙정부에 의해 임명되지 않고 선출되며 국민투표의 도입에 관한 논의가 진행되고 있다(Slomp, 2004: 77). 그럼에도 초기에 정치엘리트들은 자신이 속한 하위문화권에 대해 책임을 졌지만 오늘날 그들은 균열 축이나 강력한 의회 밖 정당조직의 비판적인 중간 엘리트들에게 책임을 지우려고 하지 않는다. 이러한 엘리트주의 정치는 네덜란드의 합의제 민주주의가 풀어야 할 과제이다.

참고문헌

Andeweg, R. B. 1999. "Parties, Pillars and the Politics of Accommodation: Weak or Weakening Linkages? The Case of Dutch Consociationalism." in K. R. Luther and K. Deschouwer(eds.). *Party Elites in Divided Societies: Political Parties in Consociational Democracy.* London: Routledge. 118-139.

Calmfors, L., and J. Driffill. 1988. "Bargaining Structure, Corporatism and Macroeconomic Performance." *Economic Policy.* Vol. 6. 14-61.

De Jong, Philip R. 1997. "Rehabilitation and Incentives." in P. R. de Jong and Theodore R. Marmor(eds.). *Social Policy and Labour Market.* Ashgate. 185-201.

Hazen, Reuven Y. 1995. "Attacking the Centre: 'Moderate-Induced Polarization' in Denmark and the Netherlands." *West European Politics.* Vol. 18, No. 2. 70-83.

Hemerijek, A. C. 1995. "Corporatist Immobility in the Netherlands." in C. J. Crouch and F. Traxler(eds.). *Organised Industrial Relations in Europe: What Future?.* Aldershot: Avebury. 183-224.

Hemerijck, Anton. 2002. "The Netherlands in Historical Perspective: The Rise and Fall of Dutch Policy Concertation." in Stefan Berger and Hugh Compston(eds.). *Concertation and Social Partnership in Western Europe: Lessons for the 21st Century.* New York: Berghan Books. 221-233.

Joop J. M., Van Holsteyn and Galen A. Irwin. 2004. "The Dutch Parliamentary Elections of 2003." *West European Politics.* Vol. 27, No. 1(January). 157-164.

Koole, Ruud and Hans Daalder. 2002. "The Consociational Democracy Model and Netherlands: Ambivalent Allies?" *Acta Politica*, Vol. 37, No. 2. 23-43.

Lijphart, A. 1968c. "Typologies of Democratic Systems." *Comparative Political Studies.* Vol. 1. 3-44.

Lijphart, A., and M. M. L. Crepaz. 1991. "Corporatism and Consensus Democracy in Eighteen Countries." *Conceptual and Empirical Linkages, British Journal of Political Science.* Vol. 21, 235-256

Lijphart, Q. 1975. *The Politics of Accommodation: Pluralism and Democracy in Netherlands.*

Berkeley: University of California Press.

Mair, Peter. 1994. "The Correlates of Consensus Democracy and the Puzzle of Dutch Politics." *West European Politics.* Vol. 17, No. 4(October). 97-123.

Scholten, 1lja. 1987. "Introduction: Corporatis and Consociational Arrangements." in Ilja Scholten, *Political Stability and Neo-Corporatism: Corporatist Integration and Societal Cleavages in Western Europe.* London/Beverly Hills: Sage, 1-38.

Slomp, Hand. 2000. *European Politics into the Twenty-first Century: Integration and Division.* Westport, CT: Praeger.

Slomp, Hand. 2004. "The Netherlands: Changing Politics or Leaving Politics for the Market." Paper prepared for the Conference on 'Small States in World Markets'. Seoul, Korea, October 14-15. 65-83.

Van Waarden, F. 2002. "Dutch Consociationalism and Corporatism: A Case of Institutional Persistence." *Acta Politica.* Vol. 37, No. 2. 44-67.

Visser, Jelle. 1995. "The Netherlands: the Return of Responsive Corporatism." in Anthony Ferner and Richard Hyman(eds.). *Changing Industrial Relations in Europe.* Oxford, Uk: Blackwell. 284-314.

Visser, Jelle. 1998. "Two Cheers for Corporatism, One for the Market: Industrial Relations, Wage Moderation and Job Growth in the Netherlands." *British Journal of Industrial Relations.* Vol. 36, No. 2. 269-292.

Visser, J., and A. Hemerijck. 1997. *A 'Dutch 'Miracle', Job Growth, Welfare Reform and Corporatism in the Netherlands.* Amsterdam: Amsterdam UP.

Wolinetz, Steven B. 1989. "Socio-Economic Bargaining in the Netherlands: Redefining the Post-War Policy Coalition." *West European Politics.* Vol. 12, No. 1. 85-101.

Wolinetz, Steven B. 1995. "The Dutch Parliamentary Elections of 1994." *West European Politics.* Vol. 18, No. 1. 184-197.

Chapter 07 오스트리아 정책파트너십의 역동성: 도전과 연속성

1. 정책파트너십의 사상적 · 제도적 발단

오스트리아 정책 파트너십의 사상적 · 제도적 기원은 19세기에 뿌리를 두고 있다. 그 사상적 연원은 오스트리아의 기독교 사회적 파트너십과 마르크시즘 이론을 중심으로 한 사회주의적 정치운동에서 발견된다. 이들의 기본 원리는 상반되지만 양자 모두 경제에 대한 국가개입에 동의했다. 다시 말하면 기독교사회당과 사회민주당을 떠받치던 기독교 사회적 파트너십과 사회주의적 개혁사상은 국가가 규제하는 자본주의를 지지했던 것이다. 오스트리아의 이러한 사상적 전통이 정책협의 정치의 등장에 기여했다(Lewis, 2002: 23). 19세기 전반기에는 경제적 의사결정은 중앙집권적인 관료들에 의해 이루어졌으나 19세기 후반에는 사회 및 경제 정책에 관해 정부에 조언을 하는 많은 위원회들이 등장했다. 이것이 오스트리아 정책협의의 제도적 기원이라 할 수 있다.

합스부르크(Habsburg) 제국에서 경제정책 결정은 관료적이고 중앙집권적인 정책협의구조를 통해 이루어졌지만 이것들은 대부분 조직노동자를 배제시킴으로써 기본적으로 관료와 자본의 2자구도였다. 이것은 제1차 세계대전 초반까지 계속되었다. 그러나 생산성이 악화되고 파업이 급증하자 1917년 노사간에 분쟁이 발생한 경우 이를 강제로 조정하고 임금수준을 법적으로 정할 수 있는 불만위원회(Complaint Commission)가 설치되었다. 여기에 정부 각료, 사용자조합 및 노조의 대표가 참여했는데 이것은 3자 정책협의의 첫 시도였다. 같은 해 무역회의소(Chamber of Trade), 산업가집단, 정당, 노조들이 참여하는 '전시와 과도 경제를 위한 일반위원회'(General Commission for the Wartime and Transitional Economy)가 수립되었다. 전쟁종식 무렵 합스부르크 제국이 붕괴됨에 따라 제도화된 노사관계와 경제정책의 협의 기반이 마련됐다. 즉 사용자조직과 노조 대표가 동수로 참여하는 산업위원회(Industrial Commission)가 설치되었다. 그 주요 임무는 노동자들을 전시 동원 산업으로부터 해제시키고 고용을 창출하며 실업보험을 만드는 것이었다. 그러나 사용자의 비협조으로 인하여 단명으로 끝났다.

노동회의소(Chamber of Labour)는 오스트리아 제1공화국(1918~34)에서[1] 노동의 정상조직으로 설립되었는데 이는 중앙의 정책결정을 위한 전국회의와 함께 연방 단위로 조직되었으며 무역회의소와 동등한 지위를 갖고 노동자들의 이익을 법적으로 대표했다. 노동회의소는 노동시장의 상황에 관해 정부에 보고서를 제출할 의무가 있었고 다른 조직과 협상에 참여했다. 모든 노동자들은 의무적으로 노동회의소에 가입해야 했으며 자신들의 대표를 비례대표제에 따라 선출했다. 이러한 회의소 시스템은 협력적 정책형성을 위한 오스트리아의 중요한 제도적 접근이었다. 한편, 노동자들은 노총과 노동자회의소 두 개의 조직에 의해 대표되는데 전자는 노동자들의 직접적인 이익에 더 관심이 있는 반면에, 후자는 정부의 노동정책이나 사회정책에 관한 정보를 공급하는 싱크탱크의 역할을 수행한다.

그러나 제1공화국 내내 정치분열과 사회갈등을 겪었다. 이러한 갈등과 분열을 가져 온 이유는 1차 세계대전을 거치면서 오스트리아의 사회와 정치를 분할시켰던 세 진영(*Lager*)의 상이한 정치적 하위문화(political subculture)였다 (Luther and Müller, 1992: 1-7). 즉 농민과 쁘띠 부르주아를 지지기반으로 하는 보수적 카톨릭주의, 도시 노동계급을 대표했던 마르크스주의적 사회주의, 그

1) 제1차 세계대전에서 패전한 후 유럽의 대제국에서 약소국의 지위로 전락한 오스트리아는 합스부르크 제국이 붕괴된 1918년에 제1공화국이 수립되었다.

리고 화이트칼라층과 관료와 비유태계 지식인들이 중심이 된 민족적 자유주의(또는 게르만민족주의) 등이다. 제1공화국의 출범과 함께 각 진영은 이념적 동질성을 강화시키면서 독자적인 정치세력화를 구축하여 서로 팽팽한 대립적 양상을 보였다. 특히 자유주의를 지향했던 보수적 카톨릭 진영(기독교사회당)과 사회주의 진영(사회민주노동당) 간의 대립은 계급투쟁의 성격을 보였다. 더욱이 독일에서 국가사회주의라는 파시즘이 등장함에 따라 오스트리아의 민족적 자유주의 진영은 파시스트적 세력화를 시도하여 범게르만주의에 입각한 독일과의 합병을 표방하고 격렬한 정치적 선동을 일으켰다. 이처럼 제1공화국의 정치문화는 진영라인에 따라 분절적 양상을 보임으로써 사회의 원심력(centrifugal power)이 확산되었다(Pelinka, 1998: 9-36).

이 같은 정치적·이념적 혼란과 더불어 오스트리아 제1공화국의 경제는 1차 세계대전 승전국들이 부과한 전쟁배상금으로 심각한 부담을 안고 있어 경기 하강국면을 보였다. 경기침체는 경제적 고통분담 문제를 놓고 이해관계를 달리한 사회계층을 대표하는 세 진영의 갈등을 증폭시키는 원인이었다. 설상가상으로 대공황의 엄습과 파시즘의 확산이 초래한 중첩적인 위기국면은 1934년 세 진영간의 내전을 촉발시켰다. 집권하고 있었던 기독교사회당 돌푸스(Engelbert Dollfuss) 총리는 1933년 의회를 해산했으며 그 후 당시 오스트리아에서 가장 큰 정당이던 사회민주노동당과 자유노동조합을 불법화함으로써 내전의 단초를 제공했다. 이런 상황 속에서 마침내 민주적 헌정질서는 붕괴의 운명을 맞았고 돌푸스는 오스트리아판 파시즘 독재체제를 수립한 후 권위주의적 파트너십을 강제적으로 만들어 냈다.

2. 정책협의의 제도화

1) 대연정의 정책파트너십 전략

제2차 세계대전 종식과 함께 수립된 제2공화국 초기의 사회경제와 정치는 제1공화국 때와 크게 다르지 않았다. 오스트리아 시민사회와 정치사회의 '진영의식'(*Lager* mentality)과 분열은 지속되었다. 1950년대에 'black'(보수적 카톨릭) 오스트리아인들과 'red'(사회주의) 오스트리아인들 간에는 적대감의 골이 깊었다(Powell, 1970: 138). 이처럼 과거 진영의식과 정서의 고식적 틀이 여전히 사회에 작용하고 있었기 때문에 진영을 대표하는 정당들과 정치엘리트들은 자신들이 속한 진영을 대표하면서 비타협적인 격렬한 갈등과 대립 양상을 연출했다. 1차 세계대전에 의해 이미 유럽의 대제국으로부터 약소국의 지위로 전락한 오스트리아의 경제 또한 여전히 불균형적인 산업구조를 유지하는 경제소국으로 남았다. 나치통치 기간 상당한 정도의 산업화를 경험했지만 산업투자는 전쟁물자를 조달하려는 나치독일의 필요에 따르는 것이었다. 이런 경제적 어려움 속에서도 정당들은 대결과 갈등을 전개해 갔다.

그러나 종전 이후 오스트리아에서는 아직 상호간 적대적인 정치적 하위문화가 뿌리깊이 남아 있는 가운데 분절된 세 진영 사이에 공존하고 상생하려는 기운이 감지되고 있었다. 그 단적인 증거로 제2공화국은 제1공화국 수립에 참여했던 사회당(SPÖ: 전후 사회민주노동당이 개명되었음)과 국민당(ÖVP: 전후 보수 기독교사회당이 개명되었음) 등에 의해 디자인되었고 제1공화국 헌법에 입각하여 동일한 정치구조를 계승했다. 이러한 분위기는 분명 하나의 역설적인 현상이었다. 세 진영을 대표하는 정치세력들은 제로섬적인 대결과 갈등을 지속했던 제1공화국과는 달리 제2공화국 수립과정에서는 갈등과 대립 속에서도 협력적인 정향을 연출하였다(Luther and Müller, 1992: 9). 특히 자본과 농민의 이익을 대표하는 국민당과 노동의 이익을 대표하는 사회당 간의 정치적 협력이 돋보였다. 이는 종전 이후 사회당의 재건을 주도했던 렌너(Karl Renner)가 과거 혁명적 계급투쟁론에 입각한 비타협적 노선을 지양하고 실용적 타협 노선으로 당을 이끌어 가는데서 비롯됐다. 그는 당면한 국가적 위기와 경제적 위기를 극복하기 위해서 자본세력을 대표하는 보수주의적 국민당과의 정치적 타협을 적극적으로 모색하는 데 성공했다(Sully, 1982: 96-98).[2)]

2) 종전 이후 10년 간에 걸친 연합국 군대에 의한 분할점령은 오스트리아의 주권과 영토보전을 심각하게 위협했다. 이러한 사태는 오스트리아 국민에게 점령군 철수를 통한

사회당과 국민당의 이러한 협력전략은 합의제 정치(consensual politics)를 작동시키는 데 결정적으로 기여를 했다. 특히 전승 4개국에 의한 분할점령이라는 국가적 위기에 직면하여 사회당과 국민당은 이념적 스펙트럼의 차이에도 불구하고 권력분점·공유에 기초한 '대연정 연방정부'(grand coalition federal government)의 출범에 합의한 것이다. 대연정의 기본 원칙은 연정의 각 파트너가 정부의 모든 혜택을 비례적으로 공유해야 한다는 점이다(Rose, 2000: 31). 특히 비례성(proportionality) 원칙은 내각 각료직 배분에 적용되었다.

대연정(1945~66)은 1945년부터 정책파트너십 시스템을 단계적으로 정착시켰다(Pelinka, 2002, 143). 우선 1945년에 사회주의 노조, 기독교 노조, 공산주의 노조의 대표들은 모든 노조를 포괄하는 중앙집권적 노조연맹인 ÖGB를 창립했다. 이처럼 노동은 ÖGB와 같은 하나의 정치적 상부구조로 발전함으로써 노조들 간의 경쟁을 극복하고 강력한 중앙집권적 제도를 마련할 수 있었다. ÖGB는 사회주의 노조 지도자들에 의해 이끌어졌다. 1947년 통과된 '단체협상에 관한 법률'(Law on Collective Bargaining)에 따라 ÖGB는 노동계를 대표해서 단독으로 임금협상을 벌일 권한을 부여받았으며 실제로 독점적 대표권 지위를 행사했다. 그리고 무역회의소의 후신인 연방경제회의소(Federal Economic Chamber)는 통일된 전선을 형성할 수 없는 사용자를 대신해서 노동회의소와 ÖGB와 협상에 나섰다(Tálos and Kittel, 1996: 34).[3] 이러한 제도적 장

독립국 수립이라는 절실한 공동 목표의식을 각인시켰을 뿐만 아니라 정당들에게는 이념과 정파를 초월하여 연합전선을 펴 군사점령에 대응케 했다. 말하자면 전승 4개국(미국, 영국, 프랑스, 소련)에 의한 분할점령이 초래한 국가적 위기의식이 이념을 달리한 세 진영을 대표한 정당들 간의 협력과 타협의 동기를 제공한 것이다. 제1공화국 하에서 전개된 세 진영간의 제로섬적인 대립과 갈등이 초래한 파국과 공멸이라는 뼈저린 역사적 경험을 했던 정당들은 국토분할이 자칫 국가 자체의 소멸로 귀결될지도 모르는 절박한 상황에서 제휴와 협력전략을 선택한 것이다.

3) 오스트리아의 정책결정 네트워크를 이해하는 데에 중요한 단서는 중앙집권적이고 독점적 대표성을 갖는 이익결사체의 역할이다. 가장 중요한 이익단체는 오스트리아노총(ÖGB), 노동연방회의소, 오스트리아연방경제회의소, 농업회의소 등이다. 이들은 의무가입 회원제와 정부의 법안이 각료회의에서 결정되어 의회에 상정되기 전에 정부의

치는 오스트리아의 정책협의 시스템의 발전을 촉진했다.

다음으로 1947~51년에 중요한 이익그룹(ÖGB와 연방경제회의소, 노동회의소 등)들과 대연정은 정책협의를 통해 임금과 물가에 관한 총 5개의 사회협약을 체결했다. 역사상 처음으로 정부와 이익그룹들은 정치적 의사결정에서 공식적으로 협력을 시도한 것이다. 또한 전후 10년의 군사 정령기간 동안 오스트리아 주권회복에 관해 4대국 연합위원회와의 끈질긴 협상을 진행하는 과정은 오스트리아의 정당과 정상 이익조직들 사이에 경제 및 산업관계에 국가의 폭넓은 개입에 관한 합의를 촉진했다. 사용자들은 주요 경제부문의 국유화와 자신들의 경영권에 대한 제한을 수용하는 데 동의했고 노조는 정책형성에의 참여, 사회복지 혜택, 장기적 경제안정을 조건으로 대결적인 계급갈등을 중단했다. 양측은 사회 및 경제 문제에 관한 정부와의 협상에서 주요 파트너가 되었다. 이런 맥락에서 오스트리아 정책파트너십의 토대는 10여 년의 점령기간에서 찾을 수 있다.

2) 균등위원회

대연정 기간 동안 노조 지도자들은 전후 인플레이션 경향으로 인한 경제의 허약성을 인식하고 임금인상을 자제했다. 일반 노조원들이 낮은 임금에 저항했지만 ÖGB 지도부는 장기적 경제성장을 위해 단기적 희생이 불가피하다고 그들을 설득했다. 사용자들 또한 특히 연합국의 군사점령이라는 불확실한 정치상황에서 경제회복을 위해 산업평화가 절실히 필요하다는 인식을 하고 있었다. 경제성장, 완전고용, 통화안정, 임금자제, 저소비, 자본투자 증가 등은 모두 연방경제회의소와 주요 사용자 결사체인 오스트리아산업가연합(Federation of Austrian Industrialists)이 정부 및 ÖGB와 공유하는 경제목표들이었다. 위기 상황에서 사용자들은 경제정책에 관해 다른 경제 이익집단들과의 공동협상에 자발적으로 참여했다. 그러나 그들은 정부와 이익집단 사이에 협

법안에 대해 조언할 수 있는 권리를 갖는다. 이익집단들은 두 개의 지배적인 정당, 즉 사회당과 국민당과 밀접하게 연계되어 있다.

력과 합의를 이끌어내기 위한 상설기구를 설립하려는 계획은 위헌이고 시장의 작동을 방해할 우려가 있다는 이유를 들어 이를 거부했다. 그러나 인플레이션의 가중, 숙련노동력의 부족, 파업 위협 등에 직면하여 연방경제회의소는 임금 및 물가를 검토하기 위한 상설 정책협의체(또는 사회적 협의체)의 수립에 동의했다.

이 정책협의체의 중심에는 정부의 대표, 정상조직(사회적 파트너), 전문가들이 참여하는 합동위원회인 '균등위원회'(Parity Commission)가 자리잡고 있으며 이는 상설 운영되는 각종 위원회와 소위원회를 포괄하는 조직으로서 활동했다(Traxler, 1998: 240-241; Markovits, 1996: 7-8). 1957년 최초로 설립된 균등위원회는 본래 총리를 포함한 4명의 정부 각료, 고용주·피고용인·농민 등 세 경제주체의 각 두 명의 대표들이 자발적으로 구성된 비공식적이고 한시적 기구에 불과했다. 그 목적은 인플레이션의 위협을 줄이고 안정적인 임금 및 가격 정책을 결정하는 것이었다(Tálos and Kittel, 1996: 43).

1963년에 균등위원회는 협력적인 정책결정을 위한 정책협의체로 상설 제도화되었으며(Lewis, 2002: 21) 항구적인 제도적 토론 시스템을 운영했다. 이 시스템은 중앙집권적이고 위계적이며 다양하다. 이에는 가격 및 소득정책 권고를 했던 '가격 및 임금에 관한 공동위원회'(Joint Commission on Wage and Prices) 외에 광범위한 사회경제적인 문제(사회복지, 조세, 재정 등)에 관한 정보를 수집하고 토론의 장을 제공했던 '경제사회 문제에 관한 자문위원회'가 신설되었다. 자문위원회에는 정부와 정상 이익조직의 대표뿐만 아니라 중앙은행, 경제연구소, 대학, 중앙통계청 등의 전문가도 참여한다. 자문위원회의 실질적인 임무는 균등위원회에 구체적인 정책 권고를 하는 많은 소위원회와 실무단에 의해 수행되고 있으며 균등위원회는 이 권고를 유관 정부부처에 제출한다. 균등위원회 산하 소위원회들의 실질적인 정책결정은 협상을 통해 만장일치로 이루어진다. 소위원회 수준에서 타협이 불가능할 것으로 판명되면 사회적 파트너의 4자 주요 대표 위원회에서 이슈들이 해결된다. 이러한 소위원회 시스템은 정책파트너십이 국내외 정책의 급속한 변화에 적절히 대응토록 하고 있다. 예컨대 1992년 균등위원회 내에 국제문제 소위원회가 설립되어 오스트리아의 유럽연합 가입과 동유럽시장 개방 문제를 다루었다.

이와 같이 균등위원회는 임금 및 물가의 책정은 물론이고 사회·경제정책 전반에 걸쳐 강력한 영향력을 행사함으로써 오스트리아 정책파트너십의 압권으로서 평가되고 있다. 특히 임금의 경우 중앙의 균등위원회가 임금 가이드라인을 책정하면 중간단위의 협약위원회 및 기업별 노조는 사용자측과 자율적으로 성과에 따라 임금을 인상, 조정한다. 이는 단체협약의 분권화를 의미한다. 이 때문에 노조별 임금의 격차가 발생하기도 했다. 오스트리아 사회당 정부는 1970년대에 케인즈주의적 경제정책, 즉 경제성장과 고용창출을 위한 재정 확대정책, 소득정책, 그리고 완전고용정책 등을 추진하여 자본과 노동을 사회협력의 틀로 유도해 낼 수 있었다. 오스트리아는 1980년대 이후 글로벌화의 충격으로 국영기업의 민영화, 긴축정책 등 변화를 겪어 왔지만 정책협의 정치는 중앙집중화된 조정, 단체협약의 분권화 등 기존의 틀을 대체로 그대로 유지하고 있다(Kittel, 2000: 125). 오히려 직업훈련, 노동시간 단축, 지역경제 구조조정 등 공급측면에서는 사회협약정치가 더욱 강화되었다(Traxler, 1995: 279-281).

3) 정책파트너십 시스템의 다층화

오스트리아 정책파트너십의 구조는 다양화되어 있다. 중앙수준에서 노동과 자본의 정상조직들은 임금과 노동조건에 관한 하위 수준에서 이뤄지는 양자 협상을 위한 틀을 만들고 정부의 정책결정 과정에 참여한다. 중간 수준에서 오스트리아 정책파트너십의 구조는 노총과 연방경제회의소 산하 부문별 집단에 기초하고 있다. 이들 부문별 집단은 각 산업의 실질적 임금 수준을 협상하는 데에 중요한 역할을 한다. 이러한 부문별 사회적 파트너십은 1990년대에 접어들어 그 중요성이 증대되고 있다. 왜냐하면 정상조직들간의 협상에 의해 이루어진 기본 합의의 틀 내에서 상세한 세부적인 사항은 부문별 조직간의 협상으로 이양되는 추세가 나타나기 때문이다(Kittel, 2000: 108-129). 기업 수준에서 노동과 자본의 관계는 법적으로 설립된 작업장협의회(work council)

에 의해 제도화되었다. 이들은 중앙과 부문별 수준에서 정해진 기본 틀 내에서 근로조건의 세부사항에 관하여 협상할 수 있는 권한을 갖는다.

1960년대부터 1980년대까지 정책파트너십에 의해 이루어진 의사결정 과정은 다음과 같은 단계로 구성된다(Tálos and Kittel, 2002: 38-41). 먼저 비공식적인 협의가 정부의 관련부처, 사회당, 국민당 — 어느 정당이 집권당이냐는 것과는 상관없이 — 그리고 4대 이익단체간에 개최된다. 이로부터 첫 번째의 정부의 입법안이 마련된다. 이 과정은 만약 행위자들 중 일부가 동의하지 않는다면 오랜 시간이 소요될 것이며 정책 영역에 관한 어떤 패턴이 구별될 수는 있지만 관련 행위자들이 만나는 어떤 포럼에서도 일어날 수 있다. 다음으로 회의소(chamber)는 공식적으로 그 초안을 검토한 후 수정하고 개정한다. 그 초안이 내용에 관한 광범위한 합의에 이르게 되면 각료회의에서 통과되고 약간의 수정이 가해져 의회에 상정된다. 중요한 정상 이익집단의 대표가 사회당과 국민당에서 요직을, 그리고 의회에서 정당의석을 맡고 있을 뿐만 아니라 의회위원회(parliamentary commissions)에서 핵심적 위상을 차지하고 있기 때문에 이런 수정된 내용들은 다시 이익집단들간에 또는 이익집단들과 두 지배정당들간에 의회 밖에서 협상되는 타협의 기초가 될 수 있는 것이다.

의사결정의 두 번째 타입에서 입법 초안은 하나 혹은 그 이상의 정당의 발의에 의해 의회에 상정된다. 이익집단이나 정부 부처는 그러한 발의에 참여할 필요가 없지만 사회적 파트너들과 혹은 이들간에 사전 예비 협상과정이 활용되어 법안 처리과정을 보다 신속하게 한다. 최근 연구에 따르면 정책결정 과정이 포괄적인 사회적 파트너십의 개념을 뛰어넘는 수준에서 여러 정책분야에 걸쳐 다양해지고 있는 현상을 보이고 있다. 즉 여러 정책 분야에서 이익집단들이 자신들의 이익을 조율하지 않고 로비를 하는 압력단체처럼 활동하기도 하고 이익집단들이 전혀 관여하지 않는 정책분야도 있다.

3. 정책파트너십 시스템 작동의 촉진조건

1) 제도적 조건

오스트리아 정책파트너십 시스템의 작동은 몇 가지 제도적 조건에 연유한다(Traxler, 1998: 245-258). 우선 정책파트너십의 제도적 요소는 노동회의소, 상공회의소(Chamber of Commerce) 및 농업회의소(Chamber of Agriculture)의 의무 회원제이다. 모든 근로자와 사업주는 노동 및 자본 조직의 조합원으로 가입해야 하고 모든 회원은 조직에 회비를 납부해야 하며 이러한 강제성은 조직의 대표성을 보장해 준다. 강제적 조합비는 세금처럼 매월 각자의 소득에서 공제한다. 의무적 회원제가 없었다면 정책파트너십 시스템이 정상적으로 작동하지 못했을 것이다. 이에는 두 가지 이유가 있다. 하나는 강제적 조합비가 조직들의 고용 인력과 시설운영을 위한 재정지출에 사용하는 수입원이 되기 때문이다. 더욱 중요한 다른 하나는 의무 회원제가 없었다면 오스트리아 정책파트너십은 특수한 개별적인 목표와 이익을 증진하기 위해 의회에 대표를 파견하여 로비활동을 전개하는 등 협소한 특수 이익그룹들의 전형적인 특징적 양상을 보이는 다원주의 형태로 전락했을 것이 거의 확실하기 때문이다.

둘째, 노동운동의 강력한 조직력이다. 오스트리아 ÖGB는 산하 16개 산업별 노동조합을 거느린 단일 정상조직으로서 강력한 수직적 산업별 조직체계를 구축했다. 다시 말하면 ÖGB는 행정과 재정의 중앙집중화를 실현함으로써 산하 노조의 단체협상과 단체행동에 대한 실질적인 통제력을 행사했다. 이를 통해 노동의 중앙조직은 내부의 조정과정을 거쳐 협상에 임하기 때문에 타협의 가능성은 높아지며[4] 독점적 대표권을 행사함으로써 국가의 정책방향

4) 그러나 강력한 조직체계를 구축한 노동과는 비해 자본은 상대적으로 조직력의 열세를 보였다. 예컨대 오스트리아의 자본을 대표하는 상공회의소는 강력한 조직망을 구축하지 못했다. 특히 상공회의소는 대기업과 중소기업, 공기업과 사기업, 그리고 산업부문들간에 상충하는 이해관계를 조정하여 조직적 단합력을 과시하는 데 노조보다 큰 어려움을 겪어 왔다.

에 영향을 미친다.

셋째, 정당 차원에서 노동과 자본을 대변할 수 있는 사민당(1994년 개명)과 국민당이 전후 오스트리아 정치를 지배하면서 정치적 타협에 의한 대연정을 수립하였다. 양당이 각기 정통사회주의 노선과 정통자유주의 노선을 포기하고 케인즈주의에 입각한 경제운용과 사회조정을 통해 계급타협을 시도했다(Müller, 1993: 453-454). 이것은 노동과 자본 간의 사회적 타협을 제도화한 정치적 배경이 되었다. 1966년에 대연정이 붕괴되었는데 이것이 타협체제의 종식을 의미한 것은 아니다. 왜냐하면 대연정 기간 중에 제도화 혹은 준제도화되었던 공식적·비공식적인 사회적 협력체제는 대연정 붕괴 이후에도 확고하게 유지되었기 때문이다. 1970년 이후에는 사회당이 오스트리아의 정치권력을 확고히 장악하여 노동 우위의 정치경제 체제를 강화할 수 있었다.

넷째, 오스트리아의 정당들은 강력한 조직력을 갖는 이익집단들과 긴밀한 조직적·정책적 협력체제를 구축했다. 따라서 국가의 핵심적 정책결정 과정에 대한 정당과 이익집단의 영향력은 결코 관료집단에 비해 뒤떨어지지 않는다. 예컨대 ÖGB와 사민당은 재정적·인적·조직적인 긴밀한 협력체제를 구축했는데 사회당이 집권하는 경우 노조 간부와 당의 간부가 각료 및 의원에서 중복되는 경우가 많았다. 이렇게 강력한 조직력과 정치력을 갖는 오스트리아의 노조는 지속적 성장이 고용확대의 관건이라는 인식에서 자발적인 임금억제 전략을 선택함으로써 정부정책에 영향을 미쳤으며 이는 정책파트너십의 작동을 촉진했다.

다섯째, 국가는 정책결정 과정에서 주도적 역할을 수행하지 않고 '중립적 중재자' 역할 수준에 머물렀다. 아울러 국가는 노조의 자발적 임금억제에 따른 경제적 손실과 노조별 임금격차를, 사회복지의 지속적인 확충과 사회적 소득의 확대를 통해 보전해 주고 ÖGB가 국가의 사회 및 경제정책의 입안과 집행 과정에서 강력한 영향력을 행사할 수 있는 공식적 채널을 보장해 주었다.

마지막으로 만장일치의 결정제도이다. 이는 노동회의소와 자본회의소의 내부의 결정뿐만 아니라 노동과 자본이 협상하는 모든 경제사회문제에 관한 의사결정 과정에서 적용되었다. 이러한 만장일치제는 결정과정에서 모든 대표가 비토권을 행사하는 등 많은 시간과 노력이 소요되지만[5] 일단 결정된 내용은 상대적으로 충실하게 실행될 수 있다는 장점이 있다.

종합적으로 오스트리아의 노사정 타협체제는 노동의 상대적인 조직적 우위를 바탕으로 형성되었다. 그 결과 이들간의 협상을 통해 마련된 경제정책은 시장의 자율적 기능을 다양한 수단을 통해 통제하려는 경향을 보였다. 즉 강력한 노동, 취약한 자본, 그리고 중재자로서의 국가라는 구조적 특성이 결합하여 형성된 오스트리아의 정치경제 체제는 시장기능의 조정 및 경제운용의 정치화라는 특성을 보여 주었다.

2) 타협문화

정책파트너십의 목적은 경제적 안정과 사회평화를 마련하는 데 있다. 이러한 바람직한 결과를 얻기 위해서 두 조건이 전제되어야 하는데 그 하나는 사익 추구를 회피하고 협력하려는 엘리트들의 의지이고 다른 하나는 협력 활동에 참여하려는 엘리트들의 능력이다. 협력능력은 오스트리아 정책파트너십의 특이한 제도적 구축을 지칭한데 반해, 협력의지는 오스트리아 정치문화의 함수이다. 오스트리아의 정책파트너십은 오스트리아의 정치문화에 깊숙이 스며들어 있는 태도와 정향(orientation)이다. 이 타협문화는 제도적 구조 못지 않게 오스트리아 정책파트너십의 효과성을 이해하는 데 중요한 요소이다. 제2차 세계대전 후 1980년대 초까지 발전되었던 오스트리아의 정책파트너십 정신은 대중이 엘리트들을 신뢰하고 자발적으로 그들에게 충실하는 데서 비롯됐

5) 만장일치 규칙의 결과는 외부효과(externalities)를 최소화시키지만 결정비용을 치르게 하는 현상을 야기한다. 비토권은 정책파트너십의 효율성과 혁신성을 가로막고 연대라는 이름으로 경쟁적인 이익그룹의 보다 역동적 활동을 저해한다. 그러나 각 이익그룹이 비토권을 보유하면 어떤 단일 이익그룹이 아무리 강력하더라도 정책 어젠더를 지배할 수 없다.

다.[6] 엘리트들은 사회적 협력과 조화를 달성할 목적으로 자본과 노동 간에 갈등하는 이해관계를 조정하고 균형 있게 하기 위해 과학적·기술관료적 원칙에 근거하여 사회를 지도하고 관리했다. 따라서 오스트리아 정책파트너십 시스템은 계급갈등의 공간을 거리에서 협상테이블로 옮기는데 그 목적이 있었다.

오스트리아가 이와 같은 정책파트너십의 타협문화를 발전시키는 데 기여했던 세 가지 배경적 요인이 있다(Crepaz, 2002: 160). 첫째, 오스트리아는 압도적으로 카톨릭 신도들이 많아 정책파트너십 사고의 활성화를 가능케 하는 비옥한 문화적 토양을 갖추고 있었다. 즉 정책파트너십은 노사간의 타협과 협력을 강조하는 카톨릭주의적 도덕철학에 크게 의존했다. 카톨릭 도덕철학에 따르면 자유주의와 자본주의는 사회적 연대를 파괴하고 사회를 높은 도덕적 목적이 결여된 원자화되고 사리사욕에 가득 찬 개인들의 집합체로 전락시킨다. 둘째, 오스트리아는 완전한 부르주아 혁명을 경험한 일이 없기 때문에 자유주의적 전통 또한 다소 취약하다. 후발 산업화의 결과로 자본은 취약하고 대부분 소규모 생산자 및 제조업체들로 구성되었다. 셋째, 오스트리아에서는

6) 그러나 부르주아 혁명의 결여, 후발 산업화, 그리고 취약한 의회제도 등의 역사를 가진 오스트리아의 정치적 자유주의의 저발전을 초래했다. 따라서 구세대 오스트리아인들은 위에서 내려진 정치적 결정을 아주 쉽게 수용하곤 했다. 그들은 자신들을 통치의 주체가 아니라 객체로 보았다. 이러한 구세대 오스트리아인들의 마인드 때문에 민주적 정치문화가 발전하지 못했다. 그들은 정당강령과 정책을 평가함으로써 자신들을 위한 즉각적인 물질적 혜택을 획득하는 데 관심을 가졌고 지방 정당대표들이 좋은 아파트와 일자리를 얻는 데 도움 주기를 희망했다. 대중과 엘리트들 간의 이 같은 수직적 유대는 경쟁적이고 다원주의적 사회에서 전형적으로 나타난 대중과 엘리트들 간의 수평적 관계보다 온정주의적(또는 가부장적) 후원자-고객 관계를 특징으로 한다. 그러한 온정주의적 풍토에서 후원과 정실이 창궐하여 오스트리아에서는 많은 정치적 스캔들이 발생했다. 최근 자유당 출신인 하이더의 급부상은 부분적으로 유권자들에 대한 그의 민중주의적 호소의 덕택이라 할 수 있다. 그의 민중주의적 호소는 기존 정당들이 부패했고 정실주의와 광범위한 관료제가 정치과정을 비효율적으로 만들었으며 낡은 인적 네트워크가 온정주의에 의존한 '자리 나눠먹기'의 원인이 되고 '비례 대표제'(proporz)가 능력보다 정실을 더 중시되는 제도를 만들었다는 등에 모아졌다.

자유주의 전통이 취약한 결과로 다른 서유럽 국가들의 의회정치에 비해 의회정치도 상대적으로 취약하다. 이러한 점에서 오스트리아의 정책파트너십 신념은 "모든 것은 국민을 위하고 국민에 의한 것은 아무것도 없다"(everything for the people, nothing by the people)는 개념에 기초하고 있다. 의회의 힘이 취약한 것은 1934~38년에 지배했던 파시스트 정권 하에서 두드러졌다.

오스트리아의 정책파트너십 시스템은 역설적으로 제2차 세계대전 후 이러한 경험에서 잉태한 것이라 할 수 있다. 전후 보수주의 정당과 사회주의 정당의 지도자들, 그리고 자본과 노동의 대표들이 자유주의의 특징인 개별적인 이해관계를 초월하여 타협과 협력에 기초한 공동이익을 우선시하는 결의를 다졌다. 이러한 움직임은 자본과 노동의 많은 차이에도 불구하고 계급타협을 지향한 하나의 공동체라는 확신으로 이어졌다. 이는 관련 모든 행위주체들이 같은 배를 타고 있는 공동운명체이고 어떤 한 주체가 이탈하면 모두가 무너지기 때문에 모두가 결속하여 상호 타협·화합해야 한다는 문화가 정착되었음을 의미한다. 이러한 정책파트너십 정신의 가장 중요한 상징은 20년 이상(1945~66) 동안 지속되었던 국민당과 사회당의 대연정이었다. 이익그룹의 분야에서 또 다른, 어쩌면 훨씬 더 중요한 대연정이 진행되었다. 즉 30여 년 이상 동안 오스트리아의 ÖGB의 총재와 연방상공회의소(Federal Chamber of Commerce)의 총재가 매우 중요한 사회 및 경제 정책을 공동으로 결정했다. 이로써 1960~70년대에 오스트리아 정책파트너십이 절정에 이르렀다.

3) 사회적 파트너십과 합의제 정치의 융합: 의사결정의 동시성

사회적 파트너십과 합의제 정치 간에는 차이가 존재하지만[7] 동시에 몇 가

7) 오스트리아의 합의제 정치 시스템과 사회적 파트너십 시스템은 제도의 공식성, 행위주체, 정책분야의 측면에서 분명한 차별성이 존재한다. 우선 합의제 정치는 대부분 비례대표제(결과적으로 대연정의 형성을 촉진함), 비토권, 연방제와 같은 분절집단의 자율성 인정 등의 헌법적 틀 속에서 작동했다. 둘째, 엘리트들은 대부분의 경우 사회의 각 분절집단을 대표하는 선출된 정당의 지도자들이었다. 셋째, 정책분야는 대체로 종교

지 중요한 유사점도 존재한다(Crepaz, 2002: 158-159). 양자는 '타협문화'(culture of compromise)를 공유한다. 두 시스템에서 엘리트들간에 갈등과 대립보다는 협력과 타협이 상생의 게임으로 이어질 수 있으며 전체가 부분의 총화 이상이 되는 시너지 효과를 창출할 수 있다. 합의제 정치 시스템과 사회적 파트너십 시스템은 개념적 친화성(conceptual affinity)을 갖는다. 바꿔 말하면 양자간에 구조적 유질동상(structural isomorphism)이 존재한다(Lehmbruch, 1979: 59). 합의제 정치 시스템과 사회적 파트너십 시스템은 모두 권위주의적·다수결주의적 의사결정 양식보다는 협력적·타협적 의사결정 양식을 지향하는 엘리트들의 성향을 필요로 한다(McRae, 1979: 520).[8] 사실 경험적으로 합의제 정치와 사회

적·지역적·언어적·민족적·인종적 이슈들과 관련되어 있다. 이에 반해 사회적 파트너십 시스템의 영역은 우선 훨씬 더 비공식적이다. 오스트리아 사회적 파트너십의 제도적 특징 중 어느 것도 헌법에 언급되어 있지 않다. 다시 말하면 사회적 파트너십 시스템은 자본과 노동의 포괄적 대표를 보장하는 비공식적·헌법외적(extra-constitutional) 제도이다. 둘째, 사회적 파트너십의 엘리트들은 일반 선거의 결과로 선출되지 않으며 따라서 정당의 지도자들보다 정통성에 있어 훨씬 취약하다. 노동회의소와 노조의 선거는 오스트리아에서 누가 자본과 노동의 고위 대표자로 선출되는가를 언제 결정할 것인가에 대해 중요한 역할을 하지 않는다. 셋째, 사회적 파트너십의 정책분야는 경제성장, 실업, 인플레이션, 생산성, 투자 등과 같은 사회경제적인 이슈만을 다룬다.

8) 제도는 그것이 사회에서 권력의 흐름을 매개, 즉 사적 소망과 요구를 공적인 정책으로 전환하는 전도대 역할을 한다는 점에서 매우 중요하다. 여기서 제도는 사회적 파트너십을 의미하는 데 이는 세 가지 점에서 다원주의와는 다르다(Crepaz, 2002: 162-164). 첫째, 다원주의 행위자의 수는 많은데 반해, 사회적 파트너십에서 조직행위자의 수는 소수이다. 둘째, 다원주의의 많은 행위자는 경쟁적으로 서로 간여하나 사회적 파트너십의 소수 조직행위자들은 화합적으로 서로 관계를 맺는다. 셋째, 다원주의는 과정 지향적인데 반해 사회적 파트너십은 목표 지향적이다. 바꿔 말하면 이익그룹 다원주의 정치에서 정책은 정치세력들의 벡터 총화(역학관계)(vector sum)의 결과인데 반해, 사회적 파트너십에 기초한 정책결정은 목표 지향적, 즉 우선 정책목표가 호혜적으로 합의되고 다음에 전략적 행위자들이 협력하여 이 목표를 달성하는 가장 효율적이고 효과적인 방법을 모색한다. 사회적 파트너십 제도들의 포괄적 성격에 비춰 볼 때 그 제도들은 거의 모든 조직행위자들의 이익을 증진한다(Tsebelis, 1990: 13). 넷째, 정책파트너십의 중요한 제도적 특징은 이익단체들의 공법적 지위다. 공법적 지위는 다원주의 정치의 이익그룹들이 갖지 못한 권리, 즉 조합원들의 이해관계에 관한 법안의 상정단

적 파트너십은 동시에 발생했다. 오스트리아에서 단일 정당에 의해 통치되었던 1966~83년에도 합의와 타협의 정치는 지속되었다. 다만 그러한 정치는 정당영역으로부터 이익그룹의 영역으로 이동했을 뿐이다.

정책파트너십에 기초한 타협체제의 근본 원인은 국제환경이 초래한 위기와 약소국의 정치적·경제적 '취약성'(vulnerability)이다(Katzenstein, 1985). 이러한 위기와 취약성은 정치세력들간의 타협에 의해서가 아니라 특정 정치세력의 일방적 헤게모니 확립을 통해서도 극복될 수 있다. 그러나 오스트리아 정치세력은 합의제 정치를 통해서 그러한 위기관리를 했다. 노·사·정이 상호 협력 속에서 사회 및 경제 정책결정을 내린다는 점에서 정책파트너십은 오스트리아 합의제 민주주의의 본질적 요소이다. 그런데 오스트리아 합의제 민주주의는 초창기부터 두 수준 혹은 영역으로 구성되었다. 즉 하나는 의회연대를 비롯해서 정부수준의 국민당과 시민당의 협력이고 다른 하나는 사용자와 근로자의 각 이익단체들 간의 협력이다(Pelinka, 2002: 141-142). 정부와 의회는 두 정당(국민당과 사민당)의 통제를 받으면서 비경제적인 모든 문제를 지배했다. 한편, 자본과 노동은 사회적 파트너십의 규칙을 확립했다. 사회적 파트너십에 기초한 의사결정 과정은 다수결 원칙을 폐지하고 자본과 노동의 상호 비토권을 인정했다. 이는 자본과 노동의 타협을 불가피하게 했고 제로섬 게임은 존재하지 않았다. 선거정치는 노사관계에 적어도 즉각적인 영향을 미치지 않았다. 사회적 파트너십 시스템은 사용자, 근로자, 농민을 대표하는 경제적 이익집단들의 참여에 의해 작동되었으며 대부분의 사회정책을 포함해서 모든 경제적 문제를 지배했다.

그런데 사회적 파트너십과 합의제 정치는 경제적 이익집단과 정당의 융합에 의해 작동되었다. 정치적 의사결정은 정치적 인물들의 정체성에 따라 이

계에서 자문 및 협의 주체로 참여할 수 있는 권리를 이익그룹들에게 부여한다. '자문할 수 있는 권리'라는 용어는 다소 수동적으로 들리지만 실제로는 결사체들이 종종 입법 제안을 주도한다. 자문절차는 엄청난 영향력이 행사되는 실질적인 수단이다. 많은 법률 제안은 의회에 상정되기 이전에 이른바 입법 준비단계에서 이익그룹들간에 충분한 토의과정을 거쳐 수정되고 묵시적 합의에 이른다.

뤄졌다. 즉 두 개의 보수주의 및 사회주의 진영은 정당뿐만 아니라 경제적 이익단체를 통제했다. 사회적 파트너십 차원에서 제기되는 중요한 안건들이 정당들의 통제를 받았으며 정부 수준의 모든 중요한 의견 또한 경제적 이익단체들의 통제를 받았다. 이러한 정치적 의사결정의 동시성은 제도적·인적 차원에서 나타났다. 제도적 측면은 정치적 소수파로부터 제기되는 모든 입법초안을 평가하기 위해 주요 모든 이익단체들을 의회 상정 이전 단계의 법안조율 과정에 공식적으로 참여시켰다는 점이다. 뿐만 아니라 정당들과 이익그룹을 연계하는 인적 중복을 통하여 주요 이익그룹의 의사결정 과정에 주요 정당의 인사를 참여시키거나 또는 주요 정당의 의사결정 과정에 이익그룹의 대표를 참여시켰다. 이 같은 제도적·인적 연계는 합의제 정치와 사회적 파트너십이 유기적 연계 속에서 작동하도록 했다.

연방 수준에서 사회적 파트너십은 1966년 첫 대연정이 붕괴된 이후 그 중요성을 더해 갔다. 즉 오스트리아 제2공화국의 첫 일당(국민당) 내각에서 수상, ÖGB의 총재, 국민당 및 사회당의 대표들은 비공식 접촉을 통해 의견교환과 정책문제에 관한 합의를 끌어냈다. 비록 공식적 정부 수준에서는 웨스트민스터 모델식 대결정치가 대연정을 대체하고 사회당이 전통적인 야당처럼 활동했지만 국민당 정부의 수상과 당시 야당이었던 사회당이 지배하는 ÖGB 지도자 간의 정책협의는 지속되었다. 특히 1966~87년에 사회적 파트너십의 중요성은 노동법의 역사에 의해 설명된다.[9] 그 법안은 헌법개정을 포함하고 있지 않아 의회에서 2/3의 다수 찬성이 필요 없었다. 당시에 사회당은 하원에서 전반적인 과반수를 차지하고 있었기 때문에 적어도 이론적으로는 다른 정당과 타협할 필요 없이 그 법안을 통과시키는 데 문제가 없었다. 그러나 사

9) 1945에 출범한 오스트리아의 대연정은 1966년의 선거에서 국민당이 절대 다수 의석을 확보하고 독자적 정부를 수립함에 따라 비로소 종식되었다. 그 후 국민당의 단독정권은 4년 만에 막을 내리고 1970년 이후 줄곧 크라이스키(Bruno Kreisky)가 이끌고 있었던 사회당 정권이 1983년까지 지배했다. 이에 따라 17년(1966~83) 간에 걸쳐 오스트리아에는 내각차원에서 일시적으로 다수제 민주주의식 경쟁이 나타나기도 했다. 그러나 1983~87에는 사회당과 자유당의 연립정부가 수립되었다(선학태, 2005: 203).

회당과 국민당은 강령적으로 '균등의 공동결정'(parity co-determination) 개념에 집착했다. 그 '균등의 공동결정'은 노동의 대표들에게 모든 기업의 이사회의 50% 통제권을 부여한다는 것을 의미한다. 사회당은 의회에서 '균등의 공동결정' 원칙을 밀어붙이려 하지 않고 대신에 사용자단체들과 합의를 도출해내려고 노력했다. 이 과정을 통해 이사회에서 노동에게 이사의 1/3에 상당한 대표권을 부여하는 것으로 수정되고 추가적인 제한 조치들을 포함하는 타협안에 도달한 후 비로소 그 법안은 당시 야당이었던 국민당의 지지를 얻어 의회에서 통과되었다.

4. 정치경제적 환경변화: 정책파트너십 시스템에의 도전

오스트리아는 놀라울 정도로 이념적 진영간의 사회평화 및 산업갈등 해결 등을 달성함으로써 '축복의 섬'(island of the blessed)이라는 찬사를 받았다(Luther and Müller, 1992: 8). 1950년대서부터 1970년대까지 사회주의 정당과 보수주의 정당의 엘리트들, 그리고 사회적 파트너들 간에 협력과 협의 시스템이 작동했으며 이를 토대로 매우 예측가능하고 안정된 정치경제를 창출하는 오스트리아 정책파트너십 시스템의 전성기였다. 따라서 1950년대에서 1970년대의 경제적·사회적 실적은 성공적이었으며 이에 따라 정책파트너십은 오스트리아 사회의 모든 영향력 있는 단체들로부터 용인되었다. 이로써 정책파트너십 정치가 크게 확대되었으며 정부의 공식적인 주요 역할은 정부 기구 밖에서 이루어지는 다양한 의사결정들을 단순히 인가하는 수준으로 축소되었다.

그러나 1980년대에 접어들어 정책파트너십 시스템에 대한 반발과 비판이 제기되었다(선학태, 2005: 224-227). 첫째, 세계화에 따른 산업구조의 변화로 인하여 오스트리아인들의 의식 및 가치관 변화가 정책파트너십 시스템을 위협했다. 1980년대에 진행된 냉혹한 세계화의 추세에 따라 오스트리아 경제는 산업경제로부터 후기산업 및 서비스 중심의 경제로 변화하면서 사회의식 변화를 동반했다. 뿐만 아니라 1980년대를 전후하여 환경, 생태, 평화, 반핵 등 '녹색정향'(green orientation)의 새로운 쟁점들이 제기되면서 종래 좌·우의 축으로 더 이상 수렴되기 힘든 새로운 균열의 축이 오스트리아 정치에 도입되었다. 이 정치적 균열은 물질주의 대 후기물질주의 가치차원(materialist/post-materialist value dimension) 구도로 부각되는 가운데 오스트리아 사회의 신중간층, 고학력자 및 전후세대들은 가치지향에 있어 후기물질주의적 특성을 강하게 표출했다(Knutsen, 1990: 359). 1978년에 실시된 국민투표는 오스트리아에서 처음이자 마지막인 핵발전소의 가동을 거부했다. 또한 1984년 오스트리아 젊은이들은 생태계 보호를 위해 수력발전 댐 건설을 반대했고 전략적 행위자들인 자본과 노동의 힘을 부정적으로 보았다. 진영의식의 두꺼운 벽을 붕괴시키는 요인도 젊은 세대의 태도와 행동이었데 이는 1980년대 발생했던 중요한 변화였다. 젊은 세대는 과거 두 적대적인 진영의식이 이제 더 이상 정치적 현실에 부합되지 않는다는 사실을 인식하고 진영을 떠나가기 시작했다. 그들에게 있어 계급균열을 비롯한 전통적 균열라인에 따르는 과거 분열은 역사에 불과했다. 그들의 사회적 가치는 보다 개인주의, 경쟁성, 창의성, 혁신성, 자존 등을 중시하고 있으며 이 모든 가치는 당초 오스트리아 정책파트너십 시스템이 지향했던 온정주의적·위계적 성격과는 모순된다.

이런 경향에 따라 오스트리아 정책파트너십 시스템의 온정주의적 성격을 수용하는 오스트리아인들의 순종은 이제 사라지고 있다. 역설적일지 모르지만 오스트리아를 성공으로 이끌었던 것은 한편으로 바로 정책파트너십의 권위주의 유형이고 다른 한편으로는 정책에 대한 수동적 수용이라 할 수 있다(Crepaz, 2002: 161). 예컨대 정치의식의 고양, 반(反) 정책파트너십 정당의 대거 진출, 후기물질주의 및 후기산업주의의 확산, 개인주의·자기결정·퍼슨엘리티·정체성·자아실현을 강조하는 대중문화의 발달 등으로 말미암아 정책파트너십을 통해 밀실에서 엘리트들에 의해 결정된 정책을 모색한다는 것은 점점 어려워진다. 말하자면 정책파트너십 시스템은 역설적으로 자신의 '성공의 희생자'(victim of success)가 되고 있다. 소득증대, 교육수준 상승은 오스트리아 사회를 현대화시켰고 젊은 세대에게 정책파트너십을 비판적으로 검토하는 시각과 능력을 부여한 것이다. 대부분의 젊은이들은 정책파트너십이 개방성, 유연성, 적응력, 접근성, 민주성, 물질적 가치 이외의 관심사항을 처리할 수 있는 능력을 결여하고 있는 것으로 인식하고 있다.

둘째, 이익집단 조직의 내부구조 약화 현상이 나타나고 있다. 예컨대 최근 연방경제회의는 의견이 다른 산하 조직들에게 정상 수준의 합의 사항을 준수하라고 강제할 수 없는 사례가 발생했다. 이는 연방경제회의가 ÖGB나 노동자연방회의보다 상대적으로 중앙집권성 이나 독점적 대표성이 떨어지기 때문이다. 점점 경쟁적인 글로벌 경제 환경 속에서 정상조직들은 합의 사항을 산하 회원(단체)들에게 설득하기가 더 어려워졌다. 말하자면 중앙 수준에서 타결된 정치적 교환에 대한 산하 구성원들의 지지도가 낮아지고 있다. ÖGB인 경우도 특수한 지향점 차이로 인해 산하 부문별 노조간의 내부 갈등이 표출되고 있다. 특히 최대 규모를 자랑하는 화이트칼라노조(GPA)와 블루칼라노조 중 가장 영향력 있는 금속·광산·에너지노조(GMBE) 간의 갈등이 그 대표적인 사례이다. 이러한 이해관계의 차이는 이익집약 과정과 중앙 수준에서 합의된 결정의 내부적 수용을 더 어렵게 만들고 있다.

셋째, 이익집단과 국가 사이의 관계에 있어서 1990년대에 사회적 파트너들에 대한 정부의 자율성이 증대되는 현상이 나타났다. 말하자면 정부가 이익집단의 압력으로부터 자유로워지고 있다. 예컨대 이러한 현상은 1997년 노인연금의 개혁에서 드러났다. 사민당-국민당 연립정부는 이익집단과 사전 협의 없이 연금제도의 광범위한 개혁을 발표하고 노동자 집단의 거센 반발에도 무릅쓰고 그 개혁을 입법화 시켰다. 단지 노동 이익집단들은 세부사항에 대한 후속 협상에만 참여한 것이다. 사용자들도 충분히 검토되지 않았다는 이유로 그 개혁을 반대했다. 이런 상황에서 이익집단들간에 타협을 모색하는 것은 불가능했을 뿐만 아니라 사민당과 노총은 전례 없이 긴장관계에 놓이게 되었다. 결국 이익집단들은 그들 사이에 합의는 없었지만 당초 발표되었던 정부안에 가까운 타협안을 수용했다. 그리고 1997년 근로시간법 개정에 관한 이익집단 사이의 협상도 노동시장의 유연화를 강력히 요구하는 정부의 압력이 작용하여 이루어졌다.

이러한 사례들은 오스트리아 정책파트너십의 변화를 설명해 준다(Tálos and Kittel, 2002: 47). 즉 정부는 점차 정책 형성과 개혁어젠다 설정을 주도하고 이익집단들은 그것들의 세부사항을 구체화하는 추세가 나타난다. 또한 이익집단들은 조직 자체 혹은 그들의 구성원들의 기득권을 저해하는 입법을 저지하는데 차이를 보이고 있다. 즉 ÖGB는 자신이 선호하는 정책을 강요하는데 어려움을 갖는 데 반해, 연방경제회의는 정부의 선택과 코드가 맞는 경우가 더 많다. 따라서 정책결정 과정에 이익집단의 참여는 지속되고 있지만 정부가 어떤 정책사안에 대한 이익집단들의 결정을 기다리거나 결정권을 공식적으로 그들에게 위임하는 개연성은 낮아지고 있다.

넷째, 정책파트너십에 대한 도전은 정당차원에서 제기되었다. 제2공화국 기간동안 우파인 자유당(FPO)은 줄곧 유력한 의사결정 패턴으로서의 정책파트너십 제도가 선거에 기초한 정통성과 통제력을 갖지 않는 '제2의 정부'로서 기능하고 있다고 비판하면서 정책파트너십을 핵심적인 정책에 한정하고 협상의 수준을 거시적 수준에서 기업 수준으로 이전해야 한다고 주장했다. 뿐만 아니라 1980년대와 1990년대에 의회 진출에 성공한 두 새로운 정당인 녹색당과 자유포럼(Liberal Forum) 또한 정책파트너십 시스템에 매우 비판적이었다. 녹색당은 정책파트너십의 영향력이 의회정치를 훼손시킨다고 비판했고 1993년 자유당에서 이탈한 자유포럼(LIF)도 이익단체들의 의무가입 회원제를 폐지해야 하며 정책결정의 지연, 혁신의 결여 등을 이유로 내세워 노사타협을 모색하는 핵심적인 기능 정도로 정책파트너십의 영향력을 축소해야한다고 주장했다(Tálos and Kittel, 2002: 41).

더욱이 2000년 2월 자유당은 정당체제 내의 적·흑(red-black)간의 균형을 교란시킨 국민당과의 연정내각을 구성한 후 오스트리아 정책파트너십에 대해 공개적으로 적대감을 표명하면서 사민당-국민당 대연정에 비해 이익집단들과 정책안건을 협상하는 데 주저했다. 이에 따라 이익그룹과의 접촉은 협상이라기보다는 단순히 자문의 성격을 띠었고 종종 이익집단들이 정책안건에 대해 반응할 수 있는 여지를 허용하지 않았다. 이처럼 정책파트너십을 후

퇴시킨 이유는 노조가 협상을 이용하여 정부의 개혁프로그램을 희석시키고 지연시킬 것으로 믿었던 국민당-자유당 연립정부의 의혹 때문이었다. 사회적 파트너들과의 협상은 최적의 해법을 산출해 내기보다는 단순히 국민당-자유당 연정의 정책을 효과적으로 비판하기 위한 무대를 제공할 뿐이라는 것이다. 실제로 과거 사민당-국민당 연정 내각에서 이미 합의된 정책안건(복지 및 연금 삭감 등)들이 노조의 강력한 저항에 부딪혀 정책변화가 어려운 때가 있었다. 이러한 점에 비춰 볼 때 국민당과 자유당은 노조와의 협력에 대해 회의적이었다. 특히 하이더(Jörg Haider)가 이끄는 자유당은 기본적으로 정책파트너십에 대해 매우 부정적이었다.10)

다섯째, 1999년 10월 총선 결과 사민당이 야당으로 머무르고 정책파트너십 시스템에 반대의 입장을 분명히 한 자유당의 연정참여는 정책파트너십에 영향을 미쳤다. 정책파트너십 시스템의 지속적인 작동에 긴요한 하나의 핵심적 요소인 정치적 균형이 깨진 것이다. 사실 1966년부터 1983년까지는 보수주의 세력과 사민주의 세력이 절대 다수 의석을 차지했고 사회도 여전히 균열되어 있었다. 오스트리아는 소국이라는 이미지, 그리고 일반국민, 오피니언 리더, 정책결정자들 간에 '우리 모두는 같은 배를 탄 공동운명체'라는 인식이 널리 공유되고 있었다. 그 당시에 타협문화가 매우 확산되어 있었기 때문에

10) 1999년 10월 오스트리아는 하이더가 이끄는 자유당이 제2당으로 부상하는 정치적 격변을 경험했다. 이에 따라 정당지형이 변화했다(선학태, 2005: 225). 이에 따라 2000년 2월 국민당과 연정을 구성했던 자유당의 당수인 하이더 만큼이나 개인적 차원에서 정책파트너십, 노동 및 자본 회의소를 격렬히 비판하는 사람은 아마도 오스트리아 정치권에 없을 것이다. 국제사회의 각종 미디어는 하이더의 외국인 혐오정치·반유태주의(anti-semitism)에 관하여 역점을 두고 대대적으로 보도했다. 이러한 보도가 그의 민주주의에 대한 인식과 수용여부에 관한 많은 의혹을 불러일으켰지만 그가 선거정치에서 크게 성공을 거두었던 것은 정책파트너십에 대한 무차별적인 공세였다. 그럼에도 이 점은 그의 집권을 가능케 했던 요인으로서 별로 논의되지 않았다. 그는 정책파트너십과 관련된 스캔들 하나 하나를 TV를 통해 폭로했다. 이는 그에게 정실·후원·뇌물로 얼룩진 오스트리아 정치판, 관료사회, 이익집단 등을 청소해 줄 적임자처럼 떠오르는 계기를 마련해 준 것이다. 이는 일종의 포퓰리즘이었지만 정치전략으로서 의외의 성공을 안겨주었다.

절대 다수를 차지한 힘있는 정부까지도 의사결정 과정에 사회적 파트너들의 참여를 허용했다. 그러나 1990년대에 들어 정당, 정부, 심지어 의회까지도 정책파트너십 시스템과의 연계를 끊기 시작했다. 정책파트너십을 지향하는 주요 정당인 사민당이 야당으로 전락하여 정책결과를 끌어내려는 사회적 파트너들의 능력은 눈에 띄게 시련을 겪었다. 이는 2001년 실시되었던 '사회보장행정의 집행위원회'(Executive Committee of the Social Security Administration)의 개혁과정에서 분명히 드러났다. 이 위원회의 지도부는 사회적 파트너들, 즉 노동 및 자본 회의소의 선거에서 나타난 득표량에 비례하여 할당된 노동 및 자본의 대표들로 구성되곤 했고 전통적으로 위원회의 위원장은 사민당 출신이었다. 그러나 2001년 봄에 '흑 · 청'(black-blue)의 국민당-자유당 연정은 집행위원회의 개혁을 착수했으며 이에 따라 사회적 파트너들은 개혁안을 제출해야 했다. 사회적 파트너들은 사회보장행정의 관리와 통제를 유지하고 싶어했지만 국민당-자유당 연정은 노조와 노동회의소에 의해 제출된 개혁안 중 어느 것도 받아들이지 않았다. 정부는 당시 사민당 출신 위원장을 퇴임시키고 역사상 최초로 전통적인 사회적 합의기구에 자유당 대표의 참여를 부여했다. 이에 따라 2001년 6월 '흑 · 청' 연립정부는 집행위원회에서 사민당에 비해 절대 다수를 차지했으며 노동회의소와 노조의 간부 '겸직 불허 조항'(incompatibility clause)을 포함하는 새로운 법안을 통과시켰다.

이러한 사건들은 사회적 파트너들과 '흑 · 청' 연정 간 권력관계의 변화를 보여 준다(Crepaz, 2002: 169). 첫째, 사회적 파트너들이 법안 투표 방식을 정부에 거의 강제하다시피 했던 1960~70년대에 비하여 오늘날 사회적 파트너들의 법안 제안들은 종종 무시되고 있다. 둘째, 노동회의소와 노조의 간부 '겸직 불허조항'은 정책파트너십 시스템의 효력을 더욱 훼손시켰다. 사실 회원 겸직은 여러 위원회를 통하여 안건을 추진하는 데 윤활제 역할로 작용했다는 점에서 그렇다. 셋째, 집행위원회에 자유당의 대표는 한 시대의 종언을 의미한다. 예전에는 '적'(사민당) 및 '흑'(국민당)세력만이 사회보장행정기구와 같은 전형적인 정책파트너십 조직에서 권한을 행사했다. 이 점에서 많은 논자들은 집행위원회에 자유당 대표의 참여로 인해 사실상 오스트리아 정책파트너십이 종언을 맞이했다고 주장했다.

여섯째, 정책파트너십에 대한 제도적 도전도 있다. 산업사회에서 후기산업사회로의 구조적 변화는 명확히 구별된 기존의 사회분절집단을 와해시키고 있다. 1953년에는 36%에 불과했던 서비스부문이 1999년에는 GDP의 64.9%를 차지했다. 제조업부문의 생산에 있어서도 1953년에는 GDP의 거의 44%를 차지했지만 1999년에는 약 32.9%에 불과했다. 농업 생산은 1953년에 GDP의 20%였지만 1999년에는 불과 2.2%로 줄어들었다. 그런데 가장 주목할 것은 정당체제가 이러한 사회의 구조적 변화에 정책파트너십 시스템보다 훨씬 더 성공적으로 적응했다는 사실이다. 정당들은 '경쟁논리'를 추구하여 선거에서 승리해야 했다. 선거승리의 필요성은 정당들로 하여금 사회변화에 능동적으로 적응하고 새로운 정치고객의 수요에 반응토록 압박했다. 대조적으로 정책파트너십 시스템은 '보호논리'에 충실한 관행을 보인다. 이 점은 바로 정책파트너십 시스템이 일상의 정치와 대중적 요구에 적절히 대응하지 못하고 있음을 의미한다. 그 결과로 정책파트너십 시스템이 점차로 동맥경화증에 걸려 그것이 아무리 절박해도 노동의 물질적 이익 이외의 어떤 것도 대표할 수 없는 것처럼 보인 것이다. 노동회의소의 의무 회원제, 만장일치의 결정규칙, 가능한 한 소수 조직으로서 많은 이익을 대표하기 위한 집권화 등과 같은 정책파트너십의 기본적인 제도적 특징이 정책파트너십이 사회변화에 적응하는 것을 매우 어렵게 하는 요인으로 작용한다. 말하자면 그러한 특징들로 인해 정책파트너십 시스템은 환경변화에 기능적으로 적절히 반응하지 못하며 이익조직은 시민의 요구에 효과적으로 부응할 수 있는 조직능력을 상실하고 있다(Crepaz, 1996: 200-202).

1950년대부터 1970년대까지는 이러한 정당정치의 경쟁논리 및 정책파트너십의 보호논리가 상호 모순되지 않았다. 오스트리아 사회가 여전히 분절되어 있는 한 오히려 그것들은 서로 보완관계에 있었다. 경쟁적 정당체제가 정부의 정치적 변화를 고려했던 반해, 정책파트너십 시스템은 정부의 변화에도 불구하고 안정과 책임성을 보장했다. 그러나 기존 사회적 균열축이 소멸되는 가운데 정책파트너십은 점차로 기득권을 추구하는 시스템처럼 보이게 된 것이다.

예전의 사회적 균열이 해소됨에 따라 전통적인 2.5 정당체제도 해체되었고 투표자들은 점차로 자신들의 진영에 충실하지 않는다(선학태, 2005: 216-219). 이런 현상은 정책파트너십 시스템의 효과성이 계속 유지될 것인가 하는 문제를 제기한다. 왜냐하면 정책파트너십 시스템은 노동과 자본이라는 전통적 계급구조로 분열되고 사민주의 정당과 보수주의 정당 간에 정치적 주도권 장악을 위해 상호 경쟁하는 사회에서 나타난 사회경제적인 이익대표체계에 관한 것이기 때문이다. 만일 사회가 물질적 사회에서 탈물질적 사회 또는 산업사회에서 후기산업사회로 변화의 물결을 타고 있고 그 결과로 새로운 정당들이 등장하고 있다면 이는 정책결정 및 집행이라는 측면에서 정책파트너십 시스템의 효과성과 실효성이 이미 떨어지고 있다는 징후이다. 입법 준비단계에서 법안을 발의하고 토론하는 과정에 미치는 정책파트너십 시스템의 영향력이 존재하고 있음에도 불구하고 그 법안이 정당하고 구속력이 있는 법률로 전환되기 위해서는 공식적인 법적 절차로서 의회를 통과해야 한다. 정책파트너십을 비판하는 정당들의 정치적 영향력이 크면 클수록 의회정치를 정책파트너십에 정당성을 부여하는 제도로 활용한다는 것이 더욱 어려워진다. 뿐만 아니라 무수정 정부법안 통과 감소, 정부의 정책발의 및 긴급청원(request) 증가 등의 측면에서도 의회는 하나의 제도로서 정책파트너십 시스템보다 더욱 강력한 힘을 발휘하고 있다는 조짐이 나타나고 있다. 이러한 모든 사태발전은 사회적 파트너들이 약화되는 반면에, 대신 의회가 강화되고 있다는 증거이다.

마지막으로 정책파트너십이 입법과정에 대한 간여가 점차로 어려워지는 또 다른 이유는 '인적 연합'(*Personalunion*), 즉 정당대표(국회의원)와 정책파트너십 대표들 간의 인적·기능적 긴밀한 관계가 약화되고 있다는 데에 있다. 정당대표와 정책파트너십 대표들 간의 '인적 연합'이 그 동안 오스트리아 정치가 원활하게 작동하는 데 결정적인 버팀목 역할을 해왔지만 이제 그것은 부패와 스캔들의 형태로 값비싼 대가를 치르게 된 것이다. '인적 연합'은 동일한 개인이 국회의원인 동시에 노조 및 회의소(노동과 자본)의 간부가 되어 이익갈등의 상황에서 때로는 감독자, 때로는 피감자 등 다양한 역할 수행함을 의미한다. 그러므로 그것은 권력분립 개념을 약화시켰고 그 결과 개인에게 엄청난 권력집중을 가져와 권력남용의 유혹과 심지어 기금착복까지도 만연했다. 노동회의소뿐만 아니라 상공회의소도 이러한 스캔들이 빈발한 결과로 커다란 정통성 위기를 겪었다.

5. 맺음말: 정책파트너십의 회생 가능성

오스트리아의 경우 경제적 생존능력을 상실해 가는 과정에서 내전과 파시즘 때문에 붕괴되었던 제1공화국과는 달리 제2공화국은 정치적 · 경제적으로 성공했다. 오스트리아의 전후 복구는 정부, 그리고 노동과 자본을 대표하는 중앙집권적인 정상조직 사이에 긴밀하게 작동하는 정책파트너십 정치에 기반을 두었다. 오스트리아의 높은 무역의존도는 국내 정책파트너십 시스템을 유도하는 주요 변수로 작용했다. 서유럽 소국들 중 하나인 오스트리아는 협소한 국내 시장의 한계를 극복하고자 일찍이 자유무역을 포함한 대외 시장개방 정책을 채택했는데 정책파트너십 시스템은 이러한 대외 의존경제에 따르는 국내 사회경제적 충격과 도전을 슬기롭게 흡수, 관리하기 위한 대응이었다. 1960~70년대, 심지어 1980년대에 오스트리아 정책파트너십 시스템은 거시경제적 성과를 가져왔다. 이 시기 오스트리아 정책파트너십 시스템은 경제정책에 대한 접근이 특이했다. 그것은 수요중심과 공급중심의 경제조치들이 혼합되어 있는 '오스트리아 케인즈주의'(Austro-Keynesianism)로 지칭되었다(선학태, 2005: 208). 오스트리아 케인즈주의의 주요 목적은 건강한 시장경제를 통해 경제효율성을 보장할 뿐만 아니라 그 혜택과 비용이 모든 계층에게 보다 공정하게 분배되는 사회적 형평성을 실현하는 데 있었다.

그렇지만 전술했듯이 경제적 · 정치적 · 조직적 환경의 변화에 따라 오스트리아 정책파트너십 시스템은 1980년대 이후 여러 측면에서 도전과 비판을 받았다. 실제로 오스트리아 정책파트너십 시스템의 효율성이 훼손되었다. 산업사회에서 후기산업사회로, 물질적 정향에서 탈물질적 정향 등 이중적 변화가 정책파트너십의 역할 축소를 야기한 것이다. 의회의 정치적 의사결정에 대한 영향력이 높아지고 있으며 정당까지도 정책파트너십 시스템으로부터 자유로워지려고 한다. 의회대표와 정책파트너십 그룹의 간부 간의 긴밀한 연계성도 줄어들고 있다. 이 모든 것들은 오스트리아 정책파트너십의 핵심적인 제도적 기초가 흔들리고 있다는 증거이다. 정책결정 과정에서 사회적 파트너들에 대한 의존도가 현저히 떨어지면서 정부, 정당, 의회로 이동할 조짐이 나타나고 있는 것이다. 선거에 승리하려는 정당과 정부의 경쟁논리는 선거 중심의 전술, 정치적 경기순환을 가져오는 행태를 초래하고 있다. 결과적으로 정치는 보다 정파적인 성격을 띠고 있으며 사회적 파트너들이 선호하는 공정한 이익갈등 조정(정책파트너십) 해법과는 달리 정치적으로 편리한 해법이 만연해질 조짐이 나타나고 있다. 인기 있고 단기적으로 유리하지만 장기적으로는 비효율적인 정책들이 정치적 어젠더를 지배하는 경향도 보인다.

그럼에도 불구하고 오스트리아 정책파트너십의 제도적 틀은 여전히 존재한다. 경제적 글로벌화가 증대하는 1990년대 이후에도 경제정책 결정에 대한 정치적 개입이 열려있다. 이익집단 내부 조직구조의 약화와 함께 정책파트너십의 경제적·제도적·정치적 환경의 포괄적 변화에도 불구하고 이익중재를 위한 포럼, 그리고 대규모 사회그룹 사이의 협상과 합의는 1990년대 이후도 여전히 비교적 안정적이다. 특히 이익집단의 영향력은 유럽정책에 대한 오스트리아의 입장 준비와 노동시장정책 등에서 증대되었다(Tálos and Kittel, 2002: 44). 사회적·경제적 정책결정 과정에서 비록 갈등과 의견대립이 증대하고 있지만 협의(*Konzertierung*) 혹은 합의(*Akkordierung*) 아니면 '합의 없는 협의' 등의 형태로 여전히 거대 이익집단들의 협력에 크게 의존하고 있다.[11] 비록

11) 오스트리아 정책파트너십의 특징을 파악하기 위해 좀 더 정확하게 구체화할 필요가 있다. 오스트리아적 맥락에서 정책파트너십은 두 차원, 즉 협의와 합의를 포함한다. 전자는 정부의 정책결정 과정에 이익집단이 참여하는 것을 지칭하며 후자는 정상 이익집단들간에 또는 정상 이익집단과 정부 간에 타협을 모색하고 실현하는 데에 그들

균등위원회와 같은 핵심 제도의 쇠퇴가 관찰되기는 할지라도 이것이 정책협의의 중요성에 대한 쇠퇴를 수반하지는 않고 있다. 여전히 정치적 교환이 이뤄지는 많은 공식적·비공식적 포럼이 있다. 협상이 균등위원회에 한정되거나 그 위원회에 의해 지배되지 않으며 협상은 점차로 더욱 비공식적이고 덜 정례적인 회합으로 이동하고 있다. 뿐만 아니라 회의소의 의무적 회원가입제 등과 같은 오스트리아 정책파트너십의 필수적인 제도적 전제조건이 쉽게 폐지될 것 같지는 않다.

역설적인 현상이지만 바로 대중 선거에 대한 노출의 결여야말로 사회적 파트너들이 일상적인 정치적 대립을 피할 수 있을 뿐만 아니라 선거를 통한 정통성을 획득 필요 없이 국가경제의 중·장기적 이익을 고려할 수 있는 요인이다. 선거를 통한 정치적 정통성 획득 필요성이 없기 때문에 사회적 파트너들은 거시경제 이슈에 관하여 정파적 시각이 아닌 이익조정적 시각, 또는 단기적 시각이 아닌 장기적 시각을 가질 수 있다. 이런 점에서 오스트리아 정책파트너십 시스템은 회생할 가능성이 높다. 왜냐하면 오스트리아 사회적 파트너들이 붙들고 씨름해야 할 많은 이슈들이 여전히 남아 있기 때문이다. 예컨대 예산적자, 임금정책, 사회보장 재정 확보, 이민의 경제적 영향, 유럽연합의 도전,[12] 그리고 신자유주의적 세계화의 충격과 희생 등의 사회경제적인 이슈들이다. 오스트리아 정부가 사회적 파트너들의 목소리에 기꺼이 경청한다면 정책파트너십 시스템은 이러한 사회경제적 문제들을 아주 성공적으로 처리할 수 있을 것이다. 결국 사회경제적 문제들이 정책파트너십 시스템을 존속시키는 동력으로 작용할 것이다. 국내외 구조적 도전들이 정책파트너십 그룹들의 정책형성 능력을 잠식하고 있는 것처럼 보이지만 세계화, 보다 구체적으로 유럽화에서 비롯된 압박과 도전이 정책파트너십 시스템의 지속적인 존립근거(*raison d'être*)를 마련해 줄 것이다. 왜냐하면 정책파트너십 시스템은 글로벌 시대에 경제적 효율성을 극대화하고 동시에 글로벌 시장화에 따른

이 참여하는 것을 초점으로 한다(Tálos and Kittel, 2002: 35-36).

12) 1995년 오스트리아의 유럽연합 가입은 정책파트너십 시스템을 통해 중요한 산업 및 경제 정책결정을 조율할 수 있는 정책자율성 여지가 줄어들 것임을 예고했다.

국내 사회의 취약집단 보호를 위한 정책을 디자인하는 데 매우 적절한 메커니즘이기 때문이다.

물론 의사결정의 절차적 조건에 변화가 발생하고 있는 것은 사실이다. 정책협의는 감소하고 있고 로비스트로서 활약하는 이익집단들이 특권을 갖고 정부의 의사결정에 접근하는 양상으로 대체되고 있다. 특히 정부에 의해 주도되는 정책조율이 이루어지고 있다. 다시 말하면 정부가 개혁어젠다 설정과 정책형성에 있어 중요한 위치를 차지해 가는 듯하다. 의회는 담론의 과정에서 중요성을 확보했다. 이러한 경향은 주로 사회적 파트너 단체들이 협상에 임하는 입장을 조율하는 과정에서 내부 제약으로 인해 스스로 정책개혁을 위한 합의에 도달할 수 없기 때문이다. 그러나 비록 사회적 파트너 단체들이 과거 그들의 포괄적 힘을 상실했다 하더라도 그들은 여전히 정책결정 과정에 그들의 이익을 상당한 정도로 투영할 수 있는 전문성과 영향력의 중심축으로 남아 있다. 오스트리아 정치의 많은 영역에서 비록 사회적 파트너와 정부 사이의 합의 빈도는 과거에 비해 상대적으로 줄어들고 있지만 이익중재와 정부의 지도력 아래에 있는 협의는 하나의 규칙으로 정착되고 있다. 그리고 의회는 아직 정책콘텐츠에 대해 실질적인 영향력을 행사하지는 못한다. 이런 맥락에서 오스트리아에서 정책파트너십 시스템은 1990년대 이후 현재까지 갈등을 해결할 수 있는 일상적인 정책결정의 지속적이고 확고한 패턴으로 자리잡고 있다. 따라서 1980년대 이후 정책파트너십 시스템에 대한 호된 비판과 공격에도 불구하고 대다수의 오스트리아 국민들은 여전히 정책파트너십이 정치적 · 경제적 삶에서 긍정적인 힘이 되고 있는 것으로 믿고 있다. 이것은 그 동안 정책파트너십 시스템이 이룩한 경제적 · 사회적 성과와 정치적 안정에 연유한 것이다(Tálos and Kittel, 2002: 41).

참고문헌

Crepaz, Markus M. L. 1995. "An Institutional Dinosaur: Austrian Corporatism in the Post-Industrial age." *West European Politics.* Vol. 18. 64-88.

Crepaz, Markus M. L. 1996. "Of Principals, Agents and the Decline of Austrian Corporatism: Anatomy of Legitimacy Crises in A Highly Corporatist System." *Current Politics and Economics of Europe*. Vol. 5. 187-202.

Crepaz, Markus M. L. 2002. "Domestic and External Constraints on Austrian Corporatism: Challenge and Opportunities." *Acta Politica*. Vol. 37, No. 2, 157-174.

Crepaz, Markus M. L. 1994. "From Semi-Sovereignty to Sovereignty: The Decline of Corporatism and Rise of Parliament in Austria." *Comparative Politics*. Vol. 29, 45-66.

Katzenstein, P. J. 1985. *Small States in World Markets*. Ithaca: Cornell University Press.

Kittel, Bernhard. 2000. "Deaustrification? The Policy-Area-Specific Evolution of Austrian Social Partnership." *West European Politics*. Vol. 23, No.1. 108-129.

Lehmbruch, G. 1979. "Consociational Democracy, Class Conflict and the New Corporatism," in P. Schmitter and G. Lehmbruch(eds.). *Trends Toward Corporatist Intermediation*, London: Sage. 55-67.

Lewis, Jill. 2002. "Austria in Historical Perspective: From Civil War to Social Partnership." in Stefan Berger and Hugh Compston(eds.). *Policy Concertation and Social Partnership in Western Europe: Lessons for the 21st Century*. Oxford: Berghahn Books. 19-33.

Luther, Kurt Richard and Wolfgang C. Müller. 1992. "Consociationalism and the Austrian Political System." *West European Politics.* Vol. 15, No. 1(January). 1-13.

Marin, Bernd. 1987. "From Consociationalism to Technocorporatism: the Austrian Case as A Model-Generator?" in Ilja Scholten(ed.). *Political Stability and*

Neo-Corporatism: Corporatist Integration and Societal Cleavages in Western Europe. London: Sage. 39-69.

Markovits, Andrei S. 1996. "Austrian Corporatism in Comparative Perspective." Günter Bischof, and Anton Pelinka(eds.). *Austro-Corporatism: Past, Present, Future.* New Brunswick, Nj. Transaction Publishers. 1-19.

McRae, K. 1979. "Comment: Federation, Consociation, Corporatism - An Addendum to Arend Lijphart." *Canadian Journal of Political Science.* Vol. 12. 517-522.

Müller, Wolfgang. 1993. "After the 'Golden Age': Research into Austrian Political Parties since the 1980s." *European Journal of Political Research.* Vol. 23. 439-463.

Pelinka, Anton. 1998. *Austria, Out of the Shadow of the Past*, Boulder, Colorado: Westview Press.

Pelinka, Anton. 2002. "Consociational Democracy in Austria: Political Change, 1968-1998." *Acta Politica.* Vol. 37, No. 2. 139-156.

Powell, G. B. 1970. *Social Fragmentation and Political Stability: An Austrian Case Study.* Stanford: Stanford University Press.

Rose, Richard. 2000. "The End of Consensus in Austria and Switzerland." *Journal of Democracy.* Vol. 11, No. 2(April). 26-40.

Sully, Melanie A. 1982. *Continuity and Change in Austrian Socialism: The Eternal Quest for Third Way.* New York: Columbia University Press.

Tálos, Emmerich and Bernhard Kittel. 1996. "Roots of Austro-Corporatism: Institutional Preconditions and Cooperation before and after 1945." *Comtemporary Austrian Studies.* Vol. 4.

Tálos, Emmerich and Bernhard Kittel. 2002. "Austria in the 1990s: The Routine of Social Partnership in Question?" in Stefan Berger and Hugh Compston(eds.). *Policy Concertation and Social Partnership in Western Europe: Lessons for the 21st Century.* Oxford: Berghahn Books. 35-50.

Traxler, Franz. 1995. "From Demand-Side to Supply-Side Corporatism? Austrian Labour Relations and Public Policy." in Colin Crouch and Franz Traxler(eds.). *Organised Industrial Relations in Europe: What Future?,* England: Avebury, 271-286.

Traxler, Franz. 1998. "Austria: Still the Country of Corporatism." in Anthony Ferner and Richard Hyman(eds.). *Changing Industrial Relations in Europe.* Oxford: Blackwell. 239-261.

Tsebelis, G. 1990. *Nested Games: Rational Choice in Comparative Politics*, Berkeley: University of California Press.

Chapter 08

오스트리아 합의제 정치: 역동성과 도전

1. 오스트리아 합의제 정치: 역동성과 도전

1) 정치적 하위문화와 국가적 파국

오스트리아의 정치엘리트들은 슘피터(Joseph Schumpeter)류의 민주주의를 선호하지 않는다.[1] 그들은 라이파르트류의 합의제 민주주의를 지향한다. 합의제 민주주의의 본질은 "결정에 의해 영향을 받은 모든 사람이 그 결정 과정에 직접 혹은 대표자들을 통해 참여할 수 있는 기회를 부여한다"는 데 있다(Lijphart, 1999: 31). 합의제 민주주의에서 정부는 단일 정당에 의해 장악되지 않고 복수 정당들이 내각을 공유하는 연립정부를 구성한다. 연립정부는 단일 정당정부보다 더 많은 유권자들을 투표장에 참여하도록 할 수 있고 보다 더

1) 슘피터는 1918년 이후 오스트리아 제1공화국 하에서의 재무상을 지냈으며 나중에 미국 하바드 대학 경제학 교수를 역임했다. 그는 민주주의를 "선거에서 유권자들의 지지표를 얻기 위한 정치인들간의 자유경쟁"으로 정의하였다(1950: 269). 이때 경쟁선거는 유권자들에게 선출된 고위 공직자의 업적을 평가할 수 있는 기회를 부여하고 정치인들에는 유권자들의 관심과 요구 사항에 주목하는 계기를 마련해 준다. 그리고 정당들은 지지표를 얻기 위한 경쟁마인드를 가져야 하고 정치인들은 소비자들이 구매하고 싶은 상품을 산출하는 기업인처럼 처신해야 한다는 것이다.

많은 유권자들을 대표할 수 있다. 복수 정당들이 정부정책을 결정하고 집행하는 과정에서 지속적으로 협상할 수 있어 보다 더 양질의 정책을 산출해 낼 수 있다. 알프스 산록에 위치한 서유럽 소국인 오스트리아는 광범위하게 이 같은 합의제 민주주의 시스템의 전형을 작동시킨 국가로 인식되어 왔다(Marin, 1987: 51).

그렇다면 오스트리아는 합의제 민주주의가 작동할 수 있는 사회적 조건, 즉 종교・인종・언어・계급 등 사회적 균열은 존재했는가? 우선 합의제 민주주의의 대전제라고 수 있는 오스트리아 시민사회의 문화적 분절화(cultural fragmentation)의 수준이다. 스위스, 네덜란드, 벨기에 등과 같은 서유럽 소국들의 시민사회는 종교・언어・인종 등에 의해 중첩적인 분절 현상을 보였던 반해, 오스트리아 시민사회의 문화적 균열은 그다지 깊지 않았다. 오스트리아는 인종적으로 독일어를 사용한 독일계가 99% 이상이고 종교적으로도 카톨릭이 85%, 개신교가 6% 정도를 차지하고 있다. 다만 노사간의 격렬한 계급투쟁의 역사를 가지고 있을 뿐이다. 이런 조건에서 오스트리아에서 합의제 민주주의라는 정치적 타협체제가 구축될 필요가 있었을까?

그런데 제1차 세계대전에서 패전한 후 유럽의 대제국에서 약소국의 지위로 전락한 오스트리아는 합스부르크(Habsburg)제국이 붕괴된 1918년에 제1공화국이 수립되었다. 제1공화정(1918~1934) 내내 정치분열과 사회갈등을 겪었다. 이러한 갈등과 분열을 가져 온 이유는 1차 세계대전을 거치면서 오스트리아의 사회와 정치를 분할시켰던 세 진영(Lager)의 상이한 정치적 하위문화(political subculture)였다(Luther and Müller, 1992: 1-7). 즉 농민과 쁘띠 부르주아를 지지기반으로 하는 보수적 카톨릭주의, 도시 노동계급을 대표했던 마르크스주의적 사회주의, 그리고 화이트칼라층과 관료와 비유태계 지식인들이 중심이 된 민족적 자유주의(또는 게르만민족주의) 등이다. 제1공화국의 출범과 함께 각 진영은 이념적 동질성을 강화시키면서 독자적인 정치세력화를 구축하여 서로 팽팽한 대립적 양상을 보였다. 특히 자유주의를 지향했던 보수적 카톨릭 진영(기독교사회당)과 사회주의 진영(사회민주노동당) 간의 대립은 계급투쟁의 성격을 보였다. 양 진영간에는 제1공화국 헌법을 제정하는 과정에서 정치체제 수립에 대한 방법론을 둘러싸고 견해 차이를 드러냈다.[2] 양 진영을 대표한 기독교사회당과 사회민주노동당은 각각 전체 유권자 40% 내지 45% 정도의 지지를 받아 팽팽한 세력균형을 유지한 채 정통자유주의와 정통사회주의를 기치로 비타협적인 대립을 지속했다(Sully, 1981: 3). 민족적 자유주의 진영(게르만국민당)은 보수적 카톨릭 진영과 제휴하여 반사회주의 연합전선을 결성하기도 했으며[3] 더욱이 독일에서 국가사회주의라는 파시즘이 등장함에 따라 민족적 자유주의 진영은 파시스트 세력화하여 범게르만주의에 입각한 독일과의 합병을 표방하고 격렬한 정치적 선동을 일으켰다. 이처럼 오스트리아 제1공화국의 정치적 하위문화는 진영라인에 따라 분절적 양상을 연출하는 가운데 세 진영의 지도자들은 자유민주주의의 규칙에 따라 격렬히 경쟁하며 상황에 반응했다. 정치적 중도를 지향하는 온건한 노선을 통해서는 아무것도 쟁취할 수 없었기 때문에 그 경쟁은 정치적 중도로부터 크게 벗어나는 원심적 민주주의(centrifugal democracy)를 촉발시켰다(Pelinka, 1998: 9-36).

이 같은 정치적 혼란과 더불어 오스트리아 제1공화국의 경제는 1차 세계대전 승전국들이 부과한 전쟁배상금으로 심각한 부담을 안고 있어 경기 하강국면을 보였다. 경기침체는 경제적 고통분담 문제를 놓고 이해관계를 달리한 사회계층을 대표하는 세 진영의 갈등을 증폭시키는 원인이었다. 설상가상으로 대공황의 엄습과 파시즘의 확산이 초래한 중첩적인 위기국면은 1934년 세 진영간의 내전을 촉발시켰다. 특히 집권하고 있었던 기독교사회당 돌푸스(Engelbert Dollfuss) 총리는 1933년 의회를 해산했으며 그 후 당시 오스트리아에서 가장 큰 정당이던 사회민주노동당과 자유노동조합을 불법화함으로써 내전의 단초를 제공했다. 이런 상황 속에서 마침내 민주적 헌정질서는 붕괴의 운명을 맞이하게 된 것이다. 이에 따라 돌푸스는 오스트리아판 파시즘 독

2) 예컨대 카톨릭 보수주의 진영은 분권화된 연방국가를 지지했던 반면에, 사회주의 진영은 집권적인 단방국가를 선호했다.

3) 민족적 자유주의 진영은 이데올로기의 모호성과 사회적 이질성이 높아 보수적 카톨릭주의 진영과 사회주의 진영에 비해 상대적으로 정치적 응집력이 약했으며 따라서 단일 통일된 정당을 결성할 수 없었다.

재체제를 수립했고 오스트리아는 1938년 히틀러에 의해 독일에 합병되어 나치통치를 받는 등 일대 국가적 파국으로 이어졌다.

요컨대 오스트리아의 제1공화국은 보수적 카톨릭 진영, 사회주의 진영, 범게르만주의 진영 사이에 이념적 균열과 이에 따르는 제로섬적인 정치적 갈등이 첨예화되었으며 이로 야기된 국가 소멸이라는 파국과 공멸을 경험하게 된다. 결국 제1공화국의 정치문화는 진영라인에 따라 심각한 분절적 양상을 연출하여 국가와 민주주의를 파괴시켰다.

2) 정당정치의 갈등과 협력

제2차 세계대전 종식과 함께 출범한 제2공화국 시대의 오스트리아정치는 제1공화국정치의 실패와는 큰 대조를 보였다. 정치적으로 안정되었을 뿐만 아니라 경제적으로도 번영을 구가하면서 정치적·사회적 협력체제가 구축된 것이다.

물론 제2차 세계대전 종식과 함께 수립된 제2공화국 초기의 사회경제와 정치는 제1공화국 때와 크게 다르지 않았다. 오스트리아 시민사회와 정치사회의 '진영의식'(*Lager* mentality)과 분열은 지속되었다. 1950년대에 'black'(보수적 카톨릭) 오스트리아인들과 'red'(사회주의) 오스트리아인들 간에는 적대감의 골이 깊었다. 사회생활을 지배했던 모든 시민단체들의 기능간에 정체성의 차이가 여전했다. 진영으로부터 자유로운 어떤 독립된 생활은 없었다. 진영 내부에는 여전히 다른 진영에 대한 강한 적대감이 팽배했다(Powell, 1970: 138). 이에 따라 정치는 여전히 선·악 세력 간의 투쟁으로 인식되었다. 오스트리아 발전을 공동으로 책임지고 있는 연정 내각에서 2개의 주요 진영은 여전히 이분법적인 사회관을 견지하고 있었다. 과거 진영의식과 정서의 고식적 틀이 여전히 사회에 작용하고 있었기 때문에 진영을 대표하는 정당들과 정치엘리트들은 자신들이 속한 진영을 대표하면서 비타협적인 격렬한 갈등과 대립 양상을 연출했다.

1945년 이후 몇 년간에 활동했던 중요한 정치 지도자들은 사회주의 진영

(종전 이후 개명된 사회당 Sozialistische Partei Österreichs: SPÖ)과 카톨릭보수주의 진영(종전 이후 개명된 국민당(Österreichische Volkspartei: ÖVP)의 엘리트들이었다. 공산주의 진영은 별로 주목을 받지 못했다. 소련이 오스트리아를 무력에 의해 마르크스·레닌주의를 이식시키려는 야망을 포기하자 공산당(KPÖ)이 1945년에 누렸던 영향력은 과거사가 되었다. 공산당은 독자적으로 하나의 진영을 구축할 정도로 강력하지 못했다. 사회당이 정치적 좌파를 사실상 독점하고 있었다. 왜냐하면 사회민주주의자들은 지난 몇 십 년 간 지속되었던 오스트리아제국 및 제1공화국의 모든 구조와 조직을 추스려 자신들의 진영을 다시 구축할 수 있었기 때문이다. 특히 사회주의 단체들은 아동 보살핌에서부터 사회주의식 장례를 치러주는 일에 이르기까지 모든 사회적 역할을 수행했다. 그리고 범게르만 진영은 마비되었다. 나치정권과 동일시할 만한 충분한 근거를 가졌고 1920~33년에 기독교사회주의의 연정파트너였던 범게르만진영은 정치적으로 소멸되었다.

1차 세계대전에 의해 이미 유럽의 대제국으로부터 약소국의 지위로 전락한 오스트리아의 경제 또한 여전히 불균형적인 산업구조를 유지하는 경제 소국으로 남아 있었다. 나치통치 기간 상당한 정도의 산업화를 경험했지만 산업투자는 전쟁물자를 조달하려는 나치독일의 필요에 따르는 것이었다. 이런 경제적 어려움 속에서 정당들은 대결과 갈등을 전개해 갔다.

그러나 종전 이후 오스트리아에서는 아직 상호간 적대적인 정치적 하위문화가 뿌리깊이 남아 있는 가운데 분절된 세 진영 사이에 공존하고 상생하려는 기운이 감지되고 있었다. 그 단적인 증거로 제2공화국은 제1공화국 수립에 참여했던 사회당과 국민당 등에 의해 디자인되었고 제1공화국 헌법에 입각하여 동일한 정치구조를 계승했다. 이러한 분위기는 분명 하나의 역설적인 현상이었다. 세 진영을 대표하는 정치세력들은 제로섬적인 대결과 갈등을 지속했던 제1공화국과는 달리 제2공화국 수립과정에서는 갈등과 대립 속에서도 협력적인 정향을 연출하였다(Luther and Müller, 1992: 9). 정치엘리트들이 이러한 정치타협을 시도할 수 있었던 까닭은 우선 가장 유력한 국민당과 사회당이 전체 투표의 90% 정도를 점유하여 두 정당 중 어떤 정당도 절대다수의 지지를 확보하지 못한 팽팽한 세력균형이 1945~66년까지 지속되었다는 데 있다. 진영에 의해 분할된 사회정치적 대립구도에 따라 형성된 이 같은 세력균형이 정당들 간의 타협을 불가피하게 했다.

둘째, 타협적인 온건한 중도세력이 각 정당의 통제력을 장악할 수 있었으며 정파를 달리한 각 정치세력들이 나치통치 기간(1938~1945) 동안 수감생활을 하면서 독립국 건설이라는 동질적인 이해관계를 공유할 수 있었다. 뿐만 아니라 자본과 농민의 이익을 대표하는 국민당과 노동의 이익을 대표하는 사회당 간의 정치적 협력은 사회당 내부의 변화에 힘입은 바 있다. 종전 이후 사회당의 재건을 주도했던 렌너(Karl Renner)는 과거 혁명적 계급투쟁론에 입각한 비타협적 노선을 지양하고 실용적 타협노선으로 당을 이끌어 갔다. 특히 그는 당면한 국가적 위기와 경제적 위기를 극복하기 위해서 자본세력을 대표하는 보수주의적 국민당과의 정치적 타협을 적극적으로 모색했다(Sully, 1982: 96-98). 이 같은 사회당의 정치적 타협노선은 국민당은 물론이고 심지어 공산당까지도 참여를 허용하는 대연정 임시정부의 구성을 가능케 했던 결정적인 요인이었다.

셋째, 감당키 어려운 전쟁배상금 부담을 강제 받았던 제1공화국에서와는 달리 전승국들은 종전이후 오스트리아의 제2공화국에게는 전쟁배상금을 부과하지 않았다. 오히려 유럽의 전후복구를 위한 미국의 마셜플랜은 전쟁으로 피폐된 오스트리아 경제를 재건시키는 데에 큰 도움을 주었다. 따라서 제1공화국 때와는 달리 정당들은 경제적 고통분담 문제를 둘러싼 격돌을 피할 수 있었다.

넷째, 종전 이후 10년 간에 걸친 연합국 군대에 의한 분할점령은 오스트리아의 주권과 영토보전을 심각하게 위협했다. 이러한 사태는 오스트리아 국민에게 점령군 철수를 통한 독립국 수립이라는 절실한 공동 목표의식을 각인시켰을 뿐만 아니라 정당들에게는 이념과 정파를 초월하여 연합전선을 펴 군사점령에 대응케 했다. 말하자면 전승 4개국(미국, 영국, 프랑스, 소련)에 의한 분할점령이 초래한 국가적 위기의식이 이념을 달리한 세 진영을 대표한 정당들 간의 협력과 타협의 동기를 제공한 것이다. 제1공화국 하에서 전개된 세 진영간의 제로섬적인 대립과 갈등이 초래한 파국과 공멸이라는 뼈저린 역사적 경험을 했던 정당들은 국토분할이 자칫 국가 자체의 소멸로 귀결될지도 모르는 절박한 상황에서 제휴와 협력전략을 선택한 것이다.

2. 합의제 정치의 제도화

1) 대연정과 사회적 합의제

오스트리아에서 정치엘리트들의 이러한 협력전략은 합의제 민주주의에 입각한 정치체제를 등장시키는 데 결정적인 기여를 했다. 사회와 정치가 정치적 하위문화로 인해 정치적 경직성과 불안정이 예상되는 분절된 상황에서 정치를 안정시켜야 되겠다는 정치엘리트들의 협력적 의지와 능력이 당시 오스트리아가 직면하고 있었던 정치적 위기에 대응하기 위한 합의제 정치(consensual politics)를 작동시킨 동력이 된 것이다. 특히 전승 4개국에 의한 분할점령이라는 국가적 위기에 직면하여 사회당과 국민당은 이념적 스펙트럼의 차이에도 불구하고 권력분점·공유에 기초한 '대연정 연방정부'(grand coalition federal government)의 출범에 합의한 것이다. 양당은 엄격한 비례성(proportionality)의 원칙에 따라 대연립정부를 구성했다. 이 대연정은 1955년 소련 군대가 오스트리아로부터 완전 철수하여 독립 주권국가의 위상을 확보한 뒤에도 11년 동안 더 지속되었다. 말하자면 1945에 출범한 오스트리아의 대연정은 1966년의 선거에서 국민당이 절대 다수 의석을 확보하고 독자적 정부를 수립함에 따라 비로소 종식되었다. 그 후 국민당의 단독정권은 4년만에 막을 내리고 1970년 이후 줄곧 크라이스키(Bruno Kreisky)가 이끌고 있었던 사회당정권이 1983년까지 지배했다. 이에 따라 17년(1966~83) 간에 걸쳐 오스트리아에는 내각차원에서 일시적으로 슘피터민주주의(Schumpeterian democracy)식 경쟁이 나타나기도 했다.[4] 그러나 1983~87에는 사회당과 자유당의 연립정부가 수립되었다.

대연정의 기본 원칙은 연정의 각 파트너가 정부의 모든 혜택을 비례적으로 공유해야 한다는 점이다(Rose, 2000: 31). 특히 비례성 원칙은 내각 각료직 배분에 적용되었다. 그리고 주와 지방정치가 지속적으로 대연정의 모델을 따랐고 주의 내각도 비례대표 원칙에 따라 구성되었다. 따라서 모든 주요 정당들은 의회뿐만 아니라 내각에도 참여했다. 지방 수준에서 시 당국(Municipalities)도 대체로 같은 모델을 활용한다.

한편, 오스트리아에서 사회 및 경제정책 결정은 합의제 민주주의의 주요 요소인 사회적 합의주의 시스템에 의해 이루어졌다. 다시 말하면 경제정책은 대연정과 사회적 파트너, 즉 법적으로 공인된 독점적 대표권을 갖는 경영·산업·전문직·노동·농업 결사체들과 긴밀한 협상을 통해 결정, 집행되었다. 오스트리아에서는 1957년 노동·자본·정부의 대표가 참여하는 '임금 및 물가 균등대표위원회'(the Parity Commission for Wages and Prices)라는 사회적 합의기구가 수립되어 경제운영의 기본 메커니즘으로 작동하였다(Traxler, 1998: 240-241). 이 기구는 임금 및 물가의 책정은 물론이고 사회·경제정책 전반에 걸쳐 강력한 영향력을 행사했다. 특히 임금의 경우 위원회가 임금 가이드라인을 책정하면 중간단위의 협약위원회 및 기업별 노조는 사용자측과 자율적으로 성과에 따라 임금을 인상, 조정한다. 이는 단체협약의 분권화를 의미한다. 오스트리아는 1980년대 이후 세계화의 충격으로 국영기업의 민영화, 긴축정책 등 변화를 겪어 왔지만 사회적 합의주의 시스템은 중앙집중화된 조정, 단체협약의 분권화 등 기존의 틀을 대체로 그대로 유지하고 있다(Kittel, 2000: 125). 오히려 직업훈련, 노동시간 단축, 지역경제 구조조정 등 공급측면에서는 사회적 합의주의 시스템이 더욱 강화되고 있다(Traxler, 1995: 279-281).

오스트리아 사회적 합의주의 시스템의 작동은 몇 가지 구조적 조건, 정치경제적 주체의 전략적 선택, 제도적 장치에 연유한다(Traxler, 1998: 245-258). 우선 의무적 회원제이다. 즉 노동을 대표하는 노동회의소와 자본을 대표하는 자본회의소가 있는데 근로자와 사업주는 모두 조직에 의무적·자동적인 회

4) 이 기간에 집권당은 총 유효투표의 51% 이상을 획득하지 못했으나 사회당과 국민당은 합산하여 평균 총 유효투표의 92%의 지지를 얻었다.

원이 된다. 모든 회원은 조직에 회비를 납부해야 하며 이러한 강제성은 조직의 대표성을 보장해 준다. 둘째, 노동운동의 강력한 조직력이다. 오스트리아 노동조합총동맹(ÖGB)은 산하 16개 산업별 노동조합을 거느린 단일 정상조직으로서 강력한 수직적 산업별 조직체계를 구축하였다. 노동 및 자본의 중앙 조직은 내부의 조정과정을 거쳐 협상에 임하기 때문에 타협의 가능성은 높아진다. 이처럼 독점적 대표권을 행사하는 노동과 자본이 밀접한 협상관계를 통해 국가의 정책방향에 결정적인 영향을 미친다. 셋째, 정당 차원에서 노동과 자본을 대변할 수 있는 사회당과 국민당이 전후 오스트리아 정치를 지배하면서 정치적 타협에 의한 대연정을 수립하였다. 양당이 각기 정통사회주의 노선과 정통자유주의 노선을 포기하고 케인즈주의에 입각한 경제운용과 사회조정을 통해 계급타협을 시도했다(Müller, 1993: 453-454). 이는 노동과 자본 간의 사회적 타협을 제도화한 정치적 배경이 되었다. 동시에 오스트리아의 정당들은 강력한 조직력을 갖는 이익집단들과 긴밀한 정책적 협력체제를 구축하고 있다. 예컨대 ÖGB와 사민당은 재정적·인적·조직적인 긴밀한 협력체제를 구축하는데 사민당이 집권하는 경우 노조 간부와 당의 간부가 각료 및 의원에서 중복되는 경우가 많다. 이렇게 강력한 조직력과 정치력을 갖는 오스트리아의 노조는 지속적 성장이 고용확대의 관건이라는 인식에서 자발적인 임금억제 전략을 선택했다. 넷째, 국가는 정책결정 과정에서 주도적 역할을 수행하지 않고 '중립적 중재자' 역할 수준에 머문다. 아울러 국가는 노조의 자발적 임금억제에 따른 경제적 손실과 노조별 임금격차를, 사회복지의 지속적인 확충을 통한 사회적 소득의 확대를 통해 보전해 주고 ÖGB가 국가의 사회 및 경제정책의 입안과 집행 과정에서 강력한 영향력을 행사할 수 있는 공시적 채널을 보장해 준다. 마지막으로 만장일치의 결정제도이다. 이는 노동회의소와 자본회의소의 내부의 결정뿐만 아니라 특히 노동과 자본이 협상하는 모든 경제사회문제에 관한 의사결정 과정에서 적용된다. 이러한 만장일치제는 결정과정에서 모든 대표가 비토권을 행사하는 등 많은 시간과 노력이 소요되지만 일단 결정된 내용은 상대적으로 충실하게 실행될 수 있다는 장점이 있다.

2) 합의제 정치의 특성

가장 모범적인 사례로 평가되고 있는 오스트리아 제2공화국의 합의제 정치는 몇 가지 특성을 갖는다(Luther and Müller, 1992: 10-11; Pelinka, 2002: 141-145). 첫째, '진영의식'을 공유하는 분절된 '정치적 하위문화'가 존재했지만 각 '진영'이 치열한 갈등 상태로 대결하면 파국과 공멸이라는 인식이 확산되었다. 따라서 세 '진영'은 당파적 결속과 안정된 투표행태를 보이면서도 역설적으로 고도의 정치통합을 유지하려 노력했다.

둘째, 1966년까지 지속되었던 대연정을 이루었던 정부와 의회가 준수했던 규칙은 제로섬적인 논리가 아니었다. 다수결의 원칙이 존재하지 않았고 선거승리는 의회구성에 직접적인 영향을 미치지 않았으며 선거는 다른 자유민주주의 국가들처럼 정치시장의 경쟁적 절차가 아니었다. 정부와 의회는 두 정당(ÖVP와 SPÖ) 공동의 통제를 받으면서 비경제적인 모든 문제를 지배했다.

셋째, 정당명부식 비례선거제도로 다당제가 출현했으나 실제로 정당체제는 보수 성향의 국민당과 진보 성향의 사회당이라는 두 거대 정당들에 의해 연정 또는 단독 정권이 수립되었다. 이들 양대정당은 이념적으로 상이한 각 '진영'에 뿌리를 두고 있으나 갈등적인 '경쟁정치'(competitive politics)보다는 상호 협력적이고 타협적인 행동 패턴에 기초한 '화합정치'(accommodative politics)를 실현했다. 오스트리아의 이러한 합의제 정치는 엘리트들의 정치적 학습의 소산이다. 국민당을 조직했던 카톨릭 보수세력과 사회당을 결성했던 사민주의 세력의 상층 지도부는 역지사지의 관용과 포용으로 상대방을 바라보았다. 무제한으로 경쟁을 하는 대신에 그들의 정책 접근 태도는 협력적이었다. 국민당과 사회당의 공조와 협력이야말로 나치 경험을 청산하는 오스트리아의 애국적인 해법이었고 공산주의 위협에 대처한 유일한 대안이었다. 이러한 공조와 연대가 없었다면 극심한 정치적 혼란, 독재, 점령군 지배가 발생했을 것이다. 바로 이 점이야말로 두 정당이 특히 자신의 당원과 국민에게 전달하고자 했던 강력한 정치적 메시지였다.

넷째, 산업관계, 사회·경제정책과 관련된 법령의 발의, 제정, 집행 등의 주제를 포괄한 사회합의주의적 의사결정 과정은 다수결 원칙을 폐지하고 상호 비토권을 인정하여 자본과 노동의 타협을 불가피하게 했다. 따라서 노동과 자본 간의 제로섬 게임은 존재하지 않았다.

그런데 합의제 정치와 사회적 합의주의 시스템은 정당과 경제적 이익집단의 융합에 의해 작동되었다. 정치적 의사결정은 정치적 인물들의 정체성에 따라 이뤄졌다. 즉 두 개의 진영은 정당뿐만 아니라 경제적 이익단체를 통제했다. 사회적 합의주의 차원에서 제기되는 중요한 안건들이 정당들의 통제를 받았으며 정부 수준의 모든 중요한 의견 또한 경제적 이익단체들의 통제를 받았다. 이러한 정치적 의사결정의 동시성은 구조적(제도적)·인적 차원에서 나타났다. 구조적 측면은 정치적 소수파로부터 제기되는 모든 입법초안을 평가하기 위해 주요 모든 이익단체들을 의회 상정 이전 단계의 법안조율 과정에 공식적으로 참여시켰다는 점이다. 무엇보다도 정당들과 이익그룹을 연계하는 인적 중복을 통하여 주요 이익그룹의 의사결정 과정에 주요 정당의 인사를 참여시키거나 또는 주요 정당의 의사결정 과정에 이익그룹의 대표를 참여시켰다. 이 같은 구조적·인적 연계는 합의제 민주주의 시스템과 사회적 합의주의 시스템이 유기적 연계 속에서 작동하도록 했다.

연방 수준에서 사회적 합의주의 시스템은 1966년 첫 대연정이 붕괴된 이후 그 중요성을 더해 갔다. 오스트리아 제2공화국의 첫 일당 내각에서 수상, ÖGB의 총재, 사회당의 대표들은 비공식 접촉을 통해 의견교환과 정책문제에 관한 합의를 끌어냈다. 비록 공식적 정부 수준에서는 웨스트민스터 모델식 대결정치가 대연정을 대체하고 사회당이 전통적인 야당처럼 활동했지만 국민당 정부의 수상과 사회당이 지배하는 노동연맹 지도자 간의 협의적 연계가 작동했다. 특히 1966~87년에 사회적 합의주의 시스템의 중요성은 노동법의 역사에 의해 설명된다. 그 법안은 헌법개정을 포함하고 있지 않아 의회에서 2/3의 다수 찬성이 필요 없었다. 당시에 사회당은 하원에서 전반적인 과반수를 차지하고 있었기 때문에 적어도 이론적으로는 다른 정당과 타협할 필요 없이 그 법안을 통과시키는 데 문제가 없었을 것이다. 그러나 사회당과 국민당은 강령적으로 '균등의 공동결정'(parity co-determination) 개념에 집착했다. 그 '균등의 공동결정'은 노동의 대표들에게 모든 기업의 이사회의 50%통제권을 부여한다는 것을 의미했다. 사회당은 의회에서 '균등의 공동결정' 원칙을 밀어붙이려 하지 않고 대신에 사용자단체들과 합의를 도출해내려고 노력했다. 이사회에서 노동에게 이사의 1/3에 상당한 대표권을 부여하고 추가적인 제한 조치들을 포함하는 타협안에 도달한 후 비로소 그 법안은 야당이었던 국민당의 지지를 얻어 의회에서 통과되었다.

합의제 민주주의와 사회적 합의주의 간에는 차이가 존재하지만 동시에 몇 가지 중요한 유사점도 존재한다. 양자는 '타협문화'(culture of compromise)를 공유한다. 두 시스템에서 엘리트들은 갈등과 대립보다는 협력과 타협이 상생의 게임으로 이어질 수 있으며 전체가 부분의 총화 이상이 되는 시너지 효과를 창출할 수 있는 것으로 이해한다. 합의제 민주주의 시스템과 사회적 합의주의 시스템은 개념적 친화성(conceptual affinity)을 갖는다. 바꿔 말하면 양자간에 구조적 유질동상(structural isomorphism)이 존재한다(Lehmbruch, 1979: 59). 사회적 합의주의 시스템과 합의제 민주주의 시스템은 모두 권위주의적·다수결주의적 의사결정 양식보다는 협력적·타협적 의사결정 양식을 지향하는 엘리트들의 성향을 필요로 한다(McRae, 1979: 520). 사실 경험적으로 사회적 합의주의 시스템과 합의제 민주주의는 동시에 발생했다. 오스트리아가 단일 정당에 의해 통치되었던 1966~83년에 합의와 타협의 정치는 지속되었다. 다만 그러한 정치는 정당영역으로부터 이익그룹의 영역으로 이동했을 뿐이다.

다섯째, 오스트리아의 합의제 정치는 탄력성과 유연성이라는 특징을 가졌다. 고위 정치인들은 의사결정을 정부 수준에서 사회적 합의주의로, 그리고 다시 정부로 변화시킬 수 있었다. 그들은 의회와 의회 이전 단계를 조합할 수 있었다. 다시 말하면 그들은 사회의 다양한 기대와 욕구를 충족시킬 수 있는 의회민주주의, 그리고 계급투쟁을 완화시킬 수 있는 사회적 합의주의라는 두 세계관을 견지했다. 이로써 오스트리아는 이렇다할 파업이 없고 광범위한 합의 속에서 사회적 평화를 견지했다. 따라서 오스트리아는 '축복의 섬'(island of the blessed)으로 불리어져도 손색이 없었다(Luther and Müller, 1992: 8).

여섯째, 합의제 정치와 사회합의주의정치가 크게 확대되어 정부의 공식적인 주요 역할은 정부 기구 밖에서 이루어지는 다양한 의사결정들을 단순히 인가하는 수준으로 축소되었다.

일곱째, 오스트리아 사회적 합의주의 시스템은 경제정책에 대한 접근이 특이했다. 그것은 수요중심과 공급중심의 경제조치들이 혼합되어 있는 '오스트리아 케인즈주의'(Austro-Keynesianism)로 지칭되었다. 오스트리아 케인즈주의의 주요 목적은 건강한 시장경제를 통해 경제효율성을 보장할 뿐만 아니라 그 혜택과 비용이 모든 계층에게 보다 공정하게 분배되는 사회적 형평성을 실현하는 데 있었다.

마지막으로 오스트리아 합의제 정치는 총론적으로는 대외관계의 성격 때문에, 각론적으로는 경제적 · 안보적 이유에 의해서 촉진되었다. 이는 국내정치와 대외정치의 상호 의존관계를 의미하는 것이다. 국내 협력정치에 참여하려는 정치엘리트들의 의지는 전승 4개국에 의한 분할점령이라는 대외적인 안보위협에 의해 강화되었다. 동시에 오스트리아의 높은 무역의존도는 국내 사회적 합의주의 시스템을 유도하는 주요 변수로 작용했다. 서유럽 소국들 중 하나인 오스트리아는 협소한 국내 시장의 한계를 극복하고자 일찍이 자유무역을 포함한 대외 시장개방 정책을 채택했다. 오스트리아 사회적 합의주의 시스템은 이러한 대외 의존경제에 따르는 국내 사회경제적 충격과 도전을 슬기롭게 흡수, 관리하기 위한 대응이었다.

3. 정치적 동력화

1) 합의제 정치의 성공과 '자기잠식'

오스트리아 제2공화국의 합의제 정치는 오스트리아 헌법에 의거한 것이 아니다. 1945년 직후 오스트리아 헌법은 합의제 정치라고 불려질 수 없는 제1공화국의 헌법과 유사했다. 오스트리아 합의제 정치는 권위주의와 전체주의 통치가 절정기를 지난 후에 발전된 특수한 정치문화의 소산이다.

오스트리아 합의제 정치는 자유민주주의의 경쟁성을 완화하기 위한 일련의 제도와 절차일 뿐만 아니라 오랫동안 각 이념적 진영이 간직해 온 장미빛 기대와 환상을 완화 및 철회하는 기회를 제공했다. 사민주의자들에게 권력분점·공유는 불가피하게 사회주의 기대의 한계를 수용하는 계기가 되었다. 비토권을 가진 카톨릭보수주의자와 연정을 맺었던 사회당은 진정한 민주적 사회주의 이념을 실행하는 것이 불가능하다는 사실을 인정해야 했다. 그들에게 오스트리아 마르크스주의는 희석되어야 했다. 동시에 국민당이 사민주의자들을 영원한 파트너로 수용했다는 것은 카톨릭보수주의자들이 기독교 오스트리아에 관해 품었던 기대와 환상을 불식했음을 의미한다.

이념적 기대를 줄이고 환상을 불식함으로써 정치지도자들은 오스트리아 국민들로 하여금 현실을 이해하고 적응하도록 하는 조치들을 취했다. 따라서 그들의 정치적 고객과 투표자들은 정치지도자들의 이러한 조치를 선뜻 이해하지 못했다. 1945년까지는 물론이고 그 후 몇 년까지 투표자들은 과거 진영의식과 신념, 그리고 선·악의 2분법적 인식 틀을 고수했다. 그러나 몇 십 년간 권력분점·공유 시스템을 작동시킨 후 진정한 사회주의 또는 진정한 기독교적인 사회의 실현을 신봉한 사람은 아무도 없게 되었다. 이는 오스트리아 합의제 정치가 이념을 현실과 조화시키는 데 기여했음을 시사한다.

그러나 바로 그것은 오스트리아 합의제 정치가 요동치기 시작한 순간이라는 역설을 잉태한 것이다. 합의제 정치의 전제조건이 합의제 정치의 성공에 의해 소멸된 것이다. 이는 그동안 합의제 정치의 성공적 작동으로 사회적 분열과 정치적 갈등이 크게 완화되었음을 의미한다. 이질적이고 고식적인 진영의식의 이분법적 경직성이 사라진 것이다. 사민주의는 카톨릭보수주의에 대해 가졌던 부정적인 이미지를 희석시켰고 카톨릭보수주의도 사민주의에 대해 품었던 부정적 인식을 불식했다. 두 세력은 과거와는 달리 상대방을 별로 두려운 존재로 보지 않게 된 것이다.

이처럼 진영의식의 두꺼운 벽을 붕괴시키는 요인은 젊은 세대의 태도와 행동이었는데 이는 1980년대 이후 오스트리아에서 발생했던 중요한 사회변화이다. 젊은 세대는 과거 두 적대적인 진영의식이 이제 더 이상 정치적 현실에 부합되지 않는다는 사실을 인식하고 진영으로부터 발길을 돌리기 시작한 것이다. 그들에게 전통적 균열라인에 따르는 분열은 과거 역사에 불과했다. 이런 맥락에서 오스트리아 합의제 정치는 일종에 '성공에 의한 자기 잠식'(self-elimination by success)의 역사이다. 엘리트 그룹이 사회적 균열에 따르는 과거의 심각한 사고와 인식의 갭을 불식하는 가교를 성공적으로 만들어 이제 그 갭이 사라진 것이다. 그러한 갭을 제거함에 따라 엘리트들은 결과적으로 자신들의 권력기반을 무너뜨리는 셈이 되었다. 과거 진영의 원인이었던 사회적 균열은 소멸되었고 따라서 진영도 같은 운명이 되었다. 말하자면 오스트리아 합의제 정치가 작동할 수 있는 전제조건이 사라진 것이다.

2) 투표성향 및 정당지형의 변화

2004년 10월 3일 하원의 선거는 선거결과에 결정적인 영향을 미치는 사회적 변수가 무엇인가를 보여 준 사건이었다. 가장 가시적이고 결정적인 변수는 세대, 교육(직업), 성이었다. 세대, 교육, 성 등의 갭은 1980년대 말부터 이미 가시화되어 정치체제의 사회적 환경에 중대한 변화를 가져오는 요인으로 나타났다. 먼저 세대는 오스트리아 정치사회를 거의 완전히 다르게 변화시켜 놓았다. 세대교체가 선거유동성을 극적으로 증대시키는 데 중요한 역할을 한 것이다. 전통적인 두 개의 주요 진영인 사민당(1994년 사회당이 개명되었음)과 국민당은 여전히 구세대에 대해서는 압도적인 지지를 획득하고 있다. 제3의 전통적 정당인 자유당(Freiheitliche Partei Österreichs: FPÖ), 그리고 두 개의 비전통적인 신생 정당인 녹색당(Greens)과 자유포럼(Liberal Forum: LIF)은 젊은 유권자들로부터 주목할만한 지지를 받고 있다. 정치적 변형 시기인 1990년대에 정치적 태도는 세대 갭, 전통적인 진영 정당에 대한 지지 고수로 인한 균열, 그리고 보다 유동성을 보이는 새로운 지지 유형 등에 의하여 확연히 구분되었다.

이러한 균열은 진영의 종언을 의미한다. 1880년대부터 시작하여 약 1백년 동안 오스트리아의 진영을 대표하는 정당들은 각각 진영 경계 내에서 정치적 충성을 동원할 수 있었다. 오스트리아 시민은 보통 특정 진영 내에서 태어나 이에 거주하며 진영 정체성과 충성심을 다음 세대에게 전승했다. 한 진영에서 태어난다는 것은 하나의 정치적 사회화(political socialization)를 의미했다. 즉 청년그룹, 문화단체, 교육프로그램, 여가활동 등을 통하여 한 개인은 이 진영에 완전히 구속된다. 한 개인은 정치적 카톨릭주의, 즉 기독교보수주의를 상징하는 '흑색'(black)진영, 사회민주주의를 상징하는 '적색'(red)진영, 1930년대 범게르만을 상징하는 '청색'(blue)진영 중의 하나에 귀속되었다.

그러나 1990년대에 들어 이러한 진영의식이 희석되기 시작했다. 물론 과거 1930년대에도 이러한 진영의식의 단절이 발생했다. 즉 오스트리아 나치당은 전통적인 범게르만 진영을 훨씬 앞지르는 유권자들로부터 지지를 받았다. 1938년 전까지도 오스트리아 나치당은 전통적인 기독교사회주의, 전통적인 사민주의 유권자의 지지를 받아 대중정당이 되는 데 성공했다. 그러나 이보다는 1980년대부터 사민당과 국민당 등 두 개의 주요 거대 정당의 득표력은 하락한 반면에 자유당, 녹색당, 자유포럼(LIF) 등의 득표력은 점점 상승세를 타기 시작했다. 이는 기존 일반 유권자들이 사민당과 국민당에 등을 돌리는 데서 연유하기보다는 <표 8-1>에서 보는 바와 같이 주로 자신들이 태어난 진영 경계 내에 머물러 있는 데에 대해 만족하지 못하고 자유당, 녹색당, 자유포럼 등으로 이동한 젊은 유권자들 때문에 발생한 현상이다.

〈표 8-1〉 2004년 총선에서 연령집단별 투표행태(%)

	사민당	자유당	국민당	녹색당	자유포럼
30세 이하	25	35	17	13	4
30-44 세	32	29	23	8	4
45-59 세	35	21	32	5	4
60-69 세	39	25	31	1	2
70세 이상	39	25	31	2	0

N=2,200
출처: Plasser & Ulram, 2004: 32

이러한 현상이 자유민주주의의 조건 하에서 발생했기 때문에 그것은 오스트리아 나치당 등장의 원인이 되었던 세대 갭과는 다른 의미를 갖는다. 1980~90년대뿐만 아니라 1930년대에도 사회주의 진영과 기독교보수주의 진영은 공히 자신 진영의 정치적 사회화에 대한 통제력을 상실했다. 그러나 1980~90년대의 이런 현상은 1930년대처럼 정치적 불안정의 부산물일 수 없다. 오히려 그것은 오스트리아 제2공화국이 누렸던 정치적 안정과 관련하여 봐야 한다. 두 개의 주요 정당을 떠나가는 젊은 세대의 정치적 경향은 정치적 불안정이 아니라 정치적 안정감에 연유한 것이다. 현재 그들은 1930년대의 나치당과 같은 전투적인 구조를 가진 전체주의 정당으로 이동한 것이 아니다. 그들은 진영의 경직되고 규율 엄격한 조직을 회상케 하는 조직과 구조와 문화를 갖지 않는 정당인 녹색당이나 자유포럼 그리고 정치적 충원에 있어 중요한 범게르만 진영의 유산을 가진 전통적 정당인 자유당에 매력을 느끼고 있다.

사실은 젊은 세대가 동일한 유형의 정당에 가입하기 위해 전통적인 주요 정당을 떠나가는 것이 아니다. 점점 많은 젊은 세대가 전통적인 정당구조와 이념적 진영에 의해 효과적으로 사회화되지 못하고 있다. 그들은 전통적인 정당들에 결코 귀속되지 않았고 지금은 한 정당에 고정된 투표를 던지지 않는 등 훨씬 느슨한 연대를 선호하고 있음을 보여 주고 있다. 젊은 유권자들은 아주 유연하고 구 세대보다 훨씬 더 쉽게 정당가입을 바꾸며 지지투표를 평생결정으로 보지 않고 정치이슈에 따라 수시로 바꾸는 경향을 보인다.

젊은 세대의 정치적 행태는 정치적 양극화(political polarization)의 과정으로 볼 수 있다. 상당한 수의 젊은 유권자들이 선호하는 정당은 사민당과 국민당보다 중도적 성향에 있어 떨어진 정당들이다. 오스트리아 유권자들은 녹색당을 가장 좌파적인 정당으로, 자유당을 가장 우파적으로 인식하고 있는데 이들 정당을 선호하는 젊은 유권자들의 투표 성향은 양극화되었거나 양극화되어 가는 현상을 보인다. 이는 교육 차이와 관련하여 볼 수 있다. 수십 년 동안 계급과 교육 간의 상관관계에 관한 전통적인 시각에서 보면 교육은 중요한 선거 변수로 작용한다. 즉 고등교육을 받은 유권자들은 그들의 부르주아

배경 때문에 중도 우파정당인 국민당에 대해 상당히 선호하는 경향을 보인 반면에, 상대적으로 교육 수준이 낮은 유권자들은 비부르주아적 배경으로 인해 중도 좌파정당인 사민당에게 투표한다. 이런 현상은 구세대 유권자들에서는 여전히 지속되고 있는 것이 사실이다. 그러나 이런 현상은 젊은 세대에게는 이제 더 이상 나타나고 있지 않다.

젊은 세대의 유권자들에서 좌·우파 차원은 완전히 뒤바뀌졌다. 즉 <표 8-2>에서 알 수 있듯이 고등 교육을 받은 유권자들은 압도적으로 자유포럼과 녹색당(또는 사민당과 국민당의 좌파성향을 가진 인물)을 지지하는 반면에, 교육수준이 낮은 유권자들은 오스트리아의 정당들 중 가장 우파정당으로 볼 수 있는 자유당을 압도적으로 지지한다. 학력 차이를 세대 차이와 상호 연계시키면 그 차이는 훨씬 중요한 의미를 지닌다. 블루칼라 유권자들은 사민당보다 자유당을, 그리고 고등교육을 받은 젊은 유권자들은 자유포럼과 녹색당을 각각 더 선호한다. 이러한 맥락은 고등교육 수준이 이제 더 이상 중도우파적인 성향의 투표와 상관성이 없으며 교육수준이 낮은 유권자, 특히 블루칼라 유권자의 경우 더 이상 중도좌파 성향의 투표와 상관성이 없음을 의미한다.

〈표 8-2〉 2004년 총선에서 교육수준별 투표행태(%)

	사민당	자유당	국민당	녹색당	자유포럼
초등교육	21	16	18	3	3
직업교육	49	55	41	29	24
고등교육	30	30	41	68	73

N=2,200
출처: Plasser & Ulram, 2004: 39

교육 수준과 좌·우 성향 간의 전통적인 조응이 깨진 것은 블루칼라층의 투표행태를 분석해 보면 알 수 있다. 교육 수준의 차이는 사회현대화의 지표로 해석되고 있다. 미국에서조차 블루칼라 노동자들이 권위주의를 선호하는 경향이 관찰되었다. 사실 노동계급 유권자의 상당수가 전통적인 좌파정당이 아니라 우파정당, 특히 온건 우파정당보다는 권위주의적 우파정당에게 투표하는 경향이 오스트리아에서보다는 다른 서유럽 민주주의국가들(예컨대 프랑스와 스위스)에서 더 일찍 감지되었다. 노동투표는 좌파정당을 선호하는 경향이 있다는 전통적인 인식은 미국과 서유럽 국가에서 이미 수정 된지 오래 되었다. 이러한 투표성향의 반전의 추세는 오스트리아의 선거정치에서도 표출되기 시작했다.

사실 이러한 경향이 오스트리아에서도 관찰될 수 있다는 것은 그리 놀라운 일이 아니다. 오히려 놀라운 것은 이러한 경향의 발생이 오스트리아에서 아주 지연되었다는 사실이다. 그 지연은 전통적인 이념적 진영 – 특히 노동의 경우 사회주의 진영 – 이 매우 오래도록 지녔던 보존효과에 의해 설명될 수 있다. 오스트리아에서 사민주의의 힘은 블루칼라에게 노동자들이 독자적으로 요구했던 정치적·이념적 안식처를 제공했다. 그러나 그러한 안식처가 대다수의 젊은 블루칼라 노동자들에게는 이제 더 이상 정치적·이념적 보호처를 제공하지 못하고 있기 때문에 그들은 이제 자신들의 정치적·이념적 안식처가 없는 것으로 인식한다. 전통적 진영이 젊은 블루칼라 노동자들에게 정치적·이념적 안식처로서의 기능을 상실했기 때문에 그들은 다른 서유럽 국가들의 노동자처럼 우파 혹은 권위주의적 성향으로 경도되고 있는 것이다.

진영의 정치적 사회화 힘, 그리고 진영 경계 내에서 정치적 신념과 행태를 내면화시키는 진영의 능력이 쇠퇴하고 있기 때문에 사회현대화 효과가 부상하고 있다. 말하자면 이러한 쇠퇴는 사회현대화의 충격이다. 인구통계학적인 도시화 경향 및 서비스산업 지향의 경제적 경향 등이 교육의 필요성을 가중시키고 있으며 교육 및 사회적·지리적 이동성은 정치적 정체성과 충성심을 통제할 수 있는 전통적 진영의 능력을 파괴하고 있다. 오스트리아에서도 이러한 사회현대화 효과가 투표성향 및 정당지형에서 변화를 촉발하고 있는 것이다.

투표성향 및 정당지형의 변화는 남성과 여성의 정치적 태도와 관련지어 볼 수도 있다. 성별 차이의 부상도 현대화의 지표이다. 오스트리아 정치는 다른 사회적·경제적 선진 사회에서 이미 확립된 패턴에 의해 설명될 수 있다. 예전에는 오스트리아 정치에서 별로 중요한 변수가 아니었던 성별도 이제 오스트리아에 상륙했다. 남성과 여성 간의 정치적 차이에 의해 나타나는 성별 차이는 특히 자유당에 대해 중요한 변수이다. <표 8-3>에서 알 수 있듯이 오스트리아의 남성들이 자유당에 투표할 가능성은 여성보다 상당히 높게 나타난다. 1986년 이래 자유당이 정치적 상승세를 타고 있는 것도 주로 남성투표에 연유한 것이라 하겠다. 이런 점에서 자유당을 포함하는 우파적·민중주의적 정당들은 여성보다 남성에게 더 매력적인 정당으로 떠오르고 있는 것처럼 보인다. 한편, 대부분의 서유럽 나라에서 녹색당이 대표하는 후기물질주의(post-materialist)적 유형의 정당은 특히 여성에게 매력적이다. 보다 하드웨어적·물질주의적 지향의 남성 유권자와 보다 소프트웨어적인 후기물질주의적인 성향의 여성 유권자간의 서유럽식 투표성향은 마침내 오스트리아 정치에도 착륙한 것이다.

〈표 8-3〉 2004년 성별 투표행태(%)

	사민당	자유당	국민당	녹색당	자유포럼
남성	31	32	26	5	3
여성	35	21	27	9	4
성별 갭	+4	−11	+1	+4	+1

N=2,200
출처: Plasser & Ulram, 2004: 32

이와 같이 정치적 행태에서 성과 교육의 중요성이 상당히 증가하고 있고 세대 차이도 정치적으로 잠재적·현재적 폭발력을 내재하고 있다. 이처럼 세대, 교육, 성 등이 점차 정치적으로 중요한 변수가 되고 있다는 사실은 종교, 민족중심주의, 계급 등과 같은 전통적 의미의 정치적 변수들의 영향이 감소되고 있다는 것을 의미한다. 전통적인 노동운동의 정당인 사민당은 이미 젊은 블루칼라 노동자의 투표의 대부분을 잃었다. 범게르만 전통의 정당인 자유당의 상승세는 범게르만주의와 전통적인 민족중심주의에만 기인하진 않는다. 자유당의 최근 인기는 아직 잔존하는 범게르만 이념, 일반 오스트리아인의 애국심, 1986년 이래 자유당이 대표하는 민중주의적 저항 어젠더 등의 혼합에 의해 설명될 수 있다. 사민당은 구 블루칼라층 및 상당한 신 중산층의 투표를 견지해 오고 있지만 이는 전통적인 계급·계층정향의 효과로 분석될 수는 없다. 국민당의 쇠퇴는 정치적 카톨릭주의의 쇠퇴, 그리고 이에 따라 카톨릭 종교가 정치적 행태에 미치는 영향이 감소되고 있는 현상에 연유한 것이다.

4. 정치적 경쟁성 강화

1) 정당블록의 경쟁적 양극화

연정 차원에서 사민당-국민당 협력이 국민당-자유당 협력으로의 변화는 정당체제의 관점에서 어떤 의미를 갖는가? 정당체제의 변화, 특히 1986과 1993년에 각각 녹색당과 자유포럼의 의회 진출,[5] 1986년이래 자유당의 상승세 등은 '양극화된 다원주의'(polarized pluralism) 경향으로 특징지을 수 있다.[6]

그런데 정당의 심한 경쟁관계는 제로섬 성격을 보인다. 즉 한 당의 정치적 이득은 다른 정당의 정치적 손실을 의미한다. 이는 선거정치에서 한 당의 의석 획득은 다른 정당의 의석 상실을 가져오고 의회정치에서는 정당들이 연정

5) 자유포럼은 많은 사회경제적 이슈들, 특히 경제적 자유주의에 관한 한 매우 극단주의적 입장을 취했다.

6) 오스트리아는 비례대표제를 채택하고 있음에도 불구하고 세계에서 가장 높은 정당집중도를 가진 국가 중의 하나다. 이러한 비정상은 진영의식으로 불리어지는 정치문화의 특징에 의해 설명될 수 있다. 그러나 예전의 사회적 균열이 해소됨에 따라 전통적인 2.5 정당체제도 해체되고 있다. 그 대신 다당제를 하부구조로 하는 좌·우 정당블록으로 양극화되는 되는 현상이 나타나고 있다.

을 추구하지 않는 전략을 채택함에 따라 정당관계는 매우 경쟁적이 현상을 드러낸다(Dahl, 1966: 336). 선거정치와 의회정치에서 양당체제는 심한 경쟁관계로 나타나는 반면에, 다당체제는 경쟁 및 협력 관계가 표출되는 특징을 보인다.

이런 관점에서 달(Robert Dahl)은 오스트리아 사례를 조명할 수 있은 흥미로운 정당전략을 제시하고 있다(Dahl, 1966: 344). 그 하나는 다수제 정당전략이다, 즉 '심한 경쟁' 전략 하에서 야당은 의회의 다수 의석을 획득하기 위한 충분한 득표력을 통하여 단독으로 정부구성을 추구한다. 이 과정에서 정당간에 '전부 아니면 전무'(all-or-nothing) 경쟁이 전개된다. 다른 하나는 합의제 정당전략이다. 즉 야당은 추가적인 득표와 의석 획득에 목적을 두지만 의회 다수의석을 획득할 수 없다는 가정에 입각하여 연정에 참여하고 연정 협상을 통해 가능한 많은 정치적 이득 획득에 관심을 두는 전략을 선택할 수 있다. 이런 점에서 로버트 달의 접근법은 '심한 경쟁'을 연출하는 정당행태보다 권력분점·공유에 이르는 정당행태에 관심을 두고 있다. 그에 의하면 정부와 야당 간의 균열라인은 양당체제와는 달리 다당체제에서는 별로 선명하게 나타나지 않는다. 따라서 다당체제는 야당들이 합의제 전략에 동의하고 집권당은 야당과의 협력전략에 관심을 갖는 특징을 보인다. 특정 국가의 실제 정당전략은 심한 경쟁과 권력분점·공유에 기초한 협력의 연장선상의 어느 지점에 위치하고 있을 것이다.

달의 접근법에 따라 오스트리아 1999~2000년 정당전략을 살펴볼 수 있다. 앞에서 언급되었듯이 1987~99년 간에 집권했던 사민당-국민당 대연정은 선거의 득표력에서 상당한 퇴조에 직면했다. 이 두 정당들은 1986~90년의 의회에서 85% 이상의 의석을 차지했던 데 반해, 1994년 총선에서는 헌법개정에 필요한 2/3 의석 확보에 실패했다. 이러한 추세가 지속되어 2004년 총선에서 특히 국민당은 득표력에 있어 자유당보다 뒤지는 투표 결과가 나왔다. 이에 따라 국민당과 사민당 간에 연정 협상이 전개되었으나 실패하자 국민당은 재빨리 자유당을 연정 파트너로 하는 순발력을 보였다. 이에 사민당은 배신감을 느꼈으며 그러한 정부구성에 대한 여론도 대단히 회의적이었다.

그러나 국민당-자유당 연정은 이전 사민당-국민당 연정에 비해 매우 취약했다(Müller and Fallend, 2004: 808). 우선 의회의석 측면에서 예컨대 사민당-국민당은 1995~99년에 67.8%, 국민당-자유당은 2000~03년에 56.8%를 차지했다. 다음으로 이념적으로 이질적이고 정치적으로 분열된 야당(녹색당, 자유포럼, 자유당)에 직면했던 국민당-사민당 대연정과는 대조적으로 2000년의 국민당-자유당 연정은 이념적 차원에서 상대적으로 동질적이며 원칙적으로 정부를 구성하여 협력의 여지와 연정의 개연성이 있는 야당블록에 직면했다. 더욱이 국민당-자유당 연정에 대한 유권자들 대부분과 여론의 반응은 부정적이었다.

국민당-자유당 연정이 직면했던 이러한 취약성을 극복하기 위한 두 가지 대안적 전략이 있었다. 하나는 의회 지지를 얻기 위한 정책양보를 통해 협상하는 등 야당과 합의 구축을 시도하는 합의제 전략이다. 그렇지만 이 전략은 국민당-자유당 연정이 선택되지 않았다. 대신 연정은 의회 다수파라는 수단을 이용하여 자신들의 정책 이득의 극대화를 시도했을 뿐만 아니라 비교우위를 획득하려는 다수제 전략에 호소했다. 이는 사민당과 녹색당을 중심으로 야당블록에 대한 국민당-자유당 정당블록의 양극적 경쟁성을 읽을 수 있는 대목이다.

뿐만 아니라 여론 조사를 통해서 볼 때 1990년대 중반이래 오스트리아 정당경쟁은 이념적으로 양극화되어 가는 추세를 보인다(Müller and Fallend, 2004: 818). 즉 국민당과 자유당은 우경화하는 경향을 보인데 반해, 사민당과 녹색당은 좌경화의 길을 걷고 있다. 그 결과 각 블록 내 정당간의 이념적 거리는 줄어드는 데 반해, 정당 블록간의 이념적 거리는 늘어가는 추세이다. 한 마디로 오스트리아 정당정치에서 '흑·청'(black-blue: 국민당-자유당) 우파블록과[7]

7) 카리스마적 지도자인 하이더가 이끌고 있는 자유당은 사민당과 국민당 등 기존 정당을 신랄하게 공격하고 정치계급 전체를 부패하고 특권집단으로 매도함으로써 득표 극대화에 최우선순위를 두었다(Heinisch, 2003). 그러나 자유당은 연정 참여 후 사민당과 국민당에 대한 과거의 공세적이고 대결적인 행동 양식을 지양하고 집권능력을 갖추고 있는 정당으로 이미지 쇄신에 노력하면서 국민당과의 연정에 집착하고 있다.

'적 · 록'(red-green: 사민당-녹색당) 좌파블록 간의 경쟁이 조성되고 있다.

이에 따라 야당 내부의 선거전략도 경쟁성에 무게를 두고 있다. 사민당, 녹색당 등 야당은 선거영역에서 집권당들과의 관계를 완전히 경쟁적으로 인식했다. 그들의 활동 목표는 국민당-자유당으로 구성된 의회 다수파를 깨는 데 있었다. 그렇지만 야당들은 그 목표를 달성한 후 무엇을 할 것인가에 대해서는 단호하지 못했다. 이러한 전략적 우유부단성은 부분적으로 전술적 고려, 그리고 어떤 행동이 국민당-자유당 다수파를 붕괴시키려는 활동목표를 가장 확실하게 달성할 것인가의 문제에 대한 해법의 차이에 따른 것이었다. 이처럼 비록 그들 야당 간에는 주요한 차이가 깔려 있어 현 국민당-자유당 연정을 교체할 공동전략을 짜내지 못했지만 사민당과 녹색당은 국민당-자유당 연정의 정치 및 정책을 함께 비판하는 데 앞장섰다.

나아가 사민당과 녹색당은 의회에서 국민당-자유당 연정의 정치 및 정책을 함께 비판하면서 2000～02년에 의회 투표유형에서도 경쟁성이 심해지는 것을 확인할 수 있다. 달에 따르면 양당체제는 경쟁이 격화되어 의회에서 합의가 이루어지기가 어렵다. 대조적으로 다당체제에서는 협력과 경쟁이 동시에 나타나는 특징을 보여 높은 수준의 의회합의가 실현될 수 있다. 그런데 오스트리아의 경쟁하는 양극적인 정당블록에서 양당체제와 유사한 현상이 고착화되어 가고 있다. 사민당-국민당 대연정 때보다 국민당-자유당 연립정부하에서 합의 구축 노력이 더욱 어려워지고 있다. 야당블록의 협력은 자신들의 요구를 충족시키는 기술적 · 행정적 법률(잔존하는 나치유산 처리를 위한 법률, 사회적 파트너들의 합의에 기초한 법률 등)에 국한한다. 따라서 집권당들만의 단독으로 통과된 법률의 비중이 1996년 이후 급증했다(Müller and Fallend, 2004: 823-824).

한편, 사회적 · 경제적 이슈에서도 의회에서 국민당과 자유당의 관계는 과거 연정 파트너였던 사민당과 국민당의 관계보다 긴밀하다. 경제적 이슈는 전통적으로 오스트리아 정당체제를 구조화시키는 데 가장 중요한 요소였지만 최근에 들어 전통적인 사회경제적 갈등은 뒷전으로 밀리면서 이민, 범죄, 마약 등과 같은 새로운 사회적 이슈가 더욱 중요하게 부상하고 있다. 이런 사회적 이슈에 관련한 정책 차원에서 국민당은 현상을 타파하여 이상적 목표에 이르고자 하는 자유당의 활동에 적극 동조하고 있다. 그러나 자유당의 지도자인 하이더의 개입은 점차로 정부 정책결정에 긴장을 초래했고 이러한 긴장은 시간이 흐름에 따라 가시화되었다. 종국적으로 이러한 긴장은 2002년 연정을 와해시킨 자유당 지도부의 내분을 만들어내는 구실을 제공했다(Luther, 2003: 136-152). 한편, 야당인 사민당과 녹색당은 자신들의 의회 활동을 협력하고 조정하는 노력을 기울이지 않았다. 야당의 의회 활동은 적극적인 협력과 조정보다는 국민당-자유당 연정을 잠식하고 붕괴시키는 데 협조하는 수준에 그쳤다.

앞에서 언급했듯이 2002년 9월 국민당-자유당의 연정이 자유당 지도부 내분으로 붕괴되었다. 2002년 총선 결과는 자유당의 지지세력이 국민당으로 이동했음을 보여 주었고 이에 따라 국민당은 다른 어떤 정당과도 과반수 정부를 구성할 수 있을 정도로 압승을 거두었다. 국민당은 사민당과 녹색당과의 연정 가능성을 탐색했으나 정책상의 인식 거리가 너무 커 최종적으로 국민당과의 재연정을 열망하고 있었던 자유당에 다시금 추파를 던졌다. 그 결과 2003년 2월 국민당-자유당 연정이 재등장했다. 국민당-자유당 연정의 재등장은 집권당들 간에 또 다시 블록이 구축되었음을 시사한다. 제2기 국민당-자유당 연정 하에서도 집권당블록과 야당블록의 관계는 격렬한 경쟁적 양상을 보이기 시작했다. 그리고 2003년 치러진 주 및 지방 선거는 자유당의 참패를 초래했다. 이에 반해 사민당과 녹색당은 크게 약진했다. 이런 선거 결과에도 불구하고 국민당은 자유당과의 파트너십 유지에 집착했다. 동시에 사민당은 선거 결과에 따라 적·녹 연정 결성에 미련을 두었다. 이것 또한 정당블록의 양극적인 경쟁성을 엿볼 수 있는 대목이다.

요약컨대 오스트리아의 정치문화가 협의주의적 성격을 점점 잃고 보다 경쟁적인 성향으로 변화해 가고 있다. 오스트리아의 선거정치, 의회정치 등의 영역에서 제로섬적인 성격을 띤 정당체제의 경쟁 현상이 나타나고 있다. 특히 집권당블록과 야당블록 간의 관계가 선거영역에서 심한 경쟁관계를 연출하고 있다. 마찬가지로 의회영역에서 집권당블록과 야당블록간에 협상과 타협이 줄어들고 있다. 나아가 정부는 공공부문에 대한 영향력과 위상을 강화시켰다. 야당들은 집권당들을 하나의 블록으로 인식하여 그들을 잠식하는 데 연대하였다. 그렇지만 야당들은 '대안적 정부'(alternative government)구성을 위한 블록을 형성하지는 못하고 집권당의 다수의석을 잠식하겠다는 선거상의 주요 목표를 달성한 후에 무엇을 할 것인가에 대해서는 아무런 결정을 내리지 못한 상태로 남아 있었다.

2) 사회적 합의제의 퇴조

오스트리아 정치체제에서 가장 중요한 비공식적 영역은 이른바 사회적 합의주의 시스템이다. 사회적 합의주의는 노・사・정이 상호 협력 속에서 사회 및 경제 정책결정을 내린다는 점에서 합의제 민주주의이다. 그런데 국민당-자유당 정부는 사민당-국민당 대연정에 비해 이익집단들과 정책안건을 협상하는 데 주저했다. 이익그룹과의 접촉은 협상이라기보다는 단순히 자문의 성격을 띠었고 종종 이익집단들이 정책안건에 대해 반응할 수 있는 여지를 허용하지 않았다. 이처럼 사회적 합의주의를 후퇴시킨 이유는 노조가 협상을 이용하여 정부의 개혁프로그램을 희석시키고 지연시킬 것으로 믿었던 정부의 의혹 때문이다. 협상은 최적의 해법을 산출해 내기보다는 단순히 국민당-자유당 연정의 정책을 효과적으로 비판하기 위한 무대를 제공할 뿐이라는 것이다. 실제로 사민당-국민당 연정 내각에서 이미 합의된 정책안건(복지 및 연금 삭감 등)들이 노조의 강력한 저항에 부딪혀 정책변화가 어려운 때가 있었다. 이러한 점에 비춰 볼 때 국민당과 자유당은 노조와의 협력에 대해 회의적이다. 특히 하이더가 이끄는 자유당은 기본적으로 사회적 합의주의를 단호히 거부했다.[8] 1980년대와 1990년대에 의회의석을 획득했던 신생 정당인 녹색

8) 1999년 10월 총선에서 제2당으로 부상하여 2000년 2월 국민당과 연정을 구성했던 자유당의 당수인 하이더 만큼이나 개인적 차원에서 사회적 합의주의를 격렬히 비판하는 사람은 오스트리아 정치권에 아무도 없다. 국제사회의 각종 미디어는 하이더의 외국인 혐오정치・반유태주의(anti-semitism)에 관하여 역점을 두고 대대적으로 보도했다. 이

당과 자유포럼도 사회적 합의주의 시스템에 매우 비판적이었지만 자유당은 2000년 2월 사회적 합의주의 이익대표체계에 대해 공개적으로 적대감을 표명했다.9) 이런 점에서 국민당-자유당 연립정부는 사회적 합의주의 시스템에 의한 의사결정을 경시하고 있는 것은 분명하다.

1990년대에 들어 정당, 정부, 심지어 의회까지도 사회적 합의주의 시스템과의 연계를 끊기 시작하는 가운데 사민당이 야당으로 전락하여 사회적 합의주의 시스템을 통해 정책을 끌어내려는 사회적 파트너들의 능력은 눈에 띠게 시련을 겪었다. 특히 국민당-자유당 연정 하에서 사회적 합의주의의 퇴조는 2001년 실시되었던 '사회보장행정기구의 집행위원회'(Executive Committee of the Social Security Administration)의 개혁과정에서 분명히 드러났다(Crepaz, 2002: 168). 이 위원회의 지도부는 사회적 파트너들, 즉 노동 및 자본 회의소의 선거에서

러한 보도가 그의 민주주의에 대한 인식과 수용여부에 관한 많은 의혹을 불러일으켰지만 그가 선거정치에서 크게 성공을 거두게 했던 것은 사회적 합의주의에 대한 무차별적인 공세였다. 사실 이 점은 그의 집권을 가능케 했던 요인으로서 별로 논의되지 않았다. 그는 스캔들 하나 하나를 TV를 통해 폭로했다. 이는 그에게 정실 · 후원 · 뇌물로 얼룩진 사회적 합의주의 시스템의 주체들, 즉 정치인, 관료, 이익집단 등을 청소해 줄 적임자처럼 떠오르는 계기를 마련해 준 것이다. 이는 순수한 포퓰리즘이었지만 정치전략으로서 의외의 성공을 안겨주었다(Crepaz, 2002: 167).

9) 오스트리아에서 사회적 합의주의에 대한 격렬한 비판은 의회 내의 소수 정당들에 의해 제기되고 있다. 제2공화국 기간동안 우파인 자유당은 의사결정의 유력한 패턴으로서의 사회적 합의주의 제도가 선거에 기초한 정통성과 통제력을 갖지 않는 '제2의 정부'로서 기능하고 있다고 비판하면서 사회적 합의주의를 핵심적인 정책에 한정하고 협상의 수준을 거시적 수준에서 기업 수준으로 이전해야 한다고 주장하고 있다. 1993년 자유당에서 이탈한 자유포럼도 이익단체들의 의무가입 회원제를 폐지해야 하며 정책결정의 지연, 혁신의 결여 등을 이유로 내세우며 노사타협을 모색하는 핵심적인 기능 정도로 사회적 합의주의의 영향력을 축소해야한 다고 주장했다. 종종 의회정치를 희생시킬 정도로 정책결정에 대한 사회적 합의주의의 영향력을 비판하는 것은 녹색당에 의해서도 제기되고 있다. 그러나 소수정당들의 이러한 비판에도 불구하고 다수의 오스트리아 국민들은 사회적 합의주의를 지지하고 있다. 이것은 그 동안 사회적 합의주의 시스템이 이룩한 경제적 · 사회적 성과와 정치적 안정에 연유한 것이다(Talos and Kittel, 2002: 41).

나타난 득표량에 비례하여 할당된 노동 및 자본의 대표들로 구성되곤 했다. 다시 말하면 종전에는 고객에 의한 사회보장 부문의 자율행정은 종업원과 사용자의 주요 단체의 대표들에 의해 이루어지는 형태로 사회적 합의주의가 잘 제도화되었다. 전통적으로 위원회의 위원장은 사민당 출신이었다. 그러나 2001년 봄에 '흑 · 청'(black-blue) 신연정(보수당과 자유당)은 집행위원회의 개혁을 착수했다. 집권당인 국민당과 자유당은 사회보장제를 당사자 자율행정에서 정부관리 주도로 하는 것을 골자로 하는 개혁을 단행하여 이제 대표가 의회의 정당간에 역학관계에 의해 결정되었다. 그 결과 정부는 당시 사민당 출신 위원장을 퇴임시키고 자유당이 최초로 사회보장 관리에 대표로 참여하게 되었다. 사회보장제의 최고 관리층이 노조 대표에서 정부 대표로 교체된 것이다. 이는 역사상 최초로 전통적인 사회적 합의기구에 자유당 대표의 참여를 부여하는 것을 의미한다. 그러나 2003년에 비록 의회의 다수에 의해 사회보장제가 변경되었다고 하더라도 헌법재판소는 그 개혁법률이 자율행정의 원칙을 위반했다고 보고 이를 무효화시켰다. 그밖에도 국민당-자유당 연정은 공공부문에서 현직자를 해고시키고 임기 전 임용계약을 종결시키기 위한 방편으로 그들에게 공적 자금을 지불하는 등 새로운 다수결주의 특징을 보였다. 동시에 연정은 사회경제적 영역에서 민영화와 효율성을 제고시키는 조치들을 단행했다. 정부는 자신의 권한을 이용하여 공공부문에서 잠재적인 반대자들을 해고하고 경쟁력 있는 충성분자를 고용했다. 이러한 전략은 공공부문에 경쟁 원리를 강제하는 데 목적을 두고 있다.

이에 대한 사민당과 녹색당의 반응은 의심할 나위 없이 강력한 반대였다. 그들 야당으로서는 극우적 성향을 가진 자유당이 정부구성에 참여하고 있다는 사실 자체가 대단히 불쾌한 정치적 사건이었다. 또한 야당들은 정부의 예산안, 경제 및 복지 정책이 사회의 특정 그룹들에게 부담과 부정적 결과를 가져올 것으로 인식하고 그러한 정부정책을 단호히 거부했다.

나아가 사회적 합의주의 시스템의 입법과정에 대한 관여가 점차로 어려워지고 있다. 그 이유는 '인적 연합'(*Personalunion*), 즉 정당대표(국회의원)와 사회적 합의주의 시스템 대표들 간의 인적 · 기능적 긴밀한 관계가 약화되고 있기 때문이다. 과거에는 '인적 연합'이 오스트리아 정치가 원활하게 작동하는 데 결정적인 버팀목 역할을 했었지만 이제 그것은 부패와 스캔들의 형태로 값비싼 대가를 치르게 되었다. '인적 연합'은 동일한 개인이 국회의원인 동시에 노조 및 회의소(노동과 자본)의 간부가 되어 이익갈등의 상황에서 때로는 감독자, 때로는 피감자 등 다양한 역할 수행함을 의미한다. 이러한 '인적연합'은 권력분립 개념을 약화시키고 있다. 그 결과 개인에게 엄청난 권력집중을 가져와 권력남용의 유혹과 심지어 기금착복까지도 만연했다.

그런데 사회적 합의주의 시스템의 쇠퇴가 자유당의 정치적 성공과 상관성이 있다는 것은 흥미롭다. 노동과 자본의 카르텔적 협력은 1980년대부터 약화되기 시작했다. 앞에서 언급했듯이 합의제 정치 시스템의 작동에 제약을 가하는 정치적 변형이 나타나기 시작했고 이에 따라 반카르텔적인 담론이 고개를 들기 시작했다. 이런 상황에서 사회적 합의주의 시스템의 퇴조 현상이 가중되었으며 이것은 오스트리아의 전후 정치질서에 반기를 들었던 자유당의 위상이 탄력을 받는 계기를 제공했다. 합의제 정치 시스템이 경제뿐만 아니라 정치체제를 관리할 수 있었다면 자유당은 권력카르텔에 반대하는 별다른 동력을 만들어낼 수 없었을 것이다. 이런 점에서 자유당의 부상은 카르텔 쇠퇴의 원인이라기보다는 결과로 보는 것이 타당하다(Pelinka, 2002: 154).

국민당-자유당 신연립정부는 오스트리아 합의제 정치 및 사회적 합의주의 시스템의 구조적 유물을 일부 제거하기 시작했다. 국민당 출신 경제부 장관이 노동관계를 담당했다. 이에 따라 1945년이래 최초로 노동관계는 ÖGB와 특별한 관계를 가진 정치인의 수중에서 벗어나 경제정책을 책임지고 있는 경제부에 통합되었다. 1999년 이전에도 사회적 합의주의 시스템은 쇠퇴하기 시작했으며 사회적 합의주의가 오스트리아 정치에 미치는 영향력의 일부를 이미 상실했다는 것이 일반적인 인식이다. 자유당과 국민당의 연정은 사회적 합의주의 및 합의제 정치의 시스템의 약화를 재촉하는 촉매제가 되었다.

5. 맺음말: 탈오스트리아화와 재오스트리아화?

정치적 하위문화 간의 갈등 속에서 내전, 파시즘 독재 등 원심적 정치(centrifugal politics)를 경험하고 과거 불행한 정치를 거울삼아 오스트리아 제2공화국은 1945년부터 유별난 합의지향적 민주주의를 발전시켰다. 오스트리아 합의제 민주주의의 이면에 숨어 있는 기본 철학은 과도한 경쟁규칙을 줄이고 경쟁과 협력, 갈등과 합의 간의 균형을 지향하는 것이었다. 정치게임 규칙은 '승자독식'이 아니라 패자에게도 일정한 몫을 부여하는 것이었다. 이러한 철학 이면의 역사는 정치적 하위문화로 인한 격렬한 국내 갈등에서 야기된 사회적 분열이었다. 이런 갈등과 분열 속에서도 사회민주주의와 카톨릭 보수주의 등 두 전통적인 정치운동 간의 화합 노력에 기반하여 오스트리아 합의제 민주주의는 정치적 '과잉 안정화'(over stabilization)의 사례가 되었다.

그러나 1990년대에 이러한 유형의 합의제 민주주의는 그 전통적 틀 내에서 정치적 지지를 동원할 수 있는 활력을 점점 잃었다. 극우 민중주의적인 자유당과 녹색당의 부상은 전통적인 엘리트주의적 틀을 약화시키고 젊은 세대를 정치사회의 전면에 등장시키는 기회로 나타나고 있다. 자유당의 정치적 상승세는 정치적 동력화의 드라마틱한 시그널이었다. 자유당이 기존의 보수(국민당)-진보(사민당) 정당간에 형성된 대연정의 독점체제를 붕괴시키고 라이파르트가 상정한 전형적인 서유럽 연정과는 다른 보수연정을 작동시키는 데 성공했다. 2000년 2월 출범하여 2005년 현재까지 지속되고 있는 국민당-자유당 연정은 오스트리아 합의제 장치 및 사회적 합의주의 시스템의 구조적 유물을 일부 제거하여 그 약화를 재촉하는 촉매제가 된 것이다.

이에 따라 오스트리아의 정치문화가 협의주의적 성격을 점점 잃고 보다 경쟁적인 성향으로 변화하고 있다. 오스트리아의 선거정치, 의회정치 등의 영역에서 제로섬적인 성격을 띤 정당들의 경쟁 현상이 나타나고 있다. 특히 의회정치에서 집권당과 야당 간의 협상정치가 예전에 비해 약화되었다. 정부는 정부의 통제 영역이라 할 수 있는 공적 부문에 대한 영향력이 실질적으로 증가했고 어떤 전임 정부보다 더 해고·고용 방법을 활용하여 공공부문 제도에 대한 자신의 위상을 확고히 구축하고 있다. 이에 따라 야당들은 연정의 집권당을 하나의 블록으로 인식하려고 했으며 통일전선을 펴 집권당을 정치적으로 흔들었다. 그렇지만 집권당블록과 야당블록 간에 관계가 매우 경쟁적인데 반해, 집권당 및 야당 내부의 각 정당간의 관계는 매우 유동적이다. 그것은 한편으로는 전술적 고려 때문이고 다른 한편으로는 진정한 이념적 선호 때문이다. 요컨대 2000년 이후 오스트리아 정당정치는 두 블록의 경쟁적인 양극화 양상을 연출하고 있다. 이 같은 오스트리아 정치의 변형을 두고 어떤 논자는 오스트리아 합의제 민주주의가 퇴색 혹은 종식되었다고 주장하고 있다(Rose, 2000: 35).

이러한 새로운 상황은 흥미로운 패러독스를 만들어낸다. 합의제 민주주의를 훼손하는 과정을 밟고 가는 바로 그 순간에 오스트리아는 여전히 주목할 만한 특별한 지위를 갖는다. 오스트리아의 특수한 정치문화에 대한 도전은 오히려 민주주의 공고화 과정에서 진일보한 계기로 볼 수 있는 것이다. 유럽연합에게는 오스트리아의 정부구성에 자유당이 참여한 사실이 오스트리아를 불행한 과거로 되돌리게 했고 여전히 오스트리아의 나치 전력을 생각나게 하는 사건으로 비쳐졌다. 이 점에서 오스트리아는 합의제 민주주의의 또 다른 특수한 사례가 되었다. 즉 오스트리아 사례는 새로운 유럽정책을 위해 '방역선'(cordon sanitaire)으로 활용될 수 있는 나라이며 우파적 극단주의가 유럽연합의 내에서 결코 용납될 수 없는 경고적 시그널이다.

오스트리아의 합의제 민주주의는 역사의 덫을 피해 가는 장치일지 모른다. 이 장치를 활용한 후에 외관상 오스트리아는 또 다시 덫에 걸린 것처럼 보인다. 그러나 덫에 걸려 지체된 상태에서 다시금 되돌아올 수 있는 잠재력을 갖고 있다. 실제로 오스트리아정치는 갈등적인 대결정치로 전락해 가는 확실한 조짐은 발견되지 않고 있으며 여전히 합의제 민주주의를 작동시키고 있다. 역사는 도전과 응전의 상호작용이다.

참고문헌

Crepaz, M. M. L. 2002. "Domestic and External Constraints on Austrian Corporatism: Challenge and Opportunities." *Acta Politica.* Vol. 37, No. 2. 157-174.

Dahl, Robert A.(ed.). 1966. *Political Opposition in Western Democracies.* New Haven, CT: Yale University Press.

Heinisch R. 2003. "Success in Opposition - Failure in Government: Explaining the Performance of Right-Wing Populist Parties in Public Office." *West European Politics.* Vol. 26, No. 3. 91-130.

Kittel, Bernhard. 2000. "Deaustrification? The Policy-Area-Specific Evolution of Austrian Social Partnership." *West European Politics.* Vol. 23, No.1. 108-129.

Lehmbruch, Gehard. 1979. "Consociational Democracy, Class Conflict and the New Corporatism." in P. Schmitter and G. Lehmbruch(eds.). *Trends Toward Corporatist Intermediation.* London: Sage.

Luther, K. R. 2003. "The Self-Destruction of A Right-Wing Populist Party? The Austrian Parliamentary Election of 2002." *West European Politics.* Vol. 26, No. 2. 136-152.

Luther, Kurt Richard and Wolfgang C. Müller. 1992. "Consociationalism and the Austrian Political System." *West European Politics.* Vol. 15, No. 1(January). 1-13.

Marin, Bernd. 1987. "From Consociationalism to Technocorporatism: the Austrian Case as A Model-Generator?" in Ilja Scholten(ed.). *Political Stability and Neo-Corporatism: Corporatist Integration and Societal Cleavages in Western Europe.* London: Sage, 39-69.

McRae, K. 1979. "Comment: Federation, Consociation, Corporatism - An Addendum to Arend Lijphart." *Canadian Journal of Political Science.* Vol. 12. 517-522.

Müller, Wolfgang C. and Franz Fallend. 2004. "Changing Patterns of Party Competition in Austria: From Multipolar to Bipolar System." *West European Politics.* Vol. 27, No. 5(November). 801-835.

Müller, Wolfgang. 1993. "After the 'Golden Age': Research into Austrian Political Parties since the 1980s." *European Journal of Political Research*. Vol. 23. 439-463.

Pelinka, A. 1998. *Austria, Out of the Shadow of the Past*. Boulder, Colorado: Westview Press.

Pelinka, Anton. 2002. "Consociational Democracy in Austria: Political Change, 1968-1998." *Acta Politica*. Vol. 37, No. 2. 139-156.

Plasser, F. and P. A. Ulram. 2004. *The Analysis of National Election in 1999*. Vienna: Center for Applied Political Research.

Powell, G. B. Jr 1970. *Social Fragmentation and Political Stability: An Austrian Case Study*. Stanford: Stanford University Press.

Rose, Richard. 2000. "The End of Consensus in Austria and Switzerland." *Journal of Democracy*. Vol. 11, No. 2(April). 26-40.

Schumpeter, Joseph A. 1950. *Capitalism, Socialism and Democracy*, London: George Allen and Unwin.

Sully, Melanie A. 1981. *Political Parties and Elections in Austria*, London: C. Hurst & Company.

Sully, Melanie A. 1982. *Continuity and Change in Austrian Socialism : The Eternal Quest for Third Way*. New York: Columbia University Press.

Talos, Emmerich and Bernhard Kittel. 2002. "Austria in the 1990s: The Routine of Social Partnership in Question?. in Stefan Berger and Hugh Compston(eds). *Policy Concertation and Social Partnership in Western Europe*. New York: Berghan Books. 35-50.

Traxler, Franz. 1995. "From Demand-side to Supply-Side Corporatism? Austrian Labour Relations and Public Policy." in Colin Crouch and Franz Traxler(eds.). *Organised Industrial Relations in Europe: What Future?*, England: Avebury. 271-286.

Traxler, Franz. 1998. "Austria: Still the Country of Corporatism." in P. Edwards(et al.). *Changing Industrial Relations in Europe*. Blackwell, 239-261.

Tsebelis, G. 1990. Nested Games. *Rational Choice in Comparative Politics*. Berkeley: University of California Press.

Chapter

09 영국과 아일랜드의 노사정 시스템

1. 머리말

오늘날 지구상의 모든 국가는 글로벌 시장의 충격으로부터 자유로울 수 없다. 그 충격은 시장의 낙오자·실패자들의 배출로 인한 사회의 양극화와 갈등 분출로 나타난다. 서유럽 국가들도 예외가 아니다. 따라서 그들 국가는 글로벌 시장의 충격에 대응하려는 국내 노사정 시스템을 마련하고자 한다. "글로벌 시장화는 서유럽 국가들의 노사정 시스템을 수렴화시킬 것이다."라고 신자유주의자들은 주장한다.

그러나 서유럽 국가들에서 작동하는 노사정 시스템의 경험적 사례들은 신자유주의적 수렴론의 예측을 비켜 갔다. 글로벌 시장의 충격에 대응하는 그들 국가의 노사정 시스템은 다양한 변형으로 나타난다. 이를 단순화하면 어떤 나라는 이익집단들에 대한 국가의 역할을 줄이고 노조와 사용자집단 간의 자유경쟁에 기초하는 다원주의(pluralist) 노사정 시스템으로 경도되는 반해, 또 다른 나라는 노동·자본·국가 간의 네트워킹과 파트너십에 기초한 노사정 정책협의(policy concertation)시스템을 지향한다.

이러한 상반된 노사정 시스템 패턴의 두드러진 경험적 사례는 영국과 아일랜드에서 관찰된다. 아일랜드가 1800~1922년까지 영국의 식민지로 통합된 이후, 두 나라는 전통적으로 국가개입을 최소화하는 다원주의 노사정 관계를 경험했다. 그러나 1980년대 이후 글로벌 시장의 충격에 대응하려는 영국과 아일랜드의 노사정 시스템은 매우 대조적인 차별성을 보이게 된다. 영국의 경우, 간헐적으로 작동했던 기존 정책협의시스템을 해체하고 자본의 자유와 경제의 효율성을 강조하는 신자유주의 시장경제 모델에 조응하는 다원주의 노사정 시스템으로 방향을 틀었다. 이에 반해 전통적으로 영국과 유사한 다원주의 노사정 시스템을 경험했던 아일랜드는 글로벌 시장의 충격에 대응하기 위해 노사정 정책조율을 강조하는 시장조정모델(market coordination model)을 채택했다. 즉 사회적 대화와 파트너십에 기초한 매우 세련되고 정교한 노사정 정책협의시스템을 작동시킨 것이다.

그렇다면 전통적으로 유사한 다원주의 노사정 시스템을 경험했던 영국과 아일랜드에서 어떻게, 그리고 왜 글로벌 시장의 충격에 대응하는 노사정 시스템의 패턴이 서로 다르게 변화하고 작동했을까? 제9장의 목적은 이 물음을 탐구하는 데 있다.

기존 연구들의 관점은 글로벌 시장 자체가 직접적으로 국내 사회의 양극화와 계급·계층 갈등을 초래하는 것으로 인식한다. 그러나 이러한 인식은 문제 본질의 인과관계를 너무 단선적으로 보고 있다는 데 그 약점이 있다. 중요한 것은 어떤 나라가 글로벌 시장의 충격에 어떤 노사정 시스템으로 대응하느냐에 있다. 노사정 시스템의 패턴에 따라 글로벌 시장의 충격에 대한 완충, 흡수 정도가 달라질 수 있기 때문이다. 이런 의미에서 영국과 아일랜드의 노사정 시스템 사례 비교 연구는 다원주의 노사정 시스템과 노사정 정책협의시스템 중 어느 시스템이 글로벌 시장의 충격을 흡수 관리하는 데 더 효과적인가를 천착하는 데 유익한 경험적 지형(empirical terrain)을 제공할 수 있다. 이 점이 영국과 아일랜드를 비교 연구하는 이유이다.

본 연구는 분석의 초점을 글로벌 시장의 충격이 두드러지게 발생했던 1980년대부터 2000년대 초반까지의 두 나라 노사정 시스템에 맞춘다. 즉 영국의 경우 보수당-노동당 정부 하의 노사정 시스템, 아일랜드의 경우 여러 정당 간에 이뤄진 연립정부 하에서의 노사정 시스템이다. 그리고 제9장에서는 전국 · 중앙 수준에서 작동하는 두 나라의 노사정 시스템이며, 따라서 지방 및 산업별 수준에서 이뤄지는 노사정 시스템은 다루지 않는다.

2. 이론적 틀

1) 노사정 시스템의 개념화

자본주의 시장경제를 작동시키는 세 중심축은 노동, 자본, 국가이다. 역동적으로 상호작용하는 노사정 관계가 전략적으로 어떻게 구조화되느냐 하는 문제는 자본주의 시장경제 그 자체의 발전 혹은 퇴영은 물론이고 민주주의의 질적 수준을 가늠하는 바로미터이다.

일반적으로 민주주의 국가들에서 노동-자본-국가 간 이뤄지는 정책결정 방식에는 다원주의 시스템과 정책협의시스템 두 유형이 있다(Cawson, 1978: 179-198). 우선 다원주의 노사정 시스템은 공공정책을 둘러싸고 사회 영역에서 경쟁하는 노조와 사용자단체 간의 '경쟁적 이익표출과 분산적 그룹협상 과정'으로 규정된다(Cohen and Rogers, 1992: 411-414). 따라서 다원주의 노사정 시스템에서는 노동과 자본이 정책결정 및 집행 과정에 영향을 미치지만, 궁극적으로는 정부가 법적 구속력을 갖고 공공정책을 결정한다. 이는 다원주의 노사정 시스템의 본질이다. 이에 반해 노사정 정책협의(policy concertation)는 공공정책이 노사정 간에 네트워킹과 파트너십을 통해 결정되는 시스템이다. 여기서 공공정책(예컨대, 재정정책 · 통화정책 · 산업정책 · 노동시장정책 · 고용정책 · 복지정책 등)은 정부와 이해관계자(사용자단체 및 노동단체 등) 사이의 공개적인 협상과 정치교환(political exchange)을 통해 이끌어낸 공식적 · 비공식적 사회협약의 산물이다(Compston, 2002: 3-5; Hassel, 2003: 710).[1)]

1) 사회협약은 이익단체 당사자 간에 체결될 수도 있다. 우리는 이를 사회적 파트너십(social partnership)이라 지칭한다. 그러나 이 같은 사회협약은 보통 정부의 동의, 거중조정, 추인 등을 받는다. 따라서 사회적 파트너십은 정책협의와 거의 유사한 의미로

다원주의 노사정 시스템에서는 정당과 의회가 정부와 이익집단을 연계하는 주요 채널이다. 반면에 노사정 정책협의시스템에서는 이익집단이 정부의 정책형성과 정책집행 과정에 실질적인 역할을 수행하고 있기 때문에 정당과 의회도 정책 과정에 참여하는 파트너들 중의 하나로 인식된다. 또 다원주의 노사정 시스템에서는 다양한 이익집단이 정당과 의회를 상대로 로비, 시위 및 선거 등으로 영향력을 행사할 뿐 정책결정과 집행에서 실질적 역할을 기대하기 어렵다. 반면에 노사정 정책협의시스템에서는 대표성을 인정받은 이익집단이 정책형성 및 집행 과정에서 실질적 참여를 통해 역할을 수행한다.

2) 분석 틀

노사정 시스템의 작동은 정치경제현상이다. 이러한 정치경제현상을 이해하는 접근방법은 구조중심 접근과 행위자중심 접근 모두 유용하다. 구조중심 접근을 통해서 우리는 행위자의 전략적 선택(strategic choice)과 행동이 왜 일정한 범주 혹은 방향으로 제약될 수밖에 없는가 하는 점을 이해할 수 있을 것이다. 또한 행위자중심 접근을 통해서 우리는 주어진 조건하의 선택지에서 관련행위자들이 왜 그러한 전략적 선택과 행동을 하게 되는가 하는 점을 이해할 수 있을 것이다.

그러나 이와 같은 두 접근 중 어느 일방의 완전한 타당성은 인정되지 않는다. 따라서 이들 두 접근이 상호보완적으로 통합될 때 우리는 정치경제현상에 보다 객관적인 설명과 이해에 근접 수 있다. 신제도주의(new institutionalism)가 그에 대한 이론적 돌파구를 제공한다. 따라서 제9장은 글로벌 시장의 충격에 대응하는 영국과 아일랜드의 노사정 시스템 작동에 대한 연구방법으로 신제도론(new institutionalism)을 채택한다.

신제도론은 전략적 선택론과 구조론의 이론적 강점을 보존하고 이론적 약점을 제거해 주는 대안적인 이론이다. 신제도론은 '합리적선택' 제도론('rational

---

사용된다.

choice' institutionalism)과 역사적 제도론(historical institutionalism)이 있다(Thelen and Steinmo, 1992; Immergut, 1998). 전자는 정치경제 행위자들의 전략적 대응과 미시적 상호작용, 그리고 이것이 제도의 형성과 변화에 미치는 영향을 분석하는 데 초점을 맞춘다. 이런 점에서 신제도론은 미시적 이론과 거시적 이론을 이론적으로 가교시킨다. 즉 행위자, 제도, 구조간의 역동적 상호작용을 포착하여 전략적 선택론의 자발론(voluntarism)과 구조론의 결정론을 극복한다.

신제도론적 관점에서 글로벌 시장의 충격에 대응하는 영국 및 아일랜드 노사정 시스템의 패턴과 작동과정은 구조적 조건(사회경제적 위기, 사회문화 등), 노사정 관련 제도(정당 및 의회정치 메커니즘, 정부형태 등), 참여주체(노동, 자본, 정당, 정부 등)의 전략 등과 같은 세 변수의 역동적인 상호작용이다(Thelen and Steinmo, 1992: 15). 우선 구조적 변수이다. 영국과 아일랜드의 사회경제적 위기 및 사회문화는 행위자들(노동, 자본, 정당, 정부 등)의 전략적 선택, 그리고 그 행위자들 간의 상호작용 양식을 정당화하거나 제약하는 변수이다. 둘째, 영국과 아일랜드의 노사정 관련 제도적 장치는 행위자들의 상호작용에 의해 형성되나 그들의 전략적 선택, 상호작용 양식(협력과 갈등)을 촉진하거나 제약함으로써 정책결정 과정에 영향을 미친다. 마지막으로 영국과 아일랜드 노사정의 전략적 선택이다. 노사정은 구조적 조건하에서 자신들의 생존을 위한 전략적 선택을 한다. 그들의 전략적 선택은 구조적 도전을 이용하고 적어도 역작용을 최소화하는 역할을 한다. 그들의 전략적 선택과 제도적 제약 속에서 발생하는 그들 간의 갈등과 제휴는 제도적 파라미터에 영향을 준다. 따라서 노사정은 기존 제도적 장치를 자신들에게 유리하게 변경할 수 있다. 이러한 의미에서 노사정의 전략적 선택과 행위는 노사정 관계 틀 규정하는 데 중요한 변수이다.

이런 관점에서 영국과 아일랜드의 노사정 시스탬 작동 과정을 비교 분석하기 위한 준거 변수들은 다음과 같다.

첫째, 시민사회 영역이다. 우선 사회문화가 노사정 시스템에 영향을 미칠 수 있다(Berger, 2002: 345-346). 사회문화는 정치경제 주체들의 행동양식을 규정하는 변수가 될 수 있기 때문이다. 예컨대, 국가개입의 축소와 경쟁을 강조하는 자유주의 문화는 정책협의시스템 작동을 어렵게 하고 다원주의 노사정 시스템을 유도하는 경향이 있다. 반대로 평등과 연대, 관용과 타협을 강조하는 사회문화는 정책협의 메커니즘 작동에 긍정적으로 작용한다.

다음으로 이익집단의 조직 및 단체교섭 방식이 노사정 시스템 작동에 영향을 미친다. 노동이나 자본의 조직이 독립적·분산적·경쟁적으로 조직되고, 상급조직이 단위조직의 무임승차 유혹(노동생산성을 초과하는 고도한 임금인상 등)을 제어할 수 있는 통제력을 갖지 못할 때 다원주의 노사정 시스템이 작동하는 경향을 보인다. 이에 반해 자본과 노동의 이익집단이 가능한 포괄적·중앙집중적으로 조직되어 상급노조가 단위조직들의 주장과 활동을 적절히 조율시키는 통제력을 행사할 수 있고 산하 노조들의 이해관계를 대변하는 대표성을 갖고 있을 때 노사정 정책협의시스템이 작동할 가능성이 높다.

한편, 단체교섭이 개별노조와 개별기업 간에 독자적으로 전개되는 과정에서 각 이익조직들은 개별적으로 조직이익 극대화 전략을 채택할 때 다원주의 노사정 시스템이 작동하는 경향이 있다. 예컨대, 개별 기업노조들은 국민경제에 미칠 파급효과를 고려하지 않고 무리한 임금인상(단기적 이익)을 요구하며 이를 위해 노동운동을 전투적으로 전개하는 제로섬적 분배갈등을 연출하는 경향을 보인다. 이에 반해 중앙집중적이고 포괄적으로 조직된 노조는 자신들의 결정이 국가경쟁력, 고용, 인플레이션 등 국민경제에 미치는 영향을 고려하고 기업과 국가의 양보를 끌어내기 위해 임금인상을 자제하는 등 협력적 자세를 취하는 경우 정책협의시스템이 작동할 가능성이 있다.

둘째, 정치사회에서 정당정치 및 의회정치의 패턴이 노사정 시스템 작동에 영향을 미친다(Hamann and Kelly, 2007: 976-977). 정당과 노조 간의 연계가 부재하거나 취약할 때 다원주의 노사정 시스템이 작동하는 경향을 보인다. 특히 중도 좌파정당이 존재한다고 하더라도 노조와의 이념적·조직적 연계가 취약한 조건이라면 노조는 의회, 행정부를 상대로 로비, 시위 등을 통해 이익표출을 한다. 노동의 정책선호는 자유 경쟁하는 정당이나 이익집단의 중재, 선거메커니즘에 의해 정책형성자에게 전달되는 것으로 인식한다. 이러한 조건에서 노동-자본-국가 간의 정치교환(political exchange)을 통한 계급타협을 시도하는 정책협의시스템이 작동할 가능성은 낮아진다. 반면에 노동이 조직력에 바탕한 강력한 정치력, 즉 사민주의 정당과 같은 노동 우호적인 정당과 유기적인 협력관계가 구축되는 조건에서는 노사정 정책협의시스템이 작동하는 경향이 있다. 특히 중도 좌파정당이 중도 우파정당과 권력분점(power-sharing)의 형태로 의회에서 협력하거나 혹은 연립정부를 구성할 때 노사정 정책협의시스템은 성공적으로 작동할 가능성이 있다. 정치과정이 이익집단-정당-의회-관료 사이의 연합구조에 의해 정책결정 과정으로 나타나며, 이를 통해 노사정 정치교환은 계급·계층 대타협을 실현시킬 수 있다.

셋째, 노사정 시스템 작동은 경제사회에서 정부의 정책능력의 차이에 영향을 받는다(Ebbinghaus and Hassel, 2000: 47-48). 정부의 정책이 사회적 형평성 정책보다는 기업의 투자 성장 경쟁력 제고를 유도하는 공급 중심의 경제(supply-side economy)로 경도되었을 때 노사정 정책협의시스템 보다는 다원주의 노사정 시스템이 작동할 가능성이 높다. 이에 반해 정부가 이익집단들 간의 타협을 유도하기 위해 '보장자'(guarantor) 및 '보상자'(compensator)역할을 수행하는 정책능력을 보일 때 노사정 정책협의시스템이 작동하는 경향을 보인다. 예컨대, 국가는 이윤의 재투자를 통한 경쟁력 제고와 일자리 창출을 유도하기 위해 자본에게 '사업신뢰'(business confidence)의 인센티브를 제공하며, 노동에게는 자발적 임금인상 자제로 인해 발생하는 단기적인 물질적 손실을 보전하기 위해 사회적 시민권을 보장하는 보편적 사회보장제도의 확충을 단행한다.

3. 노사정 시스템의 패턴과 작동

1) 영국: 정책협의시스템의 해체와 다원주의 이익대표체계

1970년대 중후반 영국 경제는 저성장, 고실업, 복지재정의 팽창으로 인한 재정적자 누증 등 심각한 위기에 직면했다. 특히 1976년 5월 출범한 캘러한

(J. Callaghan) 노동당정부는 긴축재정, 공공지출 삭감, 통화량 및 신용통제 등 신자유주의적 구조조정을 담보로 하는 '굴욕적'인 IMF 구제금융을 받아들였다. 이런 상황에서 노동자들의 고통과 분노가 1978~79년 '불만의 겨울'(Winter of Discontent)이라는 전후 최악의 전국적인 대규모 파업으로 분출되었다.

당시 경제적 · 사회적 위기에 대해 1979년 5월 집권한 대처(M. Thatcher) 보수당정부의 정책 처방은 이른바 대처리즘(Thatcherism)이다. 대처리즘은 공공부문의 민영화, 직접세(법인세, 사업소득세 등) 완화, 공공지출 삭감, 노동자들의 재상품화(recommodification) 등을 중심으로 한 신자유주의적 글로벌 시장화의 신호탄이었다(Kavanagh and Morris, 1989: 42). 이러한 경제정책 기조 하에서 보수당정부의 노사관계 개혁은 대처리즘의 신자유주의적 성격을 가장 극명하게 보여 주었다. 보수당정부는 노조운동을 영국경제에 인플레이션, 저생산성, 저경쟁력의 악순환을 유발시키는 원흉이며 사회혼란의 원인 제공자로 규정했다. 그녀의 노사관계 개혁은 노조운동의 약화를 겨냥했는데 그것은 1980년의 고용법, 1984년의 노동조합법, 1986년의 임금법 등 노동관련법의 도입을 통해 클로즈드 숍(closed shop)의 폐지, 노조집행에 대한 규제 강화, 단체행동에 대한 제3자 개입금지, 단체행동에 반하는 조합원의 자유행동 허용 등의 형태로 나타났다. 이와 같은 보수당정부의 반노조적 입법과 정책은 노조조직률 감소 등 노조운동의 약화를 야기했다.

보수당정부는 노동을 사회적 동반자로 인정하지 않고 경제정책 결정 과정에서 영국 최대 노조인 TUC를 배제하는 가운데 정책협의시스템을 거부했다(Williams, 2002: 57). 즉 "정책협의 시스템은 경제의 변화와 적응 능력을 방해했고 경쟁과 새로운 기업의 창업을 제약"하는 것으로 인식했다. 보수당정부 하에서 노사정 정책협의시스템의 거부에 대한 가장 명백한 상징적인 조치는 1992년 4월 정책협의체인 국가경제발전위원회(National Economic Development Council)의 위상 하락과 해체이다. 당시 다양한 다른 3자 협의체들 또한 해체되었으며, 몇몇 3자 협의체에서 노조의 대표권은 축소된 반면에 고용주, 사업가들은 대체로 상응한 회원권 증대를 부여받았다(Dorey, 2002: 65-66). 예컨대, 실업 감소 정책을 개발하고 조정하기 위해 1973년 창립된 인력서비스위원회(Manpower Service Commission)를 1987년 훈련위원회(Training Commission)로 개명하고 여기서 사용자에게는 9명의 대표를 참여시킬 수 있는 권한이 주어진 반면에, 노동은 3명의 대표에 그쳤다. 그리고 보수당정부의 장관들이 TUC의 대표를 만나는 경우도 정부의 결정과 목표에 관한 협의를 하기보다는 일방적으로 통보하는 자리에 불과했다.

또 보수당정부의 노사정 정책협의시스템에 대한 거부는 소득정책을 회피하는데서 관찰된다(Dorey, 2002: 66-67). 보수당은 소득정책이 항상 동반하는 노조와의 정치적 교환(political exchange)관계를 구축하려는 의사를 갖고 있지 않았다. 즉 임금자제를 수용한 대가로 노조에게 사회적 임금(social wage)을 증대시켜 줄 것이라는 기대는 상상할 수 없었다.

글로벌 시장의 충격이 영국 사회를 강타하는 가운데 1997년 5월에 집권한 블레어(Tony Blair) 노동당정부는 '제3의 길'(Third Way)을 표방하였다(Giddens 2000: 101-110). '제3의 길'에서 노동당정부의 경제정책은 공공지출동결, 소득세 인상 억제, 인플레 억제, 노동시장 유연화 등으로 전개되었다. 이는 기업의 투자·성장·경쟁력 제고를 유도하는 공급 중심의 경제(supply-side economy)로 보수당과 구별되지 못할 정도의 친기업적·친시장적 정책에 토대를 둔 우경화로 경도되었음을 의미한다.

노동당정부는 사회정책에서도 전통적인 노동당의 정책과 차별성을 드러낸다. 국가에 대한 복지의존도를 줄이기 위해 복지예산을 재배치하는 새로운 복지체계를 확립했다. 글로벌 시장의 충격에 대응하기 위해 적극적 노동시장 정책을 도입하여 자본의 요구에 순응하고 성장에 필요한 '고용능력'(employability)을 키우기 위해 기술지원, 직업교육, 직업훈련에의 투자를 크게 강조하는 한편, 복지수혜자들이 '앉아서 복지혜택을 받을 수 없게'하는 이른바 '일을 통한 자립 복지'(workfare or welfare to work)를 내세웠다. 동시에 노동정책에 있어서도 기업의 수익성 향상과 일자리 창출을 노동시장 유연성을 통해서 실현하고자 하는 친기업적 관점에서 접근했다.

노동당정부는 사실상 케인즈주의에 입각한 사민주의 정치를 탈피했다. 앞선 보수당정부가 채택했던 일련의 반노조 입법을 그대로 유지하는 가운데 노조의 집단행동 통제 등으로 노조의 전반적 정치적 권력자원은 크게 위축되었다. 이런 정치적 지형 속에서 노동당정부는 단지 담론의 차원에서만 정책협의를 시도할 뿐, 사실상 이를 포기했다(김수행, 2003: 99). 노동당정부는 경제정책 결정 과정에서 노사정 3자포럼을 부활시키려는 기대를 불식시키려 했으며 다원주의적 이익대표체계(pluralist interest representation system)를 강조했다. 블레어 자신도 과거에 유행한 정책협의시스템을 도입하는 것은 시대착오적이고 실용적이지 못한 것으로 인식했다(Dorey, 2002: 67-68).

반면에, 많은 사용자들은 노동당정부가 자신들에게 보여 준 개방적이고 관대한 정책에 대해 만족했다(Dorey, 2002: 71). CBI(사용자단체) 출신 사용자 대표들은 수상 및 각료들과 정기적으로 접촉을 가졌을 뿐만 아니라 '무역 및 산업부'를 정기적으로 방문했다. 그 외에도 사용자 대표들과 산업가들은 정부의 태스크포스팀, 자문위원회, 그리고 정책발의와 제안들을 검토하기 위해 노동당정부에 의해 설립된 각종 위원회 등에 자리를 부여받았다. 이러한 사용자들의 관대한 대표권은 노조에게는 부여되지 않았으며 이것은 노동당 정부가 노조보다는 CBI 및 경영계와의 정책협의와 파트너십을 발전시키려는 데 훨씬 더 많은 관심을 갖고 있다는 것을 의미한다.

이와 같이 노동당정부 하에서도 노사정 정책협의시스템은 작동되지 않았다. 이전 보수당정부의 유산을 그대로 물려받아 그와 유사한 노조와의 관계를 유지하는 데 집착했다. 노동당은 2002~03년 산업분쟁을 전개하기로 했던 공공부문 노조에 대해 강력히 대응하기도 했다. 노동의 파업행위는 노동당의 정책프로젝트에 대한 노조의 불신을 의미했고 노동당과 노조의 관계를 더욱 소원하게 했다(Waddington, 2003).

이와 같이 영국은 글로벌 시장화 이후 사회협약 체결을 위한 노사정 정책협의시스템의 작동을 경험해 본 일이 없다. 1980년대 이전 간헐적으로 시도되었던 정책협의시스템마저 보수당 및 노동당 집권 하에서는 해체되는 과정을 겪었다. 노사정 관계에서 국가가 참여하는 화해와 갈등조정 메커니즘은 노조나 사용자 양측의 어느 편에서도 환영받지 못했다. 이것이 시사하는 바는 보수당 및 노동당 정권 하의 노사정 관계에 여전히 다원주의적 이익대표 체계가 작동하고 있다는 점이다. 영국 다원주의 노사정 관계는 분산적 이익 집단, 즉 노동과 자본이 갈등적이고 경쟁적인 방식으로 정부에 압력을 행사하는 경향을 보인다.

보수당 및 노동당 정부 하에서 노사정 정책협의시스템이 해체되고 다원주의 노사정 시스템이 정착되는 동안 어떤 정치적·사회경제적 결과가 나타났는가? 보수당정부 하에서 계층 간의 소득불평등, 지역 간의 산업발전 격차로 인한 갈등이 분출했고 이를 진압하기 위한 법과 질서의 필요성을 증가시켰다. 즉 경찰력 및 군대의 증강을 위한 공공지출을 우선순위에 두었고 지방교부금 삭감을 통해 지방정부의 역할을 축소했으며, 중앙정부의 권한을 강화하는 등 권위주의국가의 양상을 드러냈다. 영국 경제는 1990년대 중반 무렵 인플레율, 실업률, 국민총생산 등 거시경제지표에서 불황의 조짐이 뚜렷했고 이것이 보수당으로 하여금 18년간의 정권을 상실케 하는 배경이 되었다. 노동당정부 하에서도 사회경제적 실적이 크게 달라지지 않았다. 예컨대 경제성장률은 1995년 2.7%에서 2004년 1.8%로 저하됐으며, 빈곤율의 경우 1995년 5.0%에서 2004년 5.3%로 증가했다(Taylor-Gooby, 2007: 35-36). 그 결과 소득분배구조의 악화와 사회양극화에 따른 갈등이 분출되었다. 이것은 복지국가의 재편으로 인해 복지혜택에 더 이상 의존할 수 없게 된 극빈자, 공공지출 동결로 인한 피해를 입은 연금 수혜자들의 소득이 감소한 데서 연유한 것으로 분석된다. 이 같은 맥락은 보수당정부 및 노동당정부 하에서 조직노동은 노동시장과 정치시장에서 그 영향력을 상실하였고 사실상 정책협의시스템은 국정 어젠더에서 사라졌으며, 빈곤층과 소외계층 그리고 사회경제적 불평등이 확산되었음을 의미한다.

2) 아일랜드: 노사정 정책협의시스템

1980년대 전반기에 글로벌 시장의 충격은 아일랜드 경제를 강타했다. 즉 당시 고용률, 실업률, 재정위기 등이 심각한 수준이었다. 이런 상황에서 많은 논자들은 외채상환 정지 등 국가적 파산을 우려하기 시작했다. 그러나 당시 중도우파인 Fine Gale과 중도좌파인 노동당 간의 연립정부(1982~87)는 정책 지향성의 차이에 따른 내부갈등 때문에 경제위기에 대응하기 위한 적절하고 단호한 조치를 취할 수 없었다. 무엇보다도 세입증가를 통하여 재정적자에 대응하려는 정책적 노력은 경기침체를 악화시켰다. 이런 까닭에 이민, 특히 고급인력이 해외로 빠져나갔고 위기와 절망감이 전 사회적으로 확산되어 갔다.

글로벌 시장의 충격에 따른 사회경제 위기 상황에서 야당의 전폭적인 지원에 힘입어 정부, 노총, 사용자연맹, 농업조직이 참여하는 국가경제사회위원회(National Economic and Social Council)가 가동됐다. 이에 따라 수상의 자문 역할을 수행하는 '싱크탱크'(think-tank)인 NESC는 1986년 '발전전략'(Strategy for Development)을 발표했다. '발전전략'은 정부재정 개혁의 절박성을 인정했으며 임금인상 자제가 경쟁력 향상에 필수적이라고 규정했다. 이러한 NESC의 보고서가 노사정 정책협의시스템을 발족시킨 신호탄이었다. 국내 사회경제적 위기감이 모든 참여자들의 마인드를 당시의 경제적 난국과 정책적 교착(stalemate)을 우회하는 전략을 개발하는 데 집중시키는 계기를 마련한 것이다(Hardiman, 2002: 9). 같은 해 10월에 NESC는 사회협약을 체결했다. 향후 3년 동안 첫째, 노조는 지나친 임금인상 요구와 파업을 자제하고 둘째, 기업은 투명경영과 이익금의 재투자로 일자리를 창출하며 셋째, 정부는 재정지출을 줄이고 소득세 감면과 사회보장제도를 확충하는 것을 뼈대로 하는 '국가재건 프로그램'(Program for National Recovery: PNR)(1987~90)을 체결한 것이다(Roche, 2007: 398).

1987년 집권에 성공한 Fianna Fáil(공화당) 정부의 혹히(Charles J. Haughey) 수상은 NESC의 보고서를 준수했으며 첫 사회협약인 PNR을 정부정책으로 채택했다. PNR의 체결은 혹히 수상의 단호한 의지, 그리고 사용자와 노조 지도자들과의 그의 개인적인 친분관계에 힘입은 바 컸다(O'Connor, 2004: 89). 국제경제의 호전, 인플레이션의 하락에 힘입어 아일랜드는 PNR를 통하여 재정적자 규모를 크게 줄일 수 있었고 경제성장을 위한 발판을 마련할 수 있었다. 이에 힘입어 사용자와 노조지도자들은 정책협의시스템의 효과에 대해 정당, 정치엘리트들과의 입장과 인식을 공유하였고(O'Connor, 2002: 164), 경제의 '선순환'을 유지시키는 제도적 · 정치적 기반이 확고히 자리를 잡게 되었다. 따라서 PNR의 성공은 사회협약의 참여주체들에게 정책협의시스템의 우월성에 대한 학습효과를 부여했다.

NESC는 1991에 '경제사회진보프로그램'(Programme for Economic and Social Progress: PESP)(1991~94)이라는 사회협약을 채택했다. PESP는 임금인상률에 관한 합의와 함께 근로자의 경영참여, 장기실업자 및 시간제 근로자의 보호 등을 규정했다. 1989년 경제가 회복단계에 접어들기 시작했지만 실업률은 1993년까지 여전히 높은 상태에 있었다. 따라서 사회적 파트너들이 실업에 대해 충분한 관심을 두지 않는다는 불만이 분출하였다. 이에 대한 반응으로 정부는 1993년 국가경제사회포럼(National Economic and Social Forum: NESF)을 설립하여 사회적 파트너십에 대한 관심과 의지를 심화시키고자 했다. NESF의 회원은 전통적인 사회적 파트너(노사정) 외에 농민단체, 정당대표, 그리고 실업자 · 청년 · 여성 · 장애인 · 빈곤층 등을 대표하는 자발적 결사체를 망라했다.[2] NESF의 역할은 경제사회 정책어젠다를 개발하고 특히 실업과 불평등에 대처하며 사회경제 공공정책에 관한 국민적 합의를 이끌어내기 위한 사회협약을 체결하는 것이었다. 1994년에는 '경쟁력 및 일자리를 위한 프로그램'(Programme for Competitiveness and Work: PCW) (1994~96)을 채택했다. 당시 아일랜드 경제는 높은 성장에도 불구하고 여전히 15% 수준의 높은 실업률을 보였다. 따라서 PCW는 기업의 경쟁력 강화와 일자리 창출을 추진하여 실업문제 해결을 목표로 설정했다.

PNR, PESP, PCW 등 사회협약의 성공적 집행으로 아일랜드 경제는 높은 경제성장률을 기록했으며 실업률도 크게 줄어들었다. 그러나 1990년대 중반 이후 공공부문 노조를 포함한 산별노조들은 사회협약이 경쟁력 강화라는 구실 아래 근로자들에게 많은 희생과 고통을 강요하고 있다고 비판했다. 이에

2) NESF는 2002년 현재 국회 15명, 노조 5명, 사용자 5명, 농업조직 5명, 시민사회단체 15명, 중앙정부 5명, 지방정부 5명, 독립인사 5명 등 총 62명으로 구성됐다.

따라 이해관계자들은 정책협의에 참여하여 '사회통합, 고용 및 경쟁력을 위한 파트너십 2000'(Partnership 2000 for Inclusion, Employment and Competitiveness)(1997~2000)을 채택했다. 이 사회협약은 고용창출과 경쟁력, 그리고 사회통합을 동시에 강조했다. 무엇보다도 '파트너십 2000'은 그 동안 성장의 혜택에서 소외된 장기실업자를 비롯한 사회적 배제집단을 배려했고 이를 위해 그들 집단들의 대표들이 정책협의 과정에의 참여를 규정했다. '파트너십 2000'이 종료된 후 아일랜드의 경제사회 주체들은 '번영과 공평성을 위한 프로그램'(Programme for Prosperity and Fairness: PPF)(2000~03)을 채택했다. 이 사회협약의 핵심은 임금인상률에 합의한 근로자들의 양보에 대한 보상으로 정부는 향후 3년 간 25%의 조세감면을 약속했다. 최근 아일랜드의 경제사회 주체들은 근로자들의 임금인상 자제에 보상으로 주택보급의 확대, 퇴직수당 인상 등을 담은 '지속적 진보'(Sustaining Progress)(2003~05)를 체결했다.

6차례에 걸친 사회협약들은 당면한 사회경제 문제에 대처하기 위해 고통분담과 보상의 내용에 관한 합의이다. 앞 3개의 사회협약 정책프로그램은 주로 경제성장 및 경쟁력 제고를 통하여 고용창출에, 뒤 3개의 협약 정책프로그램은 사회개혁, 참여, 형평성에 보다 역점을 두었다. 하지만 모든 협약의 특징은 임금인상 자제라는 노동자들의 양보인데 이로 인한 노동자들의 경제적 손실은 낮은 인플레이션과 정부와 기업의 보상정책 패키지에 의해 충당되었다. 특히 정부는 근로소득세율 인하와 사회취약계층의 보호를 위한 사회보장제도의 확충을 단행했으며 기업은 임금인상 자제에 대한 보상의 차원에서 근로자들에게 기업경영 참여를 부분적으로 인정했다.

이와 같은 노사정 정책협의시스템의 작동 결과 거시 사회경제적 성과는 어떠했나? 한때 가장 빈곤하고 후진적인 '유럽의 지진아'(European laggard)로 조롱받았던 아일랜드는 불과 20여 년 만에 양호한 거시 사회경제적 실적을 기록했으며, 사회갈등을 관리 · 조정하는 데 성공했다는 평가를 받고 있다(House and McGrath 2004; Roche 2007: 419-421). 우선 경제성장률은 1986년에는 마이너스 0.4% 성장을 기록했는데 노사정 정책협의시스템이 본격적으로 작동한 1980년대 후반부터 지속적인 경제호황을 경험했고 특히 1994~2002년 사이에는 연간 평균 GNP 성장률 8.8% 이상을 기록했다. 이는 같은 기간 동안 EU의 평균성장률 2.5%를 3배 이상 웃도는 고도성장이었다. 이 무렵 국가채무도 경제성장에 따른 재정세입 증대에 힘입어 크게 축소되어 마침내 1997년 이후 재정흑자로 돌아섰고, 정부부채의 규모도 지속적으로 줄어들어 2002년에는 GDP 대비 32.4%로 하향되었다. 국가경제의 눈부신 발전은 또한 국민소득의 증대를 가져왔다. 1988년 1인당 국민소득 1만 달러에서 8년 만인 1996년에는 2만 달러로, 그리고 2002년에는 3만3000 달러를 넘어섰다. 이는 2002년 당시 영국(2만4000 달러), 독일(2만5000 달러)의 1인당 국민소득을 훨씬 능가하는 수치였다. 나아가 아일랜드의 급속한 경제성장은 고용의 증가로 나타났다. 만성적인 이민유출과 1987년 16.8%로 유럽 최고의 실업률을 보였던 아일랜드는 2002년 실업률을 4.2%로 끌어내렸다. 대부분의 유럽연합 국가들이 1990년대 높은 경기침체 및 실업률, 재정적자 및 국가부채 증가 등으로 인하여 사회경제적 어려움을 겪었다는 사실을 고려할 때 아일랜드 사회경제적 성과는 '켈트 호랑이'(Celtic tiger)로 떠오른 '기적'으로 평가할 만하다.

4. 노사정 시스템 작동의 인과적 메커니즘

1) 사회문화, 이익집단의 조직력과 전략

첫째, 사회문화는 노사정 시스템 작동에 영향을 미치는 변수로 작용한다. 그렇다면, 영국과 아일랜드의 지배적인 사회문화가 각각 무엇이고 이것이 두 나라의 노사정 시스템의 작동에 어떻게 영향을 미쳤나?

우선 영국의 자유주의적 사회문화는 영국 정책협의시스템의 작동을 어렵게 하고, 대신 다원주의 노사정 시스템을 강화시킨 요인으로 작용했다. 영국의 노동과 자본은 전통적으로 국가에 대해 뿌리 깊은 불신을 품어 왔다. 이러한 불신은 영국 사회가 보여준 자유주의적 방임주의에 연유한다. 자유주의적 가치와 의회주의적 이익대표 형태에 대한 영국민의 문화적 몰입은 국가의 역할을 제약하고 시민사회와 시장에 대한 국가의 간섭을 부당한 것으로 여기게 하는 중요한 요인이 된 것이다. 노동과 자본도 이로부터 영향을 받은 것이다. 조직 노동의 경우, 노사관계에 대한 국가개입은 노조주의에 법적 제약을 가함으로써 사용자에게 유리하게 작용하거나 노조의 자율성과 활동을 축소할 것이라는 의구심을 항상 떨쳐버리지 못한다. 따라서 그들은 자유로운 노사 단체교섭에 집착한다. 영국의 사용자들과 산업지도자들 또한 노사관계에 대한 국가의 간섭에 대하여 반감을 드러내는 경향을 보여 왔다. 그들은 정부의 간섭이 경영진의 경영권과 기업 자율성을 위축시킬지 모른다고 우려하고 정치인들이 자신들의 정치적 목적에 따라 노조의 지지를 동원할 필요성을 갖고 있는 것으로 인식한다(Coates, 1994: 207). 결국 노동과 자본은 자신들이 정부의 정책결정 및 실행 과정에 너무 깊숙이 통합되는 것을 경계하게 된 것이다. 왜냐하면 노동과 자본은 정책협의에의 참여가 자신들의 자율성과 독립성을 약화시키고 가시적이고 단기적 이득에 보다 관심이 있는 산하 조직원들을 소외시킬 것을 적지 않게 우려했기 때문이다.

이와 같이 노사관계에서 국가의 개입을 통해 이뤄지는 화해와 갈등조정 메커니즘은 노조나 사용자 양측의 어느 편에서도 환영받지 못했으며, 노사정 정책협의시스템은 영국민들의 반국가적·자유주의적 가치로 인하여 쇠잔될 운명을 지녔다 했다(Cox, 1988: 201). 따라서 정부의 개입 없이 노사 간에 자율적으로 단체교섭이 이뤄지는 자유주의에 기초한 노사 자발주의(voluntarism)와 다원주의가 영국 노사관계의 주요 특징으로 자리 잡았다.

이에 반해 아일랜드에서는 가톨릭 사회교리가 노사정 정책협의시스템의 작동에 긍정적으로 작용한 하나의 요인이 됐다. 가톨릭 사회교리는 아일랜드 사회문화 형성에 지대한 영향을 미친 것이다. 물론 영국 통치를 받았던 아일랜드의 식민지 유산은 사회적 파트너십에 부적합한 가치와 구조를 만들어내는 측면이 없지 않다(O'Connor, 2004: 86). 즉 아일랜드의 노사정 관계는 국가개입의 최소화와 자율적 단체협상을 추구한 영국식 모델에 근거한 자유주의에 기반을 두었다. 특히 노조 내부에 자율적 노사관계가 자유노조운동에 필수적이라는 신념에 근거하여 국가개입에 대해 이데올로기적으로 매우 혐오

하는 경향이 존재했다. 연이은 정부들도 자유주의에 반한 정책협의시스템을 선호하지 않았다.

하지만 장기에 걸친 영국의 식민지 지배는 역설적으로 아일랜드 정책협의시스템의 역동성을 가져오는 사회문화를 잉태했다. 독립 후 아일랜드의 노동시장에는 식민지 유산에 강한 거부감을 느끼고 이를 청산하고자 하는 노사문화가 발생하기 시작한 것이다. 즉 1980년대 전반기까지의 아일랜드 노사정 관계는 아직 영국식 자발주의(voluntarism), 다원주의적 단체협상이 남아 있었지만, 그 협상과정은 보다 제도화됐고 점진적으로 합의 패턴으로 변하기 시작했다(Roche, 2007: 395-398). 이는 아일랜드 사회에 깊숙이 뿌리내린 가톨릭 교리에 의해 더욱 촉진됐다. 1891년 로마 교황은 계급투쟁을 주장하는 사회주의를 거부하고 사랑으로 계급 간의 화해와 협력, 관용과 포용을 촉구하는 기독교적인 처방을 담은 칙령을 발표한 바 있다. 이 같은 교황의 칙령이 전형적인 가톨릭 국가인 아일랜드의 노동과 자본에게 점진적으로 내면화·생활화되어 사회문화로 자리 잡아 간다. 이에 힘입어 아일랜드의 노사는 실제로 1970년대 제1차 오일쇼크로 인한 세계경제의 침체기에 직면하여 수차례 걸친 중앙 차원의 임금협상 및 합의가 실현되곤 했다. 이러한 정책유산은 1980년대 후반 이후 아일랜드 노사정 정책협의시스템을 정상적으로 작동시키는데 동력이 됐다.

둘째, 노사정 시스템의 작동은 시민사회에서의 노조와 사용자집단의 조직력과 전략에 의해 영향을 받는다. 영국 최상급 노조인 TUC의 영향력은[3] 가입된 노조들이 자신들의 자율성을 확보하기 위해 중앙집권적 통제를 거부하기 때문에 유럽 타국, 특히 아일랜드의 중앙노조에 비해 매우 취약하다. 영국 TUC는 산하 노조에 대한 통제력과 대표성을 갖고 있지 못해 부문별 조합들이 중앙 차원에서 체결된 사회협약을 준수하지 않고 파업에 돌입하곤 했다. 즉 중앙노조가 사용자집단 혹은 정부와 협력을 하는 경우가 있어도 하부조직에서 이를 따르지 않는 경우가 많았다. 따라서 보수당 정부와 노동당 정부는

3) 영국 TUC에는 현재 76개 노조가 산업별·직종별·직능별 노조, 그리고 일반노조 등의 형태로 가입해 있고 산하 조합원의 총수는 840만 명에 이르고 있다.

TUC가 중앙 차원에서 이뤄진 합의사항의 준수를 유도할 수 있는 구속력을 갖고 산하 하급노조들에게 강제할 의사나 능력이 없다는 인식을 갖고 있었기 때문에 소득정책을 거부했다. 노조 지도부가 중앙 차원의 합의사항에 대한 노조 조합원들의 순응을 유도할 리더십과 통제력을 갖고 있지 않다는 것이 반복적으로 입증되었기 때문이다. 이런 까닭에 여러 사업부문에서 산업 및 전국차원의 단체교섭이 줄어들고 기업 혹은 사업장 단위의 단체교섭이 나타나기 시작했다. 즉 단체교섭은 단위노조에 상주하면서 노사관계의 제반업무를 담당하는 숍 스튜어드(shop steward)의 관할 사항이다. 영국 노사관계는 이처럼 기업 및 사업장 중심으로 이뤄진다. 이것이 노사정 정책협의시스템을 해체시키고 다원주의 노사정 관계를 선호하는 원인으로 작용했다.

영국의 사회적 파트너들은 단기주의(short-termism) 전략을 선호하는데 이것은 사회적 파트너들이 장기적 전략의 성격을 띤 정책협의 과정에 참여하는 것을 주저하게 한다. 예컨대, 노조는 항상 고용기간 및 조건을 둘러싸고 사용자와의 협상에서 사업장 조합원들의 단기적인 물질적 이해관계에 주로 관심을 가져왔다. 이것은 정책협의 과정에 대한 노조들의 참여 의지를 더욱 약화시킨 요인으로 작용했다. 왜냐하면 정책협의에 참여했을 때 이는 특수 업종 혹은 산업 부문의 노조 조합원들의 단기적이고 물질적인 이익을, 정부에 의해 설정된 장기적인 국가이익에 예속시키는 상황을 수반하기 때문이다(Dorey, 2002: 74).

영국에서와는 달리, 아일랜드에서는 노조의 조직적 집권성, 그리고 태도와 인식이 정책협의시스템의 작동에 유리하게 작용했다(Prondzynski, 1998: 56-58). 아일랜드노동조합총연맹(ICTU)은 정상 노조로서 아일랜드 전 조합원들의 약 90%에 해당하는 약 43만 5천 명의 노동자를 대표한다. 특히 1980년 이후 노조들의 합병활동이 활발해지면서 아일랜드 노조운동은 협조적인 행동과 계급지향적인 정책을 추구하는 능력을 과시했다. 노동운동 내에서 ICTU의 영향력은 정책협의시스템이 작동하는 동안 증대되었는데 이는 1987년 이후 ICTU가 의사결정권에서 내부 민주적 메커니즘에 입각한 도덕적 권위를 갖고 있었음을 반영한 것이다.

조직력에 바탕을 둔 ICTU는 정책협의에 기초한 사회협약을 적극적으로 지지하는 태도와 인식을 가졌다(O'Connor, 2004: 94). 종부와 자본과의 제도화된 정치교환(political exchange)은 영국의 식민지 통치 동안 경험했던 노조주의의 불행한 운명을 청산하기 위한 ICTU 지도부의 전략적 선택에서 비롯되었다. 물론 노조 내부에서도 정책협의시스템에 대한 반대가 없었던 것은 아니다. 특히 영국식 노조의 사고를 가진 아일랜드 장인노조는 노조의 자율성을 제약하는 중앙 차원의 사회협약을 반대하는 전통적·이데올로기적 입장을 견지했다. 그들은 정책협의시스템이 경영계 어젠다에 속박을 강제하는 정치적 통합 양식이라고 비판했다. 그러나 일반노조 및 공공부문 노조들은 정책협의시스템이 글로벌 시장의 충격으로 발생한 아일랜드의 여러 사회경제 문제를, 신자유주의 정책으로 해결하려는 시도를 차단했던 것으로 판단했다.

아일랜드 사용자들 또한 비교적 잘 조직화되어 있는데 이는 정책협의시스템에 긍정적으로 작용했다. 아일랜드기업 및 사용자연맹(IBEC)은 정책협의 과정에서 기업을 대변하기 위해 보다 통일된 목소리를 낼 수 있었다. 이는 업계의 보다 장기적이고 전략적인 정책 어젠다를 형성하고 추구하는 능력을 증대시켰다. ICTU의 지도부처럼 IBEC의 지도부도 노사정 정책협상 결과에 대한 산하 회원들의 순응을 담보하는 공식적 대표성을 견지했다. 정책협의시스템이 전국 수준의 노사정 관계를 정상화시키면서도 기업 수준에서 유연화 전략의 추구를 방해하지 않았다(Roche, 1998: 112-114). 따라서 IBEC의 산하단체들도 정책협의시스템을 강력히 지지했다.

2) 정당 및 의회정치

노사정 관계와 맞물려 있는 정당정치·의회정치·내각구성이 노사정 시스템의 작동에 영향을 미치는 하나의 변수일 수 있다. 이 점에서 영국과 아일랜드의 정당정치·의회정치·정부형태의 차이점을 분석하고 이것이 두 나라의 노사정 시스템의 작동을 각각 어떻게 규정했나를 논의하고자 한다.

영국 정치는 '경쟁'과 '수(數)의 논리'가 정치권력을 가장 효율적으로 배분할 수 있는 메커니즘이라는 다수제 정치패러다임에 따라 작동한다(Lijphart, 1999: 10-17). 이에 따라 단순다수대표제에 입각한 영국의 선거제도는 양당제를 만들어내고 이 중 과반수이상의 안정 의석을 확보한 정당에게 단독으로 정권을 맡겨 연립정부의 등장을 허용하지 않는다. 이러한 정치적 동학 조건이 국가이익을 증진시키는 정책을 결정하고 이를 신속하게 추진하여 국정의 효율성을 실현할 수 있는 것으로 상정한다. 따라서 영국 정치에서는 노사정 정책협의시스템이 경직적이어서 신속한 결정 및 실행을 방해한다는 이유로 거부되고 있으며, 정책결정 기능은 정당 및 의회 정치에 의해 주도되고 있다. 말하자면 시민들의 이해관계는 경쟁의 원리가 작동하는 정당 및 의회 정치를 통해 정상적으로 표출, 반영되고 실현될 수 있는 것으로 인식된다. 이러한 경쟁의 원리는 노사정 관계에서 다원주의적 이익대표체계(pluralist interest representation system)로 나타난다. 영국 다원주의적 이익대표체계는 분산적 이익집단들이 로비, 시위 등 갈등적이고 경쟁적인 방식으로 정부에 압력을 행사하는 형태로 나타난다(Gallagher, Laver, and Mair, 1995: 370).

1990년대 후반 이후 토니 블레어 노동당의 경제정책은 완전고용의 포기, 복지지출의 삭감 등 케인즈주의의 점진적 해체로 나타났는데, 이는 노조를 당으로부터 이반시키는 요인으로 작용했다. 앞에서 논의한 바와 같이, 노동당은 축적위기로 간주된 상황에서 '기업신뢰'(business confidence)와 '투자촉진'이라는 자본의 이해와 논리에 충실했다. 영국 노동운동은 노동당과 엄밀하게 기능적으로 분화되었다. 노동운동은 정치활동이나 이념적 원칙을 자신의 단기적이고 경제적인 이익을 실현하기 위한 부차적 수단으로 간주해 왔다. 이러한 노동운동의 성격은 노동당 지도부가 자본의 논리에 쉽게 타협할 수 있는 결정적 조건을 형성시킨 요인으로 작용했다. 바꿔 말하면 당과 노동조합의 기능적 분화가 시사하는 바는 노동당 지도부가 노조운동의 구조적 압력의 부재 속에서 상대적으로 케인즈주의적 정책과 노사정 정책협의시스템을 쉽게 포기할 수 있었다는 점이다. 노동당과 노조 간에 기능적 분화가 발생한 원인은 보수당 집권(1979~97년) 하에서 노동당과 노조가 분열되었고 노동의 권력자원이 약화되었을 뿐만 아니라[4] 노동조직의 중앙집중성이 약하다는 데에 있다. 블레어 노동당 하에서도 노동당과 전국적 수준의 이익집단 간의 관계에서는 어떤 의미 있는 변화를 가져오지 못했다(Charlwood, 2004: 391). 노동당의 정치전략은 노조와의 일정한 거리를 두는 데 역점이 주어졌다. 노동당이 노조의 영향력으로부터 자유로울 수 있는 정치적 구조를 구축한 것이다. 이런 노동당정치 조건에서 노사정 정책협의시스템 대신, '제3의 길'로 포장된 신자유주의에 기초한 다원주의 노사정 관계가 지배하게 됐다.

영국에서는 어떤 기구나 조직도 의회보다 우위의 정치적 권한을 갖지 못한다는 의회통치권론이 존재한다. 그런데 노사정 정책협의시스템이 작동하려면 의회의 의사결정권이 노조의 지도자들과 사용자 대표들과 공유되어야 한다. 하지만, 이는 의회통치권을 침해할 수 있는 여지가 발생한다. 실제로 이것은 노사정 정책협의시스템에 대한 이데올로기적 공세에서 몇몇 보수파들에 의해 거론된 이유 중의 하나이다. 영국에서 정책협의시스템의 작동 실패를 가져오는 의회통치권의 또 다른 차원은 대표 양식이다. 영국 의회민주주의는 공식적으로 지역 선거구에서 개별 투표자들의 '지역적 대표'에 기초하고 있는 데 반해, 정책협의시스템은 자본(CBI)과 노동(TUC)의 정상결사체들을 통하여 '기능적 대표'에 기초한다. 사회적 파트너들은 의회 혹은 선거인단에 책임을 지지 않기 때문에 의회 및 선거인단은 정책협의시스템을 불신한다. 이와 같이 영국 의회통치권의 개념은 정부와 이익집단들 간 의사결정권 공유에 기초하는 노사정 정책협의시스템 작동을 가로막는 커다란 장애물이다(Marquand, 1998: 173).

한편, 1980년대 이후 아일랜드의 정당정치는 영국 정당정치를 지배하는 '경쟁' 원리보다는 '상생' 원리에 따라 작동하는 합의제 정치패러다임을 지향한다. 이 같은 정당정치의 특성은 사회경제적 위기를 맞이하여 사회협약을 체결하는 노사정 정책협의시스템 작동에 유리하게 작용했다(Hamann and Kelly, 2007: 982-984). 아일랜드의 주요 정당들은 각각 정치고객을 둔 사회적 뿌리를 갖는다. 민족주의를 지향했지만 노동우호적인 Fianna Fáil은 소농, 노동자, 중

4) 노조 가입률도 1979년 60%에서 2000년 29%로 크게 감소했다(Schmidt, 2002: 163-164).

하위층으로부터 지지를 얻으며, Fine Gael은 대농, 전문인, 기업, 중산층 이상으로부터 지지를 받는다. 군소정당으로 노동당(Labour Party), 녹색당(Green Party), 진보민주당(Progressive Democrats), 민주좌파(Democratic Left) 등이 있다. 다당제를 하부구조로 하는 보수-진보 정당지형은 당의 전국 득표율과 의석점유율을 거의 정비례시키는 단기이양식투표(single transferable vote)에 연유한다.[5] 이 비례대표제는 계급·계층균열을 보수-진보 정당체제에 반영시키고 '온건한 계급정치'(moderate class politics)를 통해 계급·계층갈등을 제도화시키는 노사정 정책협의시스템을 작동시키는 데 중요한 역할을 했다.

아일랜드에서 노동 우호적인 정당인 Fianna Fáil, 노동당, 진보민주당과 노조 간의 연계는 노동의 이익이 정책협상테이블에서 정당에 의해 대표될 수 있도록 해 주었고 노조의 전략적 행동에 영향을 주었다. 즉 노조의 지도부는 과격한 투쟁전략으로 글로벌 시장의 충격에 대응하기 위해 '온건과 절제'의 전략을 택했다. 말하자면 노동우호적인 정당들이 어려운 고비마다 과격한 노동운동을 자제시키는 등 노조들의 절제와 타협적 태도를 이끌어내는데 공헌했다. 이러한 연대는 제도적 학습 효과가 발생하여 노사정 간의 신뢰에 기반을 둔 사회적 자본을 축적하는 데 기여했으며, 이것은 또 다시 노사정 정책협의시스템을 작동시키는 선순환 결과를 가져왔다.

아일랜드 정당들은 정책협의시스템에 대해 긍정적이었다. 1990년대 이후 모든 정당들은 정책협의시스템에 대한 입장과 지지를 정부와 공유했으며, 그 유효성에 대한 합의를 모았다. 물론 초기에 Fine Gael과 노동당은 사회적 파트너십에 비판적이었다. 왜냐하면 합의내용이 민주적으로 선출된 정부의 정책 자율성을 제약하며 정책협의시스템이 대의제 민주주의를 위협한다는 것이다. 그러나 이들 두 정당은 1990년대에는 연립정부에 참여하면서 정책협의시스템을 선택하는 데 적극적이었다. 각 사회협약들이 성공적으로 이행되고 '나도 함께'(me too)라는 정치문화가 확산되어 어떤 정부도 정책협의시스템을 폐기하지 않았다(O'Connor, 2004: 93). 이는 선거정치에서 노동 우호적인 정

5) 이는 정당명부의 서열의 결정권을 유권자들에게 과감히 이양하는 제도다. 유권자들은 지역구 후보자들에 대한 선호도에 따라 순서대로 후보자들의 이름을 명기하게 된다.

당이 정책협의시스템의 작동에 중요하게 작용했음을 시사한다. 요컨대, 아일랜드의 모든 정당들은 정책협의시스템이 경제 및 사회 정책결정에 있어 적절한 접근방식이라는 데에 합의를 모았다.

정당 간의 협력체제에 기반을 둔 의회정치와 연립정부의 노력이 아일랜드의 노사정 대타협을 성사시키는 데 공헌했다. 1987년 이후 아일랜드 정당정치는 자주 협상하여 의회에서 정당 간의 교차파트너십(cross-partnership)으로 협력하고 연립정부를 구성하곤 했다. 아일랜드 노사정 정책협의시스템은 이러한 정치지형의 변화 속에서 작동했을 뿐만 아니라 그 제도화에 탄력을 받았다(O'Donnell and Thomas, 2002: 168). 실제로 각 사회협약은 의회에서 정당 간의 협력체제에 의존한 연립정부에 의해 체결되었다. 예컨대 PNR은 Fianna Fáil의 소수 정부에 의해 이뤄졌지만, PESP은 Fianna Fáil-진보민주당(Progressive Democrat)의 연정, PCW은 Fianna Fáil-노동당의 연정, '파트너십 2000'은 Fine Gael-노동당-민주좌파당(Democratic Left Party)의 연정, PPF은 Fianna Fáil-진보민주당의 연정 등에 의해 사회협약이 체결되었다(Hardiman, 2002: 22). 정권이 여러 차례 바뀌는 상황에서도 의회에서 정당과 정파를 초월해 정당 간 협력체제에 기반을 둔 연립정부는 노사정 정책협의의 틀을 유지하는 정치적 받침대가 됐다. 따라서 설령 총선 결과에 따라 연정 파트너 교체가 이뤄져도 경제정책의 갑작스런 변경이 야기될 가능성은 높지 않으며, 이는 노사정 정책협의시스템의 안정적 작동을 가능케 했다(Rhodes, 2001: 186).

3) 정부의 정책능력

노사정 시스템의 작동은 경제사회에서 정부의 성격과 태도, 특히 보장자(guarantor) 및 보상자(compensator) 정책능력 차이에 달려 있다. 이 점에서 영국과 아일랜드의 정부가 친자본적인 보장정책과 친노동적인 보상정책을 어떻게 추구했나를 비교 분석할 필요가 있다. 부연하면 영국과 아일랜드의 정부가 과연 자본의 투자의욕을 촉진시키는 한편, 노동에게 보상패키지를 통해 노동운동을 온건화 시켜 왔나를 비교 분석해 보면, 두 나라의 차이점은 무엇이고 이것이 노사정 시스템 작동에 미친 영향을 알 수 있다.

1980년 이후 영국 정부정책의 성격이 변화했다. 앞에서 논의한 바와 같이, 이 변화는 주로 민영화, 외부계약(contracting out), 중앙은행의 독립성 부여 등과 같은 조치들이 취해져 경제영역으로부터 국가의 철수에 연유한다. 이러한 조치들에 따른 정부정책의 성격 변화는 유럽화와 글로벌화 과정에 의해 영향을 받았다. 결국 시민사회와 시장으로부터 철수에 따른 국가의 '공동화'(hollowing-out)현상으로 나타난다(Jessop, 1994: 27). 이러한 영국 정부정책의 성격 변화는 또한 시민사회의 다양성과 경쟁성 증대를 초래했다. 바꿔 말하면 정부로부터 상당한 정도의 자율성을 누리는 자발적이고 경쟁적인 조직의 수를 증대시키고 복잡하게 함으로써 중앙정부의 지도에 저항한다. 결국 글로벌 시장화 이후 국가의 '공동화'와 시민사회의 변화는 영국 노사정 정책협의시스템 작동을 더욱 어렵게 하고 다원주의 노사정 시스템으로 경도되게 하는 요인으로 작용했다.

글로벌 시장화 이후 영국 정부의 성격이 공급 중심의 경제정책, 복지정책의 축소로 변화하는 것도 노조의 이탈을 가져와 정책협의시스템을 해체시키는 요인이었다. 보수당정부와 노동당정부는 공히 기술훈련, R&D, 교육 투자, 수송, 통신 등을 중시하는 공급중심의 경제정책을 선호했다. 동시에 국가재정 및 통화정책의 핵심은 균형재정, 법인세 인하, 노동시장의 유연화 등 기업의 안정적 투자 여건 조성에 있었다(Cressey, 1999, 63). 복지의 경우 연금, 실업, 장애, 산재 등 기본 사회보험 분야에서는 보편주의를 적용하지만, 재정부담이 큰 연금은 민간보험을 장려하여 국가의 재정부담을 감소하려 했다. 만성적인 복지 의존층은 재훈련·재교육을 통해 취업자군으로 편입시켜 자립할 수 있도록 하게 함으로써 복지 수혜층을 줄이려고 노력했다(이연호, 2003: 224-226). 이런 조건은 정책협의시스템에 노조의 적극적 참여를 유도해 낼 수 없다. 말하자면 글로벌 시장 속에서 영국 노동의 재상품화(re-commodification) 정책은 정책협의시스템의 작동을 방해하는 요인으로 작용했다. 글로벌 시장의 충격이 사회복지의 제공에 의해 흡수되지 않았기 때문이다.

이에 반해 아일랜드에서는 정책협의체에 정부 대표의 적극적인 참여가 정책협의시스템의 작동을 촉진시키는 요인으로 작용했다. 정부의 입장에서 볼 때 정책협의시스템은 정책정당성 및 신뢰성을 제고할 수 있는 기회이다. 정부 대표가 참여하는 국가경제사회위원회(NESC)는 경제사회적 이슈, 예컨대 경쟁력 제고를 위한 완만한 임금 수준, 공공재정 건전화, 세제개혁, 노사갈등의 경감, 공공부문의 구조개혁, 분배정책, 공공정책의 질과 효과성 개선 등에 관한 합의를 모색하고 수상의 자문에 임했다. 무엇보다도 아일랜드 정부는 정책을 통해 노동에게 보상을 제공함으로써 그들의 양보를 유도하고 자본과의 협력하는 전략적 행동을 이끌어 내는데 성공했다. 특히 정부는 사회협약 체결과정에서 노동으로부터 임금인상 자제라는 양보를 유도하기 위해 사회안전망에 관한 여러 정책을 통하여 사회협약이 순조롭게 체결되고 집행될 수 있었다(Roche, 2007: 399-401).

아일랜드 노사정 정책협의시스템의 작동은 완만한 임금인상과 노사안정을 가져왔고, 이를 바탕으로 아일랜드 정부는 외국자본을 유치하기 위해 매력적인 투자환경을 조성하는 보장자 역할을 수행했다. 자국에 투자하는 외국기업에게는 세금 특혜 외에도 공장 설비와 건물 토지 구입에 들어가는 비용의 25~30%를 현금 보조금(cash grant)으로 지급했다. 특히 법인세를 10%로 낮추는 파격적인 조건이었다. 그 결과 아일랜드에 진출한 외국기업들은 정보통신, 의약 분야 등 하이테크 산업에 집중되어 아일랜드 경제발전의 견인차 역할을 했다. 아일랜드 정부는 외국인 직접투자에 의하여 경제효율성과 경쟁력을 제고시키면서도 사회협약에 포함된 사회보장 프로그램을 성실히 이행했다. 특히 요양간호수당, 유족연금수당, 보건 및 안전급여, 입양급여, 편부모수당, 실업보조, 고아연금, 장애수당 등 다양한 사회안전망이 구축됐다. 또한 실업문제를 해결하기 위해 아일랜드 정부는 '적극적 노동시장' 정책을 강화했다. 정부의 이 같은 사회안전망 정책이 아일랜드 사회의 소득불평등을 크게 개선하지는 못했으나 노동을 포함한 사회취약계층에 대한 미래의 불확실성을 줄이는 데 일정 정도 기여했다.

요컨대, 아일랜드 정부는 국가경쟁력을 강화하는 한편, 시장의 낙오자인 사회취약계층을 보호하는 사회적 안전망 정책을 구축했다. 이로써 정책협의체에 참여한 사회적 파트너들은 사회협약의 필요성을 확신하는 정책학습(policy learning)의 기회를 갖게 되었다.

5. 맺음말

영국과 아일랜드의 노사정 관계는 전통적으로 자유주의와 다원주의 틀에 기반을 두었지만 글로벌 시장의 충격에 대응하는 두 나라의 국내 전략은 대조적인 정치적 선택으로 나타났다. 영국은 시장주도의 신자유주의 경제관리를 지향하는 가운데 기존 노사정 정책협의시스템을 해체하고 다원주의 노사정 시스템으로 경도돼 갔다. 그 이유는 정책협의시스템의 작동에 긍정적으로 작용하는 구조적 제도적 전략적 조건이 결여됐기 때문이다. 즉 전통적인 자유주의 문화, 이익집단들의 약한 조직력과 개별적 최적 전략, 기업노조주의에 따른 노동의 권력자원 허약성, 노동당과 노동조합의 기능적 분화와 분열, 노동당의 친자본적 논리, 기능적 대표성이 아닌 지역적 대표성에 기초한 의회통치권, 친자본적인 정부정책 등이다. 이런 조건은 영국 노사정 관계를 정책협의시스템보다는 다원주의 시스템으로 유도했으며, 그 결과 보수당 및 노동당정부 하에서 사회계층 간의 소득불평등이 심화됐다. 반면에 아일랜드는 시장조정모델(market coordination model)을 채택하여 노사정 정책협의시스템을 성공적으로 작동시켰다. 그것은 노사 화해를 강조한 가톨릭 교리, 이익집단들의 상대적으로 강한 조직력과 집단적 최적 전략, 계층·노사갈등을 대표하는 정당체제, 노동우호적인 정당과 노조 간의 연계, 정당 간 교차 파트너십에 기반을 둔 의회정치와 연립정부, 양보와 보상을 유도하는 정부의 정책능력 등에 연유한다. 무엇보다도 노사정 정책협의시스템의 작동을 통해 산출된 사회협약은 공급중심의 생산성 및 경쟁력을 갖는 정책패키지, 그리고 사회안전망을 통한 사회적 형평성을 높이는 정책패키지를 동시에 포함한다. 정책협의의 참여 주체도 전통적 협상 당사자인 사용자 및 노조뿐만 아니라 농민, 실직자, 청년, 여성 및 장애인 등 다양한 이해관계자들을 포괄한다. 이처럼 아일랜드 노사정 정책협의시스템은 이해관계자의 참여 폭 및 정책콘텐츠에서 혁신성을 보여 '아일랜드 기적'(Irish miracle)을 달성한 동력이 됐다. 여기서 우리는 글로벌 시장의 사회경제적 충격에 대응하는 두 시스템의 적실성에 차이가 있음을 인지할 수 있다. 이를 토대로 두 가지 측면에서 이론적 경험적 함의를 끌어낼 수 있다.

첫째, 이론적 측면이다. 조절이론(regulation theory)을 비롯한 기존 이론들은 글로벌 시장이 모든 국가의 정책 자율성을 제약하고 다원주의적 노사정 관계로의 수렴화를 촉진하며, 따라서 국가의 공동화(hollowing out)를 가져와 노사정 정책협의시스템이 붕괴될 것이라는 이론적 관점을 제시한다. 하지만 기존 이론은 '글로벌 시장의 역설'(paradox of global market)에 주목하지 않고 있다. 이 글은 글로벌 시장의 충격에 대응하는 국가의 노사정 시스템은 획일화되어 있지 않다는 사실을 확인시켜 준다. 즉 글로벌 시장의 충격은 영국식 다원주의적 노사정 시스템을 가져올 가능성도 존재하지만, 아일랜드식 노사정 정책협의시스템을 촉진할 수도 있다. 글로벌 시장의 충격에 대응하는 국가의 정치적 선택은 그 국가 내부의 사회문화, 이익집단들의 역학관계 및 전략적 행동, 정당과 노조와의 관계, 정당체제, 의회 및 정부 영역에서의 정당 간 연합정치 여부, 정부의 정책능력 등 다양한 규정 변수들에 의해 나라에 따라 상이하게 나타날 수 있다. 따라서 이 글은 기존 이론의 이론적 편견(theoretical bias)을 극복하고 "국가는 구조적 제도적 전략적 조건에 따라 글로벌 시장에 대응할 수 있는 정책 자율성과 능력에 차이를 보일 수 있다"는 이론적 메시지를 제공하고 있다.

나아가 이 글의 연구결과는 글로벌 시장의 충격에 대응하는 한 국가의 노사정 관계가 다원주의 혹은 정책협의 중 어느 시스템을 지향하느냐 하는 문제는 그 국가가 선택한 민주주의 패러다임에 따라 영향을 받을 수 있다는 이론적 명제를 제공한다. 민주주의에는 다수제(majoritarian)와 합의제(consensus), 두 패러다임이 존재한다(Lijphart 1999: 1-8). 전자는 정치경쟁과 수의 논리에 따라 정치적 승부를 가리고 수적 다수를 확보한 정당에게 권력집중을 시켜 정치효율성을 추구한다. 반면에 후자는 정치경쟁의 결과에 따라 등장하는 다수파정당과 소수파정당 간의 권력분점(power-sharing)을 통해 갈등조정 정치를 추구한다. 그런데 영국 민주주의는 다수대표제-양당제-집권당 단독정부 등의 제도적 매트릭스로 이어지는 다수제 패러다임에 근거한다. 반면에 아일랜드 민주주의는 득표율과 의석점유율이 비례하는 단기이양식투표-다당제-연립정부 등의 제도적 매트릭스로 이어지는 합의제 패러다임에 근거한다. 이 점에서 이 글은 다원주의 노사정 시스템과 다수제 민주주의 간, 노사정 정책협의 시스템과 합의제 민주주의 간에 각각 제도적 친화성이 존재하고 있다는 이론적 메시지를 제공한다. 특히 아일랜드의 정책협의 시스템 작동은 중요한 이론적 메시지를 제공한다. 즉 국회와 정부 차원에서 정당 간에 권력분점이 이뤄지는 연합정치가 보편화되면 이는 곧 노사정 대타협으로 이어질 수 있다. 역으로 노사정 대타협은 노동과 자본에 뿌리를 둔 정당 간의 정책협의에 바탕을 둔 연합정치를 촉진한다. 이 점에서 이 글은 연합정치와 사회파트너십 간에는 선순환 메커니즘이 작동할 수 있으며, 이를 통해 노사정 갈등의 조정관리가 가능해 질 수 있다는 이론적 논점을 제시하고 있다.

둘째, 정책적 차원이다. 이 글은 한국의 포스트민주화 노사정 시스템을 개발하는 데 시사를 주고 있다. 1987년 민주화 이후 한국의 노사정 관계는 불안정을 노출해 오고 있다. 더욱이 1997년의 IMF 관리체제 이후 글로벌 시장에 깊숙이 편입된 한국 경제는 현재 비정규직, 영세자영업, 근로빈곤층, 실업 등과 같은 소외 · 배제집단을 양산시키고 있으며 이로 인한 노사갈등이 상존하고 있다. 그러나 노사갈등 조정을 위한 세련된 노사정 시스템은 구축되지 못하고 있고 그 결과 사회통합이 위협받고 있다. 따라서 한국은 경제적 효율성과 사회적 형평성을 어떻게 선순환(virtuous circle)시킬 것인가의 관점에서 포스트민주화 노사정 시스템을 개발할 과제를 안고 있다.

물론 한국에도 '사회경제발전 노사정위원회'가 존재하고 있다. 그러나 이 기구가 사실상 유명무실해진지 오래다. 정부 자본 노동이 각기 사회적 협의의 장을 다르게 해석하고 있기 때문이다. 즉 정부와 자본은 신자유주의 시장경제 강화를 위한 구조조정의 장으로 삼으려고 하는 반면에, 노동은 고용조건과 복지 여건의 개선을 위한 장으로 삼으려고 한다. 그런데 한국의 현행 노사정 관계는 기본적으로 영국식 다원주의시스템에 유사한다. 그 결과 그것은 사회경제적 양극화와 계층 · 노사 갈등을 관리하는 데 한계를 드러내고 있다. 이 점에서 글로벌 시장의 충격을 흡수 관리하는데 상대적으로 성공한 아일랜드의 노사정 정책협의시스템은 한국 사회의 계층 · 노사갈등을 제도화하는 데 시사하는 바가 크다. 물론 노사정 시스템 작동의 성격을 규정하는 구조 제도 행위자 전략 등에서 한국은 아일랜드와 다르다. 하지만 구조 제도 행위자 전략 등은 정치경제 엘리트들의 전략적 선택에 따라 변화할 수 있다. 이런 의미에서 '참여'와 '정책콘텐츠'에서 혁신성을 보인 아일랜드식 노사정 정책협의시스템과 그 작동조건은 포스트민주화 한국의 노사정 정책협의시스템을 디자인하고 이를 작동시키기 위한 개혁 요건, 특히 합의제 민주주의를 천착하는 데 벤치마킹 모델이 될 수 있을 것이다.

참고문헌

고세훈. 1999. 『영국노동당사: 노동운동의 정치화 이야기』. 서울: 나남.

김수행. 2003. "블레어 '제3의 길'." 김수행 외. 『제3의 길과 신자유주의』. 서울: 서울대학교출판부. 65-103.

이연호. 2003. "영국과 네덜란드의 산업관계 개혁 비교연구: 이해관계모델과 협의경제모델의 성공조건." 한국정치학회 추계 학술대회. 215-238.

Berger, Stefan. 2002. "Social Partnership 1880-1989: The Deep Historical Roots of Diverse Strategies." in Stefan Berger and Hugh Compston(eds). *Policy Concertation and Social Partnership in Western Europe*. 335-352.

Cawson, Alan. 1978. "Pluralism, Corporatism and the Role of the State." *Government and Opposition*. Vol. 13, No. 2(Spring). 179-198.

Charlwood, Andy. 2004. "The New Generation of Trade Union Leaders and Prospects for Union Revitalization." *British Journal of Industrial Relations*. Vol. 42, No. 2. 379-397.

Coates, David. 1985. *Labour in Power? A Study of the Labour Government*. London: Longman.

Cohen, Joshua and Joel Rogers. 1992. "Secondary Associations in Democratic Governance." *Politics and Society*. Vol. 20, No. 4, 393-472.

Compston, Hugh. 2002. "The Strange Perspective of Policy Concertation." in Stefan Berger and Hugh Compston(eds). *Policy Concertation and Social Partnership in Western Europe*. 1-16.

Cox, Andrew. 1988. "The Failure of Corporatist State Forms and Policies in Post-war Britain." in A. Cox and N. O'Sullivans(eds.). *The Corporate State*. London: Aldershot. 201-220.

Cressey, Peter. 1999. "New Labour and Employment, Training and Employee Relations." in Marrtin Powell(ed.). *New Labour, New Welfare State?: The Third Way in British Social Policy*. Bristol: The Politcy Press. 58-76.

Dorey, Peter. 2002. "Britain in the 1990s: The Absence of Policy Concertation." in Stefan Berger and Hugh Compston(eds.). *Policy Concertation and Social Partnership in Western Europe: Lessons for the 21st Century*. Oxford: Berghahn Books. 63-76.

Ebbinghaus, Bernhard and Ankel Hassel. 2000. "Striking Deals: Concertation in the Reform of Continental European Welfare States." *Journal of European Public Policy*. Vol. 7, No. 1. 44-62.

Ebbinghaus, Bernhard. 2004. "The Changing Union and Bargaining Landscape: Union Concertation and Collectively Bargaining Trends." *Industrial Relations Journal*. Vol. 35, No. 6. 574-587.

Gallagher, Michael, Michael Laver, and Peter Mair. 1995. *Representative Government in Modern Europe*. New York: McGraw-Hill.

Gamble, Andrew. 1988. *The Free Economy and the Strong State: The Politics of Thatcherism*. Basingstoke: Macmillan.

Giddens, Antony. 2000. *The Third Way: The Renewal of Social Democracy*. Cambridge: Polity Press.

Hamann, K and K. John. 2007. "Party Politics and the Reemergence of Social Pacts in Western Europe." *Comparative Political Studies*. Vol. 40, No. 8. 53-71.

Hardiman, Niamh. 2002. "From Conflict to Co-ordination: Economic Governance and Political Innovation in Ireland." *West European Politics*. Vol. 25, No. 4 (October). 1-24.

Hassel, Anke. 2003. "The Politics of Social Pacts." *British Journal of Industrial Relations*. Vol. 41, No. 4(December). 707-726.

House, J. D. and Kyla McGrath. 2004. "Innovative Governance and Development in the New Ireland: Social Partnership and the Integrative Approach." *An International Journal of Policy. Administrative, and Institutions*. Vol. 17, No. 1 (January). 29-58.

Immergut, Ellen M. 1998. "The Theoretical Core of the New Institutionalism." *Politics and Society*. Vol. 26, No. 1(March). 5-34.

Jessop, Bob. 1994. "The Transition to Post-Fordism and the Schumpeterian Workfare State." in Rogers Burrows and Brian Coader(eds.). *Towards a Post-Fordist State*.

London: Routledge. 13-37.

Kavanagh, Dennis and Peter Morris. 1989. *Consensus Politic: From Atlee to Thatcher*. Oxford: Basil Blackwell.

Marquand, David. 1998. *The Unprincipled Society*. London: Longman.

O'Connor, Emmet. 2004. "Social Partnership in Ireland." Paper prepared for the Conference on the Small State in World Market. Seoul, Korea. 84-101.

O'Connor, Emmet. 2002. "Ireland in Historical Perspective: The Legacies of Colonialism - Edging Towards Policy Concertation." in Stefan Berger and Hugh Compston (eds.). *Policy Concertation and Social Partnership in Western Europe: Lessons for the 21st Century*. Oxford: Berghahn Books. 155-166.

O'Donnell, Rory and Damian Thomas. 2002. "Ireland in the 1990s: Policy Concertation Triumphant." in Stefan Berger and Hugh Compston(eds.). *Policy Concertation and Social Partnership in Western Europe: Lessons for the 21st Century*. Oxford: Berghahn Books. 167-189.

Rhodes, M. 2001. "The Political Economy of Social Pacts: 'Competitive Corporatism' and European Welfare Reform." in Paul Pierson(ed.). *The New Politics of the Welfare State*. Oxford: Oxford University Press. 165-196.

Roche, Willan. 1998. "Between Regime Fragmentation and Realignment: Irish Industrial Relations in the 1990s." *Industrial Relations Journal*. Vol. 29, No. 2. 110-125.

Roche, W. K. 2007. "Social Partnership in Ireland and New Social pacts." *Industrial Relations*. Vol. 46, No. 3. 395-425.

Schmidt, G. Reissert. 2002. *Unemployment Insurance and Active labour Market Policy: An International Comparison of Financing System*. Detroit: Wayne State University Press.

Taylor-Goodby, Peter. 2007. "Social Investment in Europe: Bold Plan, Slow Progress and Implications for Korea." 한국사회복지학회 · 한국 사회정책학회 · 한국행정학회. 『한국 사회의 미래와 사회투자정책』. 2월 21일 프레스센터 국제회의장. 발표논문. 6-50.

Thelen, Kathleen and Sven Steinmo. 1992. "Historical Institutionalism in Comparative Politics." in Sven Steinmo, Kathleen Thelen and Frank Longstreth(eds.).

Structuring Politics: Historical Institutionalism in Comparative Analysis. Cambridge: Cambridge University Press. 1-32.

Waddington, Jeremy. 2003. "Heightening Tension in Relations between Trade Unions and the Labour Government in 2002." *British Journal of Industrial Relations*. Vol. 41, No. 2. 335-358.

Williams, Chris. 2002. "Britain in Historical Perspective: From War Concertation to the Destruction of the Social Contract." in Stefan Berger and Hugh Compston(eds.). *Policy Concertation and Social Partnership in Western Europe: Lessons for the 21st Century*. Oxford: Berghahn Books. 51-62.

찾아보기

【 ㄱ 】

【 ㄴ 】

【 ㄷ 】

【 ㄹ 】

【 ㅁ 】

【 ㅂ 】

【 ㅇ 】

【 ㅈ 】

【 ㅌ 】

【 ㅍ 】

【 ㅎ 】

【 기타 】

■ 지은이

선학태

영국 뉴캐슬 대학원 정치학 박사
서울대 대학원 교육학 박사
서울 사대 졸업

전남대 윤리교육과 교수
21세기정치학회 · 한국윤리교육학회 부회장
스위스 Bern · 스웨덴 Stockholm ·
독일 Heidelberg · 핀란드 Tampere 대학교
초빙연구원

주요 저서

『한국민주주의의 뉴 패러다임』(2008)
『사회협약정치의 역동성: 정책협의와 갈등조정 시스템』(2006)
『민주주의와 상생정치: 다수제 모델 vs 합의제 모델』(2005)
『갈등과 통합의 정치』(2004)
『한국정치경제론: 현상분석과 새로운 패러다임』(2003)
『분단과 통합 외국의 경험적 사례와 한국』(2006)(공저)
『Democratic Consolidation and Labour Politics: Theoretical Framework』(2001)
『The Political Economy of Democratic Consolidation: Civil Society, Political Society, Economic Society, and State in South Korea』(2002)

사회적 합의제와 합의제 정치:

한국 정치의 지향점 & 서유럽 정치의 제도화

인쇄 | 2011년 9월 15일
발행 | 2011년 9월 20일

저자 | 선학태
발행 | 김윤수
발행처 | 전남대학교출판부

등록 | 1981. 5. 21. 제53호
주소 | 500-757 광주광역시 북구 용봉로 77
전화 | (062) 530-0571~3
팩스 | (062) 530-0579
홈페이지 | http://altair.chonnam.ac.kr/~cnup

값 20,000 원

ISBN 978-89-7598-943-8 (93340)

이 도서의 국립중앙도서관 출판시도서목록(CIP)은 e-CIP홈페이지(http://www.nl.go.kr/ecip)와
국가자료공동목록시스템(http://www.nl.go.kr/kolisnet)에서 이용하실 수 있습니다.
(CIP제어번호: CIP2011003887)